权威·前沿·原创

皮书系列为
"十二五""十三五""十四五"时期国家重点出版物出版专项规划项目

BLUE BOOK

智库成果出版与传播平台

东南亚蓝皮书
BLUE BOOK OF SOUTHEAST ASIA

东南亚地区发展报告
（2022~2023）

ANNUAL REPORT ON THE DEVELOPMENT OF
SOUTHEAST ASIA（2022-2023）

跨入海洋世纪的东南亚
Southeast Asia in the Maritime Century

主　编／王　勤

社会科学文献出版社
SOCIAL SCIENCES ACADEMIC PRESS (CHINA)

图书在版编目（CIP）数据

东南亚地区发展报告 . 2022-2023：跨入海洋世纪的
东南亚 / 王勤主编 . --北京：社会科学文献出版社，
2024.9. --（东南亚蓝皮书）. -- ISBN 978-7-5228
-4192-2

Ⅰ. F133

中国国家版本馆 CIP 数据核字第 2024UG3252 号

东南亚蓝皮书

东南亚地区发展报告（2022~2023）
——跨入海洋世纪的东南亚

主　　编／王　勤

出 版 人／冀祥德
组稿编辑／张晓莉
责任编辑／宋浩敏
文稿编辑／赵海旭
责任印制／王京美

出　　版／社会科学文献出版社·区域国别学分社（010）59367078
　　　　　地址：北京市北三环中路甲 29 号院华龙大厦　邮编：100029
　　　　　网址：www.ssap.com.cn
发　　行／社会科学文献出版社（010）59367028
印　　装／天津千鹤文化传播有限公司

规　　格／开本：787mm×1092mm　1/16
　　　　　印张：27　字数：406 千字
版　　次／2024 年 9 月第 1 版　2024 年 9 月第 1 次印刷
书　　号／ISBN 978-7-5228-4192-2
定　　价／148.00 元

读者服务电话：4008918866

东南亚蓝皮书编委会

主　编　王　勤

编　委（以姓氏笔画为序）

刘才涌　衣　远　闫　森　许　可　吴崇伯

邹春萌　沈红芳　张长虹　林　梅　郑慕强

赵海立

主要编撰者简介

主　编

王　勤　经济学博士，教授、博士生导师，厦门大学国际关系学院/南洋研究院副院长（2001~2017年），厦门大学东南亚研究中心主任（2008~2018年），中国国际经济关系学会常务理事、中国太平洋学会理事，主要研究领域为东南亚经济、区域经济一体化、中国与东盟关系。担任《东南亚蓝皮书：东南亚地区发展报告》主编，著有《东盟国际竞争力研究》《中国与东盟经济关系新格局》《新加坡经济发展研究》等，在国内外学术期刊发表论文270余篇，在《中国日报》（*China Daily*）、新加坡《联合早报》、菲律宾《世界日报》等国内外报刊发表时评文章70余篇。

主要编撰者

吴崇伯　经济学博士，教授、博士生导师，厦门大学国际关系学院/南洋研究院副院长，厦门大学东南亚研究中心副主任，主要研究领域为东南亚经济、印尼问题、中国与东盟关系。现已出版《当代印度尼西亚经济研究》等学术著作，在国内外发表学术论文200余篇。

邹春萌　经济学博士，教授，云南大学国际关系研究院东南亚研究所所长，云南大学周边外交研究中心研究员，主要研究领域为东南亚经济、东南亚国际关系、澜湄合作等，现已出版《东盟区域服务贸易自由化研究》《"N-X"合作机制与早期收获项目：以孟中印缅经济走廊建设为例》《企聚丝路：海外中国企业高质量发展调查——泰国》等学术著作，在国内外发表学术论文 50 余篇。

郑慕强 经济学博士，教授，汕头大学东南亚研究中心主任，汕头大学应用经济学科带头人，主要研究领域为产业经济、东南亚经济、泰国问题。现已出版《东盟国家能源经济可持续发展研究》等学术专著，在国内外学术期刊发表论文 30 余篇。

林 梅 经济学博士，副教授，厦门大学国际关系学院/南洋研究院原副院长，主要研究领域为东南亚经济、印尼问题、中国与东盟关系，在国内外发表学术论文 40 余篇。

许 可 哲学博士，副教授，厦门大学新加坡研究中心主任，主要研究领域为"印太"海上安全问题、中国与东盟关系、东南亚宗教、民族和文化问题等。现已出版《当代东南亚海盗研究》《当代海盗与中国海上通道安全》等学术著作，在国内外发表中英文论文 20 余篇。

张长虹 文学博士，厦门大学国际关系学院/南洋研究院图书馆主任，副研究馆员，主要研究领域为东南亚文学、东南亚图书信息管理，现已出版《移民族群艺术及其身份：泰国潮剧研究》等著作，在国内外发表学术论文 30 余篇。

摘　要

进入 21 世纪第三个十年，全球出现了新冠肺炎疫情。经过三年的疫情防控，东南亚地区疫情进入低水平流行，新增确诊和死亡病例日益减少，疫情防控政策全面放开，该地区经济与社会发展逐渐回归疫情前状态。2023年 5 月，世界卫生组织宣布新冠肺炎疫情不再构成国际关注的突发公共卫生事件。

2022 年和 2023 年，东南亚地区政坛出现了新变化，菲律宾、马来西亚、泰国、东帝汶和柬埔寨先后举行全国大选，顺利实现了政权交接，这些国家政局也进入了一个相对稳定的时期。菲律宾大选中，小马科斯以高票当选菲律宾总统，其所在政党联盟在参众两院也获得了多数席位；由于国内政坛格局的变迁，马来西亚各政党和政党联盟角逐加剧，首次出现了"悬峙国会"的现象，后以安瓦尔为总理组建了团结政府；泰国大选后，政府内阁总理选举一波三折，经过新的党派联盟整合，新政府总理才得以尘埃落定；柬埔寨大选中，执政党——人民党再度赢得大选，洪玛奈接棒完成了政府的新老交替。

在全球疫情蔓延和经济动荡叠加的背景下，2022 年世界经济缓慢复苏，而东南亚经济逆势上行，保持持续复苏的局面，一些国家经济增速甚至超出了官方的预期。为加快国内经济复苏，东南亚国家适时调整了宏观经济政策，实行了扩张性财政政策，如提高利率以减缓通胀压力，加大基础设施建设，推动产业转型升级，促进中小企业融入全球价值链。近年来，东南亚国家纷纷推出数字经济转型战略与政策，推进产业数字化和数字产业化，为各

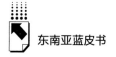

国经济复苏提供了新动能。2023年，世界经济复苏仍然乏力，发达国家和新兴市场国家经济增长处于下行通道，而东南亚国家经济有望保持持续复苏的态势，但经济增长有所减缓，不稳定和不确定性因素增加。

2001年，联合国缔约国文件指出，"21世纪是海洋的世纪"。东南亚国家（除老挝外）均为海洋国家，其共同特点是海岸线漫长、海域辽阔、海洋资源丰富。跨入21世纪，东南亚海洋经济迅速兴起，各国相继推出海洋发展战略与政策。各国的海洋渔业、油气开采业、交通运输业、船舶制造业和旅游业逐渐成为海洋产业的主导部门，新兴的海洋产业快速发展，它们在国内经济中的地位与作用不断提升。伴随着21世纪海洋时代的到来，东南亚国家注重跟踪世界海洋经济发展趋势，并根据本国的海洋资源禀赋和产业优势，积极调整海洋经济发展战略与政策，推进海洋产业转型升级，引导海洋产业集群发展，强化和革新海洋综合管理，以实现海洋经济的可持续发展。

本发展报告以"跨入海洋世纪的东南亚"为主题，跟踪各国的政治、经济、对外关系等发展态势，对该地区近期和中期发展进行分析与预测，以揭示新形势下东南亚区域发展格局与趋势，从而为中国的外交战略和周边策略提供决策依据。该报告由总报告、地区报告、国别报告、专题报告、附录五大部分组成：①总报告，即疫情后东南亚地区政治与经济形势；②区域热点篇，论述东南亚地区经济、政治、社会和对外关系发展中的热点和前沿问题；③国别篇，对印尼、马来西亚、菲律宾、新加坡、泰国和越南的政治、经济和对外关系进行分析与预测；④专题篇，论述东南亚跨入海洋世纪后的发展格局与趋势；⑤附录，包括东南亚发展统计、2022年东南亚大事记。

关键词： 政经形势　海洋经济　东南亚　疫情防控

目 录 ◣

Ⅰ 总报告

Ⅱ 区域热点篇

Ⅲ 国别篇

Ⅳ　专题篇

皮书数据库阅读使用指南

总报告 ⫽

B.1

2022~2023年东南亚地区政治
与经济形势

王　勤*

摘　要：　经历了三年的疫情防控，东南亚地区新冠肺炎疫情进入低水平流行。2022年和2023年，菲律宾、马来西亚、泰国、东帝汶和柬埔寨先后举行全国大选，实现了政权交接，这些国家政局也进入相对稳定期。同时，在全球经济复苏乏力的背景下，东南亚国家经济逆势上行，保持持续复苏的态势，一些国家经济增速甚至超出官方的预期，但经济增长的动力有所减弱，外部需求明显萎缩，各国经济增长的前景仍存在不确定性。东盟加快了政治—安全共同体、经济共同体和社会—文化共同体的建设，并规划2025年后东盟共同体的愿景。

关键词：　疫情防控　经济复苏　区域一体化　东南亚

---

* 王勤，经济学博士，厦门大学国际关系学院/南洋研究院教授，博士生导师。

随着东南亚地区疫情进入低水平流行，疫情防控政策全面取消。疫情后，东南亚国家政局保持了相对稳定，其中五国先后举行全国大选，完成了政权交替；东南亚国家经济逆势上行，呈现经济发展的韧性和活力；东盟加快了三大共同体的建设，并规划 2025 年后东盟共同体愿景，以加快区域一体化的进程。

一 东南亚的三年疫情防控

进入 21 世纪第三个十年，全球出现新冠肺炎疫情。经过三年的疫情防控，东南亚地区疫情进入低水平流行，新增确诊和死亡病例日益减少，疫情防控政策全面放开，该地区经济与社会发展逐渐回归疫情前状态。2023 年 5月，世界卫生组织宣布新冠肺炎疫情不再构成国际关注的突发公共卫生事件。

自 2020 年暴发新冠肺炎疫情后，东南亚国家经历了三波疫情的冲击，该地区新冠肺炎确诊和死亡病例趋于上升，不过各国的情形有所不同。截至 2022 年底，在东南亚地区 6.6 亿人口中，累计新冠肺炎确诊病例超过 3555万例，死亡病例超过 36 万例。其中，越南累计新冠肺炎确诊病例、死亡病例分别超过 1152 万例和 4.3 万例，印尼分别超过 672 万例和 16 万例，马来西亚分别超过 502 万例和 3.6 万例，泰国分别超过 472 万例和 3.3 万例，菲律宾分别超过 406 万例和 6.5 万例，新加坡分别超过 220 万例和 1700 例，缅甸分别超过 63 万例和 1.9 万例，文莱分别超过 27 万例和 140 例，老挝分别超过 21 万例和 750 例，柬埔寨分别超过 13 万例和 3000 例，东帝汶分别超过 2.3 万例和 130 例。[1]

在第一、二波疫情中，东南亚国家均实施了保持社交距离、病毒清零的政策，并根据疫情变化进行政策调控。2020 年 4 月初，印尼开始实施"大规模社区限制"措施，2021 年 2 月调整为"小规模社区限制"措施，6 月

---

[1] WHO Coronavirus（COVID-19）Dashboard. https：//covid19. who. int/region/wpro/country.

初宣布进入"社区限制措施过渡期"，7月起采取"紧急社区活动限制"措施，后更名为"四级社区活动限制"措施；马来西亚先后实施了行动管制、有条件行动管制和复苏行动管制等疫情防控措施，后将疫情行动管制政策改为"国家复苏计划"；菲律宾根据疫情变化实施不同的社区隔离政策，这些政策有增强型社区隔离、改良版强化社区隔离、一般社区隔离、改进版一般社区隔离；新加坡实施以"断路器"为名的系列限制政策，推行居家办公和保持社交距离等措施；泰国从2020年3月26日起在全国实施紧急状态法，并17次延长该法令至2022年5月底；越南采取了快速追踪、划分疫点疫区、大范围采样检测、小范围封锁等手段，以快速控制疫情的扩散蔓延。

随着新冠肺炎疫情的变化和疫苗接种率的提高，东南亚国家开始调整疫情防控政策。2021年6月24日，新加坡抗疫跨部门工作小组宣布启动"与病毒共处、如常生活"的全面计划，但由于裕廊渔港突发疫情，该计划实施被搁浅。到8月19日，该计划重新启动，这标志着新加坡开始进入"与病毒共存"的防疫阶段。2022年3月24日，新加坡总理李显龙发表全国讲话，宣布新加坡疫情防控已进入重要转折点，将果断地迈向与病毒共存的新阶段。① 从3月29日起，新加坡开始放宽疫情防控措施。从2021年9月起，越南疫情防控政策开始酝酿调整和转向，政府疫情防控指导委员会制定新的疫情防控计划，从疫情暴发后一直实行的"社区零确诊"政策转向"与病毒共处"。② 2021年10月11日，越南颁布"安全、灵活、有效控制新冠肺炎疫情"的临时规定，即第128/NQ-CP号决议，政府划分了全国63个省市新冠肺炎疫情风险等级，提出不采取大范围保持社交距离的措施，尽量不影响经济社会活动和人民的生活，并放宽入境限制措施。从2022年3月起，马来西亚、泰国、印尼和菲律宾纷纷放宽疫情防控政策。马来西亚宣布，4月起从大流行病阶段进入地方性流行病过渡阶段，政府将重新开放边境，5月起大幅放宽防疫措施，无论是否接种疫苗，人们均可自由进出公共场所，

---

① 《李显龙：迈入新阶段》，新加坡《联合早报》2022年3月25日。
② 《防控新冠肺炎疫情：适应促发展》，越通社，2021年9月20日。

取消室内外保持社交距离的规定；泰国政府提出分四阶段将新冠肺炎疫情全面过渡为地方性流行病，到 7 月解除疫情大流行，将其全面过渡为地方性流行病；① 印尼放宽疫情防控要求，对完成新冠肺炎疫苗接种者入境免隔离，不再强制民众在户外戴口罩；菲律宾从 3 月 1 日起将首都大马尼拉地区和其他 39 个区的防疫措施降到最低级别，不再将新冠肺炎疫情视为"公共卫生紧急危机"，公共场所、交通工具的防疫措施全部取消，4 月全面开放旅游边境。

进入 2023 年，东南亚地区新冠肺炎疫情进入低水平流行，主要疫情国家的新增确诊和死亡病例大幅下降，该地区总体确诊和死亡病例均处于低位，多个国家甚至还出现了零死亡的情况。据世界卫生组织的统计，到 2023 年 1 月 30 日，印尼单日新增确诊病例、死亡病例分别为 1562 例和 29 例，马来西亚分别为 1913 例和 7 例，泰国分别为 252 例和 17 例，菲律宾分别为 1045 例和 75 例，新加坡分别为 2992 例和 2 例；越南单日新增确诊病例为 171 例，文莱为 1606 例，柬埔寨为 12 例，老挝为 25 例，缅甸为 23 例，东帝汶为 2 例，均无死亡病例。② 2023 年 1 月，印尼总统佐科宣布，印尼已进入疫情后的过渡期，6 月 21 日起政府决定解除新冠肺炎疫情的全国紧急状态。2023 年 2 月 13 日，新加坡率先放宽所有防疫措施，正式将新冠肺炎疫情视为地方性流行病。③ 2023 年 7 月，菲律宾宣布解除 2020 年 3 月以来的新冠肺炎疫情公共卫生紧急状态。泰国早在 2022 年 10 月就解除新冠肺炎疫情紧急状态，取消所有与新冠肺炎疫情相关的入境政策。2023 年 6 月，越南宣布将新冠病毒传染病从甲类调整为乙类。

二 东南亚国家政局的变化

2022 年和 2023 年，东南亚地区政坛出现了新变化，菲律宾、马来西

---

① 《卫生部 7 月 1 日起新冠将定为地方病》，泰国《星暹日报》2022 年 3 月 10 日。
② WHO Coronavirus（COVID-19）Dashboard. https：//covid19. who. int/region/wpro/country.
③ 《李总理：已渡过冠病疫情难关》，新加坡《联合早报》2023 年 2 月 13 日。

亚、泰国、东帝汶和柬埔寨先后举行全国大选，顺利实现了政权交接，这些国家政局也进入了一个相对稳定的时期。菲律宾大选中，小马科斯以高票当选菲律宾总统，其所在政党联盟在参众两院也获得了多数席位；由于国内政坛格局的变迁，马来西亚各政党和政党联盟角逐加剧，首次出现了"悬峙国会"的现象，后以安瓦尔为总理组建了团结政府；泰国大选后，政府内阁总理选举一波三折，经过新的党派联盟整合，新政府总理才得以尘埃落定；柬埔寨大选中，执政党人民党再度赢得大选，洪玛奈接棒完成政府的新老交替。

（一）2022年菲律宾、马来西亚的大选

2022年5月9日，菲律宾举行全国和地方选举，选举产生新一届总统、副总统、半数参议院议员、全部众议院议员，以及地方行政长官和议员。此次大选，共有参选党团178个、总统候选人10人、副总统候选人9人和参议员候选人64人，总统与副总统候选人数均创下菲律宾大选史上的新纪录。已故前总统费迪南德·马科斯之子小费迪南德·马科斯（Ferdinand Marcos, Jr.）以"团结"为竞选口号，承诺当选后将加强国家团结统一，促进就业和解决物价问题，摆脱新冠肺炎疫情对菲律宾的影响，并表示若胜选将继承现任总统杜特尔特的政治遗产。此次大选结果显示，共有5609.5万名菲律宾公民参与投票，投票率达83.07%，小马科斯获得3162.9万张选票，得票率为58.77%，成为自1986年以来得票率和得票数最高的总统。现任总统杜特尔特的长女、达沃市长莎拉·杜特尔特-卡皮奥（Sarah Duterte-Carpio）获得3220.8万张选票，以明显优势击败其余候选人当选副总统。除总统和副总统职位外，以小马科斯为首的"团结联队"在参议院和众议院也获得了多数席位。6月30日，菲律宾新任总统小马科斯宣誓就职，成为菲律宾第17任总统。小马科斯的胜选，标志着马科斯家族时隔30多年重返菲律宾政坛的核心。不过，在国内外严峻的形势下，菲律宾新政府将面临诸多难题与挑战。

2022年11月19日，马来西亚举行全国大选。由于马来西亚政坛格局的

变迁，各大政治势力角逐的加剧，此次国会选举被认为是马来西亚"史上最激烈"的大选。大选结果显示，三大主要政党联盟中，希望联盟（Pakatan Harapan）获得国会下议院 82 个席位，国民联盟（Perikatan Nasional）获得 73 个席位，执政联盟国民阵线（Barisan Nasional）获得 30 个席位，东马来西亚的砂拉越政党联盟（GPS）和沙巴人民阵线（GRS）分别获得 22 个和 6 个席位。因此，大选中没有任何一个政党或政党联盟赢得国会下议院过半数议席，新政府无法组建，马来西亚历史上首次出现了"悬峙国会"。大选后获得最多议席的希望联盟在经过数天与多方的谈判后，获得了国民阵线、砂拉越政党联盟、其他小党和无党籍议员的支持，取得了至少 148 名国会议员的支持，并掌握了国会 2/3 的多数议席。11 月 24 日，马来西亚最高元首阿卜杜拉召开马来西亚统治者会议，决定任命安瓦尔·易卜拉欣（Dato' Seri Anwar bin Ibrahim）为马来西亚第 10 任总理，并组成团结政府。12 月 3 日，马来西亚政府总理和内阁宣誓就职。12 月 19 日，马来西亚国会以口头表决的方式，通过了对安瓦尔担任总理的信任动议。安瓦尔表示，新政府施政重点将是恢复经济、维护政治稳定，以及确保各民族和宗教团体之间的和谐关系，并欢迎其他政党联盟加入团结政府。2023 年 8 月，马来西亚举行了六州立法议会选举。执政的希望联盟和国民阵线联合政权与在野的国民联盟各自保住了三个州的执政权。

（二）2023 年泰国、东帝汶和柬埔寨的大选

2023 年 5 月 14 日，泰国举行全国大选，这是 2014 年泰国发生军事政变后的第二次大选。此次大选，泰国国内共有 25 个政党提交了总理候选人名单，共有 3929 万人投票，投票率高达 75.22%，创下历史之最。泰国大选的结果显示，远进党和为泰党在下议院获得了最多的席位。其中，远进党获得 151 个议席，为泰党获得 141 个议席，自豪党获得 71 个议席，国民力量党获得 40 个议席，泰国人团结建国党获得 36 个议席，民主党获得 25 个议席。7 月 13 日，泰国国会上下两院联席会议正式投票选举泰国内阁总理。远进党联合为泰党等政党组成的八党联盟，共占 312 个席位，在

下议院拥有绝对优势。然而，250名上议院的议员中大多是由军方委派的保守派人士，他们对选举结果产生了巨大影响。投票结果显示，远进党领导人皮塔（Pita Limjaroenrat）只获得了上下两院324张支持票，未能获得国会750名议员中半数以上的支持。此外，皮塔被爆出在登记参选议员时仍持有一家媒体公司股份，此举有违选举法规定，加之远进党意欲修改刑法第112条，有"冒犯君主法"等行为，这些均对皮塔造成了负面影响。7月19日，泰国国会举行第二轮总理选举投票，皮塔的总理提名资格被否。随即，此次大选中排名第二的为泰党退出八党联盟，开始整合各党派力量，重新组建新的联合组阁党派，寻求足够的国会上下议院的支持票。① 8月21日，为泰党宣布11党联盟组建新政府，该政党联盟已争取到国会下议院314张支持票，并提名赛塔·他威信（Srettha Thavisin）为总理候选人。8月22日，泰国国会召开上下两院联席会议，并举行第三轮总理选举投票，为泰党正式提名的塞塔成功当选泰国第30任总理。

2023年5月21日，东帝汶举行2023年议会选举，这是自东帝汶2002年独立以来的第五次议会选举。东帝汶国民议会为一院制，议员由全民普选产生，任期5年。此次选举前，东帝汶议会中的执政联盟由东帝汶独立革命阵线、民主党、人民解放党和人民团结繁荣党组成，东帝汶全国重建大会党为议会最大的反对党。在此次大选中，共有17个党派参加角逐议会65个议席，超过89万名境内选民和1.18万名海外选民具备投票资格。只有获得超过总数4%的选票的政党才能在议会中获得席位，议会选举中获得绝对多数议席的政党或占议会多数议席的政党联盟有权提名总理人选，总理由总统任命。选举最终结果显示，由前总理夏纳纳·古斯芒（José Alexandre Xanana Gusmão）领导的东帝汶重建全国大会党赢得东帝汶议会选举，获得议会31个议席，民主党获得议会6个议席，两党共获得37个议席，超过议会半数席位，两党同意组建联合政府。7月1日，东帝汶新一届政府举行就职仪式，夏纳纳·古斯芒出任新一届政府总理。古斯芒曾是东帝汶的首任总统，

---

① 《为泰党正式宣布与远进党分道扬镳》，泰国《星暹日报》2023年8月2日。

2007 年 8 月就任过东帝汶第四任总理。

2023 年 7 月 23 日，柬埔寨举行第七届国民议会选举，共有柬埔寨人民党、奉辛比克党等 18 个政党参加选举，角逐 125 个席位，获多数席位的政党将负责组建新一届王国政府。国民议会是柬埔寨最高权力机关和立法机关。1993 年举行首次大选之后，柬埔寨每五年举行一次大选。8 月 5 日，柬埔寨国家选举委员会公布选举结果，柬埔寨共有 821 万名选民投票，执政党柬埔寨人民党获得 639 万张选票，占有效选票总数的 82.3%，奉辛比克党获得 71 万张选票。执政党柬埔寨人民党赢得此次大选，获得国会 125 个议席中的 120 个席位，奉辛比克党获得 5 个国会席位。8 月 22 日，柬埔寨国会下议院正式推选洪玛奈（Hun Manet）为柬埔寨新任首相，随后洪玛奈以全票当选柬埔寨新一任首相，由此柬埔寨顺利完成了政府的新老交替。现年 71 岁的柬埔寨首相洪森（Samdech Hun Sen），是世界上担任政府首脑时间最长的人。1998 年，他当选柬埔寨首相后共执政 25 年。现年 45 岁的洪玛奈是洪森的长子，1999 年毕业于美国西点军校，后又留学美英多年，在布里斯托大学获得博士学位。2008 年学成归国后，洪玛奈一直在军中任职，从陆军步兵部队副司令、反恐特种部队负责人，升至王家军副总司令兼陆军司令。2020 年，他出任柬埔寨人民党青年运动主席。洪玛奈表示，他领导的新政府将优先考虑促进经济发展、增加就业和关注气候变化，努力建立一个繁荣的国家。

三　东南亚国家经济持续复苏

在全球疫情蔓延和经济动荡叠加的背景下，2022 年东南亚国家经济却呈现持续复苏的态势，一些国家经济增速甚至超出官方的预期。为加快国内经济复苏和抑制通货膨胀，东南亚国家适时调整宏观经济政策，实行扩张性财政政策，并提高政策利率，促进国内产业转型升级。2023 年，世界经济增长仍处于下行通道，而东南亚国家经济有望保持持续复苏的趋势，但同时也存在不稳定和不确定性因素。

（一）东南亚经济逆势上行，但经济增长动力减弱

2022年，全球经济复苏乏力，东南亚国家经济却逆势上行，保持了持续复苏的势头，一些国家经济增速甚至超出官方的预期。据东南亚主要国家的统计，印尼四个季度的经济增长率分别为5.01%、5.44%、5.72%和5.01%，全年为5.3%；马来西亚分别为5%、8.9%、14.2%和7%，全年为8.7%；菲律宾分别为8.2%、7.5%、7.6%和7.2%，全年为7.6%；新加坡分别为3.7%、4.8%、4.1%和2.1%，全年为3.6%；泰国分别为2.2%、2.5%、4.6%和1.4%，全年为2.6%；越南分别为5.03%、7.72%、13.67%和5.92%，全年为8.0%。

东南亚主要国家宏观经济总体保持稳定的局面，国内经济逐渐复苏，失业率趋于下降，财政赤字增长相对减缓，国际收支状况有所改善。但是，在全球通货膨胀加剧和美国货币政策转向的背景下，东南亚国家的通货膨胀率明显上升，汇率波动加大，一些国家货币短期内大幅贬值。从需求结构看，东南亚主要国家的私人消费和政府消费均扭转负增长局面，固定资本形成有所扩大，进出口贸易增长较快，对外出口成为一些国家经济复苏的重要外部动力；从供给结构看，各国农业、工业和服务业呈现复苏景象，尤其是制造业在国外需求扩大的带动下强劲增长，推动国内经济触底反弹，东南亚国家旅游业及其相关行业开始逐步恢复。

进入2023年，在全球经济复苏乏力和滞胀风险依然存在的背景下，东南亚国家经济却继续保持复苏的态势，但各国经济增速放缓，增长动力减弱。据东南亚主要国家的统计，第一、二季度印尼的经济增长率分别为5.03%和5.17%，预计全年为4.5%~5.3%；马来西亚分别为5.6%和2.9%，预计全年为4.0%~5.0%；菲律宾分别为6.4%和4.3%，预计全年为6.5%~7.5%；新加坡分别为0.1%和0.5%，预计全年为0.5%~2.5%；泰国分别为2.7%和1.8%，预计全年为2.5%~3.0%；越南分别为3.32%和4.14%，全年预计为6.0%~6.5%。同时，各国的通货膨胀率将有望降低，印尼预计全年的通货膨胀率为2%~4%，马来西亚为3.1%~3.3%，菲律宾为5%~7%，新加坡为5.5%~6.5%，泰国为1%~3%。

（二）调整宏观经济政策，促进经济复苏和抑制通货膨胀

为加快国内经济复苏，东南亚国家实行扩张性财政政策，扩大政府支出，并采取削减税费和准许延期缴税的措施。印尼成立了国家疫情防控和经济复苏委员会，政府加大了疫情防控的投入，并为工商业和中小微企业提供税收优惠和政策扶持。2020~2022 年，印尼连续实行赤字预算政策，三年的财政预算开支分别为 2595.5 万亿盾、2786.4 万亿盾和 3105.4 万亿盾，预算赤字分别为 947.7 万亿盾、775.1 万亿盾和 598 万亿盾。[①] 新加坡连续出台了五个经济援助配套计划，连续实施赤字预算政策，从而使纾困资金达近千亿新元，财政赤字高达 649 亿新元，相当于国内生产总值的 13.9%，其中政府动用了 520 亿新元的国家储备金，相当于 1996~2019 年财政盈余的总额。2022 年 7 月，泰国内阁批准了新一轮总值达 274 亿泰铢的经济刺激方案，向全国约 2650 万名符合条件者发放总额为 212 亿泰铢的援助，向 1334 万名领有国家福利卡的低收入民众发放总额为 53 亿泰铢的援助，向 223 万名特殊需求者发放总额为 8.92 亿泰铢的援助。到 2022 年底，越南直接用于疫情防控、政策落实和社会保障的资金达 230 万亿越南盾。[②] 另一方面，各国采取削减所得税和准许延期缴税等措施。越南将缴纳 2022 年企业所得税、个人所得税、增值税和土地租金的期限延长至 2023 年，2023 年将增值税税率下调至 2%，商品和服务的增值税由 10%降至 8%。

国际油价和其他大宗商品价格上扬，加之美国货币政策转向，引发东南亚国家通货膨胀率急剧上升，各国货币一度加速贬值。为抑制通货膨胀率上升，东南亚主要国家纷纷提高政策利率。2022 年 8 月，印尼中央银行将基准利率提高 25 个基点，又在 9 月、10 月、11 月三次将基准利率分别提高 50 个基点，2022 年 12 月和 2023 年 1 月将基准利率再分别提高 25 个基点，从

---

① 《三年来政府成功控制大流行病　同时也成功保护了社会大众和经济基础》，印尼《国际日报》2022 年 12 月 3 日。

② 《越南第十五届国会第五次会议：监督新冠肺炎疫情预防和控制资源的动员管理和使用》，越通社，2023 年 5 月 29 日。

而使基准利率升至 5.75%；马来西亚在 2022 年 5 月、7 月、9 月和 11 月分别上调基准利率 25 个基点，2023 年 5 月再宣布加息 25 个基点；菲律宾在 2022 年 5 月和 6 月两次上调基准利率 25 个基点后，7 月又上调基准利率 75 个基点，8 月和 9 月再分别上调基准利率 50 个基点，11 月上调基准利率 75 个基点，2022 年 12 月和 2023 年 2 月又两次上调基准利率 50 个基点，2023 年 3 月和 10 月再分别上调基准利率 25 个基点，从而使基准利率升至 6.5%；自 2021 年 10 月以来，新加坡金融管理局连续五次收紧货币政策，让新元加速升值，以降低国内核心通胀率；① 泰国 2022 年 8 月上调基准利率 25 个基点，2022 年 9 月和 11 月，2023 年 1 月、3 月、5 月、8 月和 9 月又分别上调基准利率 25 个基点，使得基准利率升至 2.5%，达到 9 年来的新高；2022 年 9 月，越南国家银行将基准利率上调 100 个基点，10 月再将基准利率上调 100 个基点。不过，自 2023 年 3 月起越南货币政策已开始转向，国家银行在 3 月（两次）、5 月和 6 月共四次下调基准利率。

（三）加快数字经济和绿色产业发展，推动国内经济转型升级

随着新一轮工业革命浪潮的兴起，数字技术和智能制造驱动产业转型与升级已成为大势所趋。作为高度外向型的经济体，东南亚国家纷纷出台了"工业 4.0"战略与数字化转型政策，确定了"工业 4.0"和数字化转型的主导行业和领域，以加快融入全球价值链和区域生产网络。印尼制定了"2021~2024 年数字印尼路线图"，提出数字化转型四个战略方向、十大重点领域和六大战略措施，优先推进电子、汽车、纺织服装、食品和饮料、石化工业的数字化转型；2023 年 9 月，马来西亚政府出台了"2030 年新工业大蓝图"（NIMP2030），该蓝图确定了工业转型的重点领域，即航空航天、化学和石化、数字经济、电子与电器和制药等部门行业，以此超越传统的制造模式，提升制造业附加值，构建创新驱动的制造中心；新加坡制定的

---

① Ministry of Trade and Industry（2023）. *Economic Survey of Singapore First Quarter 2023. Singapore*：Ministry of Trade and Industry.

"产业转型蓝图 2025"（ITM 2025）更新了原有 23 个产业转型的目标和措施，涉及领域包括先进制造与贸易、互联互通、人类卫生与潜能、城市系统、资源与环境永续性、现代服务、生活风格等七大方面；泰国政府内阁批准了"数字泰国"发展计划，提出四个阶段的数字化转型发展目标和优先发展的战略领域，"泰国 4.0"战略还确定了十大目标产业部门，推进五大传统优势产业转型和五大未来新兴产业发展；越南政府也公布了《到 2030 年第四次工业革命国家战略》和 2025 年国家数字化转型计划，旨在构建数字政府、数字经济和数字社会，并打造具有全球竞争力的数字企业。

　　面对全球气候变化，东南亚国家积极制定和实施绿色发展战略，大力发展绿色经济，推动国内能源结构转型，促进清洁能源的开发利用，提升碳排放的国家自主贡献（NDC）力度。印尼提出，到 2027 年不再新建燃煤电厂，采取能源多样化措施，开发和利用可再生能源，到 2030 年碳排放量减少 29%，争取在 2060 年甚至之前实现净零排放；[1] 马来西亚推出了"国家能源转型路线图"（NETR），旨在改变现有能源结构，推动能源转型，政府还将在近期推出"氢能经济与科技蓝图"（HETR），逐步以绿色氢能代替化石燃料，带动氢能经济发展；[2] 菲律宾取消了可再生能源行业的外资股权比例限制，外资可再生能源公司可持有 100%股权，鼓励外资企业参与可再生能源开发利用，到 2030 年和 2040 年可再生能源发电量在总发电量的比重分别达 35%和 50%；新加坡公布了"2030 年新加坡绿色发展蓝图"，提出要寻求绿色增长机会，向企业开征碳税，建设碳交易中心，开展减少碳排放的技术研发，提升企业绿色产业的开发能力，推进裕廊岛能源和化学产业园的转型升级，建设亚洲乃至全球领先的绿色金融中心；[3] 越南政府发布了 2021~2030 年国家绿色增长战略及其行动计划，提出了推动绿色增长的战略

① Antaranews (2022). "Indonesia Raises Greenhouse Gas Emission Reduction Target." https://en. antaranews. com/news/253157/indonesia-raises-greenhouse-gas-emission-reduction-target.

② Ministry of Economy (2023). *National Energy Transition Roadmap: Energising the Nation, Powering Our Future*. Kuala Lumpur: Ministry of Economy.

③ "Introducing the Green Plan." https://www. greenplan. gov. sg.

目标和主要任务，包括降低碳排放强度，推动绿色经济发展，促进绿色生活方式，实现绿色转型过程。

四 东盟加快区域一体化进程

2015年底，东盟共同体正式建成，它包括政治—安全共同体（APSC）、经济共同体（AEC）和社会—文化共同体（ASCC）。在2015年东盟共同体建成的基础上，东盟又提出了2025年共同体愿景和蓝图，制定了未来十年东盟三大共同体的发展目标、主要任务和战略措施。疫情后，东盟加快了三大共同体的建设，促进各蓝图项目的落地实施，规划2025年后东盟共同体愿景，以加快区域一体化进程。

根据2025年东盟三大共同体蓝图中期检查报告，截至2020年6月，东盟政治—安全共同体290个实施项目已全面展开，已完成项目达278项，占所有实施项目的95.9%；[①] 东盟经济共同体建设已完成项目占所有项目的54.1%，正在进行的项目占34.2%，尚未进行的项目占9.2%，撤销的项目占2.5%；[②] 涉及东盟社会—文化共同体的战略措施约有1000项，已完成项目占23%，正在进行的项目占47%，仍有待实施的项目占30%。[③] 但是，在全球疫情的冲击下，东盟共同体建设受到不同程度的影响，东盟峰会转向线上方式，各成员国政策重心向疫情防控倾斜，区域内生产要素自由流动减缓，进出口贸易下滑，资本流动规模缩减，跨境劳工流动受阻，民间文化交流趋于停滞，这使得东盟区域一体化进程有所延缓。

2022年11月，第40次和第41次东盟峰会在柬埔寨首都金边举行，这是新冠肺炎疫情发生以来东盟国家领导人首次举行面对面会晤。作为东盟轮

---

① ASEAN Secretariat（2020）. "APSC Outlook-The APSC Blueprint 2025：A Preliminary Report on its Mid-Term Review." https：//asean.org/wp - content/uploads/2021/10/APSCOutlook _ V12No1-To-be-uploaded. pdf.

② ASEAN Secretariat （2021）. *Mid-Term Review of ASEAN Economic Community Blueprint 2025.* p11.

③ "ASEAN Secretariat Annual Report 2019-2020." https：//asean.org/storage/2015/12/ASEAN-2025-Forging-Ahead-Together-final. pdf/.

值主席国，柬埔寨将此次峰会的主题确立为"东盟：共同应对挑战"，会议通过了涉及东盟共同体三大支柱的多份文件。其中，《东盟成立55周年宣言》指出，过去55年里，东盟国家致力于区域合作，保持了地区的和平、繁荣、稳定，缩小了成员国之间的差距，未来东盟必须坚持《东盟宪章》，加快三大共同体建设，以实现2025年东盟共同体发展目标；①《东盟国家共同应对挑战领导人愿景声明》强调，坚持共同努力和团结一致的精神以应对挑战，确保东盟区域一体化进程持续推进，增强东盟应对未来挑战的韧性；②《东盟2025年后互联互通议程宣言》重申，促进区域互联互通是推动东盟共同体建设的重要举措，应以互联互通加快东盟可持续发展和区域一体化进程。③此外，这次东盟峰会还宣布接纳东帝汶为东盟第11个成员国，并将在2023年召开的东盟峰会上提交有关东帝汶成员国地位的"正式成员路线图"，届时东南亚国家将全部成为东盟成员国。④

2023年5月，第42次东盟峰会在印尼东努沙登加拉省举行，印尼担任东盟轮值主席国，此次东盟峰会的主题为"东盟要旨：增长的中心"（ASEAN Matters：Epicentrum of Growth）。此次峰会重点关注东盟的经济发展，东盟将继续作为地区经济增长中心，促进各成员经济持久、包容和可持续发展。此次东盟峰会通过的文件和内容主要包括：《2025年后东盟共同体愿景的宣言》提出，要制定2025年后东盟共同体愿景及其配套文件，促进东盟区域一体化，缩小区域发展差距，推动东盟可持续发展议程有效落实；⑤《关于发展区域电动汽车生态系统的联合宣言》强调，要致力于把东盟建成全球电动汽车生产中心，具体

① ASEAN Secretariat（2022）. " ASEAN Leaders' Statement on ASEAN the 55th Anniversary of ASEAN. " https：//asean. org/40th-and-41st-asean-summits-and-related-summits/.

② ASEAN Secretariat（2022）. *ASEAN Leaders' Vision Statement on "ASEAN A. C. T. ：Addressing Challenges Together"*. Jakarta：ASEAN Secretariat.

③ ASEAN Secretariat（2022）. *ASEAN Leaders' Statement on ASEAN Connectivity Post-2025 Agenda*. Jakarta：ASEAN Secretariat.

④ " ASEAN Leaders' Statement on the Application of Timor-Leste for ASEAN Membership. " https：//asean. org/asean-leaders-statement-on-the-application-of-timor-leste-for-asean-membership/.

⑤ " ASEAN Leaders' Statement on The Development of The ASEAN Community's Post-2025 Vision. " https：//asean. org/42rd-asean-summit-and-related-summits/.

措施包括建立电动汽车生态系统的区域标准，创造有利的商业环境以吸引投资，逐步淘汰传统内燃机，推广使用零排放汽车，加强与外部伙伴、国际组织和私营部门之间的合作等;①《东盟领导人关于推进区域支付互联互通促进本币交易的宣言》提出，要鼓励使用当地货币进行跨境交易，推进区域支付互联互通和促进跨境支付系统建设;②《建立东盟乡村网络的联合宣言》强调，要促进农村发展，建立东盟乡村网络，促进农村数字科技创新，为乡村产品进入国际市场提供更多机遇，消除农村贫困，以加快实现东盟2025年愿景和2030年可持续发展目标;③《关于医疗卫生行动宣言》提出，新冠肺炎疫情及其他传染性疾病给人类生活和生计带来巨大挑战，东盟需寻求建立东盟区域一体化医疗卫生网络，以加强医疗卫生系统的弹性和反应能力。④ 此外，峰会还通过了《东盟关于在危机情况下保护移民工人及其家庭成员的宣言》等。⑤

在新冠肺炎疫情的影响下，东盟经济共同体建设仍取得一定的进展。2022年3月，东盟启动《东盟货物贸易协议》（ATIGA）升级谈判，2022年11月启动《中国—东盟自由贸易协议》（ACFTA）升级谈判，同月《东盟—澳大利亚—新西兰自由贸易协议》（AANZFTA）升级谈判结束；东盟区域数字经济合作相继展开，东盟单一窗口（ASW）贸易文件电子化范围进一步扩大，东盟6国（印尼、马来西亚、菲律宾、新加坡、泰国和越南）已签署区域支付互联互通（Regional Payment Connectivity，RPC）谅解备忘录，从而全面实现跨边境二维码支付服务功能，2023年9月，东盟启动《东盟数字经济框架协议》（DEFA）谈判，如果成功，这将是

---

① "ASEAN Leaders' Declaration on Developing Regional Electric Vehicle Ecosystem." https://asean. org/42rd-asean-summit-and-related-summits/.

② "ASEAN Leaders' Declaration on Advancing Regional Payment Connectivity and Promoting Local Currency Transaction." https://asean. org/42rd-asean-summit-and-related-summits/.

③ "ASEAN Leaders Joint Statement on the Establishment of an ASEAN Villages Network." https://asean. org/42rd-asean-summit-and-related-summits/.

④ "ASEAN Leaders' Declaration on One Health Initiative." https://asean. org/42rd-asean-summit-and-related-summits/.

⑤ "ASEAN Declaration on the Protection of Migrant Workers and Family Members in Crisis Situations." https://asean. org/42rd-asean-summit-and-related-summits/.

世界上首个区域数字经济协议；东盟将制定碳中和战略概念文件，为未来实现碳中和提供系统、有序和包容的路径。此外，东盟在粮食、能源、矿产、金融、旅游等领域，均取得一定的进展。

当今世界正在进入新的动荡变革期，全球经济复苏乏力，大国战略博弈加剧，地缘政治冲突频发，东盟正处于"十字路口"，考验其作为区域性组织的抉择。东盟若没能应对潜在危机，势必削弱东盟的作用，能否善用机遇且化解危机，将决定东盟共同体新愿景的成败。[①] 当前，东盟正在制定《东盟共同体 2045 年愿景》，规划未来东盟区域一体化的战略目标和发展路径。东盟人口规模现已超过 6.7 亿人，经济规模约 3.7 万亿美元，是世界第五大经济体，预计到 2030 年将成为世界第四大经济体。随着东盟经济的崛起和共同体建设的进一步推进，东盟在世界经济和地缘政治格局中的地位将进一步增强，它将是世界经济重要的增长极，是全球价值链的重要节点，也是大国博弈的热点地区。

参考文献

ADB（2023）. *Asian Development Outlook April 2023*. Manila：Asian Development Bank.

ASEAN Secretariat（2021）. *Consolidated Strategy on the Fourth Industrial Revolution for ASEAN*. Jakarta：ASEAN Secretariat.

ASEAN Centre for Energy（2023）. *Outlook on ASEAN Energy 2023*. Jakarta：ACE.

Daljit Singh, Hoang Thi Ha（2022）. *Southeast Asian Affairs 2022*. Singapore：ISEAS-Yusof Ishak Institute.

Hoang Thi Ha, Daljit Singh（2023）. *Southeast Asian Affairs 2023*. Singapore：ISEAS-Yusof Ishak Institute.

Cassey Lee, Eileen Lee（2019）. *E-Commerce, Competition & ASEAN Economic Integration*. Singapore：ISEAS-Yusof Ishak Institute.

IMF（2023）. *World Economic Outlook for Asia and Pacific May 2023：Recovery Unabashed amid Uncertainty*. Washington, D. C. ：IMF.

---

① 《社论：亚细安共同体新愿景挑战艰巨》，新加坡《联合早报》2023 年 5 月 11 日。

Lim Mah-Hui，Michael Heng Siam-Heng（2022）. *COVID-19 and the Structural Crises of Our Time.* Singapore：ISEAS-Yusof Ishak Institute.

Jørgen Ørstrøm Møller（2020）. *Asia's Transformation：From Economic Globalization to Regionalization.* Singapore：ISEAS-Yusof Ishak Institute.

World Bank（2023）. *East Asia and Pacific Economic Update，April 2023：Reviving Growth.* Washington，D. C. ：World Bank.

区域热点篇

B.2
东南亚国家三年新冠肺炎疫情防控及其影响

金 岩*

摘 要: 东南亚地区的疫情形势几经波折,各国大致经历了三波新冠肺炎疫情的冲击,但不同国家情况略有差异。面对三年新冠肺炎疫情的变化,东南亚国家根据各自的疫情形势和国情,适时调整防控政策,疫情早期各国大都实施严格的疫情防控措施,而后期选择从"病毒清零"转向"与病毒共处"政策,并辅之经济社会政策和区域抗疫合作。持续三年的新冠肺炎疫情,对东南亚国家经济与社会发展造成了严重的冲击,它拖延各国实现中期发展目标,减缓产业转型升级,导致一些国家贫困率上升,制约区域生产要素自由流动,从而一定程度上影响了该地区一体化发展进程。

关键词: 新冠肺炎疫情 疫情防控 东南亚

* 金岩,经济学博士,厦门大学国际关系学院/南洋研究院教授,博士生导师。

进入 21 世纪第三个十年，全球出现了新冠肺炎疫情，三年内确诊病例超过 6.6 亿例，死亡病例超过 669 万例。自 2020 年初新冠肺炎疫情暴发以来，东南亚地区的疫情几经波折，各国疫情防控政策也相应进行了调整，新冠肺炎疫情对该地区经济与社会发展产生了深刻影响。当前，东南亚各国疫情进入低水平流行。本报告拟就东南亚国家三年疫情防控及其影响作一分析。

一 东南亚新冠肺炎疫情三年

从 2020 年 1 月 14 日泰国首次出现新冠肺炎确诊病例，到 3 月 24 日老挝确诊两例新冠肺炎病例，疫情席卷了全部东南亚国家。东南亚国家大致经历了三波新冠肺炎疫情的冲击：2020 年初第一波疫情突如其来，2021 年 4 月起各国疫情再度来袭，2022 年初疫情又在各国快速蔓延，4 月底疫情有所减弱，6 月后一些国家疫情又出现了反弹。不过，各国疫情变化略有不同。

在第一波疫情中，泰国、新加坡、马来西亚和越南在 2020 年 1 月均出现首例新冠肺炎确诊病例，随后波及其他国家，新加坡是东南亚首个确诊病例破万例的国家。虽然印尼直到 2020 年 3 月 2 日才首次出现确诊病例，但疫情蔓延速度较快，到 2021 年 1 月 26 日成为首个累计确诊病例突破 100 万例的东南亚国家。马来西亚于 2020 年 1 月 25 日首次发现新冠肺炎确诊病例，3 月初因大量本国民众回国和吉隆坡郊区举行万人宗教集会，马来西亚出现了第二次疫情高峰，2020 年 9 月沙巴举行州议会选举导致第三次疫情的暴发。泰国在 2020 年 1 月首次出现确诊病例后快速迎来第一次疫情高峰，2020 年 12 月泰国最大的海鲜批发市场——龙仔厝海鲜市场暴发疫情，疫情感染人数突破万人。越南第一阶段疫情是从 2020 年 1 月 23 日至 7 月 24 日，源于从疫情地区入境的本国居民中出现确诊病例，第二阶段疫情是从 2020 年 7 月 25 日至 2021 年 1 月 27 日，岘港市和其他 14 个省市出现确诊病例，从 2021 年 1 月 28 日至 4 月 26 日为第三阶段疫情；海阳省和其他 12 个省市

均发现确诊病例，但直到 2021 年初越南累计确诊病例仍低于 2000 例。① 2020 年 1 月 27 日，柬埔寨发现首例新冠肺炎确诊病例，1 月底至 3 月中旬国内仅出现少量输入型病例，虽然 3 月下旬确诊病例有所增加，但此后数月未出现严重的感染事件，到 11 月底因确诊病例增加而形成疫情高峰，但年底前疫情又回归平稳。文莱在 2020 年 3 月 9 日发现首例新冠肺炎确诊病例，到 5 月 7 日累计确诊病例为 141 例，此后一年多时间本地无新增确诊病例。2020 年 3 月 21 日，东帝汶发现首例新冠肺炎确诊病例，到当年底累计确诊病例仅为 44 例，未出现死亡病例。2020 年 3 月 23 日，缅甸发现首例新冠肺炎确诊病例，8 月 16 日起若开钦邦实兑的疫情迅速蔓延，到 12 月 8 日确诊病例超过 10 万例。2020 年 3 月 24 日，老挝出现 2 例确诊病例，成为东南亚最后报告有确诊病例的国家，至当年底累计确诊病例仅为 41 例，且未出现死亡病例。

从 2021 年 4 月起，由于新的变异毒株出现，东南亚国家单日确诊病例快速增加，疫情防控形势急转直下，随之出现了第二波疫情高峰。到 2021 年 8 月底，东南亚地区累计确诊病例超过 1000 万例，累计死亡病例超过 22 万例。其中，印尼单日新增确诊病例和死亡病例屡创新高，到 6 月、7 月和 8 月累计确诊病例分别突破 200 万例、300 万例和 400 万例，由此成为东南亚地区疫情最严重的国家。由于马来西亚疫情急剧恶化，政府紧急宣布自 6 月 1 日起实行两周的全国"封城"，到 7 月 25 日、9 月 14 日累计确诊病例分别超过 100 万例和 200 万例。菲律宾到 4 月 26 日累计确诊病例超过 100 万例，到 9 月 1 日突破 200 万例。泰国这一阶段疫情始于通罗娱乐场所，后扩散到工厂、集市、建筑工地和人口稠密地区，这波疫情确诊病例数量远超之前疫情，到 8 月 20 日、11 月 12 日累计确诊病例分别超过 100 万例和 200 万例。从 4 月 27 日起，越南疫情蔓延至全国 30 多个省市，仅两个月时间新增确诊病例就超过 70 万例，到 11 月 11 日国内累计确诊病例突破 100 万例。缅甸 6 月起暴发了新一轮疫情，确诊病例数量和死亡人数均明显升高，到 7

---

① 《新冠肺炎疫情防控阻击战回顾》，越通社，2021 年 3 月 24 日。

月 12 日累计确诊病例数超过 20 万例，到 11 月 1 日超过 50 万例。柬埔寨下半年出现了大规模社区疫情传播，到当年底累计确诊病例数超过 12 万例。老挝从 4 月中旬起确诊病例数持续攀升，到当年底累计确诊病例数超过 11 万例。东帝汶从 3 月起确诊病例数持续增加，到 7 月 16 日确诊病例数首次突破 1 万例。文莱于 8 月 7 日暴发了第二阶段疫情，打破了 457 天本土无新增确诊病例的防控纪录。

2021 年底，东南亚地区出现奥密克戎变异毒株，并引发该地区第三波疫情的迅速蔓延，到 2022 年 4 月疫情达到高峰。到 2022 年 3 月和 4 月，东南亚地区累计确诊病例数分别超过 2000 万例和 3000 万例。其中，越南遭受这波疫情的冲击最大，到 1 月 15 日、2 月 24 日累计确诊病例数分别超过 200 万例和 300 万例，到 3 月 5 日、3 月 10 日、3 月 14 日、3 月 18 日、3 月 21 日、3 月 27 日、4 月 7 日、8 月 5 日累计确诊病例数分别超过 400 万例、500 万例、600 万例、700 万例、800 万例、900 万例、1000 万例和 1100 万例，越南成为全球第 12 个累计确诊病例数超过千万例的国家。印尼到 2 月 17 日、3 月 28 日累计确诊病例数分别超过 500 万例和 600 万例，累计确诊病例数居世界第 19 位。菲律宾、马来西亚、泰国到 1 月 11 日、2 月 13 日和 3 月 5 日累计确诊病例数分别超过 300 万例，马来西亚、泰国、菲律宾到 3 月 22 日、4 月 16 日和 10 月 28 日累计确诊病例数分别超过 400 万例，马来西亚到 12 月 5 日超过 500 万例。新加坡仅三个月时间新增确诊病例数就超过 80 万例，到 3 月 20 日累计确诊病例数突破 100 万例，到 10 月 16 日超过 200 万例。缅甸国内再次出现疫情高峰，到 3 月 8 日累计确诊病例数超过 60 万例，4 月后疫情趋于平缓。老挝 3 月 23 日单日确诊病例数首次突破 2000 例，到 4 月 18 日累计确诊病例数超过 20 万例，此后疫情趋于好转。柬埔寨国内再次出现疫情高峰，2 月 23 日单日确诊病例数达到 598 例的峰值后，疫情形势逐渐好转。2022 年 1 月下旬，东帝汶疫情形势出现反弹，确诊病例数显著上升，到 2 月 1 日累计确诊病例数超过 2 万例，但此后单日确诊病例数趋于下降，甚至出现每日零增加的现象。

2022 年 6 月以后，印尼、马来西亚、菲律宾、新加坡、泰国和越南等的疫情均出现了反弹。印尼单日确诊病例数在 7 月、11 月的最高值分别为

3.8万例和4.6万例，12月中下旬后开始回落，马来西亚单日确诊病例数在7月、10月分别达2.9万例和2.6万例的峰值后日趋减少，菲律宾单日确诊病例数在8月达2.8万例的峰值后出现下降，新加坡单日确诊病例数在7月、10月出现6.5万例和5.7万例的高峰后逐步下跌，泰国单日确诊病例数在7月达1.6万例的峰值后趋于降低，越南单日确诊病例数在8月达到峰值后不断减退。

二 各国疫情防控政策的调整

面对新冠肺炎疫情的迅速蔓延，东南亚国家高度重视疫情防控，根据各自疫情形势和国情，适时实施和调整防控政策。在疫情暴发后，各国均实施严格的疫情防控措施，并视疫情变化进行政策松紧调控。由于早期新加坡、泰国和越南的疫情防控卓有成效，三国曾被国际社会和世界卫生组织公认为抗疫"优等生"。随着新冠肺炎疫情形势的变化，东南亚国家开始调整疫情防控政策，各国逐步选择从"病毒清零"转向"与病毒共处"。

（一）早期严格的疫情防控措施

在第一、二波疫情中，东南亚国家均实施了保持社交距离、"病毒清零"的政策，并根据疫情变化进行政策调控。2020年4月初，印尼开始实施"大规模社区限制"措施，2021年2月调整为"小规模社区限制"措施，6月初宣布进入"社区限制措施过渡期"，7月起采取"紧急社区活动限制"措施，后更名为"四级社区活动限制"措施；马来西亚先后实施了行动管制、有条件行动管制和复苏行动管制等疫情防控措施，后将疫情行动管制政策改为"国家复苏计划"；菲律宾根据疫情变化实施不同的社区隔离政策，这些政策包括增强型社区隔离、改良版强化社区隔离、一般社区隔离、改进版一般社区隔离；新加坡实施以"断路器"为名的系列限制政策，推行居家办公和保持社交距离等措施；泰国从2020年3月26日起在全国实施紧急状态法，并将该法令时效延长至2022年5月底；越南采取了快速追踪、划分疫点疫区、大范围采样检测、小范围封锁等手段，以快速控制疫情的扩散蔓延。

早在新冠肺炎疫情暴发初期，新加坡政府就成立了由卫生部、教育部、人力部和交通部组成的跨部门抗疫小组，实施以"断路器"（Circuit Breaker）为名的系列限制措施。从 2020 年 4 月 7 日至 5 月 4 日，新加坡关闭了所有提供非必要服务的工作场所，要求员工在家办公，所有学生居家学习，加强了对人员流动和聚集的限制，并呼吁民众尽量减少外出。此后，新加坡将该措施实施时间延长至 6 月 1 日，并强化了实施力度。政府还以立法的形式实施居家通知和保持社交距离的措施，违者将被处以罚款或监禁。同时，新加坡禁止所有邮轮停靠，禁止所有外籍短期旅客入境或过境。为缓解医疗资源紧张，政府在全国医疗系统内实施分级诊疗，以分散公共医院的负担，提高医疗体系效率。2021 年 9 月初，新加坡新冠肺炎疫情加速蔓延，政府提高了高风险行业员工病毒检测的频率，并扩大了检测的范围，同时禁止社交聚会，将在家办公定为基准上班模式，警告未接种疫苗者将面对更多限制。

2020 年 3 月 18 日，马来西亚政府首次实施行动管制令（MCO），并多次延长管制期限。2021 年上半年，马来西亚疫情迅速蔓延，1 月 13 日，马来西亚宣布全国实行紧急状态令，多个州和联邦直辖区实施行动管制令，3 月 4 日后各州分别实施有条件行动管制令（CMCO）、复苏行动管制令（RMCO）。但随着国内疫情的再次蔓延，5 月 10 日政府宣布实施第三轮行动管制令，5 月 28 日政府又紧急宣布自 6 月 1 日起实行两周的全国"封城"。2021 年 6 月 16 日，马来西亚政府公布了"国家复苏计划"（NCR），以取代疫情期间的行动管制令。该计划分为四个阶段，每阶段将以每日新增确诊病例数、加护病房床位数和疫苗接种率等三项指标来决定是否进入管制更宽松的下个阶段。进入 2022 年，马来西亚疫情防控形势日益严重，虽然政府宣称不会再次实行全国、全州或全县范围的行动管制令，但政府采取了更严格的边境管制措施。

从 2020 年 3 月 26 日起，泰国在全国范围内实施紧急状态法。2020 年12 月，泰国出现第二波疫情，政府决定从 2021 年 1 月 4 日起对包括曼谷在

内的全国 28 个府实施为期一个月的严格管制措施，包括限制商家营业时间，关闭高风险场所，实行线上教学、公务员居家办公和加快排查高风险群体等。2021 年 4 月，泰国出现第三波疫情，政府根据疫情严重程度，将全国分为红、黄、绿区域，入境隔离政策重新收紧。2021 年 6 月，泰国暴发第四波疫情，政府进一步收紧曼谷及周边地区的防疫措施，包括暂停建筑工地施工 30 天，禁止在餐厅堂食，禁止举办聚集性活动，尽可能实行居家办公，减少出行和人际接触。各地方政府在发现群聚感染时可依法下令封锁、关闭辖区内的高风险社区或场所等，到 7 月和 8 月，泰国逐步扩大了"高度严格管控区"的府的范围，国内 79 个府中无一是防疫"绿区"（不受疫情影响区）。

（二）各国疫情防控政策的转向

随着新冠肺炎疫情形势的变化和疫苗接种率的提高，东南亚国家开始调整疫情防控政策。2021 年 6 月 24 日，新加坡跨部门抗疫小组联合主席发表文章，宣布启动"与病毒共处、如常生活"的全面计划，但由于裕廊渔港突发疫情，该计划被搁浅。到 8 月 19 日，该计划重新启动，这标志着新加坡开始进入"与病毒共存"的防疫阶段。2022 年 3 月 24 日，新加坡总理李显龙发表全国讲话，宣布新加坡疫情防控已进入重要转折点，将果断地迈向与病毒共存的阶段，但他还强调病毒会继续变异，如果传染性更强、更危险的变种毒株出现，我们可能需要倒退，再次收紧防疫措施。[1] 从 3 月 29 日起，新加坡开始放宽疫情防控措施。从 4 月 26 日起，政府下调疾病暴发应对系统（DORSCON）警戒级别，由橙色变为黄色。

从 2021 年 9 月起，越南疫情防控政策开始酝酿调整和转向，政府疫情防控指导委员会制定了新的疫情防控计划，从疫情暴发后一直实行的"社区零确诊"政策转向"与病毒共处"。[2] 2021 年 10 月 11 日，越南发布"安

---

① 《李显龙：迈入新阶段》，新加坡《联合早报》2022 年 3 月 25 日。
② 《防控新冠肺炎疫情：适应促发展》，越通社，2021 年 9 月 20 日。

全、灵活、有效控制新冠肺炎疫情"的临时规定，即第 128/NQ-CP 号决议。政府划分了全国 63 个省市新冠肺炎疫情风险的等级，提出不采取大范围的保持社交距离的措施，尽量不影响经济社会活动和人民的生活；继续防止疫情扩散，减少重症病例数和死亡病例数；严控入境人员，防止新冠病毒入侵境内，确保高风险人群的安全；加快新冠病毒疫苗接种力度，积极开展疫苗国内自主研制工作，并与国外合作研制新冠病毒疫苗；放宽入境限制措施，从 2022 年 3 月 15 日起已接种疫苗和检测合格的入境者，入境隔离 24 小时后就可自由通行。

自 2021 年 12 月 15 日起，文莱宣布进入"流行病"阶段，此后，政府先后 6 次延长该阶段时间。从 2022 年 4 月 25 日起，政府要求所有政府员工返岗办公，鼓励私营部门全员复工；从 5 月 6 日起，政府取消了绿色和非绿色名单国家划分，允许任何国家的完成新冠病毒疫苗接种者通过航空进入文莱等。5 月 24 日，文莱正式宣布在国家复苏框架下的流行病早期阶段于 5 月 31 日结束，自 6 月 1 日起调整疫情防控政策，大型聚会人数不作限制，允许举办竞技体育活动，参加祈祷没有年龄限制，公共场所内应佩戴口罩，但无须检测体温。自 8 月 1 日起，全面开放跨境旅行，从 9 月 15 日起执行新的疫情防控政策和旅行指南，自 10 月起学生恢复集中线下考试，入境不再要求完整接种新冠病毒疫苗等。

从 2022 年 3 月起，马来西亚、泰国、印尼和菲律宾纷纷放宽疫情防控政策。马来西亚宣布，从 4 月 1 日起从目前大流行病阶段进入地方性流行病过渡阶段，政府将重新开放边境，国内未接种疫苗者的行动不再受限制，取消商家营业时间限制，参加宗教活动也无须保持社交距离，但仍将保留现有一些防疫措施，如民众外出必须戴口罩等。对于完成疫苗接种者入境将不必隔离，但入境前两天须进行核酸检测，入境后 24 小时内进行抗原快速检测。自 5 月 1 日起，马来西亚大幅放宽防疫措施，无论是否接种疫苗均可自由进出公共场所，取消室内外保持社交距离的措施，可选择不戴口罩。泰国政府提出分四阶段将新冠肺炎疫情全面过渡为地方性流行病，第一阶段（2022 年 3 月 12 日至 4 月初）为疫情战斗阶段，第二阶段

（4月至5月）为疫情控制阶段，第三阶段（5月下旬至6月30日）为疫情下降阶段，第四阶段（自7月1日起）结束疫情大流行，将其全面过渡为地方性流行病。① 从4月起，泰国政府提出大幅放宽疫情防控措施，从5月1日起调整疫情防控区域，分别为黄色区域（高度管控区）65个府，蓝色区域（旅游试点区）12个府，没有暗红色区域（严格管控区）、红色区域（最高管控区）和橙色区域（管控区域）。同时，放宽国际旅客入境条件，完成疫苗接种者抵达时无须进行核酸检测。② 印尼也放宽了疫情防控要求，对于已完成新冠病毒疫苗接种者入境免隔离，在境内无须再出示核酸检测或抗原检测阴性证明，放宽对各类体育赛事观众的限制，也不再强制民众在户外戴口罩。菲律宾从3月1日起将首都大马尼拉地区和其他39个区的防疫措施降到最低级别，不再将新冠肺炎疫情视为"公共卫生紧急危机"，公共场所、交通工具的防疫措施全部取消，零售、服务和休闲场所的限制解除，但对停课两年多的学校复课尚未作明确规定。从4月起全面开放旅游边境，不再要求外国公民在申请签证时提供豁免入境文件，已完整接种新冠病毒疫苗的入境旅客，在抵境时不再需要出示出发前核酸检测的阴性证明。

作为东南亚最不发达国家，东南亚四国（柬埔寨、老挝、缅甸和东帝汶）也调整了疫情防控政策。2021年11月，柬埔寨正式实施"与新冠病毒共存"战略，从11月15日起完成疫苗接种的国内外民众可免隔离入境柬埔寨，入境者只需进行核酸快速检测；2022年5月8日起，老挝宣布恢复开放所有出入境国际口岸，已接种疫苗的国内外人员入境时无须进行核酸检测，未接种疫苗人员须持48小时内核酸快速检测阴性结果入境；2022年4月17日起，缅甸取消防疫聚集限制令，恢复国际航班入境通行，入境者需在抵达缅甸前14天完整接种卫生部批准的新冠病毒疫苗，抵达机场后进行核酸快速检测；2022年4月6日起，东帝汶规定所有入境旅客不再需要提

① 《卫生部7月1日起新冠将定为地方病》，泰国《星暹日报》2022年3月10日。
② 《泰国疫管中心大幅放宽新冠疫情防控措施》，泰国《星暹日报》2022年4月22日。

前完成核酸检测，只需出示疫苗接种证书，未完成疫苗接种者需接受 14 天集中隔离。

（三）实施促进经济复苏和纾困援助的政策措施

作为东南亚区域性组织，东盟制定了《东盟全面复苏框架》及其实施计划，为各成员国应对新冠肺炎疫情并实现社会经济稳步复苏提供指导。该框架计划是东盟区域层面应对疫情的协调一致的战略，旨在通过聚焦关键部门和弱势群体，确定符合行业和区域优先方向的行动举措，实现更有韧性、包容和可持续的复苏。东盟聚焦五大战略领域，即提升卫生系统、强化人类安全、最大化东盟内部市场和经济一体化潜力、加快包容性的数字转型、迈向更可持续和更具韧性的未来。同时，框架计划确定了五大战略领域的优先措施、具体项目、预期目标、实施期限及负责部门。[1]

在全球疫情的冲击下，东南亚国家疫情防控形势几经起伏，各国相继出台经济援助配套计划，加大财政支出，实施宽松的货币政策，扶持中小企业和弱势群体，以求尽快摆脱经济衰退的困境。文莱政府先后出台总额达 4.5 亿文币的纾困援助措施，通过延付贷款本金、减免行业税、免除银行收费、缓缴社保费、发行伊斯兰债券、设立救助基金和实施"购买本地产品运动"等，帮助中小微企业和个体经营业主应对疫情。印尼成立了国家疫情防控和经济复苏委员会，政府连续实施财政预算赤字政策，加大疫情防控投入，为工商业和中小微企业提供税收优惠和政策扶持。2020～2022 年，印尼财政预算案开支分别为 2595.5 万亿盾、2786.4 万亿盾和 3105.4 万亿盾，预算赤字分别为 947.7 万亿盾、775.1 万亿盾和 598 万亿盾。[2] 马来西亚先后出台了六个经济振兴配套方案，2021 年 5 月底宣布总额为 400 亿林吉特的第七个经济振兴配套计划，6 月底又出台了总额为 1500

①　ASEAN Secretariat（2020）."ASEAN Comprehensive Recovery Framework and Its Implementation Plan." https：//asean. org/asean-comprehensive-recovery- framework-implementation-Plan.

②　《三年来政府成功控制大流行病　同时也成功保护了社会大众和经济基础》，印尼《国际日报》2022 年 12 月 3 日。

亿林吉特的经济复苏配套计划。新加坡连续出台了五个经济援助配套计划，纾困资金规模达近千亿新元，政府不断扩大财政支出，财政赤字高达649亿新元，相当于国内生产总值的13.9%，其中政府动用了520亿新元的国家储备金，相当于1996~2019年财政盈余的总和。2020~2022年，泰国在公共卫生领域累计支出4442.94亿铢，其中健康服务支出2601.74亿铢（占58.6%），疫苗采购统筹管理支出779.87亿铢（占17.6%），抗疫医护人员补贴支出574.99亿铢（占12.9%），抗疫药品及研发投入支出486.34亿铢（占10.9%）。① 截至2022年底，越南直接用于疫情防控、政策落实和社会保障的资金达230万亿越南盾。②

（四）积极寻求疫情防控的区域合作

自疫情蔓延后，东南亚国家积极寻求区域合作以共同应对疫情的影响。2020年4月，东盟抗击新冠肺炎疫情领导人特别会议召开，通过了《东盟抗击新冠肺炎疫情领导人特别会议宣言》。该宣言强调，东盟应集中采取减轻疫情扩散对经济社会造成影响的措施，各国应保持密切配合保护人民生命安全和身体健康，协助中小型企业渡过难关。③ 东盟协调委员会（ACC）成立了东盟公共卫生协调委员会紧急情况工作组（ACCWG-PHE），旨在促进东盟共同体跨部门合作。东盟成员国外长一致同意，建立新冠肺炎疫情应对基金。为此，东盟颁布了突发公共卫生事件应急标准，成立了东盟应对新冠肺炎疫情基金会、东盟应急医疗物资储备库、东盟公共卫生和新兴新型疾病应急行动中心等。同时，东盟国家经济部长会议通过了"河内行动计划"，提出恢复东盟经济的具体措施，东盟旅游部长会议通过了《加强合作致力于恢复东盟旅游业的联合声明》，东盟劳务部长会议通过了《东盟劳务部长

---

① 《泰国抗疫三年总支出超4400亿铢》，泰国《中华日报》2023年3月6日。
② 《越南第十五届国会第五次会议：监督新冠肺炎疫情预防和控制资源的动员管理和使用》，越通社，2023年5月29日。
③ Declaration of the Special ASEAN Summit on Coronavirus Disease 2019（COVID-19）. https://asean. org/wp-content/uploads/2021/09/FINAL-Declaration-of-the-Special-ASEAN-Summit-on-COVID-19. pdf.

关于应对新冠肺炎疫情对劳动者和就业机会产生影响的联合声明》。东盟突发公共卫生事件和新发疾病应急处理中心（ACPHEED）分别在印尼、越南和泰国设立三个办事处，以提升预防、检测和应对新发疾病的能力。此外，各国加强了在疫情防控、抗病毒药物研发、疫苗接种、医疗物资供给等领域的合作。

三　三年疫情对东南亚地区发展的影响

持续三年的全球疫情，对东南亚国家经济与社会发展造成了严重的冲击，也对地区中期发展产生了深刻的影响。近期新冠肺炎疫情尽管对各国经济与社会发展的影响趋于减小，但仍是影响东南亚国家中期发展的不确定因素。从近中期看，三年疫情将拖延各国实现中期发展目标，减缓产业转型升级，导致一些国家贫困率上升，制约区域生产要素自由流动，从而影响该地区现代化的进程。

（一）疫情对各国经济增长的影响，拖延实施中期发展计划

随着疫情形势的变化，东南亚国家调整了疫情防控政策，各国放松疫情防控以助力国内经济复苏的政策效应已逐渐显现。在 2021 年东南亚经济显露复苏迹象后，2022 年主要国家经济保持了持续复苏的局面，一些国家经济增速甚至超出预期。据统计，该年印尼经济增长率为 5.3%，马来西亚为 8.7%，菲律宾为 7.6%，新加坡为 3.8%，泰国为 2.6%，越南为 8.0%。东盟经济部长特别会议指出，2023 年东盟国家经济增速将回归疫情前的水平。疫情虽然对经济增长的影响趋于减小，但仍是影响东南亚经济复苏的主要不确定因素之一。由于新冠病毒变异毒株变幻莫测，东南亚一些国家仍担忧是否会出现第四波疫情。

从中期看，三年疫情打乱了东南亚国家经济社会发展的常态，拖延了各国实现中期经济发展目标。作为东南亚最大的经济体，印尼近二十年经济持续快速增长，其经济年均增速在世界各国中名列前茅，2020 年印尼首次进

入上中等收入国家的行列，但次年世界银行又重新将受疫情冲击的印尼列入下中等收入国家；马来西亚人均收入已超过 1 万美元，但该国要进入高收入国家行列仍有一步之遥，世界银行预计疫情还将延缓这一时间节点；自2012 年起，菲律宾经济开始加速增长，且连续八年经济增速超过 6%，但疫情使得政府拟定在 2020 年实现跻身上中等收入国家的目标成为泡影；由于疫情的冲击，泰国政府对国家中期发展战略进行了适当调整；越南经济高速增长的势头遭受疫情的打压，政府拟定 2025 年实现进入上中等收入国家行列这一目标的不确定性增大；在近年联合国对最不发达国家清单的审议中，柬埔寨、老挝、缅甸和东帝汶相继达到和接近最不发达国家的"毕业标准"，但疫情将拖延这些国家"摘帽"的进程。①

（二）疫情延缓产业转型升级的进程，各国面临着全球价值链重构的机遇与挑战

近年来，东南亚主要国家在尚未完成工业化的情况下普遍出现了"去工业化"现象，主要表现为工业尤其是制造业发展减缓或停滞，其增加值比重趋于下降。在新一轮工业革命和全球制造业东移的背景下，东盟发布了《东盟面向"工业 4.0"的产业转型宣言》、《东盟数字总体规划 2025》和《东盟第四次工业革命的综合战略》，提出通过采用"工业 4.0"的创新和技术，促进数字经济发展，推动创新和技术驱动型产业的发展，增强企业尤其是中小企业的能力建设。② 为了扭转或延缓"去工业化"的进程，东南亚国家纷纷出台"工业 4.0"战略和数字转型计划，以加快迈向"工业 4.0"和数字经济时代。三年疫情期间，尽管以电子商务、移动支付等形式的数字经济悄然兴起，但各国实施"工业 4.0"战略和数字转型计划仍受到一定影响，多数国家固定资产投资下滑，政府债务负担加重，一些产业转型升级项

---

① UNCTAD（2021）. *The Least Developed Countries 2021：In the Post-COVID.* p. XI
② ASEAN Secretariat（2019）. "ASEAN Declaration on Industrial Transformation to Industry 4.0.";
ASEAN Secretariat（2021）. "ASEAN Digital Masterplan 2025.";ASEAN Secretariat（2021）.
"*Consolidated Strategy on the Fourth Industrial Revolution for ASEAN.* ".

目停滞或延后。印尼财长丝莉·穆丽亚妮（Sri Mulyani Indrawati）曾表示，三年疫情使得政府预算支出飙升，新增的900万亿盾财政支出相当于兴建两座新首都努山达拉（IKN）的投资额。①

2008年全球金融危机爆发后，全球价值链的扩张势头出现了逆转，后进入重构期。作为全球价值链的重要节点，东盟国家的参与度呈波动下滑趋势。从价值链参与度指数看，东盟国家价值链参与度在全球金融危机前普遍上升，但进入价值链重构期后该指数呈波动下滑趋势。东盟国家的全球价值链参与度从2000年的42.4上升至2008年最高44.3，到2020年则下降至41.9。② 随着新冠肺炎疫情的蔓延，全球价值链几近中断，区域产业链和供应链遭受巨大冲击，暴露全球价值链的高度脆弱性和不稳定性，东盟国家的外向型企业生产与出口也近乎停滞，延缓了各国融入全球和区域价值链的过程。在全球疫情延宕和大国战略博弈加剧的背景下，跨国公司加快了全球和区域价值链重构的步伐，美、日、韩等国实施了鼓励本国跨国公司回归本土或从中国转向东盟国家的措施，东盟国家将面临全球价值链重构带来的新的机遇与挑战。

（三）疫情导致一些国家贫困率上升，实现可持续发展目标的难度增大

尽管全球半数以上的粮食生产来自东南亚，但世界上1/3的贫困人口居住在该地区，其中东南亚贫困人口中的75%生活在农村。③ 因此，减少贫困一直是该地区悬而未决的难题，东盟区域组织和各国政府均致力于减少贫困人口和降低贫困率，并取得了一定的成效。为了实现联合国制定的"千年发展目标"（MDGs），2011年东盟出台了实现"千年发展目标"的路线图，

---

① 《财长：处理疫情开支额可建成两个新首都》，印尼《国际日报》2023年1月28日。
② 全球价值链参与度指数是反映一国参与全球价值链程度的指标，其计算公式是间接增加值出口与国外增加值出口之和与总出口的比重。
③ ASEAN Secretariat（2022）. "ASEAN Framework Action Plan on Rural Development and Poverty Eradication 2021-2025." pp. 1-2.

制定了各成员国集体行动框架和监测评价体系，促使各成员国到 2015 年实现联合国消除贫困的目标。到 2015 年，在实现千年发展目标的 25 个指标中，东盟成员国有 23 个指标均达到或超过，其中包括每日收入低于 1.25 美元（购买力平价）的人口比例、生活在国家贫困线以下的人口比例。① 2015 年 9 月，联合国推出可持续发展目标（SDGs），提出包括消除贫困在内的 17 个可持续发展目标的指标，2016~2018 年，东盟国家中生活在国家贫困线以下的人口比例从 14.8% 降至 13%。②

　　不过，在全球疫情的冲击下，东南亚经济急剧衰退，中小企业陷入困境，失业人口大幅增加，各国的贫困人口和贫困率均有所上升，实现可持续发展目标面临新的挑战。据统计，2011 年印尼处于贫穷线以下的人口为 3002 万人，贫困率为 12.49%，到 2019 年贫困人口降至 2479 万人，贫困率降至 9.22%。但到 2021 年 3 月，印尼贫困人口增至 2754 万人，贫困率升至 10.14%。此后，印尼的贫困人口和贫困率有所下降。2022 年 9 月，印尼贫困人口为 2636 万人，贫困率为 9.57%。③ 近年来，菲律宾在减少贫困方面取得了明显成效，2018 年实现了 600 万人脱贫的目标，贫困率从 2015 年的 22% 降至 2018 年的 16.7%，比原定目标实现时间提早了四年。但是，在疫情的冲击下，菲律宾贫困率呈上升趋势，2021 年菲律宾贫困人口比三年前增加 230 万，贫困率升至 18.1%。④ 2009~2019 年，柬埔寨近 200 万人摆脱贫困，贫困率从 33.8% 降至 17.8%，但自 2020 年以来这一比率上升了 2.8 个百分点，约 46 万人成为贫困人口。⑤ 在疫情蔓延的影响下，马来西亚贫困率从 2019 年的 5.6% 升至 2020 年的 8.4%。世界银行

① ASEAN Secretariat (2017). *ASEAN Statistical Report on Millennium Development Goals 2017*. pp. 15-16.

② ASEAN Secretariat (2020). *ASEAN Sustainable Development Goals Indicators Baseline Report 2020*.

③ 《去年 9 月贫穷率升至 9.57%》，印尼《国际日报》2023 年 1 月 19 日。

④ World Bank (2022). *Overcoming Poverty and Inequality in the Philippines：Past，Present，and Prospects for the Future*. p. 5.

⑤ Wendy Karamba and Kimsun Tong (2022). "Cambodia Poverty Assessment：Toward a More Inclusive and Resilient Cambodia." https：//openknowledge. worldbank. org/handle/10986/38344.

预测，2021 年受疫情影响泰国贫困人口增加 16 万人，贫困率会升至6.4%。[1]

（四）疫情制约区域内生产要素流动，尤其是对区域内跨境劳工流动影响巨大

2015 年底，东盟共同体正式建成，它包括政治—安全共同体（APSC）、经济共同体（AEC）和社会—文化共同体（ASCC）。在 2015 年东盟共同体蓝图的基础上，东盟推出了 2025 年共同体的愿景和蓝图，制定了未来十年东盟三大共同体的发展目标、主要任务和战略措施。其中，东盟经济共同体的目标在于打造单一的区域市场，在《东盟货物贸易协议》（ATIGA）、《东盟服务贸易协议》（ATISA）、《东盟全面投资协议》（ACIA）和专业人才资质互相认可（MRA）框架下，促进区域内生产要素的自由流动。现东盟区域内 98.6%的商品实现了零关税，外商直接投资（FDI）大量涌入，技能劳动力的区域流动扩大。[2] 由于各国加强了疫情防控，区域内生产要素自由流动受阻，区域内外的贸易与投资大幅减少。2019~2020 年，东盟进出口贸易额从 2.82 万亿美元减至 2.59 万亿美元，其中东盟区域内贸易额从 6326.04 亿美元减至 5498.22 亿美元，区域内贸易比重从 22.5%降至 21.2%；FDI 流入量从 1820.06 亿美元减至 1373.32 亿美元，但东盟区域内 FDI 流入量从 220.47 亿美元微增至 228.16 亿美元，占 FDI 比重从 12.1%增至 16.6%。[3]

尽管东盟区域内劳动力自由流动仅限于技能劳动力，但现有区域内跨境劳工的流动已颇具规模，这部分跨境劳工对区域经济发展具有重要的影响。近期，东盟的研究报告显示，2019 年东盟区域内各成员国劳工有 710 万人，已形成以泰国、马来西亚和新加坡为中心的三大跨境劳工流动走廊。东盟区

---

① World Bank（2022）. "Thailand Economic Monitor: The Road to Recovery, July 2021." https://openknowledge.worldbank.org/bitstream/handle/10986/35945/Thailand－Economic－Monitor-The-Road-to-Recovery.pdf? sequence=1&isAllowed=y.

② ASEAN Secretariat（2019）. *ASEAN Integration Report 2019*. pp. 19-20，38.

③ ASEAN Secretariat（2019）. *ASEAN Statistical Yearbook 2021*. pp. 53，138.

内三大跨境劳工流动走廊的流向是：柬埔寨、老挝和缅甸劳工流向泰国，印尼、缅甸和越南劳工前往马来西亚，印尼和马来西亚劳工迁移至新加坡。[①]此次新冠肺炎疫情的蔓延对区域内跨境劳工的流动造成了较大的冲击，也直接影响到一些国家疫情后经济复苏的进程。在疫情期间，由于当地停工停产，许多外籍劳工不得不返回本土而面临失业问题。不过，当经济逐渐复苏之后，新加坡、马来西亚、泰国均面临劳工短缺问题，如新加坡的建筑、海事和岸外工程领域外籍劳工严重不足，马来西亚预期其经济持续复苏的情况下至少需要引进80万~100万名外籍劳工。

结　语

当新冠肺炎疫情进入第四个年头时，2023年5月世界卫生组织宣布，新冠肺炎疫情不再构成国际关注的突发公共卫生事件，这意味着世界应对疫情大流行取得重大进展。东南亚国家新冠肺炎疫情进入低水平流行，主要疫情国家的新增确诊和死亡病例数大幅下降，该地区总的确诊和死亡病例数均处于低位。

在全球疫情的影响下，东南亚地区经济出现严重衰退，随后又迅速复苏，成为世界经济重要的增长极。面对疫情形势的变化，各国适时调整疫情防控政策，实施促进经济复苏和纾困援助的举措，实行扩张性财政政策，加大政府支出，出台金融扶持政策，加大基础设施建设，推动产业和企业数字化转型，促进中小企业融入全球价值链，加快区域经济整合，在较短的时间内降低疫情的影响和实现经济的复苏。在全球疫情蔓延和经济动荡叠加的背景下，东南亚新兴经济体呈现发展的韧性和活力。

不过，三年疫情打乱了东南亚国家经济社会发展的常态，进而影响各国实现中期经济发展目标。例如，首次进入上中等收入国家行列的印尼因疫情冲击又重新跌入下中等收入国家行列，马来西亚迈向高收入国家的时间点因

---

① ASEAN Secretariat（2022）. *ASEAN Migration Outlook*. pp. 17-18.

疫情而再度延缓，疫情使得菲律宾拟定在 2020 年实现跻身上中等收入国家的目标落空，泰国因疫情不得不调整国家中期发展战略，疫情也拖延东南亚最不发达四国脱贫"摘帽"。同时，各国疫情减缓了产业转型升级，引发一些国家贫困率上升，制约区域内生产要素自由流动，从而影响该地区现代化发展的进程。

参考文献

ASEAN Secretariat（2020）."ASEAN Comprehensive Recovery Framework and its Implementation Plan." https：//asean. org/asean-comprehensive-recovery- framework-implementation-Plan.

ASEAN Secretariat（2021）. "Consolidated Strategy on the Fourth Industrial Revolution for ASEAN. " https：//asean. org/book/consolidated - strategy - on - the - fourth - industrial - revolution-for-asean.

ASEAN Secretariat（2021）. *ASEAN Digital Masterplan 2025.* Jakarta：ASEAN Secretariat.

Farhad Taghizadeh-Hesary, Naoyuki Yoshino, Nisit Panthamit, Han Phoumin（2023）. *Post-Pandemic Green Recovery in ASEAN.* Jakarta：Economic Research Institute for ASEAN and East Asia.

ASEAN Secretariat（2022）. *Report on the Follow up to the Recommendations of Mid-Term Review of ASCC Blueprint 2025.* Jakarta：ASEAN Secretariat.

ASEAN Secretariat（2022）. *ASEAN Migration Outlook.* Jakarta：ASEAN Secretariat.

Kuriakose, Smita；Ting, Kok Onn；Hebous, Sar（2022）. *Firms' Recovery from COVID-19 in Malaysia：Results from the 5th Round of COVID-19 Business Pulse Survey.* Washington D. C. ：World Bank.

Mia Mikic, Guy Sacerdoti, James Villafuerte, Dulce Zara（2023）. *ASEAN and Global Value Chains：Locking in Resilience and Sustainability.* Manila：ADB.

Venkatachalam Anbumozhi, Fukunari Kimura（2018）. *Industry 4. 0：Empowering ASEAN for the Circular Economy.* Jakarta：Economic Research Institute for ASEAN and East Asia.

B.3

东南亚国家经济形势的分析与展望

王岩 许鋆*

摘 要： 在全球疫情蔓延和经济动荡叠加的背景下，2022年世界经济缓慢复苏，而东南亚国家经济仍保持了持续复苏的态势，一些国家经济增速甚至超出官方的预期。为加快国内经济复苏，东南亚国家适时调整宏观经济政策，实行扩张性的财政政策，提高利率以减缓通胀压力，加大基础设施建设，推动产业转型升级，促进中小企业融入全球价值链。近年来，东南亚国家纷纷推出数字经济转型战略与政策，推进产业数字化和数字产业化，为各国经济复苏提供新动能。2023年，世界经济增长仍处于下行通道，而东南亚国家经济有望保持持续复苏的态势，但其中也存在不稳定和不确定性因素。

关键词： 经济复苏 数字化转型 东南亚国家

在全球疫情蔓延和经济动荡叠加的背景下，2022年东盟国家经济却逆势增长，保持了持续复苏的态势，疫情防控政策的放松加快了经济复苏的进程。为了应对世界经济与地缘政治形势的急剧变化，东南亚国家实施积极的财政政策，调整货币政策以减缓通胀压力，推进产业数字化转型，加快中小企业融入全球价值链。2023年，世界经济复苏乏力，发达国家和新兴市场国家经济增长处于下行通道，但东南亚国家经济仍将保持持续复苏的态势，而其也将面对来自国内外的一系列挑战。

---

* 王岩，经济学博士，厦门大学国际关系学院/南洋研究院教授，博士生导师；许鋆，管理学博士，福州大学经济与管理学院讲师。

一 世界经济动荡的背景下东南亚经济逆势增长

当21世纪跨入第三个十年，新冠肺炎疫情的全球蔓延导致世界经济陷入全面衰退之中，东南亚国家经济也急转直下，出现了自亚洲金融危机以来最严重的衰退，2020年大多数国家经济出现负增长。2021年，除文莱和缅甸外，东南亚其他国家经济均呈现复苏的态势。2022年，在全球疫情延宕和经济动荡叠加的背景下，东南亚国家经济却仍保持了持续复苏的局面，一些国家经济增速甚至超出官方的预期。

据东南亚国家的统计，2021年，文莱经济增长率为-1.6%、柬埔寨为3.0%，印尼为3.7%，老挝为2.1%，马来西亚为3.1%，缅甸为-17.9%，菲律宾为5.7%，新加坡为8.9%、泰国为1.6%，东帝汶为2.9%，越南为2.6%（见表1）。2022年，东南亚主要国家经济保持了持续复苏的势头，印尼四个季度的经济增长率分别为5.01%、5.44%、5.72%和5.01%，全年为5.3%；马来西亚分别为5%、8.9%、14.2%和7%，全年为8.7%；菲律宾分别为8.2%、7.5%、7.6%和7.2%，全年为7.6%；新加坡分别为3.7%、4.8%、4.1%和2.1%，全年为3.6%；泰国分别为2.2%、2.5%、4.6%和1.4%，全年为2.6%；越南分别为5.03%、7.72%、13.67%和5.92%，全年为8.0%。

东南亚主要国家宏观经济总体保持稳定的局面，国内经济逐渐复苏，失业率趋于下降，财政赤字相对减少，国际收支状况有所改善。但是，由于全球通货膨胀加剧，美国加息不断，东南亚国家的通货膨胀率明显上升，汇率波动加大，一些国家货币短期内大幅贬值。从需求结构看，东南亚主要国家的私人消费和政府消费均扭转负增长的局面，固定资本形成有所扩大，进出口贸易增长较快，一些国家进出口贸易创下历史新高，成为国内经济复苏的重要外部动力；从供给结构看，各国农业、工业和服务业呈现复苏景象，尤其是制造业在国外需求扩大的带动下强劲增长，推动国内经济触底反弹，东南亚国家旅游及其相关行业开始逐步恢复。

表1　2005~2023年东南亚国家实际国内生产总值增长率

单位：%

	2005~2014年	2015年	2016年	2017年	2018年	2019年	2020年	2021年	2022年	2023年
文莱	0.4	-0.4	-2.5	1.3	0.1	3.9	1.1	-1.6	-1.5	3.3
柬埔寨	7.5	7.0	6.9	7.0	7.5	7.1	-3.1	3.0	5.0	5.8
印尼	5.9	4.9	5.0	5.1	5.2	5.0	-2.1	3.7	5.3	5.0
老挝	7.8	7.3	7.0	6.9	6.3	4.7	-0.4	2.1	2.3	4.0
马来西亚	4.9	5.0	4.4	5.8	4.8	4.4	-5.5	3.1	8.7	4.5
缅甸	8.4	7.5	6.4	5.8	6.4	6.8	3.2	-17.9	2.0	2.6
菲律宾	5.4	6.3	7.1	6.9	6.3	6.1	-9.5	5.7	7.6	6.0
新加坡	6.1	3.0	3.6	4.5	3.6	1.3	-3.9	8.9	3.6	1.5
泰国	3.5	3.1	3.4	4.2	4.2	2.1	-6.2	1.6	2.6	3.4
东帝汶	5.7	2.8	3.4	-3.1	-0.7	2.1	-8.3	2.9	3.3	2.2
越南	6.3	7.0	6.7	6.9	7.5	7.4	2.9	2.6	8.0	5.8

注：2005~2014年为年平均增长率；2023年为预测数。

资料来源：根据 *IMF World Economic Outlook April 2023* 数据编制。

印尼是东南亚国土面积最大和人口最多的国家，也是东南亚唯一一个国内生产总值（GDP）超过万亿美元的国家。2022年，印尼经济保持强劲复苏态势，经济增速创下近九年来的新高。其中，国内外需求持续增长，经济复苏提振私人消费需求，国内固定资本形成扩大，商品和服务出口保持10%以上的高速增长；有7个产业部门的增长率高于GDP增长率，制造业、农业、采矿业占GDP的比重分别为18.3%、12.4%和12.2%。2022年，印尼的财政赤字率回归目标区间，经常项目顺差扩大，失业率和贫困率出现双降。不过，在全球经济"滞胀"的冲击下，印尼经济出现物价快速上涨、资本大量外流、本币持续贬值的现象，导致印尼经济走势的不确定性增大。2020年，印尼首次进入上中等收入国家的行列，但次年世界银行又重新将受疫情冲击的印尼列入下中等收入国家。2022年，印尼经济持续复苏，并且连续六个季度经济增长率超过5%。2023年7月，世界银行再度将印尼列入上中等收入国家。[1]

---

[1] "World Bank Analytical Classifications." https：//datahelpdesk. worldbank. org/knowledgebase/articles/378834-how-does-the-world-bank-classify-countries.

　　马来西亚是2022年东南亚国家中经济增速最快的国家，其国内生产总值（GDP）增长率为8.7%，这是马来西亚22年来最快的经济增速，也超过政府预期的6.5%~7%的年度经济增长目标。马来西亚经济快速增长主要受到内部需求扩大、劳动力市场向好和旅游业复苏，以及全球市场对电子产品需求旺盛等因素影响。从4月起，马来西亚经济开始反弹，第三季度经济增长率超过两位数，第四季度个人消费开始回暖，并带动内需持续扩大，全年服务业增长10.9%，制造业增长8.1%。同时，马来西亚进出口总额为2.85万亿林吉特，增长27.8%，连续两年超过两万亿林吉特大关。其中，出口1.55万亿林吉特，增长25%；进口1.3万亿林吉特，增长31.3%。马来西亚经济部长拉菲兹指出，若经济能保持4%~5%的增长率，林吉特与美元汇率就会相对稳定，马来西亚最早可在2026年跻身高收入国家行列。[①]不过，在全球经济复苏乏力和美国持续加息等因素影响下，马来西亚经济面临通货膨胀抬头、本币走弱等多重挑战。

　　越南经济增速居东南亚国家第二位，2022年GDP增长8.02%，超过了政府预定的6%~6.5%的目标，也创下了自1997年以来经济增长率的新高。其中，农林渔业增长3.36%，对经济增长的贡献率为5.11%；工业和建筑业增长7.78%，对经济增长的贡献率为38.24%；服务业增长9.99%，对经济增长的贡献率为56.55%。越南宏观经济保持了相对稳定，全年居民消费价格指数（CPI）较上一年增长3.15%，失业率为2.2%。越南进出口贸易总额首次突破7000亿美元，达7325亿美元，其中出口3718亿美元，进口3606亿美元，连续7年实现贸易顺差。当年，越南吸引外商直接投资（FDI）277亿美元，较上一年增长13%，是近四年来的最高水平。越南官方统计数据显示，2022年GDP总量突破4000亿美元大关，达到4090亿美元，人均GDP达到4110美元，政府预计到2030年越南将进入上中等收入国家行列。

　　菲律宾2022年经济增长率为7.6%，超过政府预期的6.5%~7.5%的增

---

① 《拉菲兹：若经济增长介于4%至5%，我国有望在2026年跻身高收入国》，马新社，2023年2月15日。

长目标，也创下了自 1976 年以来最高的经济增速。其中，工业和服务业分别增长 6.7% 和 9.2%，两者是拉动经济增长的两大动力；私人消费和政府支出增幅明显（分别增长 8.3% 和 5%），进出口贸易表现强劲（分别增长 13.1% 和 10.7%）。但是，菲律宾通货膨胀率居高不下，内债和外债均呈两位数增长，债务总额攀升至 13.4 万亿比索，贫困人口比重升至 21.6%。长期以来，菲律宾一直在下中等收入国家行列中徘徊，政府原先计划在 2020 年跻身上中等收入国家，但因三年疫情而成为泡影。世界银行最新公布的 2022 年菲律宾人均国民总收入（GNI）为 3950 美元，距离上中等收入国家 4256 美元的标准仍有一步之遥，菲律宾政府预计菲律宾有望在 2025 年成为上中等收入国家。[①]

在经历了建国以来最严重的经济衰退后，2021 年新加坡经济出现强劲反弹，2022 年经济复苏的进程有所减缓，全年经济增长率为 3.6%，当年国内生产总值（GDP）为 6435 亿新元（约 4670 亿美元），人均国民总收入为 95789 新元（约合 8.27 万美元），消费者物价指数（CPI）较上一年增长 6.1%，失业率为 2.1%。当年，制造业增长 2.5%，大大低于 2021 年增速，其中电子行业增长 2.6%，化工和生物医药行业均出现负增长，运输业快速增长，这主要归因于航空航天、海洋和近海工程（M&OE）行业的扩张，建筑业也出现下滑。[②] 由于放松疫情防控，入境旅客逐渐增多，航空业逐渐恢复，酒店住宿、餐饮服务等行业营业收入均大幅回升。同时，新加坡的进出口贸易保持了较快的增长，货物进出口贸易总额达 1.356 万亿新元，增长 17.7%。其中，出口额为 7090 亿新元，增长 15.6%；进口额为 6550 亿新元，增长 20.1%。

泰国经济复苏相对滞后，2022 年经济增长率为 2.6%。从需求方面看，私人消费增长 6.3%，公共消费增长 0%，私人投资增长 5.1%，公共投资增长 -4.95%，出口增长 5.5%，进口增长 15.3%；从供给方面看，农林渔业增长

---

① 《到 2025 年菲律宾将成为中等偏上收入国家》，菲律宾《菲律宾商报》2023 年 7 月 20 日。

② Ministry of Trade and Industry（2023）. *Economic Survey of Singapore 2022*. Singapore：Ministry of Trade and Industry.

2.5%，制造业增长 0.4%，住宿和餐饮服务业增长 39.3%，批发零售业增长 3.1%，运输和仓储业增长 7.1%，建筑业下降 2.7%。2022 年，泰国共接待国外游客 1115.3 万人次，增长 2506.6%，旅游收入为 1.207 万亿泰铢，增长 217.0%。[①] 2022 年，泰国国内生产总值（GDP）为 17.4 万亿泰铢（约合 4950 亿美元），人均 GDP 为 248635.3 泰铢（约合 7089.7 美元）。由于国际能源和大宗商品价格大幅上涨，泰国通货膨胀率急剧攀升，2022 年通货膨胀率达 6.1%，创下 24 年来的新高。同时，泰国 2022 年末家庭债务规模为 14.97 万亿泰铢，家庭债务占 GDP 的比重达到 89.3%，处于近 16 年来的新高。

二　各国出台促进经济复苏的措施

由于全球经济有陷入滞胀的风险，加之地缘政治形势的急剧变化，东南亚国家适时调整宏观经济政策，多数国家实行扩张性财政政策，提高利率以减轻通胀压力，加大基础设施建设，推动产业转型升级，促进中小企业融入全球价值链，推进区域经济整合，从而加快国内经济复苏的进程。

（一）实行扩张性财政政策，加速疫情下国内经济的复苏

东南亚新冠肺炎疫情几经反复，各国疫情防控政策不断调整，2022 年 4 月后疫情形势逐渐稳定，进入 2023 年疫情进入低水平流行。面对全球疫情形势的变化和国内经济的衰退，东南亚国家实施扩张性财政政策，扩大财政支出，减免所得税，准许延期缴税，援助受疫情影响严重的部门行业，扶持中小企业，以加快国内经济复苏的进程。

在疫情期间，印尼成立了国家疫情防控和经济复苏委员会，政府加大了疫情防控的投入，并为工商业和中小微企业提供税收优惠和政策扶持。2020~2022 年，印尼连续实行赤字预算政策，三年的财政预算案开支分别为

---

① "NESDC Economic Report: Thai Economic Performance in Q4 and 2022 and Outlook for 2023." https://www.nesdc.go.th/nesdb_ en/article_ attach/02%20Economic%20Report%202022-Q4. pdf.

2595.5 万亿盾、2786.4 万亿盾和 3105.4 万亿盾，预算赤字分别为 947.7 万亿盾、775.1 万亿盾和 598 万亿盾。① 新加坡连续出台了五个经济援助配套计划，连续实施赤字预算政策，从而使纾困资金达近千亿新元，财政赤字高达 649 亿新元，相当于国内生产总值的 13.9%，其中政府动用了 520 亿新元的国家储备金，相当于 1996～2019 年财政盈余的总额。2022 年 7 月，泰国内阁批准了新一轮总值达 274 亿泰铢的经济刺激方案，向全国约 2650 万名符合条件者发放总额为 212 亿泰铢的援助，向 1334 万名领有国家福利卡的低收入民众发放总额为 53 亿泰铢的援助，向 223 万名特殊需求者发放总额为 8.92 亿泰铢的援助。到 2022 年底，越南直接用于疫情防控、政策落实和社会保障的资金达 230 万亿越南盾。② 另外，各国采取削减所得税和准许延期缴税等措施。越南将缴纳 2022 年企业所得税、个人所得税、增值税和土地租金的期限延长至 2023 年，2023 年将增值税税率下调至 2%，商品和服务的增值税由 10% 降至 8%。③

（二）大幅提高政策利率，减轻国内通货膨胀的压力

由于国际油价和其他大宗商品价格上扬，东南亚国家通货膨胀率急剧上升，2022 年印尼的通货膨胀率达 5.51%，马来西亚为 3.3%，菲律宾为 5.8%，新加坡为 6.1%，泰国为 6.1%。与此同时，美国货币政策转向，连续 11 次大幅加息，引发东盟国家金融市场波动，各国货币一度加速贬值，如马来西亚林吉特兑美元汇率曾下跌 12%，创下 24 年来的新低，菲律宾比索兑美元汇率曾降至历史新低，泰铢兑美元汇率也降至 2015 年以来的最低水平，越南盾兑美元汇率也下跌 7%，并引发资金外流。据印尼央行统计，截至 2022 年 9 月 22 日，在印尼政府证券（SBN）市场中外流的外国资金达

---

① 《三年来政府成功控制大流行病　同时也成功保护了社会大众和经济基础》，印尼《国际日报》2022 年 12 月 3 日。
② 《越南第十五届国会第五次会议：监督新冠肺炎疫情预防和控制资源的动员管理和使用》，越通社，2023 年 5 月 29 日。
③ 《政府对税费进行减免及延期将助推经济的增长》，越通社，2023 年 5 月 20 日。

148.11 万亿印尼盾。① 菲律宾央行数据显示，2022 年 1~8 月菲律宾外国投资流出额为 81.34 亿美元。②

这一时期，保持物价和货币汇率稳定成为东南亚国家宏观经济政策的核心任务，为此主要国家纷纷提高政策利率。2022 年 8 月印尼中央银行将基准利率提高 25 个基点，由 3.5%增加到 3.75%，这是印尼 17 个月以来首次上调利率，此后印尼央行又增大加息力度，9 月、10 月、11 月三次将基准利率分别提高 50 个基点，使其升至 5.25%，12 月、2023 年 1 月和 10 月再分别提高 25 个基点，使其升至 6%。马来西亚一年四次加息创下该国历史之最，2022 年 5 月、7 月、9 月和 11 月分别上调政策利率 25 个基点，使其升至 2.75%，2023 年 5 月再宣布加息 25 个基点将政策利率调升至 3%。菲律宾是东南亚加息次数最多的国家，2022 年 5 月和 6 月两次上调基准利率 25 个基点后，7 月又上调基准利率 75 个基点，使其升至 3.25%，8 月和 9 月两次上调基准利率 50 个基点，11 月又上调基准利率 75 个基点，使其升至 5%，12 月和 2023 年 2 月又分别上调基准利率 50 个基点，使其升至 6%，3 月和 10 月再分别上调 25 个基点，使其升至 6.5%。自 2021 年 10 月以来，新加坡金融管理局连续五次收紧货币政策，让新元加速升值，以降低国内核心通胀率。③ 泰国于 2022 年 8 月上调基准利率，这是四年来泰国央行首次加息，9 月和 11 月，2023 年 1 月、3 月、5 月、8 月和 9 月泰国又分别上调基准利率 25 个基点，使得基准利率升至 2.5%，由此达到 9 年来的新高。2022 年 9 月，越南国家银行将基准利率上调 100 个基点，10 月再将基准利率上调 100 个基点，使得再融资利率从 5%升至 6%，贴现率从 3.5%升至 4.5%，商业银行存款利率上限提高 50 至 100 个基点。不过，自 2023 年 3 月起，越南货币政策已开始转向，国家银行在 3 月（两次）、5 月和 6 月共四次下调基准利率。

---

① 《世行警告：外国资金将逃离印度尼西亚》，印尼《国际日报》2022 年 9 月 29 日。
② 《8 月外国投资连续第 4 个月净外流》，菲律宾《世界日报》2022 年 9 月 30 日。
③ Ministry of Trade and Industry（2023）. *Economic Survey of Singapore First Quarter 2023*. Singapore：Ministry of Trade and Industry.

（三）加大基础设施建设，推动国内产业转型升级

近年来，东南亚国家加大了基础设施投资力度，一些重点基础设施建设项目取得了新进展。2016~2022年，印尼加快了国内基础设施建设的步伐，已完成国家战略项目（PSN）153个，总价值达1040万亿盾，包括水库、机场、收费公路、火车站、港口、冶炼厂、饮用水供应等项目。[1] 2014~2022年，印尼国道从4.6432万公里增至4.7817万公里，省县区公路从46.4280万公里增至50.1344万公里，高速公路从913公里增至2499公里，水库从15座增至42座，灌溉能力从11万公顷增至30.3万公顷。[2] 在菲律宾政府名为"建设、改善、提高"（Build、Better、More）的基础设施建设计划的推动下，2023年政府预算中用于基础设施建设的投资额为1.3万亿比索，包括用于公路建设的787亿比索、用于防洪设施建设的2832亿比索、用于地方基础设施建设的141亿比索、用于房屋建设的481亿比索、用于铁路建设的401亿比索。近年来，菲律宾政府基础设施建设支出占GDP的5%~6%，远高于10~20年前的2%。[3] 2023年，泰国政府加大了能源、交通、公用事业的投资力度，其中投资额最大的10个建设项目为中泰曼谷—呵叻铁路、捷运紫线项目道潘—叻武拉纳段、输配电系统开发项目二期、拉玛三—道卡农—曼谷西部外环路高速公路、班派—玛哈色拉堪—黎逸—莫达汉—那空拍侬铁路、政府中心扩建项目、配电系统改扩建计划、登柴—清莱—清孔铁路、第九次总体水厂改进计划、Mae Moh发电厂更换电机项目。[4]

随着新一轮工业革命的兴起，世界制造业中心逐渐东移，全球价值链加快重构，数字技术和智能制造驱动产业转型升级。美、日、韩等国鼓励制造业回流，在抢占产业制高点的同时解决本土制造业"空心化"等问题，而

---

① 《PUPR今年将完成30个国家战略项目，价值达288万亿印尼盾》，印尼《国际日报》2023年7月15日。

② 《十年以来我国基础设施突飞猛进》，印尼《国际日报》2023年5月21日。

③ 《经济学家：基建支出将超过政府目标》，《菲律宾商报》2023年5月19日。

④ 《明年政府10大投资项目将划拨预算839亿铢》，泰国《星暹日报》2022年11月28日。

新兴经济体也利用新技术和新产业，促进传统产业转型，推动价值链升级，试图摆脱价值链的"低端锁定"。近年来，作为高度外向型的经济体，东南亚国家纷纷出台了"工业 4.0"战略与数字化转型政策，确定了"工业 4.0"和数字化转型的主导行业和领域，以迎接产业转型升级的机遇与挑战。印尼优先促进电子、汽车、纺织服装、食品和饮料、石化工业的数字化转型，马来西亚政府于 2023 年 9 月推出了"2030 年新工业大蓝图"（New Industrial Master Plan 2030，NIMP2030），新加坡制定的"产业转型蓝图 2025"（ITM 2025）更新了原有 23 个产业的转型蓝图，泰国确定了新一代汽车制造、智能电子、未来食品加工、农业和生物技术、高端旅游、生物能源与生物化工、数字经济、工业机器人、航空物流和医疗卫生产业等优先发展领域，越南政府也公布了 2030 年第四次工业革命国家战略和 2025 年国家数字化转型计划。

（四）把握全球价值链重构的时机，推动中小企业融入全球价值链

2008 年国际金融危机后，全球价值链进入重构阶段，美、日、韩等国家采取了鼓励本国跨国公司回归本土或从中国转向东南亚的措施。面对西方国家政策转向，东南亚国家努力把握全球价值链重构的时机，积极调整吸引外资的政策。一些国家根据跨国公司在全球价值链中所处的具体环节和区位选择，立足本地的产业优势、配套优势和部分领域先发优势，制定有针对性的吸引跨国公司价值链和产业链的政策，引进行业领先的跨国公司，引导当地企业尤其是中小企业参与跨国公司的产业链和供应链，成为中间产品（半成品和零部件）的供应商。近年来，越南积极调整吸引外资的政策，大力吸引跨国公司的价值链投资，加快国内企业融入全球价值链和区域生产网络。2008 年，越南吸引韩国三星公司到越南北宁省投资设厂。现韩国三星公司在越南共有 6 个生产厂和 1 个研发中心，涉足手机、电视、芯片、显示器等领域，投资额超过 200 亿美元，员工人数达 14 万人。2022 年公司出口额达 655 亿美元，目前韩国三星公司已成为越南规模最大的外资企业。

东南亚国家的工业化尚未完成，并未建立起完整的工业体系，辅助工业发展滞后，中小企业竞争力低下，这阻碍了国内产业和企业融入全球价值链和区域生产网络。近年来，东南亚国家采取了一系列政策措施，鼓励和扶持国内辅助工业发展，加强中小企业能力建设。2017 年 1 月，越南政府出台了辅助工业发展计划，提出力争到 2020 年能向越南境内跨国公司和组装企业提供零部件的配套企业从 300 多家增至 1000 家，到 2030 年增至 2000 家。由于辅助工业欠发达，越南加工制造业过度依赖原辅料、零配件进口供应源，尤其是电子、纺织服装、皮革、鞋类和箱包、汽车生产及组装等产业，国产化率较低。越南设立了加工业、制造业和支持产业数据库系统，政府提出要在全国范围内建设技术支持中心，为工业生产企业或从事相关工业服务领域的企业提供全面协助。

（五）推进 RCEP 的落地实施，加入"印太经济框架"

2020 年 11 月，全球最大的自贸协定——区域全面经济伙伴关系协定（RCEP）正式签署。RCEP 对标国际高水平自贸规则，既涵盖货物贸易、服务贸易和投资，也纳入了知识产权、电子商务、竞争、政府采购、中小企业、经济技术合作等议题，形成了区域内更加开放、自由和透明的经贸规则。2021 年 4 月，新加坡是东盟首个完成国内批准程序的国家，随后文莱、柬埔寨、老挝、泰国和越南等相继完成国内批准程序，2022 年 1 月该协定在这些国家正式生效。随着马来西亚、缅甸、印尼和菲律宾完成国内批准程序，该协定于 2022 年 3 月 18 日、5 月 1 日和 2023 年 1 月 2 日、6 月 2 日分别在这些国家生效。第 54 届东盟经济部长会议发表声明称，RCEP 可为该地区疫后恢复进程做出贡献，并创建更坚实的区域供应链。

2022 年 5 月，美国正式启动"印太经济框架"（Indo-Pacific Economic Framework for Prosperity，IPEF），确定公平和弹性贸易（Fair and Resilient Trade）、供应链（Supply Chains）、清洁经济（clean economy）、公平经济（fair economy）为四大支柱，并将东南亚国家中的文莱、印尼、马来西亚、菲律宾、新加坡、泰国和越南作为其创始国。IPEF 其他成员也是东南亚国家重要的经贸伙伴。2021年东南亚国家与IPEF成员的贸易额为1.69万亿美元，占东南亚进出口贸易总额的50.6%。其中，出口额为9121.4亿美元，占出口总额的50.6%；进口额为7778.9亿美元，占进口总额的47.8%。在东南亚十大商品贸易中，与IPEF国家相关的出口、进口的商品各占5种。同时，在东南亚区外十大进出口贸易伙伴中，IPEF成员占六个，分别为美国、日本、韩国、印度、澳大利亚和新西兰。尽管"印太经济框架"的具体实施方案尚未全部出台，但东南亚成员已开始调整其发展战略和产业政策，以迎接加入IPEF所带来的机遇与挑战。

三　东南亚数字化转型助推经济复苏

当全球进入数字时代后，东南亚国家纷纷推出数字化转型战略，推动数字基础设施建设，加快引进第五代移动通信技术（5G），兴建大数据中心，规划人工智能方案，创建智慧城市，推广电子商务和数字金融，促进传统产业的数字化转型和新兴产业的发展。数字经济为各国经济持续复苏提供了新动能。

（一）东南亚国家数字经济快速发展

在全球疫情持续蔓延的情况下，东南亚国家的数字经济悄然兴起，主要国家的数字经济规模呈现两位数增长。2022年，东南亚主要国家（印尼、马来西亚、菲律宾、新加坡、泰国和越南）的数字经济规模（GMV）为1940亿美元，电子商务、交通与食品、在线旅游、在线媒体和数字金融成为数字经济增长的重要领域。[①] 从现有主要国家官方公布的数据看，2022年，印尼数字经济对国内生产总值（GDP）的贡献率为5.8%，马来西亚为23%，菲律宾为9.4%，新加坡为17.3%，泰国为13%，越南为14.26%。

---

① Google, TEMASEK, Bain & Company (2022). "E-conomy SEA 2022: Through the Waves, Towards a Sea of Opportunity." https://www.temasek.com.sg/en/news-and-resources/subscribe/google-temasek-e-conomy-sea-2022.

目前，东南亚国家中估值超过 10 亿美元的科技企业有 23 家，其中 11 家受益于电商和数字金融服务，并跻身独角兽企业行列。2021 年，新加坡的 JOYY 公司、SEA 公司进入全球 100 家最大数字跨国公司的榜单。①

疫情后，东南亚国家的数字经济仍将为各国的发展注入新动力。预计 2025 年东南亚主要国家的数字经济规模将超过 3300 亿美元，2030 年将达到 1 万亿美元。其中，2022~2025 年印尼数字经济规模将从 770 亿美元增至 1300 亿美元，年均增长率为 19%；马来西亚从 210 亿美元增至 340 亿美元，年均增长率为 17%；菲律宾从 200 亿美元增至 350 亿美元，年均增长率为 20%；新加坡从 180 亿美元增至 280 亿美元，年均增长率为 17%；泰国从 350 亿美元增至 530 亿美元，年均增长率为 15%；越南从 230 亿美元增至 490 亿美元，年均增长率为 31%。②

（二）东南亚国家数字基础设施建设方兴未艾

随着第五代移动通信技术（5G）的迅速发展，东南亚国家 5G 用户市场潜力巨大。菲律宾是较早开通 5G 网络的国家，环球电信（Globe）和长途电话公司（PLDT）两大国内电信营运商均使用华为的技术，菲律宾第三大电信运营商 DITO 与华为等公司启动了 5G 基站建设的项目。2020 年 3 月，泰国率先发布 5G 业务，泰国电信运营商分别与华为、中兴通讯公司合作开展 5G 业务。2020 年 6 月，新加坡颁发了两个全国 5G 运营许可证，新加坡电信公司选择与爱立信公司合作建立 5G 基站；星（StarHub）和第一通（M1）两家电信公司选择与诺基亚公司合作建立 5G 基站，新加坡计划于 2025 年底实现 5G 网络全覆盖。2021 年 3 月，马来西亚成立了国家数码公司（DNB），它与爱立信公司签署合约，争取到 2024 年将 5G 网络覆盖全国八成人口。2021 年 5 月，印尼国有移动运营商 Telkomsel 公司推出了 5G 服务，

① UNCTAD（2022）. *Investment Trends Monitor：Digital MNEs Are Growing at Breakneck Speed.* p. 8.

② Google, TEMASEK, Bain & Company（2022）. "Through the Waves, Towards a Sea of Opportunity." https://www.temasek.com.sg/en/news-and-resources/subscribe/google-temasek-e-conomy-sea-2022.

先行计划将 5G 网络扩展到爪哇岛的 6 个省会城市、5 个优先旅游目的地和 1 个工业区。越南 5G 网络的建设主要与爱立信和诺基亚两家公司合作完成，计划分别在河内和胡志明市建设 5G 基站。

东南亚国家大力兴建大数据中心。新加坡是该地区最重要的数据中心市场。早在 2015 年，新加坡电信公司就出资 2.85 亿美元打造该国最大的数据中心，以巩固其区域云计算和云创新中心的地位。马来西亚制定了国家光纤和连接计划（NFCP），吸引国外大数据运营商到当地开设数据中心。印尼最大的国有电信网络运营商 Telkom 及其子公司在当地建设和运营了 11 个数据中心，并吸引国际著名的跨国公司在印尼设立数据中心。① 越南现有的数据中心共计 30 个，其中北部占 46%，南部占 35%，中部占 18%，由此越南跻身世界十大数据中心新兴市场之列。②

东南亚各国纷纷制定人工智能发展规划。新加坡曾两度发布人工智能战略，推进交通物流、教育、医疗保健和安全与保安领域采用人工智能科技。印尼公布了 2020~2045 年人工智能发展蓝图，政府将人工智能重点聚焦在教育与研究、医疗服务、行政体制改革、粮食安全、机动性和智慧城市等领域。马来西亚出台了国家机器人技术路线图（NRR），旨在将机器人的使用强度从 2019 年的每万名工人 55 台增至 2030 年的 195 台。越南公布了 2030 年人工智能研发和应用的国家战略，将人工智能作为推动国家数字化转型的关键技术之一。

东南亚智慧城市规划与建设取得新进展。新加坡"智慧国家"第一个十年计划的既定目标均提前实现，第二个十年计划进展顺利。泰国制定了 20 年内建设 100 个智慧城市的目标，曼谷、普吉岛、清迈和孔敬的智慧城市建设已全面展开。2018 年 8 月，越南政府公布了 2018~2025 年发展可持续智慧城市总体规划，计划 2025 年前推进智慧城市试点，到 2030 年在河内、胡志明市、岘港和芹苴建设智慧城市网络中心。

---

① Research and Markets（2020）. "Indonesia Data Center Colocation Services Market Report 2020." https://www.globenewswire.com/news-release/2021/01/04/2152452/0/en/Indonesia-Data-Center-Colocation-Services-Market-Report-2020.

② 《越南数据中心发展趋势向好》，越通社，2023 年 1 月 3 日。

（三）新冠肺炎疫情下电子商务蓬勃发展

疫情期间，在东南亚国家选择网上购物的人数骤增，这加速了电子商务的发展。消费者通过不同的电商平台购物，对不同品牌的电商平台持开放态度。更好的商品质量、更优惠的价格、更快的配送服务是引发消费者在网上购物的三大要素。目前，东南亚各国电商企业星罗棋布，但总体处于起步阶段。2022 年，东南亚主要国家互联网用户新增 2000 万人次，总用户数突破4.6 亿人次，电子商务交易额为 1310 亿美元，较上一年增长 16%。预计到2025 年，东南亚国家电子商务交易额将达 2110 亿美元。① 2022 年，印尼电子商务交易额为 227.8 万亿盾，较上一年增长 22.1%。预计到 2025 年，印尼电子商务交易额将达 1900 万亿盾，其中，企业对企业为 763 万亿盾，在线旅游为 575 万亿盾，卫生技术为 471.6 万亿盾，网约服务和金融科技均为401 万亿盾。② 从 2021 年开始，泰国政府实施电子商务发展第一阶段行动计划（2021~2022 年），2022 年国内电子商务交易额为 4500 亿铢。2022 年 4月，政府出台了电子商务发展第二阶段行动计划（2023~2027 年），预计到2027 年电子商务交易额将达 7.1 万亿泰铢，年均增长 10%。该行动计划聚焦电子商务的人力资源开发、支持电子商务发展环境和体系建设、增强电子商务交易信心和安全度、打造国内和跨境的电子商务平台等。③ 2022 年，越南电子商务市场规模约 164 亿美元，占全国社会消费品零售和服务总收入的7.5%，全国 74.8% 的互联网用户在网上购物，人均消费支出为 260~285 美元。目前，越南的电子商务市场由 Shopee、Lazada、Tiki 和 Sendo 四大平台主导，营业收入约 57.5 亿美元。④

---

① Google, TEMASEK, Bain & Company（2022）. "E-conomy SEA 2022: Through the Waves, Towards a Sea of Opportunity." https://www.temasek.com.sg/en/news-and-resources/subscribe/google-temasek-e-conomy-sea-2022.
② 《2022 年印尼电商交易额达到 227.8 万亿印尼盾》，印尼《国际日报》2023 年 3 月 9 日。
③ 《电商委定五年总产值 7.1 万亿》，泰国《中华日报》2023 年 2 月 5 日。
④ 《越南电子商务继续实现爆发式增长》，越通社，2023 年 2 月 7 日。

（四）东南亚国家数字金融逐渐兴起

2019 年 8 月，新加坡金融管理局宣布正式开放数字银行牌照申请。12 月，新加坡金融管理局宣布 Grab-Singtel 财团和 SEA 集团获得了全面数字银行执照，蚂蚁金服和绿地金融获得了批发数字银行执照，这标志着新加坡步入数字金融时代。继新加坡之后，马来西亚宣布颁发数字银行牌照。2019 年 3 月，马来西亚中央银行首次发布了数字银行框架，2019 年 10 月，中国建设银行纳闽分行获得了马来西亚首张数字银行牌照。2020 年 11 月，菲律宾央行批准将数字银行划为新的银行类别。2022 年 8 月，菲律宾央行宣布 6 家数字银行获准全面运营，这些银行是 Tonik 银行、马亚银行、菲侨银行、UNO 银行、友联数字银行和 GoTyme 银行。2021 年 10 月，印尼金融服务管理局（OJK）推出了银行业数字化转型蓝图。2022 年 1 月，越南政府出台了《2025 年越南银行业数字化转型规划及 2030 年远景展望》。泰国计划于 2024 年发出 3 张数字银行执照，为此央行颁布了数字银行准入的七项指标。

四　2023年东南亚经济发展的前景

在世界经济持续动荡的背景下，国际经济组织下调了 2023 年世界经济增长速度，东南亚国家也纷纷降低了经济增长预期。由于世界进入变革动荡期，全球经济仍未摆脱"滞胀"的困境，主要发达国家经济下行，国内复苏乏力。地缘政治格局的急剧变化，引发全球价值链的断裂。东南亚国家经济面临的不稳定和不确定因素大增，这些国家经济持续复苏的前景不容乐观。

2023 年 5 月，世界卫生组织宣布新冠肺炎疫情不再构成国际关注的突发公共卫生事件，这意味着疫情对世界经济的影响趋于减小。但是，由于俄乌冲突的持续升级，世界经济动荡加剧，西方国家对俄制裁使得国际能源和粮食等供应短缺，国际市场上大宗商品价格大幅上涨，由此引发全球性通货膨胀，这让世界经济复苏进程雪上加霜，西方国家经济陷入"滞胀"的困

境。为了应对国内通货膨胀，欧美国家连续收紧货币政策。2022年3月，美联储宣布提高利率后连续11次加息，共计525个基点，欧洲央行自2022年7月以来连续9次加息，共计425个基点，一些新兴市场与发展中国家也被迫跟进。美国收紧货币政策，导致其他国家货币贬值。此举将吸引短期国际游资回流美国，对新兴市场国家的金融市场造成严重的冲击。作为高度外向型经济体，东南亚国家的复苏进程已明显受到世界经济下行的冲击。各国经济增长的动力减弱，通胀压力增大，货币汇率下行，金融市场波动加剧，资产的大幅重新定价引发这些新兴市场资本外流。汇率和利率波动将增加企业运营成本。

近期，国际经济机构调低了2023年全球经济增长预期，也调低了东南亚国家经济增速。据国际货币基金组织（IMF）的预测，2023年世界经济增长率为3%，发达经济体为1.5%，新兴市场和发展中经济体为4%，亚洲新兴发展中国家为5.3%，东南亚五国（印尼、马来西亚、菲律宾、新加坡和泰国）为4.6%，[①] 文莱为3.3%，柬埔寨为5.8%，印尼为5.0%，老挝为4.0%，马来西亚为4.5%，缅甸为2.6%，菲律宾为6.0%，新加坡为1.5%，泰国为3.4%，东帝汶为2.2%，越南为6.2%；[②] 据世界银行预测，2023年世界经济增长率为1.7%，发达经济体为0.5%，新兴市场和发展中经济体为3.4%，柬埔寨为5.2%，印尼为4.8%，老挝为3.8%，马来西亚为4%，缅甸为3%，菲律宾为5.4%，泰国为3.6%，东帝汶为3%，越南为5.8%；[③] 据亚洲开发银行预测，2023年东南亚国家的经济增长率为4.7%，文莱为2.5%，柬埔寨为5.5%，印尼为4.8%，老挝为4.0%，马来西亚为4.7%，缅甸为2.8%，菲律宾为6.0%，新加坡为2.0%，泰国为3.3%，东

① IMF（2023）."World Economic Outlook Update July 2023：Near-Term Resilience, Persistent Challenges." https：//www.imf.org/en/Publications/WEO/Issues/2023/07/10/world-economic-outlook-update-july-2023.

② IMF（2023）."World Economic Outlook Apr. 2023：Rocky Recovery." https：//www.imf.org/en/Publications/WEO/Issues/2023/04/11/world-economic-outlook-april-2023.

③ World Bank（2023）."Global Economic Prospects January 2023." https：//openknow-ledge.worldbank.org/bitstream/handle/10986/38030/GEP-January-2023.pdf.

帝汶为 3.1%，越南为 6.5%。[①]

当前，新冠肺炎疫情对东南亚国家经济的冲击已呈减弱趋势，美联储可能放缓加息的步伐，这也使各国以加息抵抗通胀的举措似乎已近尾声，这些均有利于东南亚国家经济保持持续复苏，也将使东南亚国家的通货膨胀率趋于下降。据东南亚主要国家的统计，2023 年第一、二季度，印尼的经济增长率分别为 5.03% 和 5.17%，预计全年为 4.5%～5.3%；马来西亚分别为 5.6% 和 2.9%，预计全年为 4.0%～5.0%；菲律宾分别为 6.4% 和 4.3%，预计全年为 6.5%～7.5%；新加坡分别为 0.1% 和 0.5%，预计全年为 0.5%～2.5%；泰国分别为 2.7% 和 1.8%，预计全年为 2.2%～3.2%；越南分别为 3.32% 和 4.14%，预计全年为 6.0%～6.5%。同时，各国的通货膨胀率将有所降低，印尼预计全年的通货膨胀率为 2%～4%，马来西亚为 3.1%～3.3%，菲律宾为 5%～7%，新加坡为 5.5%～6.5%，泰国为 1%～3%。因此，在 IMF 预计 2023 年占全球 GDP1/3 的国家将面临经济衰退的背景下，东南亚仍将是世界经济增长的亮点地区。

参考文献

ADB （2023）. *Asian Development Outlook April 2023*. Manila：Asian Development Bank.

ASEAN Secretariat （2020）. "ASEAN Comprehensive Recovery Framework and Its Implementation Plan." https：//asean. org/asean－comprehensive－recovery－framework－implementation-Plan.

ASEAN Secretariat （2021）. *Consolidated Strategy on the Fourth Industrial Revolution for ASEAN*. Jakarta：ASEAN Secretariat.

ASEAN Secretariat （2021）. *ASEAN Digital Masterplan 2025*. Jakarta：ASEAN Secretariat.

ASEAN Secretariat （2022）. *ASEAN Statistical Yearbook*. Jakarta：ASEAN Secretariat.

Cassey Lee, Dionisius Ardiyanto Narjoko, Sothea Oum （2019）. *SMEs and Economic*

[①] ADB （2023）. "Asian Development Outlook April 2023. " https：//www. adb. org/sites/default/files/publication/863591/asian-development-outlook-april-2023. pdf.

Integration in Southeast Asia. Singapore: ISEAS-Yusof Ishak Institute.

Farhad Taghizadeh-Hesary, Naoyuki Yoshino, Nisit Panthamit, Han Phoumin (2023). *Post-Pandemic Green Recovery in ASEAN.* Jakarta: Economic Research Institute for ASEAN and East Asia.

IMF (2023). *World Economic Outlook Apr 2023: Rocky Recovery.* Washington D. C. : IMF.

IMF (2023). *World Economic Outlook for Asia and Pacific May 2023: Recovery Unabashed amid Uncertainty.* Washington D. C. : IMF.

IMF (2023). *World Economic Outlook Update July 2023: Near-Term Resilience, Persistent Challenges.* Washington D. C. : IMF.

World Bank (2023). *East Asia and Pacific Economic Update, April 2023: Reviving Growth.* Washington, D. C. : World Bank.

World Bank (2023). *Global Economic Prospects June 2023.* Washington D. C. : World Bank.

B.4

试论东南亚国家制造业转型升级

摘　要：　当前，全球制造业中心东移趋势增强，新一轮工业革命推动制造业转型升级，国际产业分工格局的变化加速全球价值链的重构。东南亚主要国家制造业从劳动密集型逐步向资本、技术密集型转型升级，从而使东南亚主要国家成为世界重要的制造业生产与出口基地。除了驱动制造业转型升级的市场因素外，政府产业政策成为推动制造业转型升级的关键因素。各国积极制定和实施制造业转型计划，确立制造业的主导行业地位，培育产业集群，调整制造业的外资引进政策，加大科技投入，推动中小企业转型，优化和改善营商环境。尽管东南亚制造业转型升级成效显著，但各国制造业发展仍面临诸多制约因素。

关键词：　制造业　转型升级　"工业4.0"　东南亚

当今世界，全球制造业发展出现了一系列变化，世界制造业中心东移趋势增强，新一轮工业革命推动制造业转型升级，国际产业分工格局的变化加速全球价值链的重构。作为世界重要的制造业生产与出口基地、全球制造业价值链的关键节点，东南亚主要国家（印尼、马来西亚、菲律宾、新加坡、泰国和越南）制造业转型升级引人关注。

一　东南亚国家制造业转型升级的背景

东南亚工业化大致经历了"进口替代"工业化、"面向出口"工业化和

---

* 金师波，经济学博士，福建社会科学院亚太研究所助理研究员。

再融入全球价值链等几个阶段。与之相应，东盟六国制造业从劳动密集型逐步向资本、技术密集型转型升级。东南亚国家作为过度外向型经济，其制造业与全球制造业的发展进程密切相关。

（一）世界制造业中心的东移

在三次工业革命的带动下，世界制造业飞速发展，制造业中心从欧洲转向北美，然后再向亚洲地区转移。18 世纪，以发明改良的蒸汽机为标志的第一次工业革命之火率先在英国燃起，到 19 世纪中叶，英国最先完成工业化，成为"世界工厂"；19 世纪 30 年代至 20 世纪初，美国和德国因迅速而广泛地运用第二次工业革命的成果，以绝对优势取代英国在工业生产上的霸主地位，成为世界制造业中心；二战后，在第三次工业革命浪潮中，日本凭借技术的引进与开发应用，迅速成为世界第二大经济强国，世界制造业发展从此进入美、日、欧的多中心时代。

进入 21 世纪以来，世界制造业发展出现了一系列格局性的变化。虽然全球制造业的生产格局仍保持东亚和太平洋、欧洲和中亚、北美地区"三足鼎立"的态势，但东亚和太平洋地区的优势逐年扩大。其中，亚洲在全球制造业版图中的地位凸显，确立了驱动全球制造业增长的核心地位。据世界银行的统计，2004~2016 年亚洲制造业增加值占全球的比重从 32.38%升至 47.57%。随着全球制造业中心的东移，东南亚主要国家成为世界重要的制造业生产与出口基地，也成为全球制造业价值链的关键环节，并跻身世界工业制成品十大出口国的行列。其中，新加坡、越南是世界第九、十大工业制成品出口国，印尼是世界第六大食品出口国，新加坡、马来西亚、越南分别是世界第五、八、九大办公设备与通信器材出口国，新加坡是世界第九大化工产品出口国，泰国是世界第九大汽车出口国，越南世界第六大纺织品出口国，越南、印尼和柬埔寨分别是世界第四、七、八大成衣出口国。

（二）新一轮工业革命推动制造业转型升级

自德国最早提出"工业 4.0"概念后，西方发达国家相继推出了"工业

4.0"战略规划，以迎接第四次工业革命带来的机遇与挑战。2010年8月，美国颁布了《美国制造业促进法案》，2012年2月，美国国家科学技术委员会颁布了《美国先进制造业国家战略计划》；2013年4月，德国政府出台了《德国"工业4.0"战略》；2017年6月，日本内阁通过了《2017年未来投资战略》，日本2022年版的《制造业白皮书》提出强化半导体产业竞争力。当前，美国、德国、日本等发达国家已逐渐步入以智能制造为代表的"工业4.0"新阶段，通过加快信息技术与制造技术的深度融合，以重振国内制造业和抢占世界高端制造业制高点。

东南亚主要国家大多仍处于工业化中期甚至初期阶段。新加坡率先成为新兴工业化经济体，马来西亚、泰国已处于工业化的中期阶段，其他东南亚国家还处在工业化初期阶段。但是，近年来东南亚一些国家在尚未完成工业化的情况下出现了"去工业化"现象，主要表现为工业部门尤其是制造业发展减速或停滞，工业部门增加值的比重趋于下降，尤其是制造业增加值的比重下滑较快。因此，东南亚主要国家试图把握第四次工业革命带来的机遇，实施"工业4.0"战略，促进传统制造业的转型，推动新兴制造业的发展，提升工业制成品的国际竞争力，以扭转或延缓"去工业化"进程。

（三）全球价值链重构下的制造业发展

随着经济全球化加速发展，国际产业分工出现了格局性变化，即由产业间分工转向产业内分工，进而演变为产品内分工，由此以产品内分工为基础的全球价值链逐步形成与发展。自20世纪90年代起，全球价值链的广度和深度均得到全面拓展，在世界范围内形成了以美国、德国及日本和中国为生产中心的北美、欧洲、东亚三大区域生产网络，由此全球价值链参与度大幅提高，价值链长度也持续延长，中间产品贸易超越最终产品。全球价值链的演变，深刻改变了世界经济的发展格局，也改变了国家间的贸易、投资和生产联系，推动国际贸易和投资规则的变革。[①] 2008年国际金融危机爆发后，

---

① WTO, IDE-JETRO, OECD, UIBE（2017）. *Global Value Chain Development Report 2017：Measuring and Analyzing the Impact of GVCs on Economic Development*. Paris：World Bank. p. 27.

全球价值链扩张的势头出现了逆转，一些产业价值链呈现较为明显的收缩，价值链贸易占全球贸易的比重在达到最高值后逐渐下滑，由此全球价值链面临结构性重组与调整。

东南亚主要国家的工业化以参与跨国公司主导的全球价值链为主要形式，制造业深度融入全球价值链。20世纪70年代，东南亚国家以劳动密集型产业参与国际产业分工网络，电子电器加工装配成为主要产业。20世纪80年代末，西方跨国公司逐渐把标准化产品的生产过程和工序转移至发展中国家，东南亚主要国家从原先的加工装配环节逐渐向零部件生产环节攀升，而后进的东南亚国家也开始参与全球价值链和区域生产网络，主要承接部分劳动密集型产业的加工装配。到了21世纪，东南亚国家参与全球价值链的主要产业依然是电子信息业，但汽车、化工、生物医药、船舶制造等制造业也逐步融入全球价值链。当前，全球价值链重构的态势对于深度融入其中的东南亚国家的制造业将产生深刻影响，因而迫使这些国家必须应对全球价值链重构带来的诸多挑战。

二 东南亚国家制造业转型升级的现状

在世界制造业发展过程中，全球制造业中心逐步从欧美国家向亚洲新兴经济体转移。东南亚六国制造业因而得以快速发展，迅速融入全球制造业价值链，其制造业内部结构不断优化，传统制造业行业规模逐渐缩小，新兴制造业行业迅速兴起，产业集群逐渐形成与发展，工业制成品出口规模不断扩大，东南亚国家在世界制成品贸易中的地位逐步上升。

（一）东盟六国制造业发展的轨迹

随着工业化进程的推进，东南亚六国制造业迅速发展，成为推动经济增长的主要部门。1980~2000年，印尼、马来西亚的制造业增加值年均增长率一直高于国内生产总值（GDP）年均增长率和工业产值年均增长率。但进入21世纪后，尤其是2008年国际金融危机之后，印尼、马来西亚的制造业增加值增长速度趋缓，虽然制造业增加值年均增长率均高于工业产值年均增长率，但是低于 GDP 年均增长率。1980～2010 年，泰国制造业增加值年均增长率一直高于国内生产总值年均增长率。1980 年之后，新加坡制造业增加值年均增长率均低于 GDP 年均增长率，1990～2000 年低于工业产值年均增长率。菲律宾制造业增加值年均增长率仅在 1990～2000 年超过 GDP 年均增长率，2000～2020 年均低于 GDP 年均增长率和工业产值年均增长率。1980～2020 年，印尼、马来西亚、泰国、新加坡的制造业增加值年均增长率呈下降趋势，菲律宾则呈上升趋势（见表1）。

表 1　1980～2020 年东南亚六国 GDP、工业产值和制造业增加值的年均增长率

单位：%

国家	GDP 年均增长率				工业产值年均增长率				制造业增加值年均增长率			
	1980～ 1990 年	1990～ 2000 年	2000～ 2010 年	2010～ 2020 年	1980～ 1990 年	1990～ 2000 年	2000～ 2010 年	2010～ 2020 年	1980～ 1990 年	1990～ 2000 年	2000～ 2010 年	2010～ 2020 年
印尼	6.1	4.2	5.3	4.9	6.9	5.2	4.2	3.8	12.6	6.7	4.6	4.2
马来西亚	5.3	7.0	5.0	4.6	7.2	8.6	2.5	3.8	8.9	9.5	4.6	4.5
菲律宾	1.0	3.3	5.0	5.7	-0.9	3.5	4.2	5.8	0.2	3.5	3.6	5.1
新加坡	6.7	7.6	6.2	3.4	5.3	7.8	6.1	2.6	6.6	7.0	6.1	2.9
泰国	7.6	4.1	4.1	5.3	9.8	4.8	—	—	9.5	6.9	5.6	1.5
越南	—	7.6	6.7	6.4	—	—	—	—	—	—	—	—

注："—"为暂缺。

资料来源：根据 Word bank World development Indicators 2000、2014、2022 数据编制。

从东南亚六国制造业增加值占 GDP 的比重的变化看，印尼、马来西亚、菲律宾和泰国均呈现先上升后下降的趋势。印尼从 1960 年的 6%升至 2000 年的 23%，2020 年下降至 20%；马来西亚从 1960 年的 10%升至 2000 年的 31%，2020 年下降至 22%；菲律宾 2000 年为 25%，此后下降至 2020 年的 18%；新加坡从 1960 年的 11%升至 1980 年的 27%，2004 年再次达到 27%的历史最高水平，随后开始下降，2020 年降至 20%；泰国从 1960 年的 13%升至 2010 年的 31%，2020 年下降至 25%；越南从 2000 年的 11%上升至 2020 年的 17%（见表2）。

表 2　1960~2020 年部分年份东南亚六国制造业增加值占 GDP 的比重

单位：%

国家	1960 年	1980 年	2000 年	2010 年	2020 年
印尼	6	13	23	22	20
马来西亚	10	22	31	23	22
菲律宾	—	—	25	19	18
新加坡	11	27	26	21	20
泰国	13	22	28	31	25
越南	—	—	11	12	17

注："—"为暂缺。

资料来源：根据 *World bank World Development Indicators* 数据编制。

　　与此同时，东南亚六国制造业劳动力人数占国内劳动力总人数的比重出现了较大变化。2000~2020 年，新加坡、马来西亚制造业劳动力人数的比重下降明显，且新加坡的下降幅度最大，从 21% 骤降至 10%；印尼、菲律宾制造业劳动力人数的比重基本保持不变，表明两国制造业部门吸纳劳动力的能力有限，且菲律宾一直保持在 10% 左右，为东盟六国中最低；泰国、越南制造业劳动力人数的比重则呈现上升趋势，其中越南上升幅度最为显著，从原先的 9% 增至 18%，已经跃居东盟六国首位，表明当前越南正处于制造业快速发展的阶段（见表 3）。

表 3　2000~2020 年部分年份东南亚六国制造业劳动力人数占国内劳动力总人数的比重

单位：%

国家	2000 年	2005 年	2010 年	2015 年	2020 年
印尼	13	13	13	14	14
马来西亚	23	20	17	17	17
菲律宾	10	9	9	8	8
新加坡	21	17	15	11	10
泰国	15	16	14	17	16
越南	9	13	14	16	21

资料来源：根据 *UNIDO Statistics Data Portal* 数据编制。

（二）制造业内部结构逐渐优化

东南亚六国制造业在国民经济中的地位不断提高，同时制造业内部结构不断优化，主要体现在传统制造业行业规模逐渐缩小，而新兴制造业行业迅速兴起。除新加坡制造业结构变动不大外，在东南亚四国（印尼、马来西亚、菲律宾、泰国）中低附加值、低技术含量的食品、饮料、烟草、纺织、服装等行业增加值在制造业部门增加值中所占的比重下降得最快。例如，1968~2018年泰国纺织服装业增加值在制造业增加值中的占比从17%降至5.2%，而汽车及其他运输设备行业所占比重从5.6%升至15.6%；新加坡化学工业增加值在制造业增加值中的占比从1963年的3.5%升至2018年的27.4%；马来西亚和菲律宾办公设备制造业所占比重分别从2000年的5.3%和3.6%升至2018年的20.7%和20.2%。

从制造业五大行业看，印尼、泰国、菲律宾增加值占比最大的制造业行业依然是食品、饮料、烟草，占比均在20%以上，菲律宾的甚至超过35%。2018年马来西亚增加值占比排名前五的制造业行业是电子、通信，燃料，食品、饮料、烟草，化工和机械、电气、办公设备，其增加值之和占制造业增加值的62.7%；2018年新加坡增加值占比排名靠前的制造业行业有化工，电子、通信，机械、电气、办公设备和汽车、其他运输工具等，其增加值之和占制造业增加值的80%左右；2018年化工、汽车、电子位列印尼、泰国、菲律宾制造业增加值的前五名，分别占制造业增加值的32.7%、34.0%和33.6%；2018年越南增加值占比最大的制造业行业是电子、通信，占制造业增加值的24.1%，服装、皮革、鞋类的增加值占比为12.0%，排在第三位。2021年，在新冠肺炎疫情冲击下，东南亚六国制造业行业增加值结构出现了较大变化。其中，印尼的基本金属，马来西亚的橡胶、塑料和汽车、其他运输工具，菲律宾的燃料、基本金属，新加坡的食品、饮料、烟草，越南的基本金属和家具、回收、其他制造业进入制造业前五大行业（见表4）。

表4　2018年和2021年东南亚六国制造业五大行业增加值占比

单位：%

国家	行业	2018年	2021年	国家	行业	2018年	2021年
印尼	食品、饮料、烟草	23.2	28.3	马来西亚	电子、通信(橡胶、塑料)	18.3	11.4
	化工	15.4	12.3		燃料	14.2	16.7
	汽车、其他运输工具	10.4	9.2		食品、饮料、烟草	12.5	16.0
	服装、皮革、鞋类	7.0	7.1		化工	9.5	11.5
	电子、通信(基本金属)	6.9	7.0		机械、电气、办公设备(汽车、其他运输工具)	8.2	7.9
泰国	食品、饮料、烟草	23.5	—	菲律宾	食品、饮料、烟草	35.6	39.1
	汽车、其他运输工具	15.6	—		电子、通信(燃料)	16.5	7.2
	电子、通信	11.0	—		汽车、其他运输工具	11.1	11.7
	橡胶、塑料	8.4	—		机械、电气、办公设备(基本金属)	7.6	4.5
	化工	7.4	—		化工	6.0	15.8
新加坡	化工	27.4	36.3	越南	电子、通信(家具、回收、其他制造业)	24.1	7.9
	电子、通信(食品、饮料、烟草)	21.7	7.4		食品、饮料、烟草	13.7	15.6
	机械、电气、办公设备	19.4	15.3		服装、皮革、鞋类	12.0	14.4
	汽车、其他运输工具	7.7	9.4		汽车、其他运输工具(基本金属)	6.0	7.9
	家具、回收、其他制造业	5.7	11.5		玻璃、陶瓷、水泥	5.3	6.4

注：括号内指2021年进入制造业前五大行业的产业；泰国2021年数据暂缺。
资料来源：根据UNIDO Statistics Data Portal数据编制。

从制造业内部劳动力结构看，东南亚六国之间存在较大差异。2018年食品、饮料、烟草行业是印尼、泰国、菲律宾吸纳劳动力最多的行业，其吸纳的劳动力占制造业内部劳动力的比例都在20%以上；2018年马来西亚、新加坡吸纳劳动力最多的行业分别是电子、通信和机械、电气、办公设备，其吸纳的劳动力占制造业内部劳动力的比例分别为18.4%和19.4%；2018年越南吸纳劳动力最多的行业是服装、皮革、鞋类，其吸纳的劳动力占制造业内部劳动力的比例高达38.6%，远高于排名第二的电子、通信。2021年，在新冠肺炎疫情冲击下，东南亚六国制造业行业劳动力结构出现了较大变化。其中，菲律宾的化工和橡胶、塑料，新加坡的化工，越南的橡胶、塑料进入制造业前五大行业（见表5）。

表5　2018年和2021年东南亚六国制造业五大行业的劳动力分布

单位：%

国家	行业	2018年	2021年	国家	行业	2018年	2021年
印尼	食品、饮料、烟草	24.1	23.5	马来西亚	电子、通信	18.4	15.2
	服装、皮革、鞋类	19.0	19.7		食品、饮料、烟草	12.8	13.6
	纺织	9.8	9.8		橡胶、塑料	11.9	7.9
	橡胶、塑料	8.4	7.6		机械、电气、办公设备	7.4	7.3
	家具、回收、其他制造业	6.4	6.3		金属制品	7.4	7.2
泰国	食品、饮料、烟草	20.9	—	菲律宾	食品、饮料、烟草	20.6	30.9
	电子、通信	10.4	—		电子、通信（化工）	18.7	7.6
	汽车、其他运输工具	9.4	—		服装、皮革、鞋类	11.1	9.5
	橡胶、塑料	8.6	—		汽车、其他运输工具	9.4	11.2
	金属制造	7.8	—		机械、电气、办公设备（橡胶、塑料）	8.9	7.0
新加坡	机械、电气、办公设备	19.4	20.0	越南	服装、皮革、鞋类	38.6	40.8
	汽车、其他运输工具	17.4	19.8		电子、通信	10.9	10.2
	电子、通信（化工）	16.3	9.2		食品、饮料、烟草	8.6	8.9
	金属制品	9.8	11.2		家具、回收、其他制造业（橡胶、塑料）	7.9	5.3
	食品、饮料、烟草	8.2	10.4		金属制品	5.1	5.5

注：括号内指2021年进入制造业前五大行业的产业；泰国2021年数据暂缺。

资料来源：根据 UNIDO Statistics Data Portal 数据编制。

从制造业的出口结构看，东南亚六国主要制成品在国际市场上具有一定的竞争力。2018年马来西亚、菲律宾、新加坡、越南出口份额最大的行业都是电子、通信，其在菲律宾、越南出口中的占比分别高达53.7%和43.6%，机械、电气、办公设备出口份额排在稍后的位置；2018年印尼制造业出口份额排第一的行业是食品、饮料、烟草，而化工、基本金属及服装、皮革、鞋类也具有出口竞争力；2018年泰国制造业出口份额排名第一的行业是机械、电气、办公设备，且排名前五的行业的出口份额的差距并不悬殊，泰国与其他东盟国家的制成品出口结构差异明显。2021 年，在新冠肺炎疫情冲击下，东南亚六国制造业行业出口结构出现了较大变化。其中，印尼的纸制品和家具、回收、其他制造业，马来西亚的机械设备，菲律宾的办公设备、电气设备，新加坡的基本金属，越南的家具、回收、其他制造业及电气设备、办公设备进入制造业前五大行业（见表6）。

表6 2018 年和 2021 年东南亚六国制造业五大行业出口占比

单位：%

国家	行业	2018 年	2021 年	国家	行业	2018 年	2021 年
印尼	食品、饮料、烟草	23.4	24.5	马来西亚	电子、通信	35.9	31.2
	化工	11.9	12.2		机械、电气、办公设备（机械设备）	12.8	6.8
	基本金属	10.6	17.2		化工	11.0	11.0
	服装、皮革、鞋类（纸制品）	10.3	4.5		燃料	8.3	9.8
	电子、通信（家具、回收、其他制造业）	7.4	4.1		食品、饮料、烟草	8.1	8.9
泰国	机械、电气、办公设备	17.2	—	菲律宾	电子、通信	53.7	40.6
	汽车、其他运输工具	15.1	—		机械、电气、办公设备（办公设备）	18.8	13.6
	电子、通信	14.9	—		基本金属	4.8	6.0
	食品、饮料、烟草	12.9	—		食品、饮料、烟草	4.7	5.1
	化工	11.5	—		科学、专业仪器（电气设备）	3.6	11.1
新加坡	电气、通信	27.1	27.4	越南	电子、通信	43.6	35.1
	化工	21.0	19.7		服装、皮革、鞋类	20.2	14.1
	燃料	17.0	12.4		机械、电气、办公设备（家具、回收、其他制造业）	6.4	6.0
	机械、电气、办公设备（基本金属）	10.1	7.0		纺织（电气设备）	5.1	5.7
	科学、专业仪器	6.7	8.3		食品、饮料、烟草（办公设备）	5.1	5.5

注：括号内指 2021 年进入前五大行业；泰国 2021 年数据暂缺。

资料来源：根据 UNIDO Statistics Data Portal 数据编制。

（三）制造业产业集群逐渐形成与发展

产业集群是指相同、相近或相关产业的企业聚集在某地，进而吸引为其服务的相关机构进驻该地，共同构成的产业集合体。制造业产业集群不仅包括制造业企业本身，还向下延伸至销售渠道和客户，向上延伸至原材料、零部件供应商及与技术或投入相关的产业公司。东南亚六国的产业集群主要包括通过引进外资建立的电子、化工、汽车、纺织服装等产业集群，以及一些国家利用本国自然资源禀赋优势创建的金属矿业、食品加工产业集群。

在东南亚六国中，新加坡大力发展电子、化工和生物科学、替代性能源、纳米技术及数字媒体等新型产业集群，其信息媒体产业集群吸引了全球100家顶级高技术公司中的70家，硬盘产量占全球硬盘产量的1/3。新加坡裕廊化工岛形成了上下游一体化发展的专业化工基地，2019年化工行业增加值占新加坡制造业总增加值的27.4%，新加坡已成为全球第三大石油炼制中心和全球十大乙烯生产中心之一；马来西亚槟城形成了以生产半导体、硬盘驱动器为主的高科技产品制造业集群，马来西亚已成为全球芯片测试和封装的主要中心之一，东南亚国家占全球芯片测试和封装市场的27%，而仅马来西亚就占13%；泰国政府通过投资优惠政策吸引跨国公司汽车厂商及其零配件企业到泰国投资设厂，现已形成汽车产业集群。目前，泰国已成为亚洲重要的汽车生产与出口国，形成了相对完备的汽车产业集群。2019年，泰国的汽车、其他运输工具制造业增加值占制造业总增加值的15.6%，在制造业行业中排名第二。

印尼大幅度调整矿业政策，积极鼓励发展金属矿业下游的冶炼、精炼、金属加工等行业，逐步形成了金属矿业产业集群。以镍金属为例，镍金属是印尼最具优势的金属资源，也是金属矿业部门的重点发展领域。根据印尼2011~2025年中期经济建设规划，苏拉威西—北马鲁古经济走廊重点发展镍金属产业集群，莫罗瓦利（Morowali）、科纳韦（Konawe）和班达英（Bantaeng）等工业园区重点发展镍铁、不锈钢和下游不锈钢的冶炼工业。① 由于东南亚一些国家物产富饶，食品、饮料、烟草行业也形成了从加工到出口的产业集群，2018 年印尼、泰国、菲律宾的食品、饮料、烟草增加值在本国制造业中排名第一，分别占制造业增加值的 23.2%、23.5%和 35.6%，而该行业增加值在越南和马来西亚分别排名第二、三位，占比分别为 13.7%和 12.5%。②

（四）东南亚六国制造业的高度外向型

东南亚六国制造业具有高度的外向型特征，产品生产与出口主要依赖于外部市场需求，东南亚国家制造业已嵌入跨国公司主导的全球价值链分工体系。东南亚国家制造业中的资本、技术、设备、关键零部件等高度依赖于跨国公司和外部市场的供应。虽然东南亚六国经济发展起点和水平具有极大差异，但无论是属于高收入国家的新加坡还是工业化起步晚的越南，制造业部门投资、研发等环节中外资占比都比较大。

由于各国制造业产品主要依赖出口，工业制成品在各国出口贸易中的比重不断提高。1980 年，马来西亚、泰国、菲律宾、新加坡的工业制成品在商品出口中的比重分别为 19%、25%、21%和 47%；2000 年，印尼、马来西亚、泰国、菲律宾、新加坡的工业制成品在商品出口中的比重分别提高到 69%、89%、85%、96%和 94%，当时未加入世贸组织的越南为 47%；2019 年，印尼、马来西亚、泰国、菲律宾、新加坡、越南的工业制成品在商品出口中的比重分别为 71%、87%、87%、89%、90%和88%。③

从制造业内部行业结构看，东南亚国家的一些具有重要地位的制造业行业，其市场主要来自海外，是国家主要的出口创汇来源。这些行业出口额在

---

① 《政府在爪哇外发展 14 个工业区》，印尼《国际日报》2015 年 12 月 19 日。
② UNDIO（2021）. "INDSTAT 2-2022 ISIC Revision 3, Industrial Statistics Database." https：// stat. unido. org/database/CIP%20-%20Competitive%20Industrial%20Performance%20Index.
③ World bank（2021）. "GNI Per Capita, Atlas Method, World Development Indicators 2021." https：//data. worldbank. org/indicator/TX. VAL. MANF. ZS. UN.

整个制造业中排名前列，增加值在制造业增加值中的占比也同样较大。2018
年印尼制造业出口结构中，排名第一和第二的行业是食品、饮料、烟草和化
工，其同样也是印尼制造业中增加值占比排名前两位的行业。泰国、菲律宾
两国的制造业部门中，食品、饮料、烟草增加值占比最高，但出口排名第一
位的是机械、电气、办公设备，电子、通信等高技术行业。

从人均制造业出口额看，东南亚六国情况不尽相同。2022 年，新加坡
人均制造业出口额达到 34777.51 美元，远超其他五国，印尼和菲律宾人均
制造业出口额分别为 761.86 美元和 613.31 美元。越南人均制造业出口额的
增长非常迅猛，其增速远超于其他东南亚五国。2000 年越南人均制造业出
口额不足 100 美元，2022 年则有 3377.35 美元，不仅超过印尼和菲律宾，
还有赶超泰国之势（见表 7）。

表 7　2000~2022 年部分年份东南亚六国人均制造业出口额

单位：美元

国家	2000 年	2005 年	2010 年	2015 年	2022 年
印尼	203.25	243.57	392.02	392.16	761.86
马来西亚	3778.67	4695.18	5870.31	5558.00	9026.26
菲律宾	469.70	456.77	352.12	537.25	613.31
新加坡	18407.04	18050.68	31663.97	27532.47	34777.51
泰国	932.94	1465.37	2439.60	2765.71	3444.52
越南	84.66	208.80	569.05	1481.40	3377.35

资料来源：根据 *UNIDO Statistics Data Portal* 数据编制。

（五）东南亚六国制造业国际地位总体上升

自 20 世纪六七十年代起，东南亚六国大力实施"面向出口"的工业化
战略，将本国的制造业发展紧密地与国际分工体系和世界市场联系在一起。
经过几十年的发展，东南亚六国制造业的国际竞争力总体有所提升，出口规
模不断扩大，在世界贸易中的地位逐步上升。

据联合国工业与发展组织（UNIDO）发布的全球工业竞争力排名，2000~2022年新加坡制造业竞争力的全球排名从第12位升至第9位，越南从第81位升至第31位，泰国介于第24位和第26位之间变动，但马来西亚则从第21位略升至第20位，印尼从第37位略降至第38位，菲律宾从第39位降至第45位（见表8）。

表8 2000~2022年部分年份东南亚六国的全球工业竞争力排名

国家	2000年	2005年	2010年	2015年	2022年
印尼	37	42	39	39	38
马来西亚	21	22	23	22	20
菲律宾	39	46	54	43	45
新加坡	12	15	7	9	9
泰国	25	26	25	24	26
越南	81	70	64	45	31

资料来源：根据 *UNIDO Statistics Data Portal* 数据编制。

在工业制成品进出口贸易中，东南亚国家已跻身世界前十大工业制成品进出口贸易国家的行列。2022年新加坡、越南是世界第九、十大工业制成品出口国，分别占世界出口的2.5%和2.0%；2022年印尼是世界第六大食品出口国，占世界出口的2.9%；2022年新加坡、马来西亚、越南分别是世界第五、八、九大办公设备与通信器材出口国，分别占世界出口的6.8%、4.6%和4.6%；2022年新加坡是世界第九大化工产品出口国，占世界出口的2.0%；2022年泰国是世界第九大汽车出口国，占世界出口的2.0%；2022年越南世界第6大纺织品出口国，占世界出口的3.2%；2022年越南、印尼和柬埔寨分别是世界第四、七、八大成衣出口国，分别占世界出口的6.1%、1.7%和1.6%。同时，泰国、印尼和越南是世界第八、九、十大钢铁进口国，新加坡、越南是世界第五、九大办公设备与通信器材进口国，越南、印尼是世界第三、九大纺织品进口国（见表9）。

表9 2000~2022年部分年份东南亚六国在世界工业制成品贸易中的排名和比重

单位：%

产品/国家	出口				产品/国家	进口			
	2000	2005	2010	2022		2000	2005	2010	2022
食品 印尼(6)	1.3	1.4	2.3	2.9					
					钢铁 泰国(8) 印尼(9) 越南(10)	1.8 1.1 0.6	2.6 1.2 1.0	2.7 1.7 1.6	2.4 2.4 2.0
化工产品 新加坡(9)	1.6	2.4	2.3	2.0					
办公设备与 通信器材 新加坡(5) 马来西亚(8) 越南(9)	7.7 0.1 0.1	8.0 0.1 0.1	7.9 0.4 0.4	6.8 4.6 4.6	办公设备与 通信器材 新加坡(5) 越南(9)	5.3 0.1	5.5 0.2	5.0 0.4	5.3 2.8
汽车 泰国(9)	0.4	0.9	1.7	2.0					
纺织品 越南(6)	0.2	0.4	1.2	3.2	纺织品 越南(3) 印尼(9)	0.8 0.8	1.6 0.4	2.6 1.6	5.0 2.0
成衣 越南(4) 印尼(7) 柬埔寨(8)	0.9 2.4 0.5	1.7 1.8 0.8	2.9 1.9 0.9	6.1 1.7 1.6					
工业制成品 新加坡(9) 越南(10)	2.5 0.1	2.5 0.2	2.5 0.5	2.5 2.0					

注：括号内数字为2022年世界排名。

资料来源：根据 *WTO World Trade Statistical Review 2023* 编制。

三 各国促进制造业转型升级的政策

在世界制造业发展历程中，全球制造业生产与出口中心从欧洲转向美

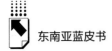
国，后又向新兴发展中国家转移，东南亚六国成为全球制造业价值链中的重要环节。与西方发达国家相比，东盟六国发展制造业所处的历史时期不同，除了驱动制造业转型升级的市场因素外，制度因素成为推动制造业转型升级的关键因素。因此，在东南亚六国制造业转型升级的进程中，各国积极制定和实施制造业转型计划，确立制造业的行业主导地位，培育产业集群，调整制造业的外资引进政策，加大科技投入，推动中小企业转型，优化和改善营商环境。

（一）制定和实施制造业转型计划

早在工业化初期，东南亚国家推行"进口替代"的工业化战略。它们建立和发展本国的日用消费品制造业，以本国生产的消费品替代进口的消费品。各国政府普遍实施高关税保护、进口限制和高汇率等政策，促进进口替代型企业的发展。自20世纪60年代末起，东南亚国家推动"进口替代"工业向"面向出口"工业转型。1967年新加坡政府率先颁布了《经济拓展奖励（豁免所得税）法案》，1968年马来西亚政府颁布了《投资奖励法令》，1970年菲律宾政府颁布了《出口奖励法案》，1972年泰国政府颁布了《投资奖励法案》，鼓励发展面向出口的工业，为出口厂商提供各种优惠待遇。

从20世纪70年代末开始，东南亚国家相继转向推行第二次"进口替代"的工业化战略。1979年，新加坡率先提出实施经济结构重组，进行"第二次工业革命"，促使工业技术升级。1980年，马来西亚设立国有重工业公司，发展部分重化工业，建立钢铁厂、汽车制造厂、石油提炼和石化厂、水泥厂等。自1981年起，泰国在发展面向出口的工业的同时，转向重视发展重化工业。1983年，菲律宾提出在继续发展面向出口的工业的基础上，重点实施11项重工业建设项目。1984年，印尼提出将基础工业、金属工业和机械工业列为优先发展的产业部门。

亚洲金融危机后，东南亚国家在稳定宏观经济形势的同时，开始对制造业进行结构调整与升级改造。1998年6月，新加坡政府推出"工业21"计划，旨在将新加坡发展成知识主导型工业的全球中心，在继续推动产业结构和技术升级的同时，大力发展新兴制造业，政府计划在未来 10 年内将生物医药发展成第四大产业部门。马来西亚针对本国经济的结构性问题和出口竞争力下降的难题，鼓励和扶持资本、技术密集型产业发展，减少对劳动密集型企业的优惠政策，政府提出在未来 10 年将重点发展知识经济，制造业主要倚重电子、通信，并向高增加值和多元化转型。

随着第四次工业革命的兴起，数字技术和智能制造驱动产业转型升级，东南亚六国纷纷制定面向"工业 4.0"的发展目标，实施数字化转型战略，推动制造业转型升级。2016 年，新加坡政府出台了面向"工业 4.0"的"产业转型计划"（ITP），制定了 23 个工商业领域的转型规划，其中制造业包括能源化工、精密工程、海事工程、航空业、电子等。[①] 2016 年，泰国推出了"泰国 4.0"战略，提出以创新为驱动力，运用新技术促进产业结构转型升级，提升国际竞争力。2018 年，印尼政府公布了"工业 4.0"路线图，确定了落实"工业 4.0"路线图的战略目标、重点产业和优先步骤。2018 年，马来西亚政府发布了"工业 4.0"国家政策（National Policy on Industry 4.0）。其政策重心是聚焦制造业的转型升级，进一步增强制造业的竞争优势，保持马来西亚在全球价值链和区域生产网络中的重要地位。2016～2025 年，马来西亚制造业人均增加值增加 30%；制造业对 GDP 的贡献从 2540 亿林吉特增至 3920 亿林吉特；制造业中高技能就业的比重从 18% 升至 35%。[②] 2019 年，越共中央政治局颁布了关于主动参与第四次工业革命的决议，提出了越南迈向"工业 4.0"时代的战略愿景，政府致力于将越南建设成亚洲地区的智慧生产和服务中心、创业创新中心。

（二）确立制造业的行业主导地位和培育产业集群

在制造业转型升级的过程中，东南亚六国注重确立制造业的行业主导地

---

① Ministry of Trade and Industry. "Industry Transformation Programme of Singapore." https：//www. mti. gov. sg/ITMs/Overview.

② Ministry of International Trade and Industry（2018）. *Industry 4WRD National Policy on Industry 4. 0*. Singapore：Ministry of International Trade and Industry .

位，培育产业集群。在实施第一次"面向出口"的工业化战略时，多数国家以发展劳动密集型制造业为主，主要引进西方跨国公司转移出来的生产工序和装配车间；在实施第二次"进口替代"的工业化战略时，各国开始将基础工业、金属工业和机械工业列为优先发展领域，钢铁、石油化工、汽车等资本密集型制造业成为政府扶持的重点行业；到实施第二次"面向出口"的工业化战略时，各国主要引进较高附加值和高技术含量的制造业行业生产工序，如电子信息、精细化工、生物医药等行业。同时，东南亚六国将培育制造业产业集群，作为推动制造业转型升级的重要路径。例如，新加坡政府实施"化工岛"建设计划，以形成石油化工产业集聚区。目前，新加坡的能源与化工产业在全球排名前十，是世界第八大化学品出口国，并跻身世界级炼化基地的行列；马来西亚槟城构建了以生产半导体、硬盘驱动器为主的高科技产品制造业集群，已成为全球芯片测试和封装的主要中心之一；泰国大力引进跨国汽车厂商，已建成亚洲地区重要的汽车产业集群，成为世界第十一大汽车生产国和第九大出口国。

面对新一轮工业革命浪潮的到来，各国聚焦制造业的智能化和数字化。印尼的"工业4.0"路线图提出优先加快电子、汽车、纺织服装、食品和饮料、石化工业的数字化建设，将这五大行业打造成未来制造业的驱动力；马来西亚"工业4.0"的重点发展领域，仍选择第十一个马来西亚五年计划所确定的电子电气、机械设备、化工、医疗器械、航空航天等高增长和有发展潜力的行业；新加坡的"产业转型计划"确定的优先发展的制造业重点行业包括电子、精密工程、能源化工、海事工程和航空业等五大领域，第六个科技创新计划（2016～2020年）将先进制造与工程技术作为首要扶持领域，其中制造业包括航空航天、电子、化学、机械与系统、海洋与近海、精密模块和部件、生物制剂制造业及医学技术制造业等八大关键领域，还有机器人与自动化、数字制造、3D打印和新材料等四个技术交叉领域；"泰国4.0"在制造业方面确定了"5+5"发展方向，即中短期发展的重点产业为新一代汽车制造、智能电子、未来食品加工、农业和生物技术、高端旅游，而长期发展的重点产业为生物能源与生物化工、数字经济、工业机器人、航空物流、医疗卫生产业等。

（三）积极调整制造业的外资引进政策

在制造业转型升级的不同阶段，东南亚六国积极调整外资政策，放宽对外商的投资限制，改善投资环境，加大投资优惠政策力度，以吸引外资在当地投资设厂。在 20 世纪 80 年代中期日元急剧升值和外资大量涌入的背景下，1986 年马来西亚颁布了《促进投资法案》，给予面向出口的制造业企业、使用先进技术的先驱企业更为优厚的激励措施，面向出口的企业可以享受双重减免税、出口补贴等优惠待遇，从事技术研究与开发的企业享有双重减免税优惠待遇。政府大幅放宽对外商投资的限制，鼓励外商投资面向出口的制造业，外资参股比例最高可达 100%，允许外国银行和保险公司在马开展业务。1989 年 5 月，印尼制定了外资的"负面投资列表"以取代"优先投资列表"，随后不断减少外资"负面投资列表"中禁止外资投资的领域。泰国进一步放宽了面向出口的工业企业的外资投资比率限制，降低外资投资的最低限额，鼓励外资将目光投向曼谷以外地区，并给予更优惠的待遇。1991 年，菲律宾颁布新的外国投资法案，该法案将限制外资投资的领域以负面列表的方式提出，除了负面列表中的三类投资领域外，外资在其他领域均可拥有 100% 的股权，开放零售业并允许外资拥有多数股份，外商的土地租赁使用权从 25 年延长至 50 年，并可再延长 25 年。新加坡为促进高科技产业发展，给予高科技企业免除 5~10 年的公司所得税、技术研究与开发所需机器设备可加速折旧等优惠政策。

近年来，在全球价值链重构的背景下，美、日、韩等国家实施了鼓励本国跨国公司回归本土或从中国转向东盟国家的措施。面对西方国家政策的转向，东南亚六国开始调整外资政策，将政策重心从吸引一般外资转向注重价值链某一特定环节。根据跨国公司在全球价值链中的具体环节和区位选择，东南亚六国立足本地产业优势、配套优势和部分领域先发优势，制定有针对性的吸引跨国公司价值链和产业链的政策，引进行业领先的跨国公司的全球价值链和区域生产网络，引导当地企业尤其是中小企业参与跨国公司的产业链和供应链，并逐步向全球价值链的中上游位置迈进。例如，越南加大开放

力度，调整外资政策，大力吸引跨国公司的价值链投资，加快融入全球价值链和区域生产网络。2008年，越南吸引韩国三星公司到越南北宁省投资设厂，三星在越南现有6个生产厂和1个研发中心，已成为越南规模最大的外资企业。

（四）加大科技投入，推动制造业转型升级

长期以来，除新加坡外，大多数东南亚国家科技发展相对落后，科技投入严重不足，这影响和制约了制造业的转型升级。近年来，东南亚六国制定和实施了科技发展计划，加大研究与开发（R&D）投入，培育制造业的研发队伍。印尼研发支出占GDP的比重从2000年的0.07%升至2018年的0.23%，马来西亚从1996年的0.22%升至2016年的1.42%，菲律宾从2002年的0.13%升至2015年的0.16%，新加坡从1996年的1.32%升至2008年的2.6%，泰国从1996年的0.12%升至2017年的1%，越南从2002年的0.19%升至2011年的0.2%。

在东盟六国中，新加坡是最注重科技投入的国家。从1991年起，新加坡连续实施科技创新五年规划，包括《国家技术发展规划》（1991~1995）、《第二个国家科技规划》（1996~2000）、《2005年科技规划》（2001~2005）、《2010年科技规划：创新驱动的可持续发展》（2006~2010）、《2015年研究、创新与企业计划：新加坡的未来》（2011~2015）、《2020年研究、创新与企业计划：科技赢得未来》（2016~2020），这些科技创新规划均将制造业作为关键的发展领域。新加坡的第六个科技创新计划提出，2016~2020年，政府将投入190亿新元用于研究、创新与创业，将先进制造和工程技术、健康与生物医疗科学、城市解决方案和可持续发展、服务业和数字经济等作为重点资助领域。其中，制造业包括航空航天、电子、化学、机械与系统、海洋与近海、精密模块和部件、生物制剂制造业及医学技术制造业等八大关键领域，还有机器人与自动化、数字制造、3D打印和新材料等四个技术交叉领域。2020年，新加坡出台了第7个科技创新计划（2021~2025年），提出未来5年政府拟投入250亿新元，

重点资助制造业、健康、可持续发展和数字经济四大领域的科技创新与研发。①

（五）推动制造业中小企业转型升级

由于大多数东南亚国家尚未建立起完整的工业体系，各国中小企业先天不足，多数制造业企业面临劳动生产率低、管理和技术人员匮乏、熟练劳工明显不足和筹措资金困难等难题，导致中小企业竞争力弱，阻碍了国内产业和企业融入全球价值链和区域生产网络，也制约了制造业的转型升级。近年来，东南亚六国纷纷出台中小企业转型计划和措施，鼓励和扶持中小企业发展，加强中小企业能力建设。

2018年3月，新加坡政府提出将资助300家来自各领域的中小企业，利用新加坡经济发展局开发的新加坡工业智能指数对它们进行评估，协助它们加速向"工业4.0"转型。同时，为促进中小企业数字化转型，新加坡政府推动贸易程序数字化和优化的"贸易互信"（Trade Trust）。一般来说，贸易和物流业者在跨境贸易程序上经常会面对效率较低的情况，而贸易互信涵盖了一套准则，能够让企业安全地交换数字贸易文件。此办法采用分散式账本技术（distributed ledger technology），可降低欺诈风险，同时减少企业营运成本。2019年1月，新加坡推出了全国电子发票网络（Nationwide E-Invoicing Network），可让企业减少失误、改善现金流通，以及提高管理效率。

由于越南加工制造业过度依赖进口的原辅料、零配件，制造业尤其是电子、纺织服装、皮革、鞋类和箱包、汽车生产及组装等产业，国产化率较低。目前，在全国1800家零配件生产公司中，只有大约300家中小企业能够参与跨国公司的生产网络。为促进和扶持制造业中小企业转型升级，2017年越南政府出台了辅助工业发展计划，提出力争到2020年能向越南境内跨

---

① Cornell University, INSEAD, WIPO (2019). "Global Innovation Index 2019." https: //www. wipo. int/global_ innovation_ index/en/2019/.

国公司和组装企业提供零部件的配套企业从现有的300多家增至1000家，到2030年增至2000家。越南政府指出，辅助产业是基础产业，在决定经济结构调整、提高生产力、提升劳动技能和附加值、改善产品和国民经济竞争力等方面起着非常重要的作用。越南政府提出，要在全国范围内建设技术支持中心，为工业生产企业或从事工业服务的企业提供全面协助。2020年6月，越南工贸部建立了国内加工制造业、辅助工业数据库，旨在帮助国内中小企业能快速准确地搜寻信息，满足越南中小企业与外国企业、跨国集团的投资对接和加强合作的需求。2020年底，越南工贸部设立了越南—韩国技术解法与咨询中心及模具技术中心。

（六）为制造业转型升级提供优良的营商环境

营商环境是指企业在开设、经营、从事贸易活动、纳税、关闭及执行合约等方面遵循政策法规所需的时间和成本等条件，它包括影响企业活动的社会要素、经济要素、政治要素和法律要素等方面。自2004年起，世界银行每年公布各国营商便利度指数排名，包括开办企业、办理施工许可证、获得电力、登记财产、获得信贷、保护少数投资者、纳税、从事跨境贸易、执行合同和办理破产的过程等具体指标。长期以来，东南亚国家（除新加坡外）在改善营商环境方面相对滞后，政府行政效率低下，法律规则不健全，市场开放程度不一，这严重阻碍了国内制造业的转型升级。

近年来，东南亚六国积极对标世界银行的标准，普遍重视营商环境的改善，并取得了一定效果。2015年9月起，印尼政府先后推出了16期振兴经济配套计划，着力解决印尼贸易限制繁多、物流成本偏高、土地征用困难、公共服务缺失、行政效率拖沓等弊端。2018年5月，菲律宾颁布了《营商便利和有效政府服务法令》，旨在简化政府办事程序，减少办事时间，提高办事效率。越南政府颁发了改善营商环境和提升国家竞争力的决议，建立和完善了国家一站式服务机制，从而简化了审批手续，减少了通关程序，提高了服务效率。2010~2019年，东南亚国家的营商环境均有较明显的改善，印尼的营商便利度指数排名从第122位升至第73位，马来西亚从第23位升至第 12 位，菲律宾从第 144 名位升至第 95 位，越南从第 93 位升至第 70 位。[①]

四 制约东南亚制造业转型升级的因素

尽管东南亚六国工业化程度不断提高，制造业得到了快速发展，但是多数国家出现了制造业发展趋缓，技术创新能力低、制造业劳动生产率较低、产业链和供应链相对脆弱、中小企业竞争力弱等问题，这些都制约制造业结构转型和技术升级。

（一）制造业发展趋缓，一些国家出现"去工业化"现象

进入 21 世纪后，东南亚主要国家工业尤其是制造业发展速度趋缓，制造业增加值占 GDP 的比重也出现了先升后降的现象，一些学者提出，东南亚国家在尚未完成工业化的情况下出现了"去工业化"现象。据世界银行统计，1990~2000 年，印尼制造业增加值年平均增长率为 6.7%，马来西亚为 9.5%，菲律宾为 3.5%，新加坡为 7.0%，泰国为 6.9%。此后，除菲律宾外的其他国家的制造业增加值年均增长率均出现下滑。2000~2012 年，印尼制造业增加值年平均增长率为 4.6%，马来西亚为 4.1%，菲律宾为 3.9%，新加坡为 6.5%，泰国为 4.9%。1995~2019 年，印尼制造业增加值占 GDP 的比重从 24.1%降至 19.7%，马来西亚从 26.4%降至 21.5%，菲律宾从 22.8% 降至 18.5%，新加坡从 24%降至 19.8%，泰国从 26.2%降至 25.3%。[②]

与发达国家相比，东南亚国家之所以出现"去工业化"现象，主要是

---

① World Bank （2009）. *Doing Business 2010*. The World Bank：Washington D.C.；World Bank （2019）. *Doing Business 2020*：*Comparing Business Regulation in 190 Economies*. Washington D.C.：The World Bank.

② World Bank. "World Development Indicators：Structure of Output." http：//wdi.worldbank.org/table/4.2.

因为国际金融危机后全球经济复苏缓慢，国际市场需求萎缩，东盟主要国家外向型工业部门尤其是制造业出口受阻，对制造业发展造成了直接影响；这些国家新兴制造业大多处于全球价值链的低端，高度依赖跨国公司的资本、技术和市场，新兴制造业发展空间受到挤压；一些国家劳动力短缺，劳动成本上升，基础设施发展滞后，营商环境欠佳，外向型工业的出口竞争力下降；由于国内资源禀赋和技术要素的限制，这些国家制造业结构调整和技术升级缓慢，制约了工业部门的发展，拖延了工业化进程。

（二）技术创新能力低，高度依赖于外国技术

由于缺乏资金、技术、人力资源，东南亚国家主要制造业行业在技术上高度依赖跨国公司，自身缺乏技术创新能力，导致近年来产业结构升级较为困难。全球创新指数报告显示，除新加坡外，东南亚国家创新指数全球排名均不高。2021年，印尼、马来西亚、菲律宾、新加坡、泰国和越南创新指数世界排名分别为第87位、36位、51位、8位、43位和44位；其中知识及科技产出这一指标世界排名，分别为第74位、31位、55位、13位、40位和41位。[①]

在研发投入方面，2019年，印尼、马来西亚、泰国、菲律宾、新加坡和越南研究与开发经费支出占国内生产总值的比重分别是0.27%、1.04%、0.14%、0.32%、1.98%和0.53%（马来西亚为2018年数据），均低于世界2.33%的平均水平，也低于中国的2.24%，更是远低于日本3.20%和韩国4.63%的水平。[②] 东南亚企业的大部分研究与开发（R&D）经费来自当地跨国公司的分支机构。西方跨国公司在当地的研究与开发（R&D）活动成为各国企业研发投入增长的主要因素，但实际收益也主要归跨国公司所有，各国每年依然需要向国外缴纳大量的专利费和特许费。2020年，新加坡、泰国、马来西亚、印尼、菲律宾支出的知识产权使用费分别为153.5亿美元、

---

① Cornell University, INSEAD, WIPO (2020). *Global Innovation Index 2020*.

② World Bank (2021). "Research and Development Expenditure, World Development Indicators 2021." https://data.worldbank.org/indicator/GB.XPD.RSDV.GD.ZS.

45.0 亿美元、23.9 亿美元、15.3 亿美元、5.2 亿美元，而知识产权收入则分别为 86.7 亿美元、2.3 亿美元、2.3 亿美元、0.8 亿美元、0.2 亿美元。[①]

在研发人力资源方面，除新加坡外，东南亚五国研发人员普遍缺乏。2017~2018 年，东盟国家每百万人中技术研发人员数量方面，印尼为 35 人，马来西亚为 233 人，泰国为 297 人，菲律宾为 18 人（2015 年数据），新加坡为 377 人，越南为 71 人，远低于日本 524 人和韩国 1311 人的水平。[②] 东南亚国家的高等教育在学科专业结构方面存在"重文轻理"的现象，就读科学、工程和数学相关专业的毕业生人数占比均未超过 50%，其中印尼、越南、泰国、菲律宾的占比没有超过 30%，分别为 19.4%、22.7%、27.9%、28.7%，马来西亚和新加坡的占比相对较高，分别为 39.2% 和 33.5%。同时，东南亚国家还存在理工课教学质量不高的问题。以泰国为例，泰国发展研究所（TDRI）和数字经济促进机构（DEPA）联合发布了一项关于数字人力资源开发的研究报告，显示泰国正面临数字领域员工短缺的问题，大多数员工的技能水平达不到市场需求。据统计，泰国数字产业劳动力缺口达近 14000 名，每年计算机专业毕业生近 2 万名，但约 7000 人处于失业状态，主要是因为理工课教学质量欠佳，培养出的理工科学生不能完全满足就业市场的需要。

（三）制造业劳动生产率较低

东南亚六国制造业劳动生产率较低，各国之间差距较大。如果按人均制造业增加值进行比较，2019 年新加坡人均制造业增加值最高，达到 11592.55 美元；马来西亚和泰国的人均制造业增加值排在第二、三位，分别为 2535.02 美元和 1752.23 美元；越南的人均制造业增加值为东盟六国最

① World Bank (2021). "Charges for the Use of Intellectual Property, Payments, World Development Indicators 2021." https://data.worldbank.org/indicator/BM.GSR.ROYL.C; World Bank (2021). "Charges for the Use of Intellectual Property, Receipts, World Development Indicators 2021." https://data.worldbank.org/indicator/BX.GSR.ROYL.CD.

② World Bank (2021). "Technicians in R&D, World Development Indicators 2021." https://data.worldbank.org/indicator/SP.POP.TECH.RD.P6? view=chart.

低，仅为 441.60 美元。但越南的人均制造业增加值增长速度远快于其他五国，2010 年仅为 189.88 美元，2019 年提高到 441.60 美元（见表 10）。

表 10 2000~2019 年部分年份东南亚六国人均制造业增加值

单位：美元

国家	2000 年	2005 年	2010 年	2015 年	2019 年
印尼	432.61	517.04	583.04	700.51	787.07
马来西亚	1604.66	1816.75	1881.19	2219.35	2535.02
菲律宾	374.20	410.04	448.27	574.47	685.84
新加坡	7425.88	8635.03	10136.35	9963.07	11592.55
泰国	968.55	1276.83	1547.73	1600.83	1752.23
越南	107.26	177.38	189.88	285.55	441.60

资料来源：根据 *UNIDO Statistics Data Portal* 数据编制。

不过，与先进的工业化国家相比较，东南亚六国制造业劳动生产率仍然具有较大差距。2019 年，日本、韩国、德国、美国的人均制造业增加值分别为 7679.45 美元、8438.07 美元、8551.56 贸易、7069.62 美元，远超除新加坡之外的其他东盟国家。2019 年，中国人均制造业增加值为 2781.74 美元（统计数据未包括港澳台地区），也高于除新加坡之外的其他东盟国家。

（四）产业链和供应链相对脆弱

东南亚国家形成了各具特色的制造业产业集群，但由于基础工业发展滞后、本土企业实力弱、过于依赖外资等原因，其本土产业链并未实现真正意义上的独立与完整，供应链也易受外部环境影响。

除新加坡、马来西亚之外，其他东南亚国家钢铁、冶金、水泥、化工等基础原材料工业发展相对滞后，制约本土产业链上下游的联系与发展。以钢铁工业为例，作为具有战略性和全局性的基础原材料工业，钢铁工业是汽车、机械、电子等行业的上游，在整个制造业产业链中地位举足轻重。近年来，东南亚国家的钢铁消费整体处于增长态势，印尼、马来西亚、泰国、越南是最主要的粗钢消费国，需求行业主要包括建筑业、汽车工业、机械制造业等，但这些国家钢铁工业发展相对落后，钢铁产能不足并且跟不上日益增长的消费需求。2015 年，东南亚国家粗钢的对外依存度为 65%，意味着大量钢材需要进口。针对钢铁产能不足的问题，一些国家开始提高钢铁工业的产能，越南工贸部提出了面向 2035 年钢铁生产总体规划草案，计划到 2025 年钢铁产量突破 4600 万吨，到 2035 年钢铁产量达到 5500 万吨。

除了基础工业产能不足之外，东南亚国家制造业对国外关键零部件同样高度依赖。由于东南亚国家本土制造业企业实力和竞争力不足，缺乏核心或关键技术，制造业企业只能处在跨国公司主导的产业链的局部、低端的生产工序和环节上。同时，本土的产业、企业相互之间也都缺乏联系，甚至某些企业为成为跨国公司的供应商而恶性竞争。由于各国制造业上下游的供应链稳定性相当程度上取决于外部环境，当世界经济形势恶化或国际物流系统中断时，东南亚许多制造业行业和企业均面临全球供应链断供的风险。

以泰国为例，全球新冠肺炎疫情对对国外供应链有高度依赖的泰国形成了巨大影响，冲击最为明显的是汽车工业。2020 年 3 月，泰国汽车工业的生产指数是 93.8，到 4 月时生产指数骤降至 18.3，在所有制造业门类中降幅最大，至 6 月也仅回升至 50.7，远低于其他制造业行业。[①] 2022 年，受全球物流系统迟滞和大宗商品价格上涨的影响，泰国制造业企业生产受到全球通胀的较大影响。由于化学工业基础薄弱和产能严重不足，泰国境内化肥价格迅速上涨，化肥出现严重短缺，对农业生产造成了影响，削弱了农产品和下游食品工业的竞争力。[②]

（五）本土中小企业竞争力弱

由于发展先天不足，东南亚六国多数制造业中小企业缺乏竞争力。这些国家的电子、汽车、化工等支柱行业均由西方跨国公司主导，关键设备与零部件主要依靠进口，核心技术依靠国外转让，而本土制造业企业通常仅作为

---

① Bank of Thailand. "Manufacturing Production Index Key Economic Indicators." https://www.bot.or.th/English/Statistics/Indicators/Pages/default.aspx.

② 《总理关心农业化肥短缺问题要求加快进口》，泰国《星暹日报》2022 年 3 月 29 日。

二、三级供应商。东南亚国家制造业企业大多属于中小企业，它们劳动生产率低，机器设备更新缓慢，缺乏技术创新意愿，以加工、装配和中间产品的生产为主，管理和技术人员匮乏，熟练劳工数量也明显不足。印尼的中小企业生产以旧式机器和手工操作居多，泰国的中小企业生产工序陈旧，产品标准化程度不高和质量差，产品缺乏市场竞争力。① 因资信较差，中小企业向银行借贷受到种种限制。菲律宾和马来西亚的中小企业的资金大多来源于期限短、利率较高的民间非正规金融渠道，债务负担沉重。

以越南电子行业为例，韩国三星公司近年来加大对越南的投资，建立多个制造工厂，至 2017 年有将近 30% 的三星手机在越南生产组装，而这一比例在 2015 年曾一度达到 50% 左右。2016 年，占越南商品出口 23% 的是来自三星公司的产品，其中手机及其零部件的出口就占商品出口的 19%。不过，2014 年三星的供应商中只有 10 家是越南本地企业，其中 4 家一级本地供应商提供的是纸质包装产品。② 2017 年，三星公司在越南的本土供应商已经上升至 215 家，有 25 家是一级供应商，其余的均是二级供应商。但是，这些越南本土供应商基本上提供的依然是纸质包装产品、餐饮食宿服务、保洁卫生服务等，没有进入三星实际最终产品的生产制造的核心环节。

结　语

随着世界制造业中心的东移和第四次工业革命浪潮的到来，东南亚六国纷纷推出了面向"工业 4.0"的国家战略，实施推进制造业转型升级的计划与政策。我国正处于制造业转型的关键时期，东南亚六国制造业转型升级的实例为我们提供了可资借鉴的国际经验与启示。

首先，制造业转型升级是实现工业化和促进经济发展的重要引擎。

---

① Kenneth James, Narongehai Akrasanee（1988）. *Small and Medium Business Improvement in the ASEAN Region：Marketing Factors*. Singapore：Institute of Southeast Asian Studies.

② Y. S. Tong, A. Kokko（2019）. *Linking FDI and local firms for global value chain upgrading：Policy lessons from Samsung mobile phone production in Viet Nam*. Vienna, Austria：UNIDO.

在二战后工业化发展的历程中，东南亚六国重视制造业在经济发展中的核心地位，把握全球制造业中心东移的历史机遇，根据国际形势和具体国情，适时实施产业政策，促进产业结构调整与技术升级，逐步实现了从劳动密集型产业到资本、技术密集型产业的转型升级，从而增强了制造业的国际竞争力。面对新一轮工业革命的兴起，东南亚六国密切跟踪全球制造业的发展动向，聚焦"工业4.0"时代的新兴产业技术，确立制造业行业主导地位和发展新兴行业，实施产业转型计划及其配套措施，以促使制造业加快迈向"工业4.0"时代。东南亚六国制造业转型升级的经验与教训表明，制造业是工业化的重要基础，也是实体经济中最重要和最基础的部分。对于新兴经济体来说，制造业是立国之本和强国之基，制造业转型升级是促进经济发展的重要引擎。

其次，保持制造业在国民经济中比重的稳定是制造业可持续发展的基本保障。

根据发达国家工业化的经验，早期发展经济学家库兹涅茨、钱纳里等提出，工业和制造业占国民经济的比重随着经济发展水平的提高呈现先升后降的倒 U 形曲线。东南亚六国工业化处于不同的阶段，新加坡进入后工业化时代，其他国家仍停留在工业化中期和初期阶段，但一些国家在尚未完成工业化的情况下就出现了"去工业化"现象，工业和制造业比重过早和过快的下降，引起各国政府的高度关注。例如，早在 20 世纪 80 年代中期，新加坡曾围绕是否继续将制造业作为支柱产业展开讨论。新加坡政府认为，工业尤其是制造业是服务业的基础，它是增强实体经济实力的重要引擎。因而，新加坡始终没有放弃制造业，提出制造业和服务业是推动经济增长的两大动力，并将制造业增加值占 GDP 的比重保持在 25% 的水平，后调为 20% ~ 25%，从而保障了制造业的可持续发展。因此，对于新兴国家来说，保持制造业在国民经济中的比重的稳定至关重要，它是一国实体经济可持续发展的基本保障。

再次，科技创新和制度创新是制造业转型升级的驱动力。

从东南亚六国制造业发展历程看，需求结构、供给结构和制度因素是影响制造业转型升级的因素，而科技创新和制度创新是其中至关重要的驱动力。科技创新依赖于基础科学的发展、应用与创新，也依赖于具体生产技术本身的创新；制度创新涵盖社会政治、经济和管理等制度的革新，是政府、企业与其外部环境相互关系的变更。东南亚六国的经验表明，没有科技创新难以实现制造业从劳动密集型向资本、技术密集型转型，也无法逾越全球价值链的"低端锁定"。而如果政府产业政策、企业组织创新缺失，也将阻碍制造业转型升级。因此，基于新兴经济体的视角，要实现制造业转型升级，必须加大科技创新的投入，推动科技研发与应用，推动生产技术和生产过程的创新。同时，发挥制度创新的优势，实施产业转型计划和政策，培育制造业产业集群，为制造业转型升级创造良好的制度环境。

最后，企业转型是制造业转型升级的必要路径。

由于东南亚六国制造业对外依存度高，在国内完整的工业体系尚未建立的情况下，又深度融入全球价值链，外国跨国公司和国内中小企业在制造业中具有举足轻重的地位和作用，是制造业转型升级的主体。在制造业转型的不同阶段，这些国家均积极调整外资政策，扶持中小企业发展，但成效不一。在全球价值链重构的背景下，新兴国家仍无法逾越全球价值链的"低端锁定"，向制造业高端迈进面临发达国家的围追堵截，传统制造业发展动能不足。因此，要实现制造业转型升级，关键在于促进本国企业转型与创新。当前，企业的数字化转型是制造业转型升级的必由之路，企业应依托开放共享的数据资源，精准匹配多样化产品供给和异质性用户需求，促进制造业从规模化生产向个性化定制转型，实现制造服务的精准化和制造过程的数字化。

参考文献

ASEAN-Japan Centre（2018）. *Global Value Chains in ASEAN: A Regional Perspective.* Japan: AJC.

J. López-González, P. Kowalski（2017）. *Global Value Chain Participation in Southeast Asia: Trade and Related Policy Implications Production Networks in Southeast Asia.* London: Routledge.

UNIDO（2002）. *Industrial Development Report 2002-2003: Competing through Innovation and Learning.* Vienna: UN Industrial Development Organization.

UNIDO（2005）. *Industrial Development Report 2005: Capability Building for Catching-up Historical, Empirical and Policy Dimensions.* Vienna: UN Industrial Development Organization.

UNIDO（2011）. *Industrial Development Report 2011: Industrial Energy Efficiency for Sustainable Wealth Creation.* Vienna: UN Industrial Development Organization.

UNIDO（2016）. *Industrial Development Report 2016: The Role of Technology and Innovation in Inclusive and Sustainable Industrial Development.* Vienna: UN Industrial Development Organization.

UNIDO（2018）. *Industrial Development Report 2018: Demand for Manufacturing: Driving Inclusive and Sustainable Industrial Development.* Vienna: UN Industrial Development Organization.

UNIDO（2020）. *Industrial Development Report 2020: Industrializing in the digital age.* Vienna: UN Industrial Development Organization.

UNIDO（2022）. *Industrial Development Report 2022. The Future of Industrialization in a Post-Pandemic World.* Vienna: UN Industrial Development Organization.

World Bank（2020）. *World Development Report 2020: Trading for Development in the Age of Global Value Chains.* Washington, D. C. : World Bank.

WTO, IDE-JETRO（2011）. *Trade Patterns and Global Value Chains in East Asia: From Trade in Goods to Trade in Tasks.* Geneva: WTO.

WTO, IDE-JETRO, OECD, UIBE, World Bank（2017）. *Global Value Chain Development Report 2017: Measuring and Analyzing the Impact of GVCs on Economic Development.* Geneva: WTO.

WTO, IDE-JETRO, OECD, UIBE, World Bank（2019）. *Global Value Chain Development Report 2019: Technological Innovation, Supply Chain Trade, and Workers in a Globalized world.* Geneva: WTO.

WTO, IDE-JETRO, OECD, UIBE, World Bank（2021）. *Global Value Chain Development Report 2021: Beyond Production.* Geneva: WTO.

A. Yamaguchi（2018）. "Global Value Chains in ASEAN." *Institute for International Monetary Affairs, Newsletter,* Vol. 1.

S. Zhong, B. Su（2021）. "Investigating ASEAN's Participation in Global Value Chains: Production Fragmentation and Regional Integration." *Asian Development Review,* Vol. 38, No. 2.

B.5
东盟国家可再生能源发展的现状与前景

杨程玲*

摘　要：　在世界各国加快能源转型和能源安全日益凸显的背景下，东盟国家纷纷进行能源转型和制定能源安全战略，实施可再生能源发展规划，加快推进可再生能源发展。长期以来，东盟国家能源严重依赖化石燃料，各国能源供需矛盾日益突出，传统的能源供需结构已难以为继。同时，东盟国家可再生资源开发利用潜力巨大，推动可再生能源发展成为各国实现能源转型的主要路径。各国相继制定可再生能源战略及行动计划，建立和完善可再生能源政策体系，推动可再生能源基础设施建设，加强可再生能源领域的区域互联互通和与域外国家的合作，由此推动各国能源供需结构的变化。中国与东盟能源合作由来已久，双方在可再生能源领域的合作具有广阔的发展前景。

关键词：　可再生能源　能源转型　能源安全　东盟国家

2022 年以来，全球能源供需矛盾急剧恶化，国际能源价格波动频繁，2023 年全球能源安全的不确定性依然存在。国际能源署发布的《2022 年世界能源转型展望》在开篇这样写道，"这是第一次真正意义上的全球性能源危机，冲击广度和复杂性前所未有"①。面对剧烈动荡的国际环境与世界能源格局，不论是发达经济体还是新兴经济体，都加快进行能源转型和实施能源安全战略，逐步构建以可再生能源为主的能源转型体系。本文拟就东盟国家可再生能源发展的现状与前景作一分析。

＊　杨程玲，经济学博士，汕头大学东南亚研究中心讲师。
①　International Energy Agency （2022）. *World Energy Outlook 2022*. France：IEA. p. 3.

一　东盟国家可再生能源发展的动因

当今世界，能源转型和能源安全是全球性的突出问题，推进构建以可再生能源为主的现代能源体系已逐渐成为各国关注的焦点，能源技术进步和能源结构转型正在深刻改变未来世界经济与能源发展的格局。近年来，东盟国家纷纷制定可再生能源发展规划，积极推进可再生能源发展，究其原因，主要是世界各国加快能源转型、东盟国家能源安全问题愈益突出和应对气候变化的紧迫性。

（一）东盟国家发展可再生能源以世界能源转型为国际背景

可再生能源（Renewable Energy）是指风能、太阳能、水能、生物质能和地热能等非化石能源，是清洁、绿色和低碳的能源。世界能源经历了由薪柴到煤炭，再由煤炭到油气的两大转变。石油、天然气和煤均为不可再生资源，地球上存量有限，这迫使各国逐步由化石能源时代向可再生能源时代转变。国际能源署发布的《2022年世界能源转型展望》指出，随着越来越多国家开始加速能源转型，全球清洁能源产业进入了一个快速发展期，2022年全球可再生能源发电量有望增长20%，其中包括风能、太阳能等清洁能源发电量的增长，二氧化碳排放量增幅降至1%。从长期来看，新能源尤其是清洁能源是解决世界能源问题的关键，预计到2030年全球能源需求每年将增长约1%，增量几乎全部由可再生能源来填补，化石能源在全球能源结构中的占比或将从目前的80%下降至2030年的75%，到2050年下降至60%左右。[①]

当前，世界各国纷纷制定可再生能源发展规划，加速能源结构转型。近年来，美国加快发展可再生能源，2021年可再生能源占美国能源产业的13%，美国已成为能源净出口国，政府制定了到2035年以100%清洁电力运

---

① International Energy Agency（2022）. *World Energy Outlook 2022*. France：IEA. p. 21.

行全国电网的目标。欧盟推出能源系统一体化发展战略，加大可再生能源的公共投资，放宽可再生能源项目的财政限制条件，推动清洁能源领域建立行业联盟。[①] 法国政府公布了"2030 国家能源计划"，提出到 2030 年可再生能源发电比重将提升至 40%，到 2050 年太阳能发电装机容量将增加 10 倍。德国计划将可再生能源在国内能源结构中的占比从目前的 18% 提升至 30%。日本提出，2030 年可再生能源发电比重将提高到 36% 至 38%。韩国公布了可再生能源长期发展计划，提出到 2034 年关停所有燃煤电厂，可再生能源在国内能源结构中的占比将从目前的 15.1% 升至 40%。巴西政府提出，到 2035 年电力产业总投资规模将超过 300 亿美元，其中 70% 将用于太阳能、风能、生物质能及海洋能等可再生能源发电技术的研发，并为相关基础设施和项目提供资金和政策支持。因此，在世界各国加快能源转型的背景下，凭借巨大的可再生能源发展潜力，摆脱化石燃料的依赖，向可再生能源转型，以满足该地区快速增长的能源需求，成为东盟各国中长期能源发展战略的必然选择。

（二）实现能源安全是各国发展可再生能源的重要动因

随着国际形势和地缘政治格局的急剧变化，世界能源供给面临前所未有的挑战，能源安全已成为各国高度关注的问题，而发展可再生能源和促进能源结构转型成为实施能源安全战略的必由之路。《2022 年世界能源转型展望》指出，虽然当前多国遭遇的能源危机在短期内促使各国增加了对化石燃料的需求，但是能源体系的低碳化、民主化和数字化将成为长期发展趋势。发展可再生能源可以为各国提供一个持续、安全和稳定的发展环境，可以减少国际油价波动对各国经济发展的冲击。尽管目前可再生能源使用成本较高，但随着技术的进步，其使用成本下跌空间巨大。包括电池、太阳能光伏和电解槽在内的一些关键设备和技术的供应链正在快速扩张，可再生能源发展因此也会提速。在新冠肺炎

---

① EUROPEIAC. "Powering a Climate-neutral Economy: Commission Sets Out Plans for the Energy System of the Future and Clean Hydrogen." https://ec.europa.eu/commission/presscorner/detail/en/ip_20_1259.

疫情的冲击下，全球能源需求趋于下降，但可再生能源开发利用规模却逆势增长，到 2025 年可再生能源有望取代煤炭成为主要发电方式并成为全球最大的电力来源，2030 年可再生能源将提供全球近 40% 的电力供应。[①]

长期以来，东盟国家的能源严重依赖以煤炭为主的化石燃料。2019 年煤电的装机容量高达 89GW。在全球能源转型的大背景下，煤电的加速退出将加剧这一地区电力系统与能源安全风险。国际能源署（IEA）指出，东盟国家依靠化石燃料来满足不断增长的能源需求，这在当今的能源危机中已经被证实是该地区发展的最大弱点之一，因而亟须加快能源转型的进程。[②] 随着东盟国家工业化和城市化进程的推进，各国能源供需矛盾日益突出，以化石燃料为主的能源结构已难以为继，能源安全已成为国家经济发展的突出问题。另一方面，东盟国家可再生资源开发利用潜力巨大，该地区拥有世界上优越的水电开发潜力，光照辐射强，加之风能、地热能、海洋能和生物质能等资源储备丰富。同时，东盟国家可再生能源的使用成本正在不断降低，可再生能源已成为多数东盟国家最便宜的电力来源。因此，推动可再生能源发展成为东盟国家实施能源安全战略的主要路径。

（三）发展可再生能源是各国应对气候变化的重要方案

近年来，极端天气事件频发，世界各国加快实施应对气候变化的行动，其中推动能源结构转型和发展可再生能源是最重要的措施之一。国际能源署预测，2022 年全球二氧化碳排放量比上一年增加了 1%，但与 2021 年 4% 的增幅相比已经大幅放缓。[③] 英国一家智库的研究数据显示，得益于 2022 年 1 月至 6 月风力和太阳能发电的增长，全球减少了约 2.3 亿吨的二氧化碳排放。各国若想兑现《巴黎协定》承诺，如期实现减碳目标，需要对其能源

---

① IRENA & ACE （2022）. "Renewable Energy Outlook for ASEAN 2022：Towards a Regional Energy Transition." https：//www. iea. org/reports/renewables-2022.

② International Energy Agency （2022）. "Southeast Asia Energy Outlook 2022." https：//www. iea. org/reports/southeast-asia-energy-outlook-2022.

③ International Energy Agency （2022）. *World Energy Outlook 2022*. France：IEA. p. 64.

经济进行更早更大力度的转型。一方面，要求清洁能源能更快、更全面地满足新增的能源需求。另一方面，要求对传统化石能源进行替代，加快能源结构变革。①

东盟国家均为《巴黎协定》的签署国，各国都承诺到 2030 年大幅减少二氧化碳的排放。印尼承诺无条件减少 2% 的温室气体排放，马来西亚承诺在 2005 年的基础上无条件减少 45% 的温室气体排放，泰国减少 20%，越南减少 8%，菲律宾减少 36%。同时，东盟国家制定了应对气候变化的国家自主贡献目标，提出了实现"碳中和"的时间表。柬埔寨制定了"碳中和"长期战略 (TS4CN)，提出 2050 年实现碳中和；印尼提出到 2025 年可再生能源占比达到 23%，到 2030 年温室气体排放减少 29%~41%，2060 年达到净零排放的目标；马来西亚提出到 2030 年单位国内生产总值碳排放降低 45%，到 2050 年实现碳中和目标；菲律宾制定了 2020~2040 年能源计划，提出到 2030 年可再生能源发电量占其总发电量的 35%，到 2040 年实现碳中和目标；2020 年 3 月，新加坡向联合国气候变化框架公约提交了新的国家自主贡献目标和长期低排放发展战略文件，明确 2030 年左右碳排放达峰，2050 年碳排放峰值减半，本世纪下半叶尽快实现碳中和的发展目标；泰国承诺到 2050 年实现碳中和，到 2065 年实现温室气体净零排放；越南提出在 2030 年后停止新建燃煤电厂，2045 年后逐步淘汰燃煤电厂，到 2045 年将燃煤发电占比降至 9.6%，将风电和光伏发电占比提高至 50.7%，到 2050 年实现碳中和目标。

二 东盟可再生能源发展战略与政策

在全球能源转型的背景下，可再生能源已成为各国能源发展的重点领域。目前，全球已有 200 多个国家制定了中长期可再生能源发展目标，明确了未来可再生能源的努力方向。随着东盟国家工业化和城市化进程的推进，该地区能源需求快速上升，石化能源自给率趋于下降。因此，加快清洁能源

---

① International Energy Agency (2022). *World Energy Outlook 2022*. France：IEA. pp.72-76.

的开发，调整能源政策成为东盟国家的迫切任务。近年来，东盟国家制定了清洁能源发展战略，探索能源转型的路径，出台了可再生能源相关政策，致力于发展清洁能源。

（一）东盟制定可再生能源战略及行动计划

自 1998 年起，东盟开始制定东盟能源合作行动计划（APAEC）。第一个能源合作行动计划（1999~2009）分为 1999~2004 年和 2004~2009 年两个阶段实施，并将新能源和可再生能源（NRE）纳入行动计划之中。在该行动计划中，为激励可再生能源发展，促进能源转型，东盟在可再生能源领域设立了年度东盟能源奖。在《2010 至 2015 年东盟能源合作行动计划》中，东盟首次设定可再生能源发展目标，即在 2015 年可再生能源在发电总装机容量中占 15%。[①]《东盟能源合作行动计划（2016—2025）》分为 2016~2020 年和 2021~2025 年两个阶段实施，该计划设立了在 2025 年将可再生能源在东盟一次能源供给总量中的比例提高到 23% 的理想目标。其中，第一阶段侧重于中短期战略，提出"加强东盟能源互联互通和市场一体化，以实现能源的安全性、可获得性、可负担性和可持续性"；第二阶段提出更高的期望目标和新的倡议，以推动能源转型和增强能源弹性，实现能源可持续发展。同时，提出"通过更大的创新与合作，加快能源转型和加强能源复原力"。[②]

在《东盟能源合作行动计划（2016—2025）》第二阶段中，东盟提出了可再生能源的六大发展战略，即①推进可再生能源政策，为东盟成员国开发脱碳途径。东盟将制定长期的东盟可再生能源路线图，该路线图在规划未来经济的道路上，将适当考虑新的可持续系统，改变可再生能源的生产、交付和使用方式，使可再生能源技术的商业化得以实现。鉴于第四次

---

① APAEC Drafting Committee（2010）．"APAEC 2010-2015."https：//aseanenergy.org/asean-plan-of-action-for-energy-cooperation-apaec-phase-ii-2010-2015/.

② APAEC Drafting Committee（2016）．"APAEC 2016-2025."https：//aseanenergy.org/asean-plan-of-action-for-energy-cooperation-apaec-phase-ii-2016-2020/.

工业革命正在迅速改变该地区的能源部门，电气化和数字化的未来趋势将带来革命性的变化；②开展关于可再生能源的高级别政策对话，以加快能源转型，增加电力领域可再生能源的使用份额，扩大智能化电网的基础设施投资，探索研发废物转化能源、氢燃料电池等低碳技术以重新部署可再生能源系统；③建立可再生能源研发（R&D）网络。与至少两个研发机构和集群、两个区域或国际可再生能源机构建立合作关系，通过共享研究设施、推动研究人员的交流，促进可再生能源技术开发方面的合作；④加强创新和建立伙伴关系，制定可再生能源融资计划和建立相关机制。与至少一个国家/地区/国际金融机构建立再融资网络，并参与部署可再生能源技术。同时，建立可再生能源支持机制，促进银行可担保项目顺利实施；⑤支持生物燃料和生物能源的可持续发展。通过开发一个 R&D 推广网络、分析生物燃料和生物能源脱碳的潜力、推动能源部门政策和工具实现信息共享，以加速生物燃料和生物能源的应用；⑥建立和完善东盟可再生能源信息和培训中心。该机构主要通过监测东盟国家可再生能源的开发和利用，加强可再生能源研究、开发和示范，建立可再生能源技术的专业人才库，每年进行专题能力建设和培训，来不断扩大可再生能源部门的人力资源规模。①

目前，东盟正在实施第二阶段行动计划，并取得了一定成效。2021年，可再生能源的发电装机容量占比达到 35%，超过预定的目标。不过，可再生能源在一次能源供应总量（TPES）中的份额仅为 14.3%，与 2025年设定的 23% 的战略目标仍存在较大差距。② 在新的世界经济形势下，东盟将重点考虑新冠肺炎疫情对经济的影响、全球经济和能源发展趋势、第四次工业革命，以及气候变化和脱碳等跨领域问题，加强能源投资和融

① APAEC Drafting Committee（2016）. "APAEC 2016–2025." https：//aseanenergy. org/asean-plan-of-action-for-energy-cooperation-apaec-ii-2021-2025.

② IRENA & ACE（2022），"Renewable Energy Outlook for ASEAN：Towards a Regional Energy Transition." https：//www. irena. org/publications/2022/Sep/Renewable-Energy-Outlook-for-ASEAN-2nd-edition.

资、将商业活动纳入私营部门、新兴能源技术，以及能源部门的数字化发展等成为东盟能源战略规划的重要议题。

（二）各国建立和完善可再生能源政策体系

为加快可再生能源的发展，促进能源结构转型，东盟各国根据自身实际情况调整本国可再生能源的发展目标。目前，泰国和老挝的可再生能源发展目标高于东盟设立的目标，印尼与东盟设立的目标相持，而其他国家均低于东盟设立的目标。其中，印尼将可再生能源发展的重心放在其拥有的丰富的地热能、水能、太阳能上，并计划于 2025 年将可再生能源在能源结构中的比例提升至 23%，2050 年再提升至 31%；菲律宾积极引进外资，开发潜能巨大的地热能，致力于在该领域成为全球领先的国家，并计划于 2030 年将可再生能源发电比重提高到 35%；泰国重点关注生物质能及水能，计划到 2037 年将可再生能源份额增加至 30%，可再生能源发电装机容量提高至 36%，可再生能源发电量在交通领域的消耗份额提高至 25%；越南大力发展太阳能、风能，其中重点发展海上风能，计划到 2030 年将可再生能源份额增加至 15%～20%，2050 年增至 25%～30%。[1]

东盟国家通过多层次、多类型的政策举措，推进可再生能源发展和能源结构转型，最初多数国家采用能源效率奖励系统，该系统始于 20 世纪 70 年代的日本和美国，并在发达国家取得良好的成效。进入 21 世纪，泰国、菲律宾、新加坡和马来西亚陆续构建能源效率奖励系统并加以采用，以激励本国企业提高能源利用效率，促进经济可持续发展。2001 年，东盟能源署设立可再生能源项目竞赛奖（Renewable Energy Project Competition），此后每年都颁发该奖项。同时，东盟国家出台发展可再生能源的激励政策。2015 年以前，各国主要是通过财政支持、法律政策、电力部门改革及配额制，鼓励和扶持可再生能源的发展。菲律宾政府鼓励开发本地的石油替代产品，利

---

[1] International Energy Agency（2022）."Southeast Asia Energy Outlook 2022." https：//www.iea.org/reports/southeast-asia-energy-outlook-2022.

用椰子等生物资源生产生物柴油；马来西亚出台了生物质燃料法案；印尼鼓励生物柴油的生产和使用；泰国兴建了 10 个 10 万吨级的生物燃料乙醇生产装备；文莱、缅甸和老挝更多的是使用财政激励的方法。[1]

2015 年之后，随着东盟出台新的能源合作行动计划，各国的可再生能源政策措施随之出现变化，主要包括监管政策、财政激励和公共融资。各国更加注重通过市场化和标准化的手段刺激可再生能源的开发与利用，从而提升政策的透明度与可操作性。目前，东盟成员国均设定了可再生能源的国家直接贡献、间接贡献及发展目标。由于税收激励政策对可再生能源领域有较大吸引力，除文莱和新加坡受限于自然资源条件，可再生能源发展较为缓慢之外，其他所有国家均提出对应的税收激励政策（见表 1）。上网电价作为一个较为成熟的激励政策，其申报流程不断完善和透明。泰国、印尼、越南、马来西亚、菲律宾及柬埔寨已成功应用该机制拉动对可再生能源的投资，越南还提出了可交易的可再生能源证书的政策，菲律宾提出通过可再生电力的义务/任务推进东盟可再生能源的开发与利用。

表 1 东盟国家可再生能源政策的实施状况

实施项目		文莱	柬埔寨	印尼	老挝	马来西亚	缅甸	菲律宾	新加坡	泰国	越南
监管政策	可再生能源的国家直接和间接贡献	√	√	√	√	√	√	√	√	√	√
	可再生能源目标	√	√	√	√	√	√	√		√	√
	上网电价/拍卖/保费支付			√	√	√	√	√		√	√
	净计量/计费/直接消费供应			√	√	√	√	√		√	√
	生物燃料配额/任务/目标			√		√		√		√	√
	电力利用配额义务			√				√			√
	可交易的可再生能源证书										√
	可再生电力的义务/任务							√			

① International Energy Agency（2009）. "World Energy Outlook 2009." https：//www.iea.org/reports/world-energy-outlook-2009；International Energy Agency（2013）. "Southeast Asia Energy Outlook 2013." https：//www.iea.org/reports/southeast-asia-energy-outlook-2013.

实施项目		文莱	柬埔寨	印尼	老挝	马来西亚	缅甸	菲律宾	新加坡	泰国	越南
财政激励公共融资	税收激励		√	√	√	√	√	√		√	√
	公共投资/贷款/赠款/补贴/回扣			√				√	√		√
	降低增值税、税收			√		√	√			√	√
	招标										
	抵免投资或生产税收			√				√			√
	能源生产偿还							√		√	

资料来源：REN 21（2019）. *Renewables 2019 Global Status Report*. Paris：Renewable Energy Policy Network for the 21st Century；ACE（2020）. *ACCEPT-Renewable Energy & Energy Efficiency Policy Database. ASEAN Energy Database System*. Jakarta：ASEAN Centre for Energy。

（三）推动可再生能源基础设施规划与建设

由于可再生能源发展应具备相应的基础设施，其中清洁电力需要高效的电网运输与配送，与可再生能源发展相配套的电网建设成为东盟各国关注的重点。在《东盟能源合作行动计划（2016—2025）》中，东盟规划了16个跨国电网项目。各成员国也根据国情制定了相应的电网建设计划，这些规划项目的推进能进一步优化清洁电力配置，扩大区域电力贸易规模。

在可再生能源基础设施的规划层面，由于风能、太阳能发电和其他资源，包括储能系统、氢燃料电池等新兴技术，将被越来越多地运用到电力系统中，为了提高可再生能源对东盟电网的贡献，东盟制定了区域可再生能源基础设施行动规划，包括评估可再生能源投资机会和对东盟电网的贡献，启动可再生能源一体化试点项目；考虑资源、新兴技术及其对相关利益攸关方的影响，探讨东盟电网扩建的规模；在东盟开展至少一项关于智能电网和网

络安全技术及电网政策的活动。①

在可再生能源基础设施的建设层面，为推动可再生能源开发和使用，东盟国家大力推动可再生能源基础设施建设。例如，新加坡扩大太阳能板铺设面积，兴建太阳能储存系统。新加坡在传统的屋顶空间、水域、空地和垂直建筑的外墙上铺设太阳能板，全面开发潜在的太阳能。2020年，新加坡太阳能发电装机容量为350兆峰瓦（MWp），2021年超过了700兆峰瓦，计划到2025年将增至1500兆峰瓦。2023年2月，新加坡胜科工业（Sembcorp Industries）公司启用该地区最大的能源储存系统（BESS），这是全球同类规模中部署速度最快的储能系统，可以实现毫秒级的存储和传输。该系统不仅能大幅提升太阳能利用率，为电网储备更多能量，还能主动管理电力供需平衡，提高岛内电网的稳定性和弹性，为新加坡能源结构转型发挥重要作用。

在东盟区域电力运输设施层面，区域电网在区域电力运输设施互联互通中具有举足轻重的地位，2022年东盟电网中已建成项目的输电量达到7720兆瓦，在建项目的输电量为555～625兆瓦，未来投产项目的输电量将达到26644～30114兆瓦。为实现区域电网互联互通，缩小各国之间的差距，东盟区域电网互联互通项目规划共有16个，包含优先发展的项目，如马来亚半岛—苏门答腊、沙捞越—沙巴—文莱、老挝—柬埔寨。受自然条件和技术的限制，一些跨海项目还处于待定状态，如沙捞越—马来亚半岛、马来亚半岛—苏门答腊、印尼巴淡岛—新加坡等，这些项目最早于2025年开始建设。② 东盟地区最大的电力进口国是泰国和新加坡，平均从邻国进口的电量约占国内电力需求的31%和11%，而最大的出口国是老挝、文莱、缅甸和柬埔

① APAEC Drafting Committee（2016）."APAEC 2016-2025." https：//aseanenergy. org/asean-plan-of-action-for-energy-cooperation-apaec-phase-ii-2021-2025.

② 东盟区域内电网互联互通项目规划共16个，包括（1）马来亚半岛—新加坡（2）泰国—马来亚半岛（3）沙捞越—马来亚半岛（4）马来亚半岛—苏门答腊（5）印尼的巴淡岛—新加坡（6）沙捞越—印尼西加里曼丹（7）菲律宾—沙捞越（8）沙捞越—沙巴—文莱（9）泰国—老挝（10）老挝—越南（11）泰国—缅甸（12）越南—柬埔寨（13）老挝—柬埔寨（14）泰国—柬埔寨（15）东沙巴—北加里曼丹（16）新加坡—苏门答腊。

寨，这些国家平均输出电量占本国总发电量的 24%、23%、21% 和 20%。

在可再生能源终端设施层面，许多东盟国家制定了向电动汽车过渡的政策。泰国计划从 2035 年开始只销售电动汽车，新加坡计划从 2040 年开始只销售电动汽车，印尼则计划从 2050 年开始只销售电动汽车。印尼制定了电动汽车的发展目标，预计到 2030 年电动汽车保有量将达到 1200 万辆，电动摩托车保有量将达到 1300 万辆；马来西亚计划到 2030 年电动汽车保有量将达 2 万辆，预计到 2050 年电动汽车销售份额将增加 30%。因此，与可再生能源发展相关的终端设施建设显得十分迫切。近年来，东盟国家加快在国内增设电动汽车充电设施。例如，印尼于 2021 年已在雅加达、丹格朗和万隆共 224 个地点安装了 267 个公共充电站，同时在雅加达和丹格朗的 265 个地点安装了 226 个电动汽车电池更换站。

（四）构建多方参与机制，加强可再生能源领域的区域互联互通和与域外国家合作

在可再生能源的开发与利用的过程中，多数东盟国家存在技术与资金缺口。为此，东盟能源合作行动计划提出的一个目标就是加强区域可再生能源的创新，加强可再生能源领域的区域互联互通。同时，与域外国家、国际和区域金融机构建立可再生能源研发与融资网络，建立可再生能源研究开发（R&D）体系，完善可再生能源融资机制。

印尼、老挝、菲律宾、泰国和越南等加强与美国的合作，后者通过"亚洲清洁电力计划""绿色电网"等项目提供指引信息和技术援助。日本通过智能社区联盟（JSCA）推动东盟实现清洁电力知识共享，印度通过智能电网论坛（ISGF）联合东盟能源中心制定东盟脱碳合作计划。其中，东盟氢项目是该地区未来解决海上运输和工业脱碳的主要途径。2020 年，日本先进氢能产业链技术开发协会在文莱启动了第一批示范项目，以推动海上运输使用氢燃料。在印尼，日本三菱公司正在计划实施一个蓝色氨项目，将现有的 338 吨/日制氢厂改造为中苏拉威西的一个氨厂。在马来西亚，日本国家石油公司正在为生产蓝色和绿色氢气及实现安全运输进行可行性研究。

新加坡与澳大利亚、智利和新西兰签署多份谅解备忘录，就氢技术进行合作。德国绿色氢气公司正在越南的湄公河三角洲省规划建设一座绿色氢气生产厂。[1] 2022 年 6 月，美国商务部前往印尼、越南和菲律宾，推广清洁能源促进亚洲商业发展项目（Clean EDGE Aisa Business Development Mission）。该代表团包括可再生能源和燃料、储能、氢气、智能电网、核能和液化天然气行业的 12 个行业领先机构，与东盟国家探讨可再生能源技术领域相关问题及如何通过政策促进能源市场安全发展。[2]

东盟还希望通过国际合作解决可再生能源开发利用的技术和融资问题。美国能源信息署（EIA）的研究报告指出，东盟国家要想在 2030 年前实现地区"碳中和"目标，每年在能源领域的投资需要 1900 亿美元。近几年，发达国家与东盟国家关于能源转型技术和融资的合作方案不断推出，美国国际开发署（USAID）的"绿色繁荣印尼"计划（Green Prosperity Indonesia）投入超 3 亿美元，以支持印尼的能源转型，USAID 的亚洲清洁能源计划（Clean Power Asia）在东盟国家的投资额超 7.5 亿美元。2022 年 6 月，由 USAID 的越南低排放能源计划 II（V-LEEP II）向越南资助的总价值达 3600 万美元的清洁能源项目正式启动，该项目将为 2000 兆瓦的可再生能源和 1000 兆瓦的燃气发电筹集资金，在项目周期内帮助越南减少 5900 万吨的碳排放量。此前，越南低排放能源计划 I（V-LEEP I）与私营部门合作筹集了 3.11 亿美元，用于风能和太阳能项目。[3] 德国国际合作机构（GIZ）在越南的技术援助能源支持计划（ESP）2014～2018 年提供了约 690 万欧元的投资。在《联合国气候变化框架公约》第二十七次缔约方大会上，亚洲开发银行宣布为东盟国家绿色项目提供 1500 亿美元的融资，"以建立繁荣、包容、有弹性和可持续的亚太地区"。2022 年 5 月，在美国—东盟特别峰会

① IRENA & ACE （2022）. *Renewable Energy Outlook for ASEAN：Towards a Regional Energy Transition*，Abu Dhabi：IRENA，Jakarta：ASEAN Centre for Energy. p100.

② U. S. Embassy & Consulates in Indonesia. "United States Advances IPEF Pillars with 'Clean EDGE' Trade Mission to Indonesia." https：//id. usembassy. gov/united-states-advances-ipef-pillars-with-clean-edge-trade-mission-to-indonesia/.

③ 《由美国资助总值为 3600 万美元的清洁能源项目正式启动》，越通社，2022 年 6 月 4 日。

上，美国提出投资 4000 万美元，用于帮助东盟国家建设清洁能源基础设施。同年 11 月，在印尼举行的 20 国集团峰会上，美国宣布向印尼提供 200 亿美元的资金，用于能源转型和发展清洁能源。同时，东盟国家加大引进外国能源投资，促进可再生能源开发利用。据统计，2003~2022 年，美、日、印、澳对东盟国家的能源投资项目数量分别是 29 个、35 个、9 个和 5 个，其中，菲律宾是四国投资的首选地。此外，美、日重点投资越南、马来西亚和泰国，澳大利亚和印度的投资重点则在新加坡，中国投资的项目数量为 38 个，印尼是其重要投资地。从投资部门看，美、日、印、澳集中在生物质能和光伏两大领域，中国则集中在水能、生物质能和光伏领域。[①]

三 东盟国家可再生能源供需结构

近年来，东盟国家加快实施能源转型战略，推进可再生能源开发与利用，各国的可再生能源的供需结构发生了一系列变化。从供给方面看，东盟国家可再生资源禀赋丰裕，可再生能源供给依赖生物质能，并主要用于发电；从需求方面看，各国电力需求增幅加大，可再生能源对发电的贡献度不断提升，工业部门和运输部门对可再生能源的需求增大。

（一）东盟国家可再生能源的供给分析

东盟国家具有丰富的自然资源，可再生资源禀赋丰裕，但长期以来可再生资源的开发和利用程度低，2020 年东盟国家可再生能源产量仅占可获总量的 0.03%。近年来，东盟国家可再生能源的发展逐步进入快车道。据国际可再生能源署统计，2021 年东盟国家可再生能源可获总量为 96673 兆瓦，2012~2021 年十年间增加了 130%，年均增长 9.81%。东盟国家可再生能源供给总量从 2000 年的 12.4 万千吨石油当量增加到 2020 年的 14.5 万千吨石油当量，20 年间增加了近 17%，而可再生能源供给总量占一次能源供给总

---

① 根据 *ASEAN Centre for Energy Energy Investment Summary* 的数据计算所得。

量的比例从 32% 下降到 21%，但仍高于世界平均水平（15%）。[①]

从可再生能源供给结构看，东盟国家可再生能源供给依赖生物质能，特别是第一代生物质能，并主要用于发电。2020 年，东盟国家可再生能源发电装机容量在发电总装机容量中的份额为 33.5%，其中，水力发电占 20.9%，太阳能发电占 8%，生物质能和地热能发电分别占 2.1% 和 1.4%。印尼、老挝、缅甸、柬埔寨、马来西亚、越南和菲律宾的水力发电在可再生能源发电能力中排名第一，其发电量分别占这些国家可再生能源发电总量的 99%、99%、96%、84%、72%、51% 和 44%。截至 2020 年，东盟国家水力发电装机容量为 488 吉瓦，其中 37% 在越南，15% 在老挝，13% 在印尼，13% 在马来西亚；太阳能与风能发电排第二位，东盟国家的太阳能发电装机容量为 22.8 吉瓦，仅为水力发电装机容量的 4.7%，风力发电仅在菲律宾、越南、印尼和泰国存在，过去十年泰国的风电装机容量增长最多；生物质能发电位列第三，泰国、马来西亚、印尼和菲律宾是东盟四大生物质能生产国，东盟国家生物质能发电装机容量为 835 吉瓦，其中泰国、印尼和马来西亚分别占 53%、23% 和 11%。各国的生物质能来源于第一代生物作物，生成的燃料主要是生物柴油和生物乙醇；地热能发电排名第四，该地区地热资源主要分布于印尼和菲律宾，技术可开发规模居世界前列，地热能发电装机容量为 4.06 吉瓦，菲律宾和印尼所占份额大致相当。[②]

（二）东盟国家可再生能源的需求分析

近十年来，东盟国家的能源需求以年均 3% 的速度增长，2000～2020 年东盟国家一次能源总需求从 273 百万吨石油当量增加至 457 百万吨石油当量，其中包括生物质能需求、电力部门需求以及终端部门需求。受到现代能

① IRENA & ACE（2022）."Renewable Energy Outlook for ASEAN: Towards a Regional Energy Transition." https://www.irena.org/publications/2022/Sep/Renewable-Energy-Outlook-for-ASEAN-2nd-edition.

② H.C. Lau, K. Zhang, H.K. Bokka, et al.（2022）."A Review of the Status of Fossil and Renewable Energies in Southeast Asia and Its Implications on the Decarbonization of ASEAN." *Energies*, Vol.15, No.6, p.2152.

源需求（水能、太阳能、地热等）增长和电气化率提高的影响，各国传统生物质能需求下降幅度最大。从电力部门看，东盟国家电力需求逐渐增大，近20年可再生能源对发电的贡献度不断提升，2020年可再生能源的发电量占东盟国家发电总量的25%。不过，东盟国家仍以化石能源发电为主，越南尽管太阳能发电装机容量很大，但由于利用率低，发电规模仍相对较小。预计东盟国家可再生能源将于2045年前超越化石能源成为主导能源，2050年可再生能源需求将增加至8.8亿吨标准煤。[①] 从终端消费部门来看，东盟国家可再生能源消费量占能源消费总量的比重从2000年的38%下降到2015年的30.3%，除泰国和马来西亚，所有东盟国家呈下降趋势，主要是因为各国电气化普及率大幅度提高，并代替一次生物质能的消费。其中，工业、运输业、住宅、商业、农林渔业等领域的可再生能源消费量分别占终端可再生能源消费总量的35.1%、27.5%、17.7%、5.6%和2.0%。由此可见，工业部门和运输部门对可再生能源的需求较大。

目前，东盟国家工业部门仍以化石燃料为主要用能方式，该部门由重化工业组成，如化工、石化、钢铁、水泥和化肥等行业，其用能需求量占一国总用能需求量的将近1/3，可再生能源（生物燃料）占工业用能总需求量的比例从2000年的24%下降到13%，部分原因在于大型能源用户采取节能措施和以现代能源代替一次生物质能。2020年，柬埔寨、印尼、老挝、缅甸、菲律宾、泰国、越南的可再生能源占工业用能总需求量的比例分别是66.0%、14.4%、9.1%、9.1%、14.7%、25.4%、8.7%，文莱、马来西亚、新加坡几乎不在工业中使用生物质能。东盟国家工业部门是最大的用电部门，电能占工业用能总需求量的比例从2000年的16%上升到2020年的23%。2020年，文莱，柬埔寨、印尼、老挝、马来西亚、缅甸、菲律宾、新加坡、泰国、越南的电能占工业用能总需求量的比例分别是49.6%、14.0%、14.0%、62.6%、34.8%、17.9%、35.2%、26.2%、

---

① APAEC Drafting Committee（2016）."APAEC 2016-2025." https：//aseanenergy.org/asean-plan-of-action-for-energy-cooperation-apaec-phase-ii-2021-2025/.

25.0%、27.9%。到本世纪中叶，工业部门的用能需求量将每年增长3.6%以上，提高能源效率的技术的应用、电气化的普及和可再生能源的直接使用将使工业部门的用能需求量在2050年减少15%，可再生能源在该部门用能总需求量中的份额将升至75.0%。到2050年，预计东盟国家钢铁和水泥行业的用能需求量将每年增长3.2%，更大比例的化石燃料将被绿色氢能和生物燃料替代，特别是氨和甲醇的生产，而电气化和氢气将是工业生产过程中热能转换的关键。[1]

轻型电动汽车和重型生物燃料运送车的推广使用，是东盟国家运输部门能源转型的关键。2000~2020年，东盟国家可再生能源（生物燃料）占运输部门用能总需求量的比例从零上升到7.2%。2020年，印尼、马来西亚、菲律宾、泰国、越南的可再生能源（生物燃料）占运输部门用能总需求量的比例分别是11.8%、32.2%、4.3%、8.2%、0.5%。虽然马来西亚交通运输部门大力推广使用生物燃料，但受到国内汽油和柴油补贴政策的影响，生物燃料使用比例仍十分有限。东盟国家的生物燃料混合率受各国资源可用性的影响而不同，一些国家生物燃料混合率的提高将推动生物燃料消费增长。其中，印尼的生物燃料混合率最高，预计将从2020年的19%提高到2050年的79%。作为世界上最繁忙的海运航线所在地之一，东盟国家航运用能需求量占国际航运燃料市场总需求量的1/4，且98%的燃料是石油，预计到2050年国际航运所需燃料的60%将来自氢及其衍生物，包括氨和甲醇。根据国际可再生能源机构对全球氢供应链的分析，东盟国家有潜力在整个地区生产高达64艾焦的高性价比绿色氢，但近中期东盟国家在交通设施中使用氢燃料仍十分渺茫。[2] 泰国、印尼和马来西亚是主要的生物燃料生产国，而新加坡是主要的冶炼中心，新加坡拥有全球最大的燃料冶炼厂，每年生产

① APAEC Drafting Committee（2016）. "APAEC 2016-2025." https：//aseanenergy. org/asean-plan-of-action-for-energy-cooperation-apaec-phase-ii-2021-2025.

② IRENA & ACE（2022）. "Renewable Energy Outlook for ASEAN：Towards a Regional Energy Transition." https：//www. irena. org/Publications/2022/Sep/Renewable-Energy-Outlook-for-ASEAN-2nd-edition.

1300万吨航空燃料。但是,目前东盟没有足够的工业用氢用于运输部门,氢燃料电池汽车的相关基础设施与电动汽车的相关基础设施比较仍十分不足,所以氢燃料在交通运输中使用在短期内难以实现。

结　语

长期以来,东盟国家能源严重依赖化石燃料。随着各国工业化和城市化进程的推进,能源供需矛盾日益突出,传统的能源供需结构已难以为继,推动可再生能源发展成为各国实施能源转型的主要路径。在世界各国加快能源转型的背景下,东盟国家纷纷制定能源转型和能源安全战略,加快推进可再生能源发展。各国相继制定了可再生能源战略及行动计划,建立和完善了可再生能源政策体系,推动可再生能源基础设施建设,加强可再生能源领域的区域互联互通和与域外国家的合作。近年来,东盟国家可再生能源的供需结构出现了一系列变化。从供给方面看,东盟国家可再生资源禀赋丰裕,可再生能源供给依赖生物质能,并主要用于发电;从需求方面看,各国电力需求不断加大,可再生能源对发电的贡献度不断提升,工业部门和运输部门对可再生能源的需求增大。

东盟是我国最重要的周边地区之一,也是共建"一带一路"的重点地区。中国与东盟的能源合作始于1978年,双方合作重点逐步从油气贸易向油气资源联合勘探开采、能源运输通道建设转变。当前,可再生能源成为中国—东盟区域能源合作的新亮点,并呈现广阔的发展前景。中国可借助自身资源、技术和人才优势,推动中国—东盟区域可再生能源合作全面提质增效。现阶段,要积极推进中国与东盟区域和国别在可再生能源发展战略上的对接,构建多层次清洁能源合作机制,促进能源企业的交流互访;从东盟国家实际出发,推动可再生能源技术创新和人员培训,支持区域电网互联互通建设;设立中国—东盟能源合作基金,通过多渠道为清洁能源项目融资,推进水电、核能、光伏、风电和储能等能源基础设施建设;积极与东盟国家开展对话,分享可再生能源发展经验,助力区域可再生能源合作走深走实。

参考文献

ASEAN Centre for Energy（2022）. *The 7th ASEAN Energy Outlook.* Jakarta：ACE.

ASEAN Centre for Energy（2023）. *Outlook on ASEAN Energy 2023.* Jakarta：ACE.

ASEAN Centre for Energy（2023）. *ASEAN Capacity Building Roadmap on Energy Investment.* Jakarta：ACE.

ASEAN Centre for Energy（2023）. *Strategic Report：Measures and Investment for Clean Energy and Power Sector Resilience in ASEAN.* Jakarta：ACE.

MGTC（2022）. *Green Technology Tax Incentive Guidelines. Malaysian Green Technology and Climate Change Corporation.* Kuala Lumpur：Malaysian Green Technology and Climate Change Corporation.

International Energy Agency（2022）. *Southeast Asia Energy Outlook 2022.* Paris：IEA

Innolab Asia（2022）. "The Development of Solar Energy in Vietnam."

https：//innolab. asia/2022/09/06/the-development-of-solar-energy-in-vietnam/.

W. Okanurak & W. Nakarat（2018）. "Renewable Energy in Thailand Lexology."

https：//www. lexology com/library/detail. aspx? g = ff8dba22 - 6fd0 - 40a8 - 814d - 770336b674dd.

Rika Safrina & Nuki Agya Utama（2023）. "ASEAN Energy Transition Pathway toward the 2030 Agenda." https：//doi. org/10. 1002/ep. 14101.

R. Vakulchuk, I. Overland, & B. Suryadi（2023）. "ASEAN's Energy Transition：How to Attract More Investment in Renewable Energy." *Energy, Ecology and Environment*, Vol. 8, No. 1.

B.6
东盟成员参与"印太经济框架"的动向与影响

王　岩[*]

摘　要： 2022 年 5 月，美国正式启动"印太经济框架"（IPEF）协议的谈判进程，东盟七国成为该框架的创始国。在全球政经形势动荡的背景下，东盟成员参与"印太经济框架"的动因在于，通过加入 IPEF 增进东盟—美国全面战略伙伴关系，IPEF 四大支柱迎合了东盟成员国实现经济发展和产业转型的需求，IPEF 其他成员在东盟对外经济关系中具有举足轻重的地位。尽管 IPEF 四大支柱的具体实施方案尚未全部出台，但东盟成员国已开始立足"东盟印太展望"（AOIP），调整其发展战略和产业政策，以迎接加入"印太经济框架"带来的机遇与挑战。随着大国战略博弈的加剧，东盟成员国参与 IPEF 对中国与东盟经济关系的影响引人关注。

关键词：　"印太经济框架"　四大支柱　区域影响　东盟

自"印太经济框架"提出一年后，2023 年 5 月，美国宣布各成员达成了有关更具弹性和安全性的供应链的协议，这是 IPEF 的首个实际成果。IPEF 旨在以"经济安全"为旗号，以经济结盟为方式，达到维护美国在"印太"地区主导地位的目标，从而遏制中国经济的区域影响力。从 IPEF 的四大支柱看，它具有明显的针对性和潜在的威胁性，势必对中国与东盟经济关系产生诸多的负面影响。

---

* 王岩，经济学博士，厦门大学国际关系学院/南洋研究院教授，博士生导师。

一 东盟成员国参与"印太经济框架"的动因

2021 年 10 月，美国提出了"印太经济框架"（Indo-Pacific Economic Framework for Prosperity，IPEF）构想，2022 年 5 月，美国正式启动 IPEF 谈判进程。迄今，IPEF 共举行了两次部长级会议、四轮谈判和一次特别谈判，美国希望在 2023 年 11 月亚太经合组织（APEC）峰会期间达成协议。① 目前，"印太经济框架"成员包括美国、日本、韩国、印度、澳大利亚、新西兰、斐济、东盟成员国（文莱、印尼、马来西亚、菲律宾、新加坡、泰国和越南），14 个成员中东盟国家就占了半数。在全球经济和地缘政治动荡的背景下，东盟国家缘何急于加入"印太经济框架"呢？究其原因主要有以下几个方面。

（一）通过加入 IPEF 进一步增进东盟—美国全面战略伙伴关系

2019 年 6 月，美国政府发布了第一份"印太战略"报告，2022 年 2 月又公布了第二份"印太战略"报告。美国第二份"印太战略"报告明确了美国在"印太"地区的五大政策目标，并提出了未来 1~2 年内将推进的十大具体政策举措。② 针对美国的"印太战略"，早在 2019 年第 34 次东盟峰会上，东盟各国就通过了"东盟印太展望"（AOIP），提出了东盟应对美国"印太战略"的立场。该官方文件指出，东盟应在太平洋和印度洋之间扮演桥梁角色，"印太"倡议下展开的合作必须以东盟为中心，并具有包容性而且应当尊重国际法。东盟还提出了"印太"区域合作的四大领域，即①海洋合作。以和平方式解决争端，促进海上安全保障和航行飞越自由，促进海洋资源的可持续管理，继续推进海上互联互通，保护海洋环境和生物多样

---

① U. S. Department of Commerce. "Indo-Pacific Economic Framework. " https：//www. commerce. gov/ipef.

② United States Department of Defense （2022）. *India Pacific Strategy Report*. Washington D. C. ： DOD.

性，推广绿色航运，开展海洋科学技术合作等。②互联互通。根据《东盟互联互通总体规划2025》提出的重点合作领域，促进"印太"区域互联互通建设，鼓励采用政府与社会资本合作（PPP）的方式为基础设施建设融资，提高区域航空管理能力和效率，加强民间人文交流，促进东盟智慧城市网络（ASCN）建设。③可持续发展。促进区域数字经济发展，加强区域发展项目与《2025年东盟共同体愿景》《2030年联合国可持续发展议程》等文件提出的可持续发展目标的对接，促进区域相关机构的合作。④经济及其他领域。开展区域南南合作（包括南南三方合作），推动贸易便利化，改善物流设施及其服务，促进数字经济发展和跨境数据流动的便利化，在中小微企业、科技研发、智能基础设施、气候变化和防灾减灾等领域展开合作，深化区域经济一体化，确保金融稳定性，共享迎接第四次工业革命的经验，推进中小微企业参与区域和全球价值链。①

　　拜登政府上台后，美国强化了与东盟的合作关系。2022年5月，美国—东盟特别峰会在美国举行，双方发表了共同愿景声明。同年11月，第十次东盟—美国峰会在柬埔寨举行，双方决定将双边关系升级为全面战略伙伴关系。② 东盟成员国希望通过加入"印太经济框架"，进一步增进和扩展双边关系。印尼总统佐科对IPEF表示欢迎，希望其能够与"东盟印太展望"协同合作，并强调IPEF必须具备包容性，能够优先与AOIP合作并产生协同效应。新加坡总理李显龙指出，IPEF具有战略意义和经济意义，它是美国在"印太"开展经济外交的重要平台。不过，该框架必须具有包容性，只有能为成员带来实质利益，才能吸引更多国家参与。泰国总理巴育认为，IPEF是一项促进经济、贸易、投资合作，提升政策、法律、工业及环境各方面标准，连接整个供应链的合作框架，但贸易投资只有在其不被用作不能带来和睦相处的政治工具时才能实现效益最大化。

---

① ASEAN Secretariat（2019）．"ASEAN Outlook on the Indo-Pacific." https：//asean. org/asean - outlook - indo - pacific/.

② "Chairman's Statement of the 10th ASEAN-United States Summit." https：//asean. org/wp - content/uploads/2022/11/6. -Final-CS-10th-ASEAN-US-Summit. pdf.

越南总理范明政表示，IPEF 提出的供应链稳定、数字经济、气候变化等议题对越南发展至关重要，但 IPEF 的一些核心元素还未公布，越南需要更多时间来研究。

（二）IPEF 四大支柱迎合了东盟成员国经济发展和产业转型的需求

"印太经济框架"确定了公平和弹性贸易、供应链、清洁经济、公平经济四大支柱，这四大支柱具体内容包括以下几方面。①公平和弹性贸易（Fair and Resilient Trade）。建立高标准、包容、自由和公平的贸易承诺，制定新的具有创造性和经济价值的贸易政策，具体议题包括促进贸易的韧性、可持续性和包容性，劳动力，环境，数字经济，农业，透明度和良好的规则、竞争政策、贸易便利化，以及技术和经济合作等。②供应链（Supply Chains）。各方承诺建立"透明、多样、安全和可持续的"供应链，以促进其"更具弹性，更好地实现经济一体化"，通过"建立预警系统、绘制关键矿产供应链、改善关键部门可追溯性和协调多样化"等方式，协调应对供应危机，减少断链风险，提高物流效率，保障企业发展持续性，确保获得半导体等关键产品和技术能力，并最终实现弹性供应链。③清洁经济（clean economy）。加快成员清洁能源转型，降低创新技术的成本，在优先部门推进低温室气体排放，促进各成员清洁经济的弹性、创新性、可持续性和安全性，支持合作伙伴和利益相关者之间的持续合作。加强与私营部门的合作，以利用与清洁经济转型相关的市场、投资和高质量的就业机会。④公平经济（fair economy）。包括预防和打击腐败和金融犯罪，改善税收管理，加强相互合作、信息共享和相关能力建设。促进包容性、透明度、法治和问责制，为"印太"地区的工人和企业创造公平的竞争环境，确保经济增长和投资利益得到广泛分享。①

在新的国际经济形势下，美国主导的"印太经济框架"迎合了东盟成员国的发展需求。近年来，东盟相继发布了关于促进区域经济复苏、产业转

---

① U. S. Department of Commerce. "Indo-Pacific Economic Framework." https：//www. commerce. gov/ipef.

型、全球价值链、清洁能源、绿色发展等议题的一系列官方文件。2020年11月，第37届东盟峰会通过了《东盟全面复苏框架》及其实施计划，主要关注疫情下区域经济复苏和产业链稳定。[①] 2020年10月，东盟制定了《东盟基础设施生产力提升框架》，旨在提升区域基础设施生产力，推动建立更具竞争力、更有韧性和更紧密互联的共同体。[②] 2021年1月，东盟推出的《东盟数字总体规划2025》提出将东盟建设成一个由数字服务、技术和生态系统驱动的领先数字共同体。[③] 2021年11月，东盟分别出台了《东盟第四次工业革命的综合战略》《东盟绿色经济领导人宣言》《东盟能源合作行动计划（2021~2025）》等。与此同时，东盟成员国纷纷调整经济发展战略，推动产业数字化和低碳转型，促进贸易投资自由化和便利化，推动企业加快融入全球价值链，助力清洁能源发展，以提升国际竞争力。

（三）IPEF 其他成员在东盟对外经济关系中举足轻重

近年来，东盟国家与 IPEF 其他成员的贸易规模迅速扩大，IPEF 成员成为东盟国家重要的经贸伙伴。据东盟官方统计，2010~2021年，东盟国家与 IPEF 主要成员贸易额从6101.6亿美元增至1.69万亿美元，占东盟进出口贸易总额的比重从25.6%跃升至50.6%。其中，出口额从3905.5亿美元增至9121.4亿美元，占东盟出口总额的比重从31.4%升至50.6%；进口额从3421.9亿美元增至7778.9亿美元，占东盟进口总额的比重从29.9%升至47.8%。[④]

在2021年东盟区外十大贸易伙伴中，IPEF 其他成员占六个，分别为美国、日本、韩国、印度、澳大利亚和新西兰，分别居第二、四、五、六、七、十位。其中，在东盟十大出口、进口贸易国中，美国出口、进口额分别为2551.6亿美元和1093亿美元，分别占东盟国家出口、进口贸易总额的

---

① ASEAN Secretariat（2020）. "ASEAN Comprehensive Recovery Framework and Its Implementation Plan." https：//asean. org/asean-comprehensive-recovery- framework-implementation-Plan.

② ASEAN Secretariat （2020）. *Framework for Improving ASEAN Infrastructure Productivity*. Jakarta：ASEAN Secretariat.

③ ASEAN Secretariat （2021）. *ASEAN Digital Masterplan 2025*. Jakarta：ASEAN Secretariat.

④ 根据 *ASEAN Secretariat ASEAN Statistical Yearbook* 有关年份数据计算。

14.9%和6.7%；日本分别为1138.7亿美元和1265.2亿美元，分别占6.6%和7.8%；韩国分别为686.7亿美元和1209.3亿美元，分别占4.0%和7.4%；印度分别为538.1亿美元和377.4亿美元，分别占3.1%和2.3%；澳大利亚分别为429.9亿美元和391.3亿美元，分别占2.5%和2.4%。

在2021年东盟十大商品贸易中，对IPEF其他成员出口、进口比重占半数的商品均为五种。根据HS商品分类计算，在东盟向IPEF其他成员出口的十大商品中，27章商品（矿物燃料、矿物油及其产品；沥青等）占66.5%，84章商品（核反应堆、锅炉、机械器具及零件）占57.9%，39章商品（塑料及其制品）占56.9%，90章商品（光学、照相、医疗等设备及零附件）占51.9%，87章商品（车辆及其零附件，但铁道车辆除外）占51.3%；从IPEF其他成员进口的十大商品中，27章商品（矿物燃料、矿物油及其产品；沥青等）占70.1%，72章商品（钢铁）占66.3%，39章商品（塑料及其制品）占60.0%，87章商品（车辆及其零附件，但铁道车辆除外）占55.1%，71章商品（珠宝、贵金属及制品；仿首饰；硬币）占50.8%（见表1）。

表1 2021年IPEF主要成员在东盟十大进出口商品所占比重

单位：%

出口			进口		
85章	电机、电器、音像设备及其零附件	46.7	85章	电机、电器、音像设备及其零附件	39.7
84章	核反应堆、锅炉、机械器具及零件	57.9	27章	矿物燃料、矿物油及其产品；沥青等	70.1
27章	矿物燃料、矿物油及其产品；沥青等	66.5	84章	核反应堆、锅炉、机械器具及零件	45.2
15章	动、植物油、脂蜡；精制食用油脂	27.2	39章	塑料及其制品	60.0
39章	塑料及其制品	56.9	87章	车辆及其零附件，但铁道车辆除外	55.1
40章	橡胶及其制品	40.8	90章	光学、照相、医疗等设备及零附件	47.3
87章	车辆及其零附件，但铁道车辆除外	51.3	72章	钢铁	66.3
90章	光学、照相、医疗等设备及零附件	51.9	71章	珠宝、贵金属及制品；仿首饰；硬币	50.8
72章	钢铁	26.9	29章	有机化学品	29.8
71章	珠宝、贵金属及制品；仿首饰；硬币	45.3	38章	杂项化学产品	36.5

注：根据HS编码两位数商品编制；IPEF主要成员包括东盟国家（含非IPEF成员国）、澳大利亚、印度、日本、韩国、新西兰和美国等。

资料来源：根据 ASEAN Statistical Yearbook 2022 编制。

在东盟吸收区外直接投资的十大来源地中，IPEF 其他成员占三个，分别为美国、日本和韩国。2015～2021 年（除 2018 年外），IPEF 其他成员的投资比重均超过 30%，2019～2021 年，美国连续三年居外资来源地的首位。在部门投资分布中，美国的投资集中在金融保险业、制造业、批发零售业和信息通信业等，日本的投资集中在制造业、金融保险业、专业与科技活动等，韩国的投资集中在制造业、金融保险业、批发零售业等，印度的投资集中在房地产业、金融保险业、信息通信业、批发零售业等，澳大利亚的投资集中在制造业、金融保险业、批发零售业等。

东盟七国已与 IPEF 其他成员建立了一系列自贸伙伴关系，东盟七国作为东盟成员国与日本、韩国、印度、澳大利亚和新西兰签署了区域自贸协定。文莱、马来西亚、新加坡、越南、澳大利亚、新西兰、日本既是"全面与进步跨太平洋伙伴关系协定"（CPTPP）成员，也是"区域全面经济伙伴关系协定"（RCEP）成员。同时，印尼、马来西亚、新加坡、泰国分别与澳大利亚签署了双边自贸协定，马来西亚、菲律宾、新加坡、泰国、越南分别与日本签署了双边自贸协定，马来西亚、新加坡、泰国分别与新西兰签署了双边自贸协定，新加坡、越南分别与韩国签署了自贸协定，新加坡还与美国、印度签署了双边自贸协定。[①]

二 东盟成员国参与"印太经济框架"的政策动向

美国主导的"印太经济框架"确定了公平和弹性贸易、供应链、清洁经济、公平经济四大支柱。尽管这四大支柱的具体实施方案尚未全部出台，但东盟成员国已开始立足"东盟印太展望"（AOIP），调整其发展战略和产业政策，以迎接参与"印太经济框架"带来的机遇与挑战。

（一）调整贸易政策以应对美国的"公平贸易"政策

东盟七个国家均为世界贸易组织（WTO）成员，各国的关税水平大幅

---

① ADB Asia Regional Integration Center. http：//aric. adb. org/fta.

降低，贸易自由化和便利化取得了新进展。根据 WTO 统计，2021 年，文莱的简单平均关税税率为 0.3%，印尼为 8.1%，马来西亚为 5.6%，菲律宾为 6.1%，新加坡为 0%，泰国为 11.5%，越南为 9.6%。[①] 加上这些国家签署的自贸协定总数超过 150 个，东盟 7 国整体的关税处于较低的水平。不过，近年来各国（包括非 IPEF 成员）非关税壁垒的数量有所增加，从 2000 年的 1634 项增至 2015 年的 5975 项。[②] 同时，东盟各国加快"单一窗口"建设，优化营商环境，简化通关程序，提高行政效率，七国营商环境的世界排名均有较快提升。

美国一直借公平贸易之名，对东盟国家进口的商品进行贸易调查和加征关税，对此相关国家采取了积极应诉的对策。越南是美国反倾销调查的重点国家，截至 2020 年底，美国对越南进口商品发起了 193 次调查，其中包括 108 项反倾销案，22 项反补贴案，23 项逃税案等。2021 年 6 月，美国对泰国的乘用车轮胎和轻型卡车轮胎征收反倾销税和反补贴税。2022 年 4 月，美国发起对马来西亚、泰国、越南和柬埔寨等光伏产品的反规避立案调查，如果其中使用了中国生产的原料或部件，则认定为规避了美国对中国光伏产品的反倾销和反补贴征税令。2022 年 9 月，美国对泰国、越南的虾类产品征收反倾销税，美国针对泰国的反倾销调查还涉及泰国出口的铝箔产品和订书钉。2023 年 4 月，印尼政府敦促美国采取公平措施，对印尼提供的镍矿不可取消绿色补贴，并将通过 IPEF 下的谈判机制进行磋商。虽然美国对新能源车采取税收减免的政策，但该政策对含有印尼镍成分电池的电动车无效，原因是印尼尚未与美国签订自贸协议，同时中国企业在印尼主导镍矿业。[③] 从 2019 年 5 月起，美国财政部一直将越南列入汇率操纵国的"观察名单"。2023 年 6 月，美国财政部最新发布的主要贸易伙伴的宏观经济和外汇政策的报告指出，基于对美贸易顺差、经常账户盈余和持续单向干预

---

① WTO（2022）. *World Tariff Profiles 2022*. pp. 8-13.

② ASEAN Secretariat（2019）. *ASEAN Integration Report 2019*. p. 21.

③ 《我国促美采取公平措施不可取消对我国提供的镍矿绿色补贴》，印尼《国际日报》2023 年 4 月 10 日。

外汇市场等条件,不将越南列入汇率操纵国的"观察名单",但马来西亚、新加坡仍被列入了"监测名单"。①

东盟成员加快制定和完善与数字经济和贸易相关的法律法规,以创造有利于数字交易的生态环境。2021 年 7 月,新加坡对《电子交易法》进行了修订。马来西亚数字经济蓝图提出,2023 年前要修订知识产权法和竞争法。② 同时,东盟国家纷纷开征数字税。从 2020 年 1 月起,新加坡向全球年营业额超过 100 万新元、在新加坡销售额超过 10 万新元的海外数字服务供应商征收 7%消费税;马来西亚向年销售额超过 50 万林吉特的外国数字服务供应商征收 6%的增值税;2020 年 7 月起,印尼向数字服务供应商征收10%的增值税,现指定需缴纳增值税的数字公司有 75 家;2021 年 9 月起,在泰国提供数字服务、年收入超过 180 万泰铢的外国服务公司或平台须缴纳7%的增值税;2021 年 10 月,菲律宾众议院通过国税法修正案,拟对数字交易征收 12%的增值税。

(二)加快融入全球产业链和供应链

在"印太经济框架"下,美国呼吁其盟友以"友岸外包"(friend-shoring)的方式,支持在可信赖的合作伙伴之间建立更有弹性的供应链。全球新冠肺炎疫情暴发后,美国一直在试图提高其供应链的安全性。2021 年初,美国总统拜登签署了审查美国供应链的命令,旨在加强对关键产品与技术的控制,减少对外国供应商的依赖。2023 年 5 月的七国集团(G7)峰会发布的"G7 经济韧性与经济安全声明"指出,美国加快在"印太"地区依托联盟伙伴关系,围绕关键供应链,打造供应链联盟。同月,美国宣布"印太经济框架"成员基本上完成了"提高供应链韧性与安全协议"谈判,这是供应链方面的首个多边协议。该协议提出,在关键产品和技术等"必需品"方面,成员将在平时共享信息以增加集团内的采购,并在出现短缺

---

① 《美国财政部继续不将越南列入货币操纵国观察名单》,越通社,2023 年 6 月 21 日。
② EPU(2021)."Malaysia Digital Economy Blueprint."https://www.epu.gov.my/sites/default/files/2021-02/Malaysia-digital-economy-blueprint.pdf.

时相互帮助。① 作为全球价值链的重要节点，东盟国家利用西方跨国公司经营战略和区位布局的调整，加快融入全球产业链和供应链。

在全球价值链重构的背景下，美、日、韩等国家实施了鼓励本国跨国公司回归本土或从中国转向东盟国家的措施。面对西方国家政策的转向，东盟国家积极调整外资政策，将政策重心转向吸引跨国公司价值链投资，尤其是注重引进跨国公司从中国转移出来的产业与工序，并根据跨国公司全球价值链的具体环节和区位选择，制定有针对性的吸引跨国公司价值链的政策，引进行业领先的跨国公司的全球产业链，引导当地企业尤其是中小企业参与跨国公司的供应链。例如，近期马来西亚引进了美国半导体工业、数字经济和医疗设备等约 36.7 亿美元的投资，英特尔公司拟在马来西亚投资 71 亿美元建立最先进的半导体生产设施以扩大产能；越南加大引进韩国三星的产业链和供应链，现三星在越南共有 6 个生产厂和 1 个研发中心，投资额超过 200 亿美元，员工人数达 14 万人，其出口额占越南出口总额的 1/5。

大多东盟国家尚未建立起完整的工业体系，辅助工业发展滞后，中小企业竞争力弱，这阻碍了国内企业融入全球价值链和区域生产网络。据测算，在各国中小微企业参与全球价值链方面，马来西亚的参与率为 46.2%、泰国为 29.6%、菲律宾为 21.4%、越南为 20.1%、印尼为 4.1%。② 东盟国家采取了一系列政策措施，鼓励和扶持国内辅助工业发展，增强中小企业能力建设。2017 年 1 月，越南政府出台了辅助工业发展计划，提出力争到 2030 年能向越南境内跨国公司和组装企业提供零部件的配套企业增至 2000 家。据评估，越南现有资格成为外国公司供应商的企业仅 500 家左右。③ 由于辅助工业欠发达，越南加工制造业过度依赖进口的原辅料、零配件，尤其是电子，纺织服装，皮革、鞋类和箱包，汽车生产及组装等产业国产化率较低。

---

① "Press Statement on the Substantial Conclusion of IPEF Supply Chain Agreement Negotiations." https：//www. commerce. gov/news/press－releases/2023/05/press－statement－substantial－conclusion-ipef-supply-chain-agreement.

② 《赞扬政府将中小微企业纳入全球供应链里面》，印尼《国际日报》2022 年 11 月 25 日。

③ 《着力加大越南企业与跨国公司的合作对接》，越通社，2023 年 4 月 9 日。

越南政府提出要在全国范围内建设技术支持中心，为工业生产企业或从事相关工业服务的企业提供全面协助。美国国际开发署（USAID）通过促进中小企业改革和对接项目（USAID LinkSME）为越南政府推动企业监管改革，改善营商环境，提高越南中小企业竞争力提供技术和资金支持。此外，菲律宾政府与美国国际开发署启动了加强数字经济私营企业计划（SPPED），该五年计划由美国国际开发署提供资助。

（三）吸引区内外清洁能源的投资

清洁经济既是"印太经济框架"的第三大支柱，也是东盟成员国实施能源转型和绿色低碳发展战略的重要政策目标。2021年10月，东盟发布了《关于〈联合国气候变化框架公约〉第26次缔约方会议的联合声明》，推出了《东盟能源合作行动计划（2021—2025）》，确定了2025年将可再生能源在能源结构中的占比提升至23%，可再生能源发电装机容量占发电总装机容量的比例提升至35%的目标。[①] 同时，各国纷纷出台了绿色发展战略，确定了应对气候变化的国家自主贡献（NDC），吸引清洁能源投资，促进绿色低碳经济发展。例如，马来西亚推出了"国家能源转型路线图"（NETR），新加坡制定了"2030年新加坡绿色发展蓝图"（Singapore Green Plan 2030），泰国提出了"生物经济—循环经济—绿色经济"（BCG）的经济发展新模式，越南公布了《2021—2030年国家绿色增长战略》和《国家绿色增长行动计划（2021—2030年）》。

在2022年的七国集团（G7）峰会上，美国宣布了"全球基础设施和投资伙伴关系"（PGII）倡议，表示G7将筹资6000亿美元，资助发展中国家的基础设施建设，其中美国将在五年内筹集2000亿美元。同年，在二十国集团峰会上，美国宣布了PGII涉及印尼的两个新项目，一是印尼加入"公正能源过渡伙伴关系"（JETP）计划，该计划将从公共部门和私营部门筹集

---

① ADC（2020）. "ASEAN Plan of Action for Energy Cooperation（APAEC）2016-2025 Phase II：2021-2025." https：//aseanenergy. org/asean-plan-of-action-and-energy-cooperation apaec-phase-ii-2021-2025/.

超过 200 亿美元，利用赠款、优惠贷款、市场利率贷款、担保和私人投资的组合，资助印尼的能源转型和基础设施建设；二是美国政府旗下的对外援助机构——千禧年挑战公司（MCC）向印尼提供长达五年的援助款项，以援助 JETP 计划和建设可满足 PGII 标准的应对气候变化的基础设施。2023 年 4 月，印尼与美国签署了基础设施与金融援助协议，该协议总额为 6.49 亿美元。

日本在实施"高质量基础设施伙伴关系计划"（PQI）之后，明确了通过动员民间资金来实现高质量基础设施投资的基本路径，将"公共部门—私人企业—合作"（PPP）模式作为推进东盟国家基础设施投资的主要手段。2023 年 2 月，菲律宾与日本政府在基础设施、农业、低碳环保和信息通信技术领域达成了七项合作协定，日方将为菲律宾马尼拉在建铁路干线项目提供 3770 亿日元贷款，在其他领域提供政府援助和民间投资 6000 亿日元，共计 9770 亿日元（约合 74 亿美元）。2023 年在广岛举办的七国集团（G7）峰会上，日本提出将向越南提供总价值 609.8 亿日元（约合 4.42 亿美元）的贷款，用于三个基础设施项目的建设。

在清洁能源开发利用方面，东盟国家与西方国家展开了实质性的合作，与美国签署的关于能源转型技术和融资的合作方案逐渐增多。美国与印尼在清洁能源领域展开全面合作，与泰国签署清洁能源采购和投资项目协定，并帮助菲律宾重启核电项目。美国能源信息署（EIA）的研究报告指出，东盟国家要想在 2030 年前实现减少碳排放的目标，每年在能源领域的投资需要 1900 亿美元。美国国际开发署（USAID）的"绿色繁荣印尼"计划（Green Prosperity Indonesia）将投入超 3 亿美元，以支持印尼的能源转型。2022 年 6 月，由 USAID 越南低排放能源计划 II（V-LEEP II）向越南资助的总价值达 3600 万美元的清洁能源项目正式启动，该项目将为 2000 兆瓦的可再生能源和 1000 兆瓦的燃气发电筹集资金，在项目周期内可减少 5900 万吨的碳排放量。2022 年 5 月，在美国—东盟特别峰会上，美国提出投资 4000 万美元，用于帮助东盟国家建设清洁能源基础设施。同年 11 月，在印尼举行的 20 国集团峰会上，美国宣布向印尼提供 200 亿美元的资金，用于印尼能源转型和发展清洁能源。2022年12月，越南与美国等西方国家签署了"公平能源转型伙伴关系计划"，美国将拨出155亿美元协助越南到2050年实现净零排放，并落实日本—美国—湄公河能源伙伴计划。

此外，东盟国家加大引进外国能源投资项目，促进可再生能源开发利用。据统计，2003~2022年，美、日、印、澳在东盟国家投资的能源项目数量分别是29个、35个、9个和5个，其中，菲律宾是四国投资的首选地。美、日重点投资越南、马来西亚和泰国，澳大利亚和印度投资重点则放在新加坡；从投资部门看，美、日、印、澳将投资集中在生物质能和光伏两大领域，而中国则集中在水能、生物质能和光伏领域。[①]

（四）东盟六国加入全球最低税（GMT）规则

由经济合作与发展组织（OECD）协调谈判的双支柱国际税收制度改革，获得全球100多个国家和司法管辖区的赞同与认可。2021年10月，二十国集团（G20）通过了"税基侵蚀和利润转移（BEPS）包容性框架"，并承诺启动全面的双支柱全球公司税收改革计划，其中支柱一旨在确保对大型高盈利跨国企业在各个辖区之间更公平地分配征税权，支柱二引入设定为15%的全球最低公司税税率。从2024年1月起，在低税收地区的有效所得税税率低于15%的跨国企业，必须在营运地区或总部所在国家缴纳补足税款。目前，全球共有141个国家和地区加入，东盟六国（文莱、印尼、马来西亚、新加坡、泰国和越南）也相继加入该框架。

尽管"印太经济框架"关于"公平经济"的实施方案尚未出台，但实施全球最低税（GMT）规则已成为IPEF第四轮谈判的重要议题，它将对东盟成员国引进外商直接投资（FDI）产生直接的影响。长期以来，降低公司所得税是东盟国家吸引跨国公司投资的重要手段，而全球最低税规则将减少其有效性，直接影响到这些国家吸引国际投资。例如，新加坡虽然是低税率国家，公司所得税税率仅为17%，但在各种税收优惠政策的加持下，企业

---

① 根据 *ASEAN Centre for Energy-Energy Investment summary* 的数据计算所得。

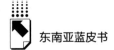
最终上缴的所得税的有效税率往往不足 15%。新加坡约有 1800 家跨国公司达到了支柱二下 7.5 亿欧元的收入门槛，其中大多数集团的所得税有效税率低于 15%。一旦实施国际税收改革方案，将对新加坡这样的低税收管辖区产生重大影响。新加坡拟从 2025 年 1 月起实施全球最低企业税，并会根据该规则的变动来调整实施时间表。[①]

2023 年 3 月，泰国内阁原则上批准了一项提案，即根据经合组织的国际税收制度改革方案和二十国集团 BEPS 包容性框架的支柱二方案，在泰国征收全球最低税，其中包括根据支柱二征收补充税（top-up tax）；根据泰国"目标产业国家竞争力增强法案"（2017），将补充税收的 50%~70%分配给目标产业国家竞争力增强基金；向泰国投资促进委员会（BOI）提供补充税纳税人的信息。同时，政府还赋予 BOI 修订泰国"目标产业国家竞争力增强法案"的权力，修改的内容包括通过补充税增加资金来源，来支持投资促进措施的实施；提出通过补贴合格投资者来提高竞争力的措施；根据《投资促进法》，提出减轻新税收准则影响的措施。[②]

为应对全球税收规则改革，越南政府建立了全球最低税率相关解决方案研究及提议特别工作组，借鉴国际经验和越南国情，制定与全球最低税率有关的措施，核查和完善相关制度法规，制定与全球最低税兼容并适用于所有企业的新投资激励政策。根据初步计划，越南将以发放税后现金或税收可退还的方式提供补贴。[③] 目前，在越南注册资金超过 1 亿美元、享受低于 15%企业所得税优惠的投资项目约有 335 个，主要是三星、英特尔、LG、博世、夏普、松下、富士康、和硕等跨国公司的项目，韩国三星电子和 LG、美国

① IBFD（2023）. "Budget 2023: Singapore Proposes Implementation of Pillar Two from 2025, New Incentives for Innovation." https://www.ibfd.org/sites/default/files/2023-03/singapore-budget-2023-singapore-proposes-implementation-of-pillar-two-from-2025-new-incentives-for-innovation-ibfd_ 0. pdf.

② IBFD（2023）. "Thailand to Implement Global Minimum Tax under Pillar Two." https://www.ibfd.org/sites/default/files/2023-03/thailand-thailand-to-implement-global-minimum-tax-under-pillar-two-ibfd. pdf.

③ 《越南积极制定征收全球最低税的新投资优惠支持措施》，越通社，2023 年 5 月 25 日。

英特尔、德国博世等跨国公司纷纷要求越南政府给予税款补偿。据越南官方数据，2019 年韩国三星在越南北部两个省份投资设厂的所得税税率仅为5.1%~6.2%。不过，近期经合组织已警告越南政府勿向大型跨国企业提供补贴，以抵消跨国企业因全球税收规则改变而多缴纳的税款。[①]

此外，2023 年 2 月，马来西亚 2023 年政府财政预算案提出，将引入支柱二下的全球最低有效税率，并征收国内最低补充税，但未指明具体的实施的时间表。[②]

三 "印太经济框架"对中国与东盟经济关系的影响

作为美国"印太战略"的经济版，"印太经济框架"摒弃以往自贸协定的形式，以经济联盟的方式来维持和重塑美国的区域主导权。"印太经济框架"的四大支柱具有明显的针对性，其落地实施将对中国与东盟经济关系产生直接的负面影响。从"印太经济框架"和美国实际操作看，"印太经济框架"并非自贸协定，而是专注于构建新的经济联盟，有针对性地阻碍和遏制中国与周边国家的经贸合作。IPEF 是美国寻求减少对中国经济依赖、实施全球价值链与中国脱钩断链的一个替代方案，其四大支柱对中国与东盟经贸合作的基础和关键领域具有极大的威胁性。

（一）"印太经济框架"区域价值链重构对中国与东盟价值链贸易的影响

当前，全球价值链处于重构阶段，该价值链由欧盟、北美和东亚三大区域生产网络构成，东盟是全球和区域价值链的重要节点。IPEF 最重要的战

---

① 《经合组织警告越南勿补贴跨国企业以抵税》，新加坡《联合早报》2023 年 6 月 11 日。

② IBFD（2023）. "Budget 2023: Malaysia Raises Tax Rates for Higher Income, Plans to Introduce Capital Gains Tax on Disposal of Unlisted Shares, to Expand Tax Base." https: //www. ibfd. org/ sites/default/files/2023-03/malaysia-budget-2023-retabled-malaysia-raises-tax-rates-for-higher-income-plans-to-introduce-capital-gains-tax-on-disposal-of-unlisted-shares-to-expand-tax-base-ibfd_ 0. pdf.

略意图之一，是在新的地缘政治形势下，阻断中国参与全球和区域价值链，把中国排除在国际产业分工体系之外。由于中国与东盟国家贸易合作是建立在全球和区域价值链的基础上，中间产品贸易超过双边贸易的60%，且主要来自跨国公司在中国和东盟国家投资的企业之间的中间产品贸易。随着全球价值链重构和跨国公司调整区域产业布局，一些外资企业可能转移产业链和供应链，这将导致中国与东盟国家间的中间产品贸易出现下滑，东盟国家对中国出口的替代效应仍会继续。在国际市场需求急剧萎缩的形势下，2023年中国与东盟双边贸易并未保持持续快速增长的势头，中间产品贸易比重较上年呈现下降的趋势，因而IPEF引发的区域价值链重构，是否会对中国—东盟中间产品贸易产生直接影响，进而削弱双边贸易的现实基础值得重点关注。

（二）"印太经济框架"对中国与东盟清洁能源合作的影响

长期以来，东盟国家的能源基础设施和清洁能源产业发展相对滞后，但东盟国家可再生能源资源禀赋好、开发潜力大。近年来，东盟国家积极实施能源结构转型战略，大力开发利用可再生能源，不断提升清洁能源在能源需求结构中的比重。中资企业较早涉足东盟国家清洁能源建设，水电、海上风能、太阳能、电力互联互通、绿色交通成为双方重点的合作领域。一批水电、光伏、风电等标志性工程建成并投产。越南海上风电项目、印尼光伏项目均由中资企业承建，东盟一些可再生能源产业集群逐渐形成。但是，在"印太经济框架"下，美西方国家加快了与东盟国家在清洁能源领域的合作步伐，政府间援助和贷款计划增多，西方跨国公司在能源基础设施、清洁能源等领域的投资扩大，中国与美欧国家在这些领域的竞争将进一步加剧。中资企业在清洁能源新技术研发，氢能开发利用、储能技术运用、能源智能技术，以及清洁能源产品和技术国际标准的制定等均面临一系列挑战。

（三）东盟六国实施全球企业最低税对当地中资企业的影响

对于中资企业而言，实施"双支柱"全球企业税改革计划总体上是利大于弊，它可能会增加少数企业的税负和遵从成本，但能为多数企业参与国际经济合作提供稳定的国际税收环境。目前，东盟六国是中资企业"走出去"的聚集地，这些国家实施全球最低税规则，从而使这些国家对成本控制型大企业的税务优惠吸引力减弱。同时，对于从事跨境投资的大型中资企业而言，全球最低企业税率会带来新的合规义务，影响企业的全球和区域资源配置。美国已提议将中国个别大型企业作为新税制的适用对象，可能会加强其监测的力度。

综上所述，面对"印太经济框架"的逐步落地实施，中国必须跟踪IPEF的发展态势，评估其对全球和区域经济发展的影响，尤其是对中国与东盟经济关系所产生的负面影响，并采取应对之策。首先，要稳定现有产业链和供应链。必须善于利用现有的 RCEP 和其他自贸协定，加快推动中国—东盟自贸协定升级，对冲和缓解 IPEF 对中国参与全球价值链的挤出效应。同时，积极构建中国企业主导的区域产业链和供应链，加强与当地企业的产业前向联系和后向联系。其次，应加快推动中国—东盟清洁能源合作。要积极推进双方清洁能源发展战略的对接和合作机制的完善，根据"东盟所需，中国所长"，双方加强清洁能源的技术创新、互联互通和能力建设，实施多渠道清洁能源项目融资。在"IPEF 公平贸易协定"达成后，美国将加大对东盟国家的中资企业对美出口的原产地审查力度，相关企业应尽快做出相应的调整。最后，需评估全球最低企业税率的影响。中资企业要审视企业存量业务和海外布局，依据全球税负规则调整投资战略和经营模式，升级企业财税管理系统，以适应全球最低企业税的合规要求。

参考文献

ASEAN Secretariat（2019）. *ASEAN Outlook on the Indo-Pacific*. Jakarta：ASEAN Secretariat.

ASEAN Secretariat（2019）. *ASEAN Integration Report 2019*. Jakarta：ASEAN Secretariat.

ASEAN Centre for Energy（2022）. *The 7th ASEAN Energy Outlook*. Jakarta：ACE.

ASEAN Centre for Energy (2023). *Strategic Report: Measures and Investment for Clean Energy and Power Sector Resilience in ASEAN*. Jakarta: ACE.

ASEAN Centre for Energy (2023). *Outlook on ASEAN Energy 2023*. Jakarta: ACE.

Bain & Company, Microsoft and Temasek (2022). *Southeast Asia's Green Economy 2022 Report: Investing behind New Realities*.

Mia Mikic, Guy Sacerdoti, James Villafuerte, Dulce Zara (2023). *ASEAN and Global Value Chains Locking in Resilience and Sustainability*. Manila: Asian Development Bank.

The Climate Change in Southeast Asia Programme and the ASEAN Studies Centre (2022). *The Southeast Asia Climate Outlook: 2022 Survey Report*. Singapore: ISEAS.

Venkatachalam Anbumozhi, Fukunari Kimura (2018). *Industry 4.0: Empowering ASEAN for the Circular Economy*. Jakarta: Economic Research Institute for ASEAN and East Asia (ERIA).

国 别 篇

B.7
印尼政治与经济形势的回顾与展望

那文鹏*

摘　要：　2022 年，印尼疫情得到了有效控制，国内政经形势保持基本稳定，但各类风险因素开始显现。政治上，面对 2024 年全国大选，印尼各政党间的竞争更为激烈，内阁成员名单频繁调整，各类社会冲突事件增多。经济上，印尼仍然保持强劲复苏态势，私人消费和对外贸易表现亮眼，财政收支情况明显改善，但通货膨胀率显著上涨，印尼盾持续贬值，国际资本大量外流。进入 2023 年后，印尼政府以防范内外部风险为要务，灵活调整各项国家发展政策，以实现国内局势稳定和经济加速增长。

关键词：　国内政局　经济复苏　产业转型　印尼

---

* 那文鹏，厦门大学国际关系学院/南洋研究院世界经济专业博士生。

在新冠肺炎疫情得到有效控制后，2022年印尼经济保持持续强劲复苏态势，经济增速达到近九年来的最高水平。然而，在内外部因素的影响下，印尼国内局势的不确定性略有提升，日益临近的总统大选加剧政党竞争，通胀高企和货币贬值冲击经济稳定。在此背景下，印尼利用货币政策和财政政策对经济进行宏观调控，通过战略项目建设深化经济体制改革。展望2023年，印尼的选举竞争将进入白热化阶段，宏观经济发展预期较为良好，但需要加强管控和提高化解风险的能力。

一　2022年印尼政局保持相对稳定

在错综复杂的国内外形势下，印尼政坛的不稳定性明显增强，总统佐科的民意基础略有动摇，围绕未来大选各政党竞争加剧，政府先后进行了三次内阁调整。同时，印尼的安全局势面临多重挑战，恐怖主义的威胁仍然存在，巴布亚和马鲁古爆发了地方性冲突。在国际政治方面，印尼担任G20轮值主席国，并借此机遇进行外交斡旋，显著提高了国际影响力。

（一）佐科支持率略有起伏，部分政党组建选举联盟

由于国内局势存在较强的不稳定性，印尼总统佐科·维多多（Joko Widodo）的民意支持率出现摇摆，但并未削弱他影响日后大选走向的能力。2022年初，第三波疫情蔓延和物价快速上涨等问题，引起了社会民众的强烈不满，佐科的支持率由1月的75.3%骤降至4月的59.9%，接近于第二任期内的最低值。[①] 此后不久，得益于疫情消散和经济复苏，佐科的民意支持率逐渐回暖，至8月已经提升至72.3%。然而，9月初印尼政府大幅上调汽油价格，显著抬高了民众日常生活成本，致使佐科的支持率再次跌至62.6%。进入第四季度后，主要受燃料价格稳步回落的影响，佐科的支持率

[①] 在佐科的第二个总统任期中，民意支持率的最低值为2021年7月的59.3%，主要影响因素为疫情肆虐造成的经济增长停滞。

于 12 月恢复至 71.3%，与年初时比较相差不大。① 就总体趋势而言，尽管佐科的民意支持率有所波动，但佐科始终获得了多数国民的肯定，由此积聚了强大的政治号召力。虽然宪法规定佐科不能两度连任总统，但他可在执政末期发挥强劲的"衣尾效应"，即凭借自身极高的政治声望，为同阵营的候选人带来竞选优势，从而最终成为决定继任者的关键人物。

部分印尼政党已率先进行党派合作，以组建选举联盟的方式，获取总统候选人的提名权。根据印尼的选举制度，总统候选人必须得到一个政党或联盟的支持，且该政党或联盟必须占据至少 20% 的国会席位，或在上届大选中得到 25% 以上的普选票。在印尼各个政党中，只有民主斗争党（PDI-P）拥有 22.26% 的国会席位，满足单独提名总统候选人的条件，其余政党必须组建联盟以进行联合提名。截至 2022 年底，印尼已有两个政党联盟正式宣布成立：一个是于 5 月创建的印尼统一联盟（KIB），由专业集团党（Golkar）、国民使命党（PAN）和建设团结党（PPP）构成，占据 25.74%的国会席位；另一个是于 8 月创建的大印尼复兴联盟（KIR），由大印尼运动党（Gerindra）和民族觉醒党（PKB）构成，占据 23.65% 的国会席位。另外，执政联盟中的国民民主党（NasDem），与反对党阵营中的繁荣公正党（PKS）和民主党（Democrats）达成了合作意向，可并未在年底前正式缔结盟约，该组合在国会中占据 28.35% 的席位。依照选举法规则，上述联盟均已满足提名候选人的最低标准，但各联盟内部还处于提名人选的商讨阶段。

印尼尚未出现具有绝对优势的潜在候选人，热门政治人物的民众支持率排名经常发生变化。民调机构印尼政治指标的数据显示，2022 年 12 月，在 34 名潜在的总统候选人中，仍然只有 3 人的民意支持率超过 10%，分别为现任中爪哇省长甘查尔·普拉诺沃（Ganjar Pranowo），支持率达 29.5%，比上年同期增加 11.5 个百分点，由第二位跃居第一位；前雅加达省长阿尼斯·巴斯威丹（Anies Baswedan），支持率达 22.8%，比上年同

---

① Indikator Politik Indonesia（2023）."Kinerja Presiden, Elektabilits Bakal Capres dan Partai Jelang 2024." 4th January, https：//indikator. co. id/rilis-indikator-04-januari-2023/.

期增长 7.4 个百分点，由第三位升为第二位；大印尼行动党党首、现任国防部长普拉博沃·苏比安托（Prabowo Subianto），支持率达 19.5%，比上年同期下降 3.3 个百分点，由第一位跌至第三位。这三个人的竞选实力最强，分别得到了不同政治阵营的支持，其中阿尼斯已获得国民民主党的正式提名，普拉博沃已获得大印尼运动党的正式提名。与之相比，甘查尔没能在 2022 年收获政党提名，他在民主斗争党中的呼声颇高，但在党内面临普安·马哈拉尼（Puan Maharani）的竞争，后者是党主席梅加瓦蒂·苏加诺（Megawati Sukarno putri）的女儿。

（二）连续三次调整内阁名单，改善政府的行政能力

在多种因素的影响下，佐科于 2022 年进行了三次内阁改组，以提升政府的行政效率和专业化水平。2022 年 3 月 10 日，佐科宣布本年的首次内阁调整，任命班邦·苏桑托诺（Bambang Susantono）为国家首都管理局（IKN）局长，多尼·拉哈朱（Dhony Rahajoe）为副局长。该管理局是印尼政府设立的部级单位，直属于印尼总统管理，专门负责新首都建设的相关事宜。从委派人员的背景来看，本次任命符合佐科长期以来坚持的选材标准，注重内阁成员的专业素养和工作能力，以及其在经济发展领域的相关背景。这两个人中，班邦拥有基础设施规划博士学位，曾担任印尼交通部副部长和代理部长、亚洲开发银行（ADB）副行长，可在城市规划和融资领域发挥积极作用；多尼曾是私营房地产开发公司的首席建筑师、景观设计师和总经理，并曾担任印尼公共工程和住房部（PUPR）的部长顾问，具备良好的地产开发经验和行政管理能力。两人履任当日，佐科即向其分配了五项任务，包括组建机构、征用土地、规划城区、修订法律和设置秘书处，以加快新首都的筹建速度。

2022 年 6 月 15 日，佐科再次进行内阁调整，即本届任期内的第四次改组。这次内阁变动中，佐科更换了 2 名部长人选，其中祖尔基弗利·哈桑（Zulkifli Hasan）接任贸易部长，被指派解决国内食用油价格飙升的难题；哈迪·贾詹托（Hadi Tjahjanto）接任土地事务和空间规划部长，被要求加

快推进包括新首都在内的土地征收工作。① 同时，佐科还委任了 3 名副部长：温比·维帝波（Wempi Wetipo）出任内政部副部长，阿夫里安夏·诺尔（Afriansyah Noor）出任人力资源部副部长，朱莉·安东尼（Juli Antoni）出任土地事务和空间规划部副部长。此次部长级成员的任免，不但出于实际的职能需求，而且暗含着微妙的政治考量。国民使命党于 2021 年由反对阵营加入执政联盟，祖尔基弗利身为国民使命党主席，却始终没能在内阁中获得席位，因此佐科借由此次任命向其提供政治回馈。哈迪曾担任印尼国民军总司令，他的加入提高了内阁中拥有军队背景的成员的比例，从而引发民众对军方势力扩大政坛影响力的担忧。

本年度第三次内阁改组于 9 月 7 日进行。此后，佐科计划再次调整内阁，不过未能在年底前实现。本次内阁变动主要出于意外因素，7 月 1 日前行政和官僚改革部长扎赫约·库莫罗（Tjahjo Kumolo）感染重疾病逝，之后部长职位由穆罕默德·马赫福德（Mohammad Mahfud）长期代理，其间也曾由迪托·卡尔纳维安（Tito Karnavian）短暂负责，但正式的部长人选迟迟未决。这主要源于佐科对内阁中政党比例的平衡，扎赫约为民主斗争党的重要成员，而两位临时代理部长皆为无党派人士。最终，佐科决定任命阿卜杜拉·阿兹瓦尔·阿纳斯（Abdullah Azwar Anas）为正式部长，他同样来自民主斗争党，因此该任命并不会改变内阁中的政党格局。本次调整后不久，来自执政联盟的国民民主党，有意与两大反对党组建选举联盟，并于 10 月提名佐科的政治对手、亲伊斯兰右翼的阿尼斯·巴斯威丹（Anies Baswedan）为总统候选人。此举导致执政联盟中再次出现改组的声音，要求将国民民主党驱逐出内阁。12 月 23 日，佐科宣布将再次调整内阁，但并未说明涉及哪些职位，最终也未能在 2023 年到来前落实。

（三）恐怖主义活动时有发生，恶性社会事件频繁出现

自疫情发生以来，印尼恐怖主义袭击事件明显下降，偶尔出现的

---

① The Jakarta Post（2022）."Half-hearted Reshuffle." 16th June, https：//www. thejakartapost. com/opinion/2022/06/15/half-hearted-reshuffle. html.

"独狼"式的暴力袭击，成为威胁社会安全的不稳定因素。2022年，印尼放松对于社会人员流动的限制，恐怖主义活动在下半年出现抬头迹象。10月25日，印尼首都雅加达发生未遂的枪击案，袭击者试图射杀总统或总统卫队。12月7日，西爪哇省万隆市发生自杀式爆炸案，造成1名警察丧生和11人受伤。近年来，为提高对于恐怖活动的打击力度，印尼政府修订了《反恐怖主义法》，出台了《国家反极端主义行动计划》，制定了一系列刚柔并济的反恐政策，包括强化社交媒体平台和加密信息程序的管理、授予警方在反恐行动中更高的权限、加强对于恐怖分子的去激进化和康复教育、向出狱人员提供就业和经济支持等。在这些措施的作用下，2022年印尼取得了诸多反恐成果，警察反恐特别部队（Densus 88）挫败多起恐袭阴谋，同时逮捕了大量恐怖分子嫌疑人，其中包含多名领导级人物。

巴布亚地区的政治局势趋于紧张，抗议活动和暴力事件持续不断。根据2021年修订的《巴布亚特别自治区法案》，印尼政府加强对巴布亚的政治管控，获得了在此地区设立新省份的权力。2022年，印尼政府宣布在巴布亚新设4个省，即南巴布亚省、中巴布亚省、高地巴布亚省和西南巴布亚省，从而使该地区共分为6个省份。虽然新巴布亚省份的建立有法可依，并主张优先巴布亚人参与建设，但部分当地官员和民众对此表示反对，认为该计划尚未与巴布亚人充分讨论，也没有与巴布亚人民议会（MRP）进行协商，存在外来人涌入和当地资源流失的风险，由此引发了土著巴布亚人的多次示威抗议。在社会动荡的背景下，巴布亚分离主义运动趋于活跃，巴布亚武装犯罪集团（KKB）于2022年实施多起恶性暴力事件，造成了数十名平民和士兵伤亡。目前，印尼政府将该团伙列为恐怖组织，双方的武装斗争日渐激烈，进行和平对话的前景较为渺茫。

2022年，印尼出现多起严重的恶性事件，骚动不安的社会情绪明显加剧。10月1日，东爪哇省发生坎朱鲁汉体育场悲剧事件。该日足球比赛结束后，球迷对结果不满，数千人闯入球场并袭击球员和安保人员，防暴警察使用催泪瓦斯驱散人群，引发了大规模的群体踩踏事故，最终造成135人死亡和 583 人受伤，该事件成为世界足球史上第二大灾难。① 在善后措施中，印尼暂停了所有级别的足球联赛，对相关负责人员进行了惩罚，总统下令拆除并重建体育场。7 月，印尼国家警察内部发生谋杀案，首要肇事者是国家警察安全事务负责人，这成为该机构史上最恶劣的丑闻之一，引发了社会民众的强烈不满，总统要求公开透明地处理此案。此外，马鲁古省发生了多起土地纠纷案件。1 月中旬，马鲁古县的两个村庄发生争斗。10 月和 11 月，东南马鲁古县的三个村庄爆发冲突，均造成了人员伤亡和房屋毁坏。为了防止民主化初期的教派冲突重演，地方行政长官造访事发现场并安抚民众。大学生团体举行集会，呼吁冲突双方和解。

（四）承办 G20 领导人峰会，提高全球治理参与度

印尼是二十国集团（G20）的重要成员，于 2022 年担任 G20 轮值主席国，并以此为契机提升国际影响力。为确保 G20 巴厘岛峰会的顺利召开，印尼多次在大国之间进行穿梭外交，尝试弥合 G20 内部愈发明显的裂痕。2022 年 2 月，俄罗斯与乌克兰之间的冲突升级，部分西方国家企图将 G20 峰会政治化，要求将俄罗斯排除在参会名单之外。在此情形下，印尼始终秉持多元主义原则，总统佐科于 3 月~4 月力邀俄乌双方参会，又于 6 月底先后访问乌克兰和俄罗斯，成为危机后首位造访两国的亚洲领导人，并在两国之间充当对话桥梁。经过印尼的积极斡旋，在 11 月举行的领导人峰会上，俄罗斯外长作为代表参加会议，乌克兰总统发表视频演讲。另一方面，印尼也为中美关系调和创造条件，佐科先于 5 月赴美参加东盟—美国特别峰会，后于 7 月接受邀请访问中国，并与两国首脑进行了会谈。在 G20 峰会召开前夕，中美元首在巴厘岛举行会晤，这是三年来双方最高领导人的首次见面，印尼作为东道国发挥的作用不容忽视。

尽管受到地缘政治因素的强烈干扰，印尼仍然努力维护 G20 峰会的国

---

① Detik News（2022）."Korban Tewas Tragedi Kanjuruhan Bertambah 1，Total Jadi 135 Orang." 24th October，https：//news.detik.com/berita/d-6364965/korban-tewas-tragedi-kanjuruhan-bertambah-1-total-jadi-135-orang.

际经济合作导向，并借此多边机制提高在全球治理中的发言权。面对疫情暴发以来的全球性经济衰退，印尼将本届峰会的主题定为"共同复苏、强劲复苏"，并提出了三个建设性的优先议程。一是全球卫生框架。由于新冠肺炎疫情仍未结束，国际社会应推动全球疫苗接种计划，缩小疫苗的供应和资金缺口，提高发展中国家分发和管理疫苗的能力，加强世界卫生组织（WTO）的领导力。二是可持续能源转型。为实现碳中和目标，发达国家应向发展中国家提供气候融资和技术支持，帮助其在不增加债务负担的条件下，以低碳和气候友好的方式实现经济复苏。三是数字化转型。在数字化浪潮下，数字不平等已成为重要的社会问题，各国应在解决数字鸿沟问题上加强合作，以公平的方式促进数字化转型。[①] 11 月 16 日，G20 领导人峰会宣告闭幕，并通过了《二十国集团领导人巴厘岛峰会宣言》，各国在上述议题上达成了合作共识，这是印尼参与全球经济治理的重要成就。

印尼担当 G20 轮值主席国期间的表现，反映了佐科政府外交政策的宗旨与特征。首先，印尼将自身定位为中等强国，奉行不结盟的平衡外交政策，可在国际事务中发挥积极作用。面对俄乌冲突、中美关系紧张等问题，印尼与各方均保持良好的外交往来，依托 G20 轮值主席国的身份充当调节者的角色。其次，印尼参与全球治理的意愿较强，积极推动国际规则体系重塑。在 G20 峰会的议程设置上，印尼选择的主题均与新兴经济体息息相关，强调了南方国家在应对疫情流行、经济衰退和气候危机时的现实困难，主张建立重视发展中国家利益的国际合作机制。最后，印尼外交政策有明显的经济导向，寻求借助国际力量促进国内发展。对于造访乌克兰和俄罗斯，虽然印尼有意调解双方的政治争端，但更主要的目的是与双方达成经济协议，保障国内的粮食和能源安全。在 G20 领导人峰会上，印尼尽力弱化地缘政治因素的影响，号召各国重点关注危机下的发展问题，并达成了助力本国脱碳的合作项目。

---

① Ministry of Foreign Affairs of the Republic of Indonesia（2022）."Indonesia Promotes Spirit to Recover Together in the 2022 G20 Presidency." 1st October，https：//kemlu. go. id/portal/en/read/3288/berita/indonesia-promotes-spirit-to-recover-together-in-the-2022-g20-presidency.

二 2022年印尼经济运行状况

2022年，印尼经济保持强劲复苏态势，经济增长率达到近九年来的最高值，财政赤字率回归目标区间，经常项目顺差大幅提高，失业率和人口贫困率出现下降，收入分配总体相对合理。然而，世界经济形势急剧动荡，严重影响了印尼经济的稳定性，使其出现了物价快速上涨、国际资本大量外流、印尼盾持续贬值等问题，印尼经济走势的不确定性增大。

（一）经济增长持续加速，外贸景气引领产业复苏

在全球经济波动加剧的背景下，2022年，印尼经济展现较强韧性，呈现持续复苏的态势。印尼统计局（BPS）的数据显示，2022年，印尼的国内生产总值（GDP）增长率为5.31%，不仅恢复到疫情前的增速水平，还创下自2014年以来的最佳表现。在本年度中，前三季度的经济增长率不断上升，由5.02%提高到5.73%，为2021年下半年以来的最高值，这主要受益于新冠肺炎疫情逐渐消散、社区流动限制开始解除、大宗商品价格高涨等因素。进入第四季度后，由于大宗商品价格回落、政府支出明显下降，印尼的经济增长率略降至5.02%，但仍维持在5%以上的高位区间。

从需求侧看，印尼国内外需求继续扩张，私人消费和对外贸易表现较好。相较于2021年经济复苏初期，2022年印尼的私人消费增长率由2.02%提高到4.93%，主要源于经济复苏提振消费者信心、疫情管制措施解除刺激消费需求、物价上涨增加家庭支出等；政府消费增长率由4.24%下降至-4.51%，原因在于政府的经济刺激支出下降，这从侧面证明经济复苏并非单纯依赖政府调控；国内固定资本形成的增长率由3.80%略升至3.87%，表明投资者对印尼经济的发展预期较为稳定；商品和服务出口的增长率由17.95%略降至16.28%，但仍然保持在10%以上的高速增长区间，主要得益于天然气、棕榈油、煤炭等大宗商品国际市场景气；商品和服务进口的增长率由24.87%收缩至14.75%，国际供应链和跨国交通的不稳定是重要的影

响因素（见表1）。在需求结构中，私人消费、政府消费、国内固定资产形成在GDP中的比重，均出现了不同程度的下滑，而商品和服务出口的比重由2021年的21.41%提高至2022年的24.49%，商品和服务进口的比重由2021年的18.79%提高至2022年的20.90%（见表2）。可见，旺盛的外部需求是印尼经济复苏的主要动力，由此表明印尼经济的外向性有所增强。

从供给侧看，印尼各项产业发展稳中向好，多数产业的年增长率有所提高。2022年，印尼疫情防控政策逐步放松引领经济回归正常，所有产业均实现了正增长，共有7个产业的增长率高于GDP增长率，分别为运输仓储业（19.87%）、住宿餐饮业（11.97%）、其他服务业（9.47%）、商业服务业（8.77%）、信息通信业（7.74%）、电力和天然气供应业（6.61%）、批发零售和机动车维修业（5.52%）。与2021年的情形相同，2022年运输仓储业和住宿餐饮业的复苏迹象最为明显，相较于2021年年增长率分别提高16.63个百分点和8.08个百分点，主要受惠于疫情得到有效控制后公共交通逐步恢复、人员和货物流动增加、私人消费需求提高等因素（见表1）。在各项产业产值占GDP比重方面，制造业、批发零售和机动车维修业、农业（含农林渔）占比最高，分别达到了18.34%、12.85%和12.40%，采矿业的比重较2021年提高3.25个百分点，运输仓储业的比重提高0.78个百分点，其余产业的比重均有所下降，体现了全球矿石市场繁荣对印尼产业结构的显著影响（见表2）。

表1　2020~2022年印尼经济各项指标及各产业的增长率

单位：%

		2020年	2021年	2022年				
				第一季度	第二季度	第三季度	第四季度	全年
需求侧	私人消费	-2.63	2.02	4.34	5.51	5.39	4.48	4.93
	政府消费	2.12	4.24	-6.62	-4.63	-2.55	-4.77	-4.51
	国内固定资本形成	-4.96	3.80	4.08	3.09	4.98	3.33	3.87
	商品和服务出口	-8.42	17.95	14.22	16.40	19.41	14.93	16.28
	商品和服务进口	-17.60	24.87	16.04	12.72	25.37	6.25	14.75

续表

		2020 年	2021 年	2022 年				
				第一季度	第二季度	第三季度	第四季度	全年
供给侧	农业（含农林渔）	1.77	1.87	1.16	1.68	1.95	4.51	2.25
	采矿业	−1.95	4.00	3.82	4.01	3.22	6.46	4.38
	制造业	−2.93	3.39	5.07	4.01	4.83	5.64	4.89
	电力和天然气供应业	−2.34	5.55	7.04	9.33	8.05	2.31	6.61
	供水及排污业	4.94	4.97	1.35	4.46	4.26	2.84	3.23
	建筑业	−3.26	2.81	4.83	1.02	0.63	1.61	2.01
	批发零售和机动车维修业	−3.79	4.63	5.73	4.43	5.37	6.55	5.52
	运输仓储业	−15.05	3.24	15.79	21.27	25.80	16.99	19.87
	住宿餐饮业	−10.26	3.89	6.58	9.80	17.83	13.81	11.97
	信息通信业	10.61	6.82	7.15	8.06	6.95	8.75	7.74
	金融保险服务业	3.25	1.56	1.64	1.50	0.87	3.76	1.93
	房地产业	2.32	2.78	3.78	2.16	0.63	0.39	1.72
	商业服务业	−5.44	0.73	5.96	7.92	10.79	10.42	8.77
	行政服务业	−0.03	−0.33	−1.29	−1.52	12.48	1.78	2.52
	教育服务业	2.61	0.11	−1.41	−1.06	4.46	0.42	0.59
	医疗服务业	11.56	10.45	4.52	6.50	−1.71	2.47	2.74
	其他服务业	−4.10	2.12	8.25	9.26	9.13	11.14	9.47
总体		−2.07	3.70	5.02	5.46	5.73	5.01	5.31

资料来源：根据 BPS *Growth Rate of GDP by Expenditure 2020−2022*、*Growth Rate of GDP by Industrial Origin 2020−2022* 数据编制。

表 2　2020~2022 年印尼各项经济指标及产业产值占 GDP 的比重

单位：%

		2020 年	2021 年	2022 年				
				第一季度	第二季度	第三季度	第四季度	全年
需求侧	私人消费	57.63	54.40	53.71	51.70	50.62	51.65	51.87
	政府消费	9.66	9.25	5.62	7.13	7.71	9.91	7.66
	国内固定资本形成	31.71	30.79	30.47	27.44	28.69	29.83	29.08
	商品和服务出口	17.33	21.41	22.90	24.61	25.57	24.72	24.49
	商品和服务进口	15.64	18.79	20.46	20.37	21.81	20.90	20.90

		2020 年	2021 年	2022 年				
				第一季度	第二季度	第三季度	第四季度	全年
供给侧	农业(含农林渔)	13.70	13.28	12.57	13.08	13.00	11.00	12.40
	采矿业	6.43	8.97	10.37	12.64	13.03	12.65	12.22
	制造业	18.87	19.24	19.21	17.92	17.97	18.32	18.34
	电力和天然气供应业	1.16	1.12	1.11	1.03	1.03	1.02	1.04
	供水及排污业	0.07	0.07	0.07	0.06	0.06	0.06	0.06
	建筑业	10.70	10.44	10.43	9.18	9.49	10.01	9.77
	批发零售和机动车维修业	12.91	12.96	13.10	12.76	12.79	12.77	12.85
	运输仓储业	4.47	4.24	4.62	4.82	5.03	5.56	5.02
	住宿餐饮业	2.55	2.43	2.44	2.37	2.33	2.49	2.41
	信息通信业	4.51	4.41	4.35	4.12	4.02	4.13	4.15
	金融保险服务业	4.51	4.34	4.34	4.16	4.00	4.05	4.13
	房地产业	2.94	2.76	2.67	2.48	2.42	2.42	2.49
	商业服务业	1.91	1.77	1.80	1.73	1.70	1.76	1.74
	行政服务业	3.79	3.46	3.09	3.19	2.92	3.16	3.09
	教育服务业	3.57	3.28	2.87	2.87	2.81	3.02	2.89
	医疗服务业	1.30	1.34	1.16	1.15	1.20	1.30	1.21
	其他服务业	1.96	1.84	1.88	1.78	1.72	1.86	1.81
	产品税收减补贴	3.65	4.05	3.91	4.68	4.47	4.42	4.38

资料来源:根据 BPS Quarterly Distribution of GDP at Current Market Prices by Expenditure 2020-2022、Quarterly Distribution of GDP at Current Market Prices by Industrial Origin 2020-2022 数据编制。

(二)宏观经济形势稳定,风险因素整体可控

在动荡不安的内外部环境下,印尼经济保持强劲的复苏势头,展现良好的发展前景。2022 年,印尼的主权信用评级稳中有进,彰显了国际资本市场对印尼经济的信心。在世界三大评级机构中,穆迪(Moody's)和惠誉(Fitch)的评级保持不变,分别为 Baa2(稳定)和 BBB(稳定);标准普尔(S&P)上调印尼主权信用评级,由 BBB(负面)调整为 BBB(稳定)。此外,在日本评级机构 R&I 和 JCR 的报告中,印尼的主权信用评级维持在 BBB+(稳定)的水平。

1. 物价水平明显上涨，通货膨胀率居于高位

2022 年，印尼消费者物价指数（CPI）年增长率为 5.51%，相比于 2021 年提高 3.64 个百分点，远超 2.0%~4.0% 的目标区间。其中，核心通货膨胀率为 3.36%，较 2021 年提高 1.80 个百分点；价格管制产品的通胀率为 13.34%，较 2021 年提高 11.55 个百分点；价格浮动产品的通胀率为 5.61%，较 2021 年提高 2.41 个百分点（见表 3）。印尼通胀率高企的原因颇为复杂，管制产品价格上升主要原因在于燃料短缺，印尼早已成为石油净进口国，俄乌冲突造成全球能源供应紧张，政府于 9 月初将补贴燃油价格提高 30%；非管制产品价格上升主要原因在于粮食不足，恶劣气候和疫情管控措施造成粮食减产，来自俄罗斯和乌克兰的小麦和化肥的数量不断下降。进入第四季度后，随着燃料价格逐步回落，印尼的通胀率也趋于下降。

表 3　2020~2022 年印尼宏观经济指标数据

	2020 年	2021 年	2022 年				
			第一季度	第二季度	第三季度	第四季度	全年
1. GDP 年增长率(%)	-2.07	3.70	5.02	5.46	5.73	5.01	5.31
2. CPI 年增长率(%)	1.68	1.87	0.66	0.61	1.17	0.66	5.51
核心通胀率(%)	1.60	1.56	0.30 (3 月)	0.19 (6 月)	0.30 (9 月)	0.22 (12 月)	3.36
价格管制产品的通胀率(%)	0.25	1.79	0.73 (3 月)	0.27 (6 月)	6.18 (9 月)	0.73 (12 月)	13.34
价格浮动产品的通胀率(%)	3.62	3.20	1.99 (3 月)	2.51 (6 月)	-0.79 (9 月)	2.24 (12 月)	5.61
3. 国际收支							
经常账户余额占 GDP 比重(%)	-0.42	0.30	0.17	1.15	1.34	1.30	1.00
资本和金融账户盈余(10 亿美元)	7.92	12.57	-1.83	-1.10	-5.49	-0.43	-8.86
总盈余(10 亿美元)	2.60	13.46	-1.82	2.39	-1.30	4.73	4.00
总储备资产(10 亿美元)	135.90	144.91	139.13 (3 月底)	136.38 (6 月底)	130.78 (9 月底)	137.23 (12 月底)	137.23
4. 印尼盾对美元汇率(期末)	14105	14269	14349 (3 月底)	14848 (6 月底)	15247 (9 月底)	15731 (12 月底)	15731

续表

	2020 年	2021 年	2022 年				
			第一季度	第二季度	第三季度	第四季度	全年
5. 雅加达证券综合指数(JCI)	5979	6581	7071 (3月底)	6911 (6月底)	7040 (9月底)	6850 (12月底)	6850
6. 银行							
信贷规模增长率(%)	-2.41	5.24	6.65 (3月)	10.66 (6月)	11.00 (9月)	11.35 (12月)	11.35
资本充足率(CAR)(%)	23.81	25.67	24.79 (3月)	24.66 (6月)	25.17 (9月)	25.63 (12月)	25.63
不良贷款率(NPL)(%)	3.06	3.00	2.99 (3月)	2.86 (6月)	2.78 (9月)	2.44 (12月)	2.44
7. 政府财政							
税收收入占 GDP 的比重(%)	8.32	9.12	—	—	—	—	10.39
财政赤字占 GDP 的比重(%)	6.14	4.57	—	—	—	—	2.37

资料来源：根据 Statistics Indonesia、Bank Indonesia、CEIC 的相关数据编制。

2. 财政收支规模扩大，财政赤字率达到预期

2022 年，印尼财政政策的扩张性有所增强，同时财政收支保持了平衡。相比于 2021 年，2022 年财政收入由 2011.35 万亿盾提高到 2626.42 万亿盾，同比增长 30.58%，增加的部分主要来自出口繁荣带来的意外收入，以及经济快速复苏后各项税收的增加；财政支出由 2786.41 万亿盾提高到 3090.75 万亿盾，同比增长 10.92%，主要用于包括燃油在内的各类补贴。由于财政收入的增长率更高，印尼的财政赤字规模收窄，由 2021 年的 775.06 万亿盾下降至 464.33 万亿盾，同时占 GDP 的比重由 4.57% 下降至 2.37%，赤字率已经回到了 3% 的国际警戒线以内，财政风险得到了显著缓解。

3. 经常账户顺差提高，资本流出规模较大

2022 年，印尼的国际收支剧烈变动，年底仅实现 39.99 亿美元的盈余，较去年同期减少 94.61 亿美元。在经常账户中，由于国际大宗商品市场繁荣，印尼出口的棕榈油、煤炭、钢铁等产品价格高涨，贸易顺差由 2021 年的 35.11 亿美元猛增至 2022 年的 132.16 亿美元，占 GDP 的比重由 0.30%

升至 1.00%，其中非油气产品的顺差达 897.72 亿美元，油气产品的逆差达 247.67 亿美元。在资本和金融账户中，受到美联储快速加息的影响，国际资本基于收益和安全性的考量，从印尼资本市场大规模流出，导致在印尼的外资存量由 2021 年的 125.72 亿美元的盈余变为 2022 年的 88.56 亿美元的赤字，其中国际直接投资净额为 151.20 亿美元，同比减少 12.53%；国际间接投资净额为－90.23 亿美元，同比减少 277.42%。为降低资本流出引起的汇率波动，印尼央行动用了储备资产，使其由 2021 年的 1449.05 亿美元降为 2022 年的 1372.33 亿美元，但仍相当于 6.0 个月的进口需求或 5.9 个月的进口加外债偿付需求，明显超过 3 个月的国际充足标准。

4. 外债总额略有缩减，债务结构较为合理

截至 2022 年底，印尼的外债规模为 3963.58 亿美元，比 2021 年降低 176.14 亿美元，其中政府和央行的外债下降 135.32 亿美元，私人外债下降 40.82 亿美元，可见公共部门偿债能力增强是外债规模缩减的主要原因。在期限结构方面，中长期外债占 83.21%，短期债务仅占 16.79%，后者的比重较 2021 年提高 2.44 个百分点，但债务总体上仍保持健康的结构。在各项债务指标中，2022 年外债总额占 GDP 的 30.08%，同比减少 4.81 个百分点；短期外债占总储备的 48.58%，同比增加 7.55 个百分点；还本付息额占经常项目收入的 16.42%，同比减少 5.32 个百分点，为 2012 年以来的最低水平。

（三）印尼盾进入贬值通道，股市和债市表现良好

受发达经济体货币紧缩政策的影响，印尼盾的汇率面临较大的下行压力。2022 年，印尼盾由年初的 14269 印尼盾/美元，降至年底的 15731 印尼盾/美元，贬值率达到 10.25%。分时期来看，首季度印尼经济温和复苏，金融市场保持基本稳定，3 月底汇率降至 14349 印尼盾/美元，较年初贬值 0.56%，基本上未发生变化；第二季度，俄乌军事冲突的爆发引发全球金融市场恐慌，发达经济体为应对通胀而采取加息政策，但出口市场繁荣增加了国际市场对印尼盾的需求，6 月底汇率降至 14848 印尼盾/美元，较 3 月底贬值 3.48%，贬值速度明显加快；第三季度，美联储的加息

政策更为激进，国际资本从印尼流出速度加快，印尼央行开始提高基准利率，9月底汇率降至15247印尼盾/美元，较6月底贬值2.69%，货币贬值压力仍未有效缓解；第四季度，美联储仍然持续加息，同时国际大宗商品价格开始回落，12月底印尼盾汇率降至15731印尼盾/美元，较9月底贬值3.17%，但12月后开始显露升值的趋势。

在经济复苏的带动下，印尼的股市和债市表现良好。2022年，雅加达证券综合指数（JCI）由6581.48点升至6850.62，涨幅为4.09%，且指数曾于4月冲至7228.91点的历史高位，但受到俄乌冲突加剧、粮食和能源危机叠加、美联储激进加息等因素的影响，该指数随后在波动中逐渐回落，表明投资者对于印尼股市持谨慎态度。在此期间，印尼上市公司由766家增至825家，上市股票由7.23万亿股增至9.70万亿股，市值由8255.62万亿盾增至9499.14万亿盾；政府债券由137只增至182只，未清偿债券价值由4521.98万亿盾增至5309.43万亿盾；企业债券由877只增至927只，未清偿债券价值由430.34万亿盾增至445.27万亿盾。在市场交易方面，2022年印尼股票交易量为5.89万亿股，同比增长15.49%；股票交易额为3617.90万亿盾，同比增长9.54%；政府债券交易额为12203.32万亿盾，同比下降11.54%；企业债券交易额为488.98万亿盾，同比增长42.56%。上述指标表明，印尼金融交易市场趋于活跃。

印尼央行以维持经济复苏和金融稳定为目标，实施了宽松、包容和可持续的货币政策。2022年12月，印尼银行系统整体运行良好，具备优秀的安全性和充足的流动性，资本充足率（CAR）达到25.63%，流动资产与存款比（LA/deposits）达到31.20%，不良贷款率（NPL）降至2.44%。在货币方面，2022年印尼狭义货币（M1）增长14.31%，广义货币（M2）增长8.35%，表明投资和中间市场较为活跃。在商业信贷方面，2022年印尼信贷规模持续扩张，年增长率高达11.35%，其中经营性贷款增长12.17%，投资性贷款增长12.00%，消费性贷款增长9.42%，这主要受益于印尼经济持续复苏的良好预期、消费和投资需求的大幅提高。

（四）失业和贫困问题持续改进，收入分配总体合理

由于经济复苏势头良好，印尼的人均国民收入（GNI）水平快速恢复，由 2020 年的 3900 美元增至 2021 年的 4180 美元，已经超过疫情前 2019 年的 4070 美元的水平，但尚未跨过上中等收入国家的门槛（4256 美元）。在失业问题上，2022 年印尼失业人口为 842.59 万人，同比减少 69.99 万人；失业率为 5.86%，同比减少 0.63 个百分点。在贫困问题上，2022 年印尼总人口贫困率为 9.57%，同比下降 0.14 个百分点；城市人口贫困率为 7.53%，同比下降 0.07 个百分点；农村人口贫困率为 12.36%，同比下降 0.17 个百分点。在收入分配上，2022 年印尼总体处于合理水平，全国基尼系数仍为 0.381，处于相对合理区间；但受物价上涨等因素的影响，城市基尼系数由 0.398 提高到 0.402，略微超过 0.4 的国际警戒线，表明收入差距有所扩大；农村基尼系数由 0.314 降至 0.313，基本上没有发生变化。在社会发展上，2022 年印尼的人类发展指数（HDI）为 72.91，较上一年增加 0.62，处于高人类发展水平区间。

三　2022 年印尼政府的施政重点

随着新冠肺炎疫情形势明显好转，印尼逐渐改变了此前的防控政策，更加侧重于促进经济平稳复苏。2022 年，印尼政府延续了之前的适度扩张的财政政策，并利用税收优惠措施刺激重点领域的投资活动。印尼央行实施了偏向紧缩的货币政策，以应对发达经济体紧缩银根引发的金融市场动荡。面对国民经济中的深层次问题，印尼继续深化结构性改革，推动经济发展模式转型。

（一）积极应对疫情冲击，灵活调整防疫政策

进入 2022 年后，印尼的疫情走势发生剧烈变化，年初出现了严重的反弹现象，但此后疫情基本得到有效控制。1 月中旬开始，奥密克戎毒株在印

尼引发第三波疫情，新增确诊病例数于2月16日达到6.47万例的历史峰值，印尼成为首个累计确诊病例数超过500万例的东南亚国家。之后疫情蔓延速度开始放缓，4月中旬后新增确诊病例数基本保持在千例以内。从此时到年底，印尼再未发生大规模的疫情，仅有过两次规模较小的反复，单日新增确诊病例数也均未超过万例。截至2022年底，印尼累计确诊病例数达671.98万例，其中治愈者654.93万人，死亡者16.06万人，整体处于可控范围内。① 与此同时，印尼每日每百万人中约有1.7名感染者，每周阳性率约为3.35%，死亡率约为2.39%，均低于世界卫生组织（WTO）的标准。② 印尼疫情形势的好转来之不易，主要受益于政府积极的防控措施，如广泛的疫苗接种、强制佩戴口罩命令和社会活动限制政策等，但政策实施过程中也存在检测率较低和统计工作松懈等问题。

由于疫情形势逐渐趋于稳定，印尼对防疫政策进行了调整。在年初的疫情高峰期，印尼仍然坚持严格的防控策略，提高公共活动限令（PPKM）等级，禁止疫情严重地区的旅客入境。随着第三波疫情进入平稳期，印尼于3月21日取消对入境者的隔离限制，取消对公务员的出境限制，但旅行者仍需遵守做核酸检测的规定。5月17日，印尼政府不再强制要求人员户外活动时佩戴口罩，并取消已接种疫苗的国内外旅客出示核酸阴性证明的规定。经过长时间的观测，印尼确认疫情已得到有效控制，遂于12月30日宣布撤销公共活动限令，在全国范围内放松所有与疫情相关的限制措施。这是疫情出现以来最大的政策转折，标志着印尼防疫进入全新阶段。不过，考虑到疫情尚未彻底消散，印尼仍然呼吁民众提高疫情防范意识，在封闭空间里佩戴口罩，尽快完成疫苗接种；要求政府部分处于待命状态，配备卫生设施和医护人员，保障疫苗接种机制顺利运

---

① Satuan Tugas Penanganan Covid-19（2022）."Stituasi COVID-19 di Indonesia（Update per 31 Desember 2022）." 31st December，https：//covid19.go.id/artikel/2022/12/31/situasi-covid-19-di-indonesia-update-31-desember-2022.

② COVID-19 Handling Task Force（2022）."Government Officially Revokes PPKM Policy Starting Today." 30th December，https：//covid19.go.id/en/artikel/2022/12/30/pemerintah-resmi-cabut-kebijakan-ppkm-mulai-hari-ini.

行，继续分发各类社区援助物资。

在控制疫情的过程中，大规模的疫苗接种发挥了重要作用。自 2021 年 1 月启动疫苗接种计划以来，印尼从国外争取到了大量疫苗，到 2022 年 2 月疫苗总剂量已超过 5 亿支。为了加快全民疫苗接种进程，印尼逐渐允许所有年龄段的人群接种疫苗，并缩短了老年人接种加强针的间隔时间，由最短 6 个月变为 3 个月。同时，印尼开发了防疫应用程序（PeduliLindungi），以此向已接种者发放电子疫苗卡，民众在乘坐公共交通工具或进入公共场所时，必须向管理者出示该证件。2022 年 5 月，该应用程序先后在欧盟和东盟得到批准，表明各国承认了印尼发放的疫苗证书。印尼还积极参与疫苗的研发和生产，以提高本国抗击疫情的自主能力。2022 年 9 月，印尼批准了由中国研发的 mRNA 疫苗，该疫苗在印尼进行了三期临床试验，并将由印尼当地公司生产。10 月，印尼批准了由印尼和美国合作研发的 IndoVac 疫苗，预计 2023 年产能可达 4000 万剂。在多种政策的作用下，截至 2022 年底，印尼有 2.04 亿人接种了首剂疫苗，达到目标人数的 86.94%，另有 1.75 亿人接种了第二剂疫苗，0.68 亿人接种了第三剂疫苗。

（二）提高财政政策的扩张性，利用税收优惠刺激经济

2022 年，印尼财政收支规模大幅提高，这既得益于经济强劲复苏和大宗商品价格上涨，又是税收政策改革的早期成果。在财政收入方面，印尼政府的实际收入达到预算的 142.27%，以下政策发挥了较为明显的作用：一是实施第二轮税收特赦计划，2022 年 1~6 月共有 24.79 万名纳税人申报资产，披露的资产总额达 594.82 万亿盾，贡献了 61.01 万亿盾的税收收入；二是对数字经济活动征税，2022 年 5 月起对 P2P 网络信贷产生的利息征收所得税，对支付网关、数字钱包、电子货币等金融科技服务产生的佣金和费用征收增值税，最终分别创造了 2100.4 亿盾和 2464.5 亿盾的税收收入；三是上调增值税税率，2022 年 4 月起将其由 10% 提高到 11%，并取消了部分增值税豁免和优惠项目，到年底实现了 60.76 万亿盾的新增税收收入。此外，印尼还曾计划从 2022 年 4 月开始征收碳税，但由于俄乌冲突后国际能源和粮食价格飙

升，政府基于稳定国民经济的现实考量，两次推迟碳税的征收时间。

在财政支出方面，印尼继续实施适度扩张的财政政策，实际财政支出为预算的113.87%。2022年，印尼保留了国民经济复苏项目（PEN），但实际支出额由2021年的658.6万亿盾下降至396.7万亿盾，约为计划支出的87.07%。在资金支出结构上，由于疫情逐渐得到有效控制，该项目用于疫情防控的支出显著减少，用于经济恢复的支出小幅增加。具体而言，健康集群实际支出61.3万亿盾，约为计划支出的50.02%，主要用于患者治疗、医学研究、医务工作者补贴、疫苗接种等；社会保护集群实际支出152.0万亿盾，约为计划支出的98.22%，主要用于针对弱势群体的现金转移、向贫困家庭提供基本社会服务的家庭希望计划（PKH）、非现金食品援助、待业卡申领、老人和残疾人救济等；经济复苏集群实际支出183.4万亿盾，约为计划支出的102.84%，主要用于振兴劳动密集型产业、维护粮食安全、扶持中小企业发展、提供商业税收激励等。[①]

印尼采用了多种税收优惠政策，以吸引国外对于印尼重点产业部门的投资。第一，设置免税期，对于向18个优先产业注入新资的公司，若投资额在1000亿~5000亿盾，可在5年内减免50%的应缴纳税款；若投资额在5000亿盾以上，可在5~20年内享受应缴纳税款全额减免，具体减免期限依投资规模确定。减免期满后，两类企业仍可在接下来的两年里，分别享受25%和50%的应缴纳税款减免优惠。第二，建立免征额，若企业投资的规模较大、产品主要用于出口、能够吸纳大量劳动力、本地化程度较高，政府将为其有形固定资产投资提供30%的免税额度，在投入生产后的6年里按每年5%的比例分配，允许加速折旧或摊销，税收亏损结转可延至10年。第三，设立投资免税额，针对劳动密集型产业的投资，政府将为其有形固定资产投资提供60%的免税额度，在投入生产后的6年中按每年10%的比例分配。第四，制定加计扣除政策，企业从事职业知识传授活动，最高可按费用的

---

① Ministry of Finance（2023）. "Recent Macroeconomic and Fiscal Update, January 2023." 15th January, https://fiskal. kemenkeu. go. id/files/red/file/1677660175_ fpa_ red_ feb_ 2023. pdf.

200%进行税前扣除；企业从事科研活动，最高可按费用的 300%进行税前扣除。

（三）实施趋向紧缩的货币政策，加强金融体系的稳定性

由于金融市场波动性加剧，印尼利用货币政策进行宏观调控，以稳定通货膨胀率和印尼盾汇率。在政策利率上，2022 年印尼央行（BI）放弃了维持利率不变的立场，自 8 月开始连续五次上调利率，累计上调 200 个基点，其中 7 天逆回购利率（BI7DRR）由 3.50%提高到 5.50%，存款便利利率（DF）由 2.75%提高到 4.75%，贷款便利利率（LF）由 4.75%提高到 6.75%。在存款准备金上，印尼自 3 月起四次上调法定比率，最终由 3.50%提高至 9.00%。[①] 在汇率稳定措施上，印尼央行加强对外汇市场的干预，包括进行即期和国内无本金交割远期（DNDF）交易，在二级市场购买或出售政府债券（SBN），提高政府债券收益率以增强对外资的吸引力。在国际合作方面，印尼分别与中国、韩国、澳大利亚和马来西亚等国，续签双边货币互换协议（BCSA），在国际贸易和投资中使用更多的当地货币。通过多元化的货币政策组合，印尼有效应对了美国等发达经济体加息政策的溢出效应，部分减轻了国际资本大量流出、印尼盾汇率持续走低、输入型通货膨胀较为严重等带来的内外部经济压力。

为预防金融风险的顺周期波动和跨部门传染，印尼央行采用了多样化的宏观审慎政策工具，进而实现经济复苏和金融稳定的双目标。2022 年，印尼延续了宽松、包容和可持续的政策基调，将反周期资本缓冲（CCyB）维持在 0%；宏观审慎流动性缓冲（MPLB）维持在 6.0%；伊斯兰宏观审慎流动性缓冲（Sharia MPLB）维持在 4.5%；房地产的贷款价值与融资价值比率（LTV/FTV）维持在最高 100%；宏观审慎中介比率（MIR）维持在 84%~94%的范围内。同时，印尼央行制定了旨在重振银行中介功能的激励政策，

---

① Bank Indonesia（2023）. "Monetary Policy Report-Quarter IV 2022." 25th January, https：//www. bi. go. id/en/publikasi/laporan/Pages/Laporan－Kebijakan－Moneter－Triwulan－IV－2022. aspx.

对于向优先部门或小微企业提供信贷的银行，印尼央行降低其存款准备金率。2022 年 9 月，印尼央行将激励强度由最高 1.0% 提高到 2.0%，其中向优先部门提供信贷可获得最高 1.5% 的激励，若满足宏观审慎包容性融资比率（RPIM）① 将额外获得最高 0.5% 的激励。此外，印尼将优先部门的数量由 38 个提高到 46 个，并分为快速复苏组、稳定增长组和缓慢起步组，每组对应不同的激励门槛和强度。

在数字金融快速发展的背景下，印尼央行开启了对于数字货币的探索。2021 年 5 月，印尼宣布将开发中央银行数字货币（CBDC），以促进金融系统现代化、抵御加密货币威胁、加快国内外数字支付的进程。2022 年 11 月，印尼央行发布了关于数字印尼盾设计方案的白皮书，未来将发行两种类型的数字货币，即面向金融机构的批发数字印尼盾（w-Digital Rupiah）和面向消费者的零售数字印尼盾（r-Digital Rupiah）。根据印尼央行的定位，数字印尼盾将是印尼的法定数字货币，将成为央行在数字化时代的核心工具，以及支持国家金融体系与数字经济相融合的主要手段。数字印尼盾的发展将分为三个阶段，其中早期阶段主要试行批发数字印尼盾，功能仅限于资金的发行、赎回和转移；中期阶段将完善金融市场交易和货币操作功能，测试货银对付（DVP）结算；最终阶段将关联两类数字印尼盾，公众可利用数字印尼盾进行支付和转账，金融机构可用其作为货币市场的抵押物。②

（四）推动国民经济转型发展，加快国家战略项目建设

佐科自担任印尼总统以来，始终坚持新发展主义原则，将经济建设作为政府工作的核心，出台了大量旨在促进国家转型的改革政策。2022 年，印尼的国家战略项目稳定推进，这有利于实现 2045 年跨越中等收入陷阱的目标。

---

① 宏观审慎包容性融资比率（RPIM）于 2021 年推出，要求银行在 2022 年 6 月前将至少 20% 的贷款提供给小微企业，到 2023 年 6 月前上述比例提高到 25%，到 2024 年 6 月前提高到 30%。

② Bank Indonesia（2022）．"Project Garuda：Navigating the Architecture of Digital Rupiah."30th November，https：//www.bi.go.id/en/rupiah/digital-rupiah/default.aspx#wp.

1. 积极落实迁都计划

2022 年，印尼的迁都战略进展较快，各项工作进入了实质性的实施阶段。2 月 15 日，印尼正式颁布了《国家首都法案》（*UU IKN*），宣布将首都由雅加达迁至位于婆罗洲的东加里曼丹省，新首都的名称为努山达拉（Nusantara），并由国家首都管理局负责筹备和建设工作。4 月 18 日，印尼推出第 63 号总统法令（PR No. 63/2022），公布了新首都的总体规划方案，将对 25.61 万公顷土地和 6.82 万公顷水域进行开发，这将成为印尼历史上最大的基础设施建设项目。新首都的建设将分成五个阶段，其中首个阶段为 2022~2024 年，计划建设完成道路、电力、供水等基础设施，并陆续搬迁行政、立法、司法等政府机构，预计投资 30 万亿盾（约合 34 亿美元），这块费用完全由 2022~2024 年的国家预算负担。[1] 2022 年 7 月，新首都工程正式开始施工，主要任务包括清理土地和铺设道路，以及建设由政府办公室、学校和医院组成的中心区，最初调动了 10 万名劳工，后增至 15 万~20 万名劳工，以确保当地人参与建设项目。

2. 促进能源结构转型

近年来，印尼高度重视可再生能源开发，以实现国民经济的可持续发展。2022 年 9 月，印尼提高了碳减排的国家自主贡献（NDC）规模，提出到 2030 年无条件减排目标由 29% 提高到 32%，有条件减排目标由 41% 提高到 43%，争取在 2060 年之前实现净零排放。[2] 在此背景下，印尼积极推动国内能源转型，改变以煤炭等化石燃料为主的能源结构，增加可再生能源的比重。为加速该进程，印尼发布了第 112 号总统法令（PR No. 112/2022），规定不得再新建燃煤电厂，但按计划和已在建的除外；新燃煤电厂的排放量必须在电厂运营后的 10 年内减少 35%，并且只能运行到 2050 年；为地热能

---

[1] Bloomberg (2022). "Indoensia Breaks Ground on Its New Capital City." 3rd August, https://www.bloomberg.com/news/articles/2022-08-02/indonesia-breaks-ground-on-nusantara-as-jakarta-sinks.

[2] Antaranews (2022). "Indonesia Raises Greenhouse Gas Emission Reduction Target." 4th October, https://en.antaranews.com/news/253157/indonesia-raises-greenhouse-gas-emission-reduction-target.

发电、水力发电和太阳能发电等可再生能源制定新的定价体系。此外，印尼借助承办 G20 峰会的机会，向世界介绍了本国的国家能源大战略（GSEN），计划到 2060 年 100%使用可再生能源发电，装机容量达到 587 吉瓦（GW），国家电力公司（PLN）的燃煤电厂将提前退役。

3. 加快经济体制改革

进入第二个总统任期后，佐科领导的政府颁布了《创造就业综合法》（*UU Cipta Kerja*），将其作为推动经济体制改革的重要工具。自 2021 年 11 月该法案被印尼宪法法院裁定程序违宪后，佐科领导的政府积极开展针对法案条款的修订工作。2022 年 6 月，印尼通过了《立法法》（*UU PPP*）修正案，规定法律法规的起草可以采用综合法的方式，为《创造就业综合法》的修订奠定了基础。12 月 30 日，总统佐科签署《创造就业综合法》的修正案，主要修改了原法案中关于劳工的部分条文，涉及短期雇佣协议、遣散费、外国工人、最低工资等，另外也涉及清真产品认证、水资源管理、与税收法律协调同步、技术写作错误更正。佐科领导的政府认为，该法案有助于全面改善印尼的营商环境，使印尼能够通过吸引投资创造广泛的就业需求，此法案是印尼应对全球危机和维持经济复苏的重要举措。

四 2023年印尼政治与经济形势

2023 年，印尼的政经形势将基本保持稳定，但各种风险因素仍有待化解。在此时期内，印尼的总统选举进入关键阶段，政党竞争或将改变政治版图；宏观经济预计保持较快增长，不过需要确保通胀率和汇率稳定。在外交方面，印尼将接任东盟轮值主席国，将借此机会提高对区域事务的领导力。

（一）政党联盟竞争加剧，制定最终参选名单

随着各方为总统选举做最后准备，2023 年将充满政治的不确定性，各政党之间的竞争有望持续升温。依照印尼的选举法规，佐科无法寻求第三个

总统任期，各政党必须在 11 月 25 日之前，决定最终的正副总统候选人名单。在激烈的政治拉锯战中，此前的竞选格局存在较大变数，预计政党阵营将发生较大调整。2023 年 1 月，国民民主党、繁荣公正党和民主党正式结盟，共同组建团结变革联盟（KPP），支持阿尼斯·巴斯威丹作为总统候选人，并由其决定竞选副总统的搭档。4 月 21 日，拥有单独提名权的民主斗争党宣布，选择甘查尔·普拉诺沃作为总统候选人，现任总统佐科对此项提名表示支持。至此为止，占据民意支持率前三名的潜在候选人，均已获得来自不同政党或联盟的正式提名。由于三人的民调支持率不相上下，未来的竞选走向具有高度的不确定性，争取更多政党的支持显得至关重要。在已形成的政党组合中，印尼统一联盟和印尼复兴联盟尚未提名候选人，两者正寻求合并以增强竞选实力，若成功将占据国会 49.39% 的席位，有望成为影响选举走向的关键因素。此外，这两个联盟有意邀请民主斗争党加入，但后者并未对此作出明确表态。

（二）调整宏观调控政策，促进经济平稳运行

2023 年，世界经济下行压力较大，低增长和高通胀等问题依然严重，印尼将制定灵活的宏观调控政策以应对内外部风险。根据佐科在众议院的公开演讲，印尼预计 2023 年经济增长率将达到 5.3%，汇率维持在 14750 印尼盾/美元上下，公开失业率降至 5.3%～6.0%，人口贫困率降至 7.5%～8.5%，基尼系数降至 0.375～0.378，人类发展指数提高到 73.31～73.49。[①]为实现上述目标，印尼加强财政和货币政策的协同创新。在财政政策上，印尼预计将实现 2463 万亿盾的收入，并计划支出 3061 万亿盾，财政赤字规模收窄至 598.2 万亿盾，财政赤字率预计为 2.84%。财政预算优先用于提升人

---

① Cabinet Secretariat of the Republic of Indonesia (2022). "Address of President of the Republic of Indonesia on the Presentation of the Government Statement on the Bill on the State Budget for the 2023 Fiscal Year and Its Financial Note Before the Plenary Session of the House of Representatives of the Republic of Indonesia." 16th August, https://setkab.go.id/en/address-of-president-of-the-republic-of-indonesia-on-the-presentation-of-the-government-statement-on-the-bill-on-the-state-budget-for-the-2023-fiscal-year-and-its-financial-note-before-the-plenary-ses/.

力资本水平和加快经济转型，其中 178.7 万亿盾用于医疗卫生改革，476.0
万亿盾用于社会救济，612.2 万亿盾用于改善教育系统，392.1 万亿盾用于
基础设施建设。[①] 在货币政策上，印尼央行将控制通胀和稳定汇率作为重
点，坚持此前适度宽松的宏观审慎立场，计划将通货膨胀率降至 2.0% ~
4.0%，信贷增速控制在 10% ~ 12%，增加人民商业贷款（KUR）和绿色金
融支出，提高数字支付系统的便利性。[②]

（三）担任东盟轮值主席国，加强区域内部合作

2023 年 1 月，印尼正式出任东盟轮值主席国，这是其开展主场外交的
重要契机。印尼将东盟峰会的主题确定为"东盟事务：增长核心"，并制定
了三大支柱性议题：一是东盟事务，印尼将引领东盟成员国应对各类挑战，
包括推进南海行为准则（COC）的谈判、治理人口贩卖问题、起草东帝汶
成为东盟成员国的路线图、签署《东南亚无核武器区条约》（SEANWFZ）
等；二是增长中心，印尼将推动成员国之间加强合作，包括完善"同一个
健康"方针下的卫生架构、保障粮食和能源安全、在东盟贸易和支付机制
中使用东盟货币等；三是《东盟印太展望》（AOIP）的实施，印尼将促进
印太地区的和平和繁荣，并为此组织了东盟印太论坛，主旨活动主要围绕创
意经济、基础设施、商业投资、可持续发展和数字经济等议题展开。[③] 在担
任东盟轮值主席国期间，印尼将组织两次东盟峰会，其中第 42 届东盟峰会
于 5 月 10 ~ 11 日在东努沙登加拉省举行，各成员国主要讨论东盟内部事务；
第 43 届东盟峰会将邀请东盟以外的国家参与，包括中国、美国、澳大利亚

---

① Cabinet Secretariat of the Republic of Indonesia（2022）. "Gov't to Maintain 2023 State Budget Deficit Below 3 Percent." 1st December, https：//setkab. go. id/en/govt－to－maintain－2023－state－budget－deficit－below－3－percent/.

② Bank Indonesia（2023）. "Monetary Policy Review-Quarter IV 2022." 26th January, https：//www. bi. go. id/en/publikasi/laporan/Pages/Laporan － Kebijakan － Moneter － Triwulan － IV － 2022. aspx.

③ Ministry of Foreign Affairs of the Republic of Indonesia（2023）. "First Quarter Achievements of Indonesia's ASEAN Chairmanship 2023." 1st May, https：//kemlu. go. id/portal/en/read/4656/berita/first-quarter-achievements-of-indonesias-asean-chairmanship-2023.

等。通过担任东盟轮值主席国，印尼将利用自身作为区域强国的优势，提高东盟在区域事务上的话语权，促进东盟整体经济的持续复苏，但在这个过程中也面临缅甸危机、俄乌冲突和中美竞争加剧等挑战。

参考文献

Badan Pusat Statistik（2023）. *Statistik Indonesia 2022.*

Bank Indonesia（2023）. *Monetary Policy Report-Quarter IV 2022.*

Bank Indonesia（2023）. *Monetary Policy Report-February 2023.*

Bank Indonesia（2022）. *Republic of Indonesia Presentation Book.*

Indikator Politik Indonesia（2022）. *Pacuan Kuda Elektabilitas Bakal Capres dan Peta Kekuatan Elektoral Partai Pasca-Deklarasi.*

Indikator Politik Indonesia（2023）. *Kinerja Presiden，Elektabilitas Bakal Capres dan Partai Jelang 2024.*

Indonesia Stock Exchange（2023）. *IDX Statistics 2022.*

S. M. Indrawati，S. Nazara，T. Anas，C. F. Ananda，and K Verico（2022）. *Keeping Indonesia Safe from the COVID－19 Pandemic：Lessons Learnt from the National Economic Recovery Programme.* Singapore：ISEAS-Yusof Ishak Institute.

C. Manning（2020）. "The Indonesian Economy：Trade and Industrial Policies." *Bulletin of Indonesian Economic Studies*，Vol. 56，No. 2.

Ministry of Finance（2023）. *Recent Macroeconomic and Fiscal Update.*

World Bank（2022）. *Indonesia Economic Prospects，December 2022：Trade for Growth and Economic Transformation.*

B.8
大选后马来西亚的政治与经济形势

姜文辉 *

摘　要： 2022 年，马来西亚举行了全国大选，首次出现无一政党或政党联盟赢得国会下议院过半数议席的局面，后经过各方努力，安瓦尔就任马来西亚总理，并组成团结政府。2023 年，马来西亚举行了六州立法议会选举，执政的希望联盟和国民阵线与在野的国民联盟打成平手，各自保住三个州的执政权。在放宽疫情防控政策后，马来西亚经济强劲复苏，通货膨胀率维持在低位，失业率趋于下降，但本币汇率持续下滑，债务规模有所扩大，劳工短缺问题日益突出。展望 2023 年，马来西亚政局将进入相对稳定期，政府将加快国家发展战略与政策的调整，但与此同时国内经济复苏仍面临诸多挑战。

关键词： 全国大选　经济复苏　产业转型　马来西亚

在经历了几年的政坛动荡后，马来西亚提前迎来了全国大选，2022 年大选结果已尘埃落定，由此马来西亚政局进入了相对稳定期。在放宽疫情防控政策后，马来西亚经济强劲复苏，经济增速位居东南亚国家的首位，但其经济增长也面临诸多不确定因素。本文拟就 2022~2023 年马来西亚政治经济形势作一分析。

一　马来西亚全国大选和州选举

2018 年 5 月大选结束后，由马来西亚前总理马哈蒂尔领导的反对党阵

---

* 姜文辉，经济学博士，集美大学财经学院副教授。

营——希望联盟赢得了国会下议院超过半数的席位，终结了国民阵线连续执政61年的历史，首次出现了政党执政轮替的局面。但是，在希望联盟政府执政不到两年的时间里，联盟内部党派纷争不断，导致马来西亚政坛出现了震荡，三年时间更换了三位总理。2022年10月10日，马来西亚最高元首宣布解散国会，于11月19日提前举行第15届国会下议院选举。按照惯例，马来西亚国会每5年进行一次大选，本届大选应在2023年6月或7月举行。

由于马来西亚政坛格局的变迁，国内族群间分裂和马来族群内部矛盾加深，各大政治势力的角逐加剧，促使大选中的政党格局、选举规则和选区类型等均出现较大的变化，这届国会选举被认为是马来西亚"史上最激烈"的大选。在此次大选中，首次出现四大政党联盟角逐的局面，它们分别是国民阵线、希望联盟、国民联盟和祖国行动阵线，预计国民阵线、希望联盟、国民联盟这三大全国性政党联盟均无法单独获得国会下议院过半数议席（222席中至少赢得112席），这意味着它们均无法实现单独执政。长期以来，国民阵线主导马来西亚政坛，2018年丢失中央政权，2020年重返执政联盟，2021年重新成为政权核心，但前总理纳吉布（Mohammad Najib Abdul Razak）的弊案仍牵连选情。与国民阵线对立的主要对手是三个政治联盟，一是安瓦尔（Dato' Seri Anwar bin Ibrahim）领导的希望联盟，二是前总理穆希丁（Tan Sri Dato' Haji Muhyidin bin Haji Mohammad Yassin）领导的由土著团结党、伊斯兰党等政党组建的国民联盟，三是前总理马哈蒂尔（Mahathir Mohamad）刚组建的祖国行动阵线。

马来西亚国会是国家最高立法机构，由上议院和下议院组成，下议院议席共222个，上议院设70个议席，通常在下议院取得多数席位的政党或政党联盟可以组阁。11月20日，马来西亚选举委员会公布了2022年全国大选票数统计结果，三大主要政党联盟中，希望联盟（Pakatan Harapan）获得82个席位，国民联盟（Perikatan Nasional）获得73个席位，执政联盟国民阵线（Barisan Nasional）获得30个席位。此外，东马来西亚的砂拉越政党联盟（GPS）和沙巴人民阵线（GRS）分别获得22个和6个席位。因此，在此次大选中没有任何一个政党或政党联盟赢得国会下议院过半数议席，新政府无法组建，马来西亚历史上首次出现了"悬峙国会"。引发这一结果的

主因是掌控马来西亚政坛超过半个世纪的马来民族统一机构（巫统）内部分裂加剧，造成马来人政治结构分崩离析，不同派系相继出走，另立山头，且经过 2018 年大选后的希望联盟执政、"喜来登事件"、国民联盟成立等一系列政治事件后，马来西亚政局呈现碎片化的态势。此次大选后，获得最多议席的希望联盟在经过数天与多方的谈判后，获得了国民阵线、砂拉越政党联盟、其他小党和无党籍议员的支持，取得了至少 148 名国会议员的支持，并掌握了国会 2/3 的多数议席。

2022 年 11 月 24 日，马来西亚最高元首阿卜杜拉（Abdullah Ahmad Badawi）召开马来西亚统治者会议，决定任命安瓦尔为马来西亚第 10 任总理，并授权他组建团结政府，这场引人关注的大选终于落下帷幕。现年 75 岁的安瓦尔是希望联盟的领袖，其从政道路满布荆棘，1993 年他出任副总理，成为马哈蒂尔的接班人，1998 年安瓦尔退出政府内阁，他曾因渎职等罪名两度入狱。2008 年，安瓦尔在挥别政坛十年之后卷土重来，一跃成为最大在野党人民公正党的领袖。2018 年，希望联盟赢得大选后，安瓦尔获国家元首特赦，得以重返政坛。由于马哈蒂尔迟迟未兑现把总理职位交给安瓦尔的承诺，两人渐生嫌隙，再次分道扬镳。2022 年 12 月 3 日，马来西亚政府总理和内阁宣誓就职，新内阁成员来自多个政党，显示安瓦尔将巩固各党派间团结、确保新政府执政能力作为优先事项。12 月 19 日，马来西亚国会以口头表决的方式，通过了对安瓦尔担任总理的信任动议。安瓦尔表示，新政府施政重点将是恢复经济、维持政治稳定及确保各民族和宗教团体之间的和谐关系，他将集中精力打击腐败，确保良政善治、司法独立和增进人民福祉，并欢迎其他政党联盟加入团结政府。

2023 年 8 月，马来西亚举行了州立法议会选举。建国以来，历届马来西亚大选都是联邦下议院选举和州立法议会选举同日举行，并同时产生新一届联邦政府和州政府。但是，由于国民阵线执政的玻璃市、彭亨、霹雳三州解散了议会，而伊斯兰党主政的吉兰丹、登嘉楼、吉打三州和希望联盟执政的槟榔屿、雪兰莪、森美兰州均宣布不同步选举，加上柔佛、马六甲、沙捞越、沙巴的州议会选举尚不满两年，马来西亚出现了六州立法议会单独选举的局面。此次竞选的州立法议会席位分别为：雪兰莪州 56 席、吉兰丹州 45

席、槟城 40 席、森美兰州 36 席、吉打州 36 席、登嘉楼州 32 席。最终投票结果显示，六州的总投票率为 70.85%，其中雪兰莪州为 72.00%，吉兰丹州为 60.96%，槟城为 72.67%，吉打州为 73.86%，登嘉楼州为 74.79%；在雪兰莪州，希望联盟获得 32 席，国民联盟获得 22 席，国民阵线获得 2 席；在吉兰丹州，国民联盟获得 43 席，希望联盟和国民阵线各获得 1 席；在槟城，希望联盟获得 27 席，国民阵线获得 2 席，国民联盟获得 11 席；在森美兰州，希望联盟获得 17 席、国民阵线获得 14 席、国民联盟获得 5 席；在吉打州，国民联盟获得 33 席，希望联盟获得 3 席；在登嘉楼州，国民联盟获得 32 席，希望联盟和国民阵线均未获得议席。可见，在 2023 年马来西亚六州议会选举中，执政的希望联盟和国民阵线与在野的国民联盟打成平手，各自保住三个州的执政权。不过，在六州议会选举中，主张政教合一的伊斯兰党获得 106 席，成为最大的赢家。目前，马来西亚 13 个州中，国民阵线单独执政 2 个州，希望联盟单独执政 2 个州，国民联盟单独执政 4 个州，希望联盟与国民阵线联合执政 3 个州，东马土著政党单独执政 2 个州。

总之，在此次马来西亚全国大选中，希望联盟、国民联盟和国民阵线分庭抗礼，三大政党联盟势均力敌，由此马来西亚政坛历史上首次出现了"悬峙国会"。究其原因，主要是 2018 年大选后马来西亚政坛逐步碎片化，政党联盟林立，导致选票分散。由于此次选举降低了选民最低年龄，大量年轻选民加入，选民团体呈现多元化趋势，冲击传统的族群政治。

民众对于稳定政局、发展经济和打击腐败的呼声愈发高涨，地域和族群间政治博弈暗流涌动，新媒体成为影响大选走向的重要战场，这些因素都为大选增添了不确定性。2022 年马来西亚大选和 2023 年六州议会选举结束后，马来西亚政局进入了一个相对稳定的时期。不过，以安瓦尔为首的团结政府仍将面临国内外的诸多挑战。

二 马来西亚经济强劲复苏

在全球经济动荡和新冠肺炎疫情尚未结束的背景下，马来西亚经济保持了强劲复苏的态势。2022年，马来西亚四个季度的国内生产总值（GDP）增长率分别为4.8%、8.8%、14.4%和7.1%，全年为8.7%。这一增长率超出了政府预期的6.5%~7%的年度增长目标，创下2000年以来马来西亚经济增速的新纪录，也使马来西亚位居东南亚国家经济增速的首位。马来西亚国家银行认为，内需扩大、旅游业复苏、劳动力市场向好，以及全球市场对电子产品的需求旺盛等，是支持该国经济在2022年快速增长的重要因素。

从2022年4月1日起，马来西亚大幅放宽防疫措施，宣布新冠肺炎转向地方性流行病阶段，并重新开放边界。5月1日起，马来西亚又放宽九项防疫措施，入境者不再进行核酸检测。从第二季度起，马来西亚经济开始加速增长，第三季度经济增长率超过两位数，但第三季度经济增长率高是因为上年同期负增长的基数效应。不过，随着疫情防控政策的放宽，国内个人消费逐渐回暖，劳动力市场和居民收入状况逐步改善，国内需求扩大成为经济增长的主要驱动力，而全球市场对电子产品的强劲需求带动了出口，入境旅游的恢复也为经济复苏提供了支持。据统计，2022年第三季度，马来西亚私人部门消费、私人部门投资和公共部门投资的增长率均在两位数以上，服务业、建筑业、制造业、矿业和农业分别增长16.7%、15.3%、13.1%、9.2%和1.2%；第四季度，马来西亚的私人部门消费、私人部门投资、公共部门消费和公共部门投资分别增长7.3%、10.3%、3.0%和6.0%，建筑业、服务业、矿业、制造业和农业分别增长10.1%、9.1%、6.8%、3.9%和1.1%（见表1）。

表1 2019~2022年马来西亚各项经济指标数据

单位：%

	2019年	2020年	2021年	2022年	2022年第一季度	2022年第二季度	2022年第三季度	2022年第四季度
国内生产总值	4.3	−5.6	3.1	8.7	4.8	8.8	14.4	7.1
私人部门	6.2	−6.0	2.0	10.3	4.3	15.4	14.4	7.8
消费	7.6	−4.3	1.9	11.2	5.3	18.3	14.8	7.3
投资	1.6	−11.9	2.6	7.2	0.4	6.3	13.2	10.3
公共部门	−2.8	−4.6	1.6	4.7	4.9	2.5	7.9	3.9
消费	2.0	4.1	6.6	4.5	6.9	2.3	6.5	3.0

	2019 年	2020 年	2021 年	2022 年	2022 年第一季度	2022 年第二季度	2022 年第三季度	2022 年第四季度
投资	-10.8	-21.4	-11.4	5.3	-1.1	3.2	13.1	6.0
净出口	9.7	12.3	-5.8	-1.0	-28.9	-29.0	26.2	23.0
货物与服务出口	-1.3	-8.8	15.9	14.5	12.3	15.9	21.5	8.6
货物与服务进口	-2.5	-8.3	18.5	15.9	16.1	20.1	21.1	7.2
农业	2.0	-2.2	-0.2	0.1	0.1	-2.3	1.2	1.1
矿业	-2.0	-10.0	0.7	2.6	-2.2	-1.7	9.2	6.8
制造业	3.8	-2.6	9.5	8.1	6.7	9.2	13.1	3.9
建筑业	0.1	-19.4	-5.2	5.0	-6.2	2.4	15.3	10.1
服务业	6.1	-5.5	1.9	10.9	6.4	11.9	16.7	9.1

注：以 2015 年固定价格计算。

资料来源：根据 *DOSM National Accounts* 的数据编制。

马来西亚宏观经济保持了相对稳定，国内经济强劲复苏，通货膨胀率维持在低位，失业率趋于下降，财政赤字率逐步降低，国际收支状况有所改善。2022 年马来西亚国内生产总值（GDP）为 4063.64 亿美元，人均 GDP 为 12445 美元；从产业结构上来看，农业占 GDP 的 9.0%，工业占 39.6%，服务业占 51.4%，工业中制造业占 GDP 的比重为 23.7%，采矿业为 10.0%，建筑业为 3.4%；在全球通货膨胀高企的背景下，2022 年马来西亚通货膨胀率为 3.3%，核心通胀率为 3.0%，而 2021 年通胀率和核心通胀率分别为 2.5% 和 0.7%；2022 年国内失业率为 3.6%，但 25 岁及以下年轻人失业率仍超过 10%；2022 年财政赤字占 GDP 的比重为 5.8%，疫情下债务规模有所扩大，2022 年马来西亚负债规模达 1.5 万亿林吉特，约占 GDP 的 80%，其中国家债务为 1.2 万亿林吉特；由于美元持续加息，林吉特对美元的平均汇率下滑 8.4%。

马来西亚国际贸易及工业部（MITI）的数据显示，2022 年马来西亚进出口总额达 2.849 兆林吉特，较上一年增长 27.8%，创下自 1994 年以来的新高，出口额、进口额和贸易顺差均创下历史纪录。自 1998 年以来，马来西亚已连续 25 年实现贸易顺差。2022 年马来西亚出口额为 1.552 兆林吉

特，增长 25%；进口额为 1.297 兆林吉特，增长 31.3%；贸易顺差为 2551
亿林吉特，增长 0.6%。在出口商品方面，制成品、农产品和矿产品出口都实
现了两位数增长，这主要得益于电子电器、原油、液化天然气、石油产品、
棕油、机械、设备和零件等出口的增长，每项出口额均超过 100 亿林吉特。在
进口方面，受国内燃料和润滑油消费需求增长的影响，能源进口占总进口的
半数以上；半成品进口 7057.4 亿林吉特，增长 29.3%；非运输资本货物进口
1203.2 亿林吉特，增长 15.9%；加工食品与饮料进口 1041.3 亿林吉特，增长
24.0%。从主要出口市场来看，马来西亚对东盟、中国、美国、欧盟和日本的
出口均创下历史新高，对埃及、斯里兰卡、莫桑比克、巴布亚新几内亚、多
哥、吉布提和阿富汗的出口也显著增长，其中，中国已连续 14 年成为马来西
亚最大的进出口贸易国，马中贸易占马来西亚进出口贸易的 17.1%。

据马来西亚投资发展局（MIDA）的统计，2022 年马来西亚批准投资项
目 4517 项，投资额达 2677.5 亿林吉特，仅次于 2021 年的历史最高水平。
其中，国内投资额为 1044.2 亿林吉特，占投资总额的 39%，外商直接投资
（FDI）为 1633.4 亿林吉特，占比 61%；就具体行业来说，服务业批准的投
资项目达 3644 项，国内投资额为 722.2 亿林吉特；制造业批准的投资项目
达 801 项，国内投资额为 182.5 亿林吉特；初级部门批准的投资项目达 72
项，国内投资额为 139.5 亿林吉特；外资在服务业领域的投资额为 848.8 亿
林吉特，在制造业领域的投资额为 660.2 亿林吉特，在初级部门领域的投资
额为 124.4 亿林吉特。同时，这些投资项目预计将创造超过 14 万个就业机
会，其中制造业将创造 7.6 万个就业机会，服务业将创造 6.4 万个就业机
会。[①] 2022 年，中国内地是马来西亚最大的 FDI 来源地，投资项目数量为
91 项，投资额为 554.3 亿美元，预计创造就业机会 1.15 万个；其次是美
国，投资项目数量为 51 项，投资额为 291.6 亿美元；荷兰的投资项目数量
为 44 项，投资额为 203.7 亿美元；新加坡的投资项目数量为 250 项，投资

---

① MITI（2022）."Approved Private Investments in Various Economic Sectors." https：//www.
mida. gov. my/why-malaysia/investment-statistics.

额为134.7亿美元；日本的投资项目数量为174项，投资额为114.0亿美元（见表2）。

表2　2021~2022年马来西亚外商直接投资（FDI）十大来源地及其投资情况

	2021年			2022年		
	项目数（项）	投资额（百万美元）	就业数（人）	项目数（项）	投资额（百万美元）	就业数（人）
中国内地	75	31341.5	14960	91	55431.9	11545
美国	42	4876.0	2216	51	29160.0	12717
荷兰	40	78020.3	4618	44	20368.1	4775
新加坡	411	47307.2	15838	250	13466.8	24905
日本	180	9939.1	5664	174	11396.3	17218
德国	38	1534.5	1185	41	9560.3	2599
韩国	81	7579.3	1636	30	6406.7	2323
中国香港	101	539.0	2018	50	5130.6	8769
英国	17	194.5	1302	36	1462.1	3071
瑞士	27	307.3	521	26	1378.2	1102

资料来源：根据 MIDA Malaysia: Investment Performance Report 2022 的数据编制。

2022年，马来西亚遭受洪涝灾害，对国内经济造成了一定的冲击。据官方统计，洪涝灾害导致马来西亚蒙受6.224亿林吉特的经济损失，相当于国内生产总值的0.03%。其中，受损最严重的三个州是登嘉楼、吉兰丹和彭亨，登嘉楼的经济损失为2.152亿林吉特，吉兰丹、彭亨的经济损失分别为1.531亿林吉特和1.44亿林吉特。不过，相较于2021年，2022年的洪涝灾害造成的损失已显著减少。2021年底，马来西亚多州遭受严重的洪涝灾害，造成的经济损失高达61亿林吉特。

目前，马来西亚经济复苏面临严重的劳工短缺问题，现持有临时工作证的在职外国劳工有139万人，但仍需引进约100万名外国员工来填补职缺。同时，技术工人也日显缺乏。据官方统计，2022年11月马来西亚劳动人口为1670万人，其中仅29%是高技能员工。2022年9月，马来西亚政府推出新的"马来西亚优质签证计划"（Program Visa Premium Malaysia）。按照该

计划，符合特定条件者可获得 20 年的居留证，并可在当地求学、投资、就业、经商，还可购置房地产等，但优质签证持有者不能申请公民权。

三 马来西亚国家发展战略与政策的调整

大选之后，面对国内外形势的急剧变化，马来西亚政府积极调整国家发展战略与政策。这些发展战略与政策包括进行"十二五"计划的中期评估，调整宏观经济政策；出台"2030 年新工业大蓝图"，促进制造业的转型升级；实施促进数字经济发展的政策，推动国家数字化转型；推出国家能源转型路线图，促进能源绿色低碳转型。

（一）进行"十二五"计划的中期评估，调整宏观经济政策

2023 年 9 月，马来西亚国会特别会议对第十二个马来西亚计划进行中期评估，以审查该计划进展情况，并做出必要的调整。马来西亚第十二个五年计划（2021~2025 年）于 2021 年 9 月公布，该计划以建设"繁荣、包容、可持续的马来西亚"为目标，明确了马来西亚政府这五年经济社会发展的优先事项。在"十二五"计划中期审查报告中，马来西亚经济部指出，要鼓励联邦、州发展机构充分利用各州的独特优势和可用资源来发展优先项目；发展现代化的低碳农业，确保粮食安全；加强欠发达州的基础设施建设，促进区域平衡；进一步完善营商环境，吸引优质投资；实施人才发展计划，以留住技术工人和避免人才流失。

面对全球经济动荡和新冠肺炎疫情的影响，马来西亚实施了积极的宏观经济政策。2022 年，财政预算总开支为 3321 亿林吉特，比上年增加 3%，是该国有史以来最大的财政预算支出。其中，行政支出为 2335 亿林吉特，发展支出为 756 亿林吉特，计划将预算赤字占国内生产总值的比重控制在 6%以内。2023 年 2 月，马来西亚总理兼财政部长安瓦尔向国会提交了 2023 年财政预算案，预算总开支为 3881 亿林吉特，其中行政支出为 2891 亿林吉特，发展支出为 970 亿林吉特，预算总支出创下马来西亚年度预算支出的新

高。2023 年，马来西亚国家债务预计将达 1.2 万亿林吉特，约占国内生产总值的六成，偿债和支付利息给马来西亚财政带来压力，政府提出将致力于实现到 2025 年将财政赤字占国内生产总值的比重控制在 3.2% 以内的目标。

由于国际油价和其他大宗商品价格上扬，马来西亚的通货膨胀率小幅上升，2022 年马来西亚的通货膨胀率为 3.3%，而美国货币政策的转向引发马国货币一度加速贬值，马来西亚林吉特兑美元汇率曾下跌 12%，创下 24 年来的新低。因此，保持物价和币值稳定成为马来西亚宏观经济政策尤其是货币政策的核心任务。2022 年 5 月、7 月、9 月和 11 月，马来西亚分别上调政策利率 25 个基点，使其升至 2.75%，一年内四次加息也创下该国历史的新纪录。2023 年 5 月，马来西亚再宣布加息 25 个基点，将政策利率调升至 3%。

（二）出台"2030年新工业大蓝图"，促进制造业的转型升级

继 2018 年 10 月马来西亚推出"工业 4.0 国家政策"（National Policy on Industry 4.0）后，2023 年 9 月，马来西亚出台了"2030 年新工业大蓝图"（New Industrial Master Plan 2030，NIMP2030），这是马来西亚第四个工业大蓝图。该蓝图指出，制造业仍是马来西亚经济的基石，是国民经济第二大贡献者，要塑造强大而有韧性的制造业，催化未来工业发展，为经济腾飞铺路，摆脱"中等收入陷阱"，从而跨入高收入国家的行列。

新工业大蓝图提出，未来 10 年马来西亚工业的发展目标是促进制造业转型升级，吸引更多国内外投资，创造更多就业机会，提升劳动者的工资，为制造企业开拓新市场，尤其是为中小企业提供更多商机，推进马来西亚向工业化国家转型。到 2030 年，马来西亚制造业增加值从 587.5 亿林吉特（2022 年）增至 5875 亿林吉特，年均增长率为 6.5%；就业人数从 270 万（2022 年）增至 330 万，年均增长率为 2.3%；制造业的薪金中位数从 1976 林吉特（2021 年）增至 4510 林吉特，年均增长率为 9.6%。[1] 由此，马来

---

[1] Ministry of International Trade and Industry. "New Industrial Master Plan 2030." https：//www. nimp2030. gov. my.

西亚成为亚洲领先的经济体之一，跨入全球三十大经济体行列，并跻身全球竞争力排名前 12 位。

该蓝图提出了马来西亚工业发展的四大关键任务，即增强经济复杂性、推进数字化转型、倡导净零排放、保障经济安全和促进包容性发展。马来西亚工业发展的战略重点是超越传统的制造模式，提升制造业的附加值，使马来西亚成为创新驱动的制造中心。政府确立了工业转型的重点领域，即航空航天、化学和石化、数码经济、电子与电器及制药等部门行业，并进行了地区布局。同时，蓝图还提出将马来西亚打造成全球集成电路设计（Integrated Circuit design，IC design）的领先者，吸引新的先进晶圆制造厂落户马来西亚，开发和生产先进材料，推动 3000 家智能工厂转型，兴建人工智能中心，发展绿色低碳经济，推广国产电动汽车，布局"碳捕集、利用与封存"（CCUS）解决方案。未来七年，马来西亚拟投资 950 亿林吉特来促进制造业转型升级。这部分资金主要来自私人部门、私募股权、金融市场，其中 10% 来自政府拨款，政府将通过 NIMP2030 工业发展基金和 NIMP2030 策略联合投资基金进行拨款，以此鼓励和带动私人投资。

（三）实施促进数字经济发展的政策，推动国家数字化转型

2021 年 2 月，马来西亚政府推出"马来西亚数字计划"（MyDigital）和数字经济蓝图（MDEB），提出到 2025 年吸引 700 亿林吉特的国内外投资用于发展数字经济，开展电子商务的中小微企业达 87.5 万家，初创企业为 5000 家，独角兽（unicorns）企业至少 2 家，创造 50 万个数字经济就业机会，数字经济占国内生产总值（GDP）的比重达 22.5%，2030 年达到 30%。采取的具体措施包括促进公共部门数字化转型，通过数字化提升经济竞争力，兴建数字基础设施，建设包容性的数字社会，营造安全的数字使用环境等。①

---

① EPU（2021）. "Malaysia Digital Economy Blueprint." https：//www. epu. gov. my/sites/default/files/2021-02/Malaysia-digital-economy-blueprint. pdf.

2021 年 10 月，马来西亚推出第十二个五年计划，提出为创造有利的数字经济增长环境，政府将与私营部门合作加强数字基础设施建设。马来西亚制定了国家物联网战略路线图，提出建立国家物联网产业生态系统，到 2025 年物联网产业为国民经济贡献 425 亿林吉特；[①] 推出国家电子商务战略蓝图（NESR），提出到 2025 年电子商务交易额达 1.5 万亿林吉特；实施国家光纤和连接计划（NFCP），创建国家大数据分析中心，吸引国外大数据运营商来马来西亚开设数据中心；确立国家机器人技术路线图（NRR），旨在提升国内机器人的使用强度；出台智慧城市框架（MSCF），构建智慧经济、智慧社会、智慧政府，建设智慧数字基础设施等。[②]

在新冠肺炎疫情的三年里，马来西亚的数字经济发展迅速，数字基础设施的建设方兴未艾，第五代移动通信技术（5G）加快引进。马来西亚还兴建大数据中心，规划人工智能方案，创建智慧城市，推广电子商务和数字金融，加快推进企业数字化转型。这些举措促进了国内经济的复苏，由此发展数字经济成为疫情后驱动经济发展的新引擎。据预测，2022~2025 年马来西亚数字经济规模将从 210 亿美元增至 340 亿美元，年均增长率为 17%。目前，马来西亚的 5G 通信技术、大数据中心等几乎均依靠国外跨国公司的资本与技术进行营运。2021 年 3 月，马来西亚政府成立国家数码公司（DNB），它与瑞典爱立信公司签署合约，由爱立信公司负责设计、建设与营运 5G 网络的相关基础设施，政府还拟选定中国华为公司作为第二个 5G 网络服务运营商。截至 2023 年 7 月底，马来西亚计划建造的 7509 个 5G 基站中已有 5515 个完成，5G 网络人口覆盖率为 96.4%。4G 网络人口覆盖率达 66.2%，现有互联网用户 2795 万人，占总人口的 71%。[③] 同时，微软、AIMS Data Centre、Vertiv、PCCW 和 G3 Global 等公司均在马来西亚设立了

---

① "National Internet of Things（IoT）Strategic Roadmap." https：//www. malaysia. gov. my/portal/content/30611.

② "Malaysia Smart City Framework（MSCF）." https：//www. malaysia. gov. my/portal/content/30947.

③ 《数码经济：本土产品适销性料覆盖东南亚 6.5 亿人口》，马新社，2023 年 8 月 10 日。

数据中心。马来西亚是东南亚第二个设立数字银行的国家，2019年10月，首家数字银行——中国建设银行纳闽分行在纳闽开业，该分行获得了马来西亚首张数字银行牌照。

（四）推出国家能源转型路线图，促进能源绿色低碳转型

为应对全球气候问题，马来西亚修订了国家自主贡献（NDC），即到2030年将温室气体排放强度在2005年的基础上减少45%，到2050年实现国家的零碳排放，并将其纳入该国第十二个五年计划和2022~2040年国家能源政策。2023年，马来西亚政府制定了国家能源转型路线图和氢能经济与科技蓝图。

2023年7月，马来西亚推出了国家能源转型路线图（NETR），旨在改变现有能源结构，推动能源转型。该路线图分成两个阶段实施，第一阶段将实施10个旗舰项目，分别是高效切换、可再生能源区域、公用事业规模的储能系统、能源安全、绿氢、国有电力公司Tenaga Nasional与国家石油公司Petronas合作的氢能和氨混烧项目、创造生物质需求、未来移动、未来燃料和碳捕集与封存（CCS）等；第二阶段将聚焦开发低碳途径、国家能源组合和减排目标，以及能源转型所需的政策措施。同时，第一阶段的关键项目包括在马来西亚国家电力公司的水坝上开发浮动式太阳能收集装置，其潜在总产能2500兆瓦（MW），可用于发电和储能；在住宅的屋顶上建造4.5MW的太阳能发电装置，每户可产能10千瓦（KW）；马来西亚国库控股集团（Khazanah Nasional Berhad）将推动综合可再生能源区建设，并和UEM、ITRAMAS等合资企业共同实施，这将是东南亚规模最大的太阳能发电站。到2050年，马来西亚在国家能源转型方面将投资0.435万亿~1.85万亿林吉特（约合935.3亿~3977.6亿美元）。其中，为实现到2050年可再生能源装机容量占总装机容量70%的目标，马来西亚大约需要投入6370亿林吉特，包括对太阳能发电装置、输电网和配电网加固的投资。同时，马来西亚将通过建立可再生能源交易系统，以及国家石油公司主导的碳捕获、利用和储存项目，使马来西亚成为区域可

再生能源中心。①

2023 年 8 月，马来西亚政府宣布年内将推出氢能经济与科技蓝图（HETR），该蓝图将分三个阶段实施，旨在逐步以绿色氢能代替化石燃料，带动氢能经济发展。该蓝图预计氢能经济将为马来西亚带来 121 亿林吉特的收益，到 2030 年为国内生产总值贡献 490 亿~610 亿林吉特，并使马来西亚在 2027 年成为绿色氢能输出国。② 马来西亚计划在 2024 年建造首个加氢站，并引入氢动力汽车和公共巴士，而砂拉越州已开始推广使用氢动力汽车和有轨电车。到 2025 年，马来西亚政府预计将建造 1 万个公共充电桩，到 2040 年，全国将实现拥有 150 万辆电动车的目标。

此外，2023 年 5 月，马来西亚政府宣布将取消可再生能源出口禁令，旨在鼓励当地电力企业开拓国际市场，加大可再生能源投资。政府还提出，到 2050 年可再生能源发电量占总发电量的比重达 70%。

四　大选后马来西亚政经形势展望

2022 年马来西亚大选和 2023 年六州议会选举结果已尘埃落定，马来西亚政局进入相对稳定的时期。各界希望，团结政府把握机会推动政治改革，促进经济发展，提升政府工作效率，改善贫困问题，通过良好施政来争取更多选民的支持。有分析认为，从国内大选到六州议会选举，安瓦尔的团结政府一直处于应对选举的状态，许多重大政策没能推动，现在应该是政府展现执政能力的时候了。

2023 年，世界经济进入新的变革动荡期，全球经济复苏乏力，仍未摆脱"滞胀"的困境，地缘政治格局急剧变化，国际市场需求萎缩，发达国家和新兴市场国家的经济均处于下行通道，马来西亚经济面临诸多挑战，经济增长的不确定因素增多。2023 年第一季度，马来西亚经济增长率为

① Ministry of Economy（2023）. *National Energy Transition Roadmap: Energising the Nation, Powering Our Future*. Kuala Lumpur: Ministry of Economy.
② 《能源转型路线图：2025 年前吸资 1.85 兆》，马新社，2023 年 7 月 27 日。

5.6%。其中，从需求看，私人部门消费增长5.9%，公共部门消费下降2.2%，固定资本形成增长4.9%，出口下降8.9%，进口下降7%；从供给看，农业增长0.9%，采矿业增长2.4%，制造业增长3.2%，批发零售业增长9.4%，商业服务业增长16.2%，运输和仓储业增长17%，建筑业下降7.4%。而2023年第二季度，马来西亚经济增长率为2.9%，创下7个季度以来最低的经济增速。2023年上半年，马来西亚经济增长率为4.2%，官方预计全年为4.0%~5.0%。同时，受到美元升值的影响，加上美国货币政策收紧周期尚未结束，林吉特兑美元汇率持续走低，且一度贬至新低点，它对马来西亚经济增长将产生直接影响。

在新的国际经济和地缘政治形势下，马来西亚总理安瓦尔指出，作为主权国家的马来西亚必须独立自主，不应该在大国战略博弈中选边站队。2023年8月，马来西亚总理安瓦尔在第36届亚太圆桌论坛上说，经济制裁、出口限制等不仅会对全球供应链产生不利影响，也会给全球经济合作带来阻力。当世界充满各种不确定因素时，国与国之间急需加强合作，进一步促进国际公平。国际秩序应建立在公平、相互尊重、相互理解的基础上，国际体制在政治和文化上应是多元的，在经济上是相互联系的。全球安全共识必须将全球南方国家的诉求考虑在内，全球南方国家将显现更大的战略自主性。他呼吁，东盟国家应加强团结，以应对全球新增加的各种不稳定因素，东盟及其成员国必须直面挑战，积极寻求包容性、多边性的机会，加强以东盟为中心的机制，各国只有齐心协力才能真正阻止世界局势滑向分裂。①

从20世纪90年代起，马来西亚就一直致力于国家现代化建设，提出了跨入高收入国家行列的战略目标和时间表。早在1991年，马来西亚总理马哈蒂尔就提出了"2020年宏愿"，要让马来西亚在2020年进入高收入国家的行列。2010年，马来西亚推出了国家转型计划，纳吉布总理提出要在2020年进入高收入国家行列的目标。2021年，马来西亚总理依斯迈沙比里提交的"十二五"

---

① "Keynote Address by Dato' Seri Anwar bin Ibrahim Prime Minister of Malaysia." https：//www.isis. org. my/wp-content/uploads/2023/08/36th-APR-Keynote-by-YAB-PM_final_140823. pdf.

计划再次提到，到2025年马来西亚将跻身高收入国家的行列。因此，在经过几届政府的努力后，安瓦尔总理任内能否实现这一目标值得关注。最近，马来西亚经济部长拉菲兹指出，若能保持4%~5%的经济增长率，且林吉特对美元汇率相对稳定，马来西亚最早可在2026年跻身高收入国家的行列。①

参考文献

Economic Planning Unit, Prime Minister's Department (2021). *Malaysia Digital Economy Blueprint*. Kuala Lumpur：EPU.

D. Ernst (2004). "Global Production Networks in East Asia's Electronics Industry and Upgrading Prospects in Malaysia." *Global Production Networking and Technological Change in East Asia*, Vol. 476, No. 2.

Ministry of International Trade & Industry (2018). *Industry 4WRD：National Policy on Industry 4.0*. Kuala Lumpur：MITI.

Ministry of Economy (2023). *National Energy Transition Roadmap：Energising the Nation, Powering Our Future*. Kuala Lumpur：Ministry of Economy.

Kuriakose, Smita, Tran, Trang (2020). *Impacts of COVID-19 on Firms in Malaysia：Results from the 1st and 2nd Round of COVID-19 Business Pulse Survey*. Washington D. C.：World Bank.

Smita Kuriakose, Trang Tran, Ting Kok Onn, Sarah Hebous (2021). *Impacts of COVID-19 on Firms in Malaysia：Results from 2nd Round of COVID-19 Business Pulse Survey*. Washington D. C.：World Bank.

G. Raj-reichert (2019). "Global Value Chains, Contract Manufacturers and the Middle-Income Trap：The Electronics Industry in Malaysia." *The Journal of Development Studies*.

World Bank (2021). *Malaysia Economic Monitor, December 2021：Staying Afloat*. Washington D. C.：World Bank.

World Bank (2022). *Malaysia Economic Monitor-Catching Up：Inclusive Recovery Growth for Lagging States*. Washington D. C.：World Bank.

World Bank (2023). *Malaysia Economic Monitor, February 2023：Expanding Malaysia's Digital Frontier*. Washington D. C.：World Bank.

---

① 《拉菲兹：若经济增长介于4%至5%，我国有望在2026年跻身高收入国》，马新社，2023年2月15日。

B.9
大选后菲律宾的政治与经济走向

苏颖宏[*]

摘　要： 2022年是菲律宾的大选之年，小马科斯以较大优势胜出，当选菲律宾第17任总统。大选后，小马科斯总统发表了其任内的首个国情咨文，阐述了新一届政府的施政纲领和措施，提出了未来经济的发展目标，明确了政策调整的重心。新政府将调整宏观经济政策，加大基础设施建设，推进国家的数字化转型和经济的绿色低碳转型。2022年，菲律宾经济实现较快增长，但通货膨胀率居高不下，解决粮食和能源问题成为新政府施政的重点方向。进入2023年，小马科斯政府将继续保持稳固的执政基础，菲律宾经济仍将呈现复苏的态势，但经济增长的动力有所减弱，在大国战略博弈加剧的背景下其独立自主的外交政策将经受严峻的挑战。

关键词： 总统选举　施政纲领　经济复苏　菲律宾

在杜特尔特执政六年后，2022年菲律宾迎来全国大选。经过激烈的角逐，小马科斯优势胜出并组建了新政府。在其执政的一年的时间里，菲律宾政府制定了中长期发展战略，调整了内政外交政策，旨在推动经济复苏和控制通胀，促进基础设施建设，缓解粮食和能源问题。在新的国际经济和地缘政治背景下，2023年，菲律宾经济与政治形势面临的不确定因素增加，其发展前景引人关注。

---

[*] 苏颖宏，经济学博士，厦门城市职业学院财经商贸学院教授。

一 2022年菲律宾总统选举

2022年2月8日，菲律宾大选正式启动，5月9日举行全国和地方选举，6740万名选民投票选举出新一届总统、副总统、半数参议院议员、全部众议院议员，以及1.81万个地方行政长官和议员。大选结果显示，费迪南德·罗慕尔德兹·马科斯（Ferdinand Marcos, Jr.）当选为菲律宾第17任总统，并于6月30日开启其六年任期。

菲律宾的宪法规定，菲律宾总统任期届满后，不能寻求连任。根据菲律宾选举署统计，在国家层面共有参选党团178个、总统候选人10人、副总统候选人9人和参议员候选人64人，总统与副总统候选人数量均创下菲律宾大选史上的新纪录。选前民调显示，总统候选人民调排名前五位的分别为：菲律宾前参议员、已故前总统费迪南德·马科斯之子小费迪南德·马科斯，现任菲律宾副总统莱妮·罗布雷多（Leni Robredo），现任马尼拉市长伊斯科·莫雷诺（Isko Moreno），菲律宾前拳王、参议员曼尼·帕奎奥（Manny Pacquiao）和菲律宾前国警总长、参议员班斐洛·辖逊（Panfilo Lacson）。在副总统竞选中，民调支持率最高的是总统杜特尔特的长女、达沃市长莎拉·杜特尔特－卡皮奥（Sara Duterte-Carpio），她也是小马科斯的竞选搭档。

菲律宾选举委员会公布的最终结果显示，此次大选投票率为83.07%，共有5609.5万名菲律宾公民参与投票，小马科斯获得3162.9万张选票，得票率为58.77%，成为自1986年以来得票率和得票数最高的总统。莎拉获得3220.8万张选票，以明显优势击败其余候选人当选副总统。除总统和副总统职位外，以小马科斯为首的"团结联队"在参议院和众议院也获得多数席位。在新当选的12名参议员中，有6人为"团结联队"提名的候选人。在"上升战队"提名的候选人中共有3人当选，但其中两人为客座候选人。大选后，反对派在参议院仅有皮门特尔三世（Aquilino Pimentel III）和丽莎·洪蒂维洛斯（Risa Hontiveros）两席，卡耶塔诺姐弟保持中立，其余20

名参议员形成拥护执政党的多数派，由"团结联队"的客座候选人胡安·米格尔·祖比里（Juan Miguel Zubiri）担任参议院议长。同时，在众议院选举中，"团结联队"与其结盟政党共获得174席，在316席的众议院中占据多数，小马科斯的表弟、"团结联队"推举议员马丁·罗穆亚尔德斯（Martin Romualdez）被推选为众议院议长。

小马科斯1957年9月出生于马尼拉，1970年背负家族使命负笈海外，就读英国著名的私立学校——沃斯学校，之后进入牛津大学圣埃德蒙学院学习政治学、哲学和经济学。1979年，赴美国宾夕法尼亚大学沃顿商学院攻读工商管理学硕士。1980年，从沃顿商学院退学，回国投身政治，当选为北伊省副省长。1983年，小马科斯当选为北伊省省长。1986年，马科斯总统被菲律宾"人民力量革命"推翻，小马科斯陪同父母流亡美国。1991年返回菲律宾后，小马科斯重新投身政治，先后担任众议院议员、北伊省省长、参议院议员等职位。2016年，他以独立候选人的身份竞选副总统，但以微弱劣势输给了罗布雷多。2021年10月，小马科斯成为菲律宾联邦党（PFP）主席，正式宣布参加2022年总统大选。

小马科斯的胜选，标志着马科斯家族时隔30多年重返菲律宾政坛的核心。小马科斯胜选的原因在于，他以"团结"为竞选口号，承诺当选后将加强国家团结统一，促进就业和解决物价问题，摆脱新冠肺炎疫情对菲律宾的影响，并表示若胜选将继承现任总统杜特尔特的政治遗产。同时，由于菲律宾政治家族在政坛有着举足轻重的影响力，小马科斯竞选受到其他政治家族的支持，阿罗约家族、埃斯特拉达家族、政企跨界的维拉家族、卡加延的恩里莱家族等先后加入他的竞选阵营。① 此外，小马科斯及其竞选团队善于运用社交媒体塑造马科斯家族的良好形象。

小马科斯上台后，菲律宾新政府将面临诸多难题与挑战。例如，如何弥合大选造成的裂痕，安抚马科斯总统时代的受害者与反对马科斯家族的人，

---

① "Bongbong, Sara, Arroyo Alliance Gets Erap Camp." https：//newsinfo. inquirer. net/1520014/bongbong sara-gma-alliance-gets-erap-camp.

以加强全国团结；在全球经济复苏乏力和通胀高企的背景下，菲律宾经济如何保持复苏态势，抑制通胀，改善民生、减少债务；在美国推行的"印太战略"中，菲律宾处于地缘政治热点地区，小马科斯如何采取独立自主的外交政策，特别是对美、对华政策如何定位。

二 菲律宾政府的施政纲领和措施

2022 年 7 月 25 日，菲律宾总统小马科斯在国会发表其任内的首个国情咨文（State of the Nation Address，SONA），阐述了新一届政府的施政纲领和工作重点，提出了未来经济的发展目标，明确了经济政策调整的重心。政府调整宏观经济政策，加大基础设施建设，推进数字经济发展，开发利用可再生能源，以逐步实现国家的数字化转型和经济的绿色低碳转型。

（一）发布首个国情咨文，确定施政纲领和工作重点

在 2022 年菲律宾国情咨文中，小马科斯总统提出了未来经济的发展目标，即 2022 年国内生产总值（GDP）增长 6.5%～7.5%，2023～2028 年 GDP 年均增长 6.5%～8%，2024 年人均国民收入至少达到 4256 美元，达到上中等收入国家的水平；2022 年通货膨胀率为 4.5%～5.5%，2023 年降至 2.5%～4.5%，预计 2024～2028 年回到 2%～4% 的目标范围内；2025 年政府债务占 GDP 的比重低于 60%，2028 年政府财政赤字占 GDP 的比重为 3%，贫困率降至 9%；2022 年出口、进口额分别增长 7% 和 18%，2023～2028 年出口额增长 6%，2023 年、2024～2028 年进口额分别增长 6% 和8%。[①]

除宏观经济目标外，国情咨文重点阐述了国内几个重要经济领域的任

---

① "President Marcos' State of the Nation Address 2022. " https：//www. rappler. com/na‐tion/full‐text‐transcript‐president‐marcos‐jr‐state‐nation‐address‐2022.

务：在农业领域，政府将提供贷款援助，提升竞争优势，加强创新研究，提供创新技术，提升交通运力，进行土地停息改革，实施农业用地再分配等；在旅游业领域，致力于打造独特、有吸引力和有创意的菲律宾品牌，加强旅游基础设施建设，推广未被发现的旅游景点等；在通信领域，实现政府信息数字化，实行数字化身份证，加强国家通信网络建设；在基础设施领域，继续实施前任政府的大建特建计划，鼓励公私合作，改造旧铁路系统，改善全国主要城市交通系统等；在能源领域，利用新能源技术建造发电厂，与私企合作建立核电站，优化输配电系统，增加天气预警投资，修复旧有供水系统等；对于海外劳工，要助力海外菲律宾人恢复就业，简化外国雇主文件处理流程，启动遣返指挥中心，保障在沙特阿拉伯的劳工的基本权益，为菲律宾青年提供优质课程等。

在社会福利领域，菲律宾政府提出实施弱势群体保护计划，对贫穷人口进行现金援助，推动儿童中心发展，保护家暴受害者等。在医疗领域，持续监测医疗利用率，继续推动加强针疫苗注射，调整卫生协议，暂时保留现行疫情警报系统，建立医疗防控和保健机构，增设地方诊所，改善医疗人员福利，保证药品供应，促进药价降低等。在教育领域，解决校舍问题，提供教师培训，提高教育用品配备质量。

在外交领域，菲政府提出不会将菲律宾任何一平方英寸的领土拱手让给任何外国势力，菲律宾将继续成为所有人的朋友，不与任何人为敌，并对所有外国朋友和游客开放。菲律宾将成为一个好邻居，积极寻求合作，实现互惠互利的最终目标。志同道合可以促进合作，有分歧就再谈一谈，直到达成共识，但菲律宾不会改变以国家利益为根本的独立自主的外交政策。在最严峻的时期，国家之间需要建立牢固的纽带和合作关系。菲律宾建立的伙伴关系和联盟，将为其融入全球经济提供稳定的环境。

在立法领域，菲律宾将实施19项优先计划，其中包括制定国家政府精简计划（NGRP），预算现代化法案，税收估价改革法案，被动收入和金融中介税收法案（PIFITA），电子政务法，互联网交易法，统一离职、退休和养老金制度，电子商务法，国家土地使用法，国防法，强制性预备役军官训练团（ROTC）和国民服役训练计划（NSTP），天然气工业授权法，电力行业改革法，建设—运营—转让（BOT）法修正案等。

（二）调整宏观经济政策，加快推动经济复苏和抑制通货膨胀

面对国内疫情延宕和全球经济滞胀，菲律宾采取积极的宏观经济政策，实行赤字财政政策，扩大政府支出，紧缩货币政策，以加快推动经济复苏和抑制通货膨胀。2021年12月，菲律宾通过2022年财政预算案，其中政府财政支出共计5.024万亿比索（约合984.5亿美元），约占GDP的22.8%，较2021年增长11.5%，为菲律宾史上最大规模的财政支出。在政府财政支出中，1万亿比索用于基建支出、对国有企业提供预算支持和向地方政府进行转移支付；482亿比索用于购买疫苗，支持加强针接种；230亿比索划用于新建、扩大和升级医疗设施；9.83亿比索用于成立病毒研究所，助力医疗机构对未来潜在病毒开展研究。2022年12月，菲律宾通过2023年财政预算案，其中政府财政支出共计5.268万亿比索（约合947.8亿美元），约占GDP的22.2%，较2022年增长4.9%，再次创下历史新高。该预算案将支持政府实现经济转型目标，将资金优先用于教育、基础设施建设、卫生、农业和社会安全网络建设等方面。

在全球通货膨胀加剧和美国连续加息的压力下，保持物价和币值稳定成为菲律宾政府的核心任务，菲律宾中央银行多次提高政策利率，抑制通货膨胀尤其是输入型通货膨胀。2022年5月和6月，菲律宾两次上调基准利率25个基点，7月再上调基准利率75个基点，使其升至3.25%，8月和9月分别上调基准利率50个基点，使其升至4.25%，11月上调基准利率75个基点，使其升至5%，12月和2023年2月又分别上调基准利率50个基点，使其升至6%，3月菲律宾再上调基准利率25个基点，使其升至6.25%。同时，菲律宾政府成立了专门机构以抑制通货膨胀，保持物价稳定。该机构由财政部、预算和管理部、国家经济发展署、工商部、农业部、科技部和内政部的人员组成，还设立一个常设机构，每月向总统报告，以及时采取应对措施。此外，政府还采取了现金援助的办法，向全国930万户家庭发放为期两

个月的每月 500 比索的现金援助,总额为 266 亿比索。政府还满足农业部门的供应链需求,如粮食收获后的仓储、配送和运输等,保证食品供应和抑制价格上涨;简化进口流程,允许农民进口必要和急需的商品等。①

(三)制定"多建好建"计划,加大基础设施建设力度

小马科斯执政后,继续将杜特尔特执政时期的"大建特建"作为施政重点。"大建特建"计划(Build Build Build)是杜特尔特上任后提出的大规模基础设施建设计划。截至 2022 年 6 月,菲律宾已完成 4.008 万公里道路、6854 座桥梁的修建、维护和升级,为菲律宾创造了至少 650 万个就业机会。在首个国情咨文中,小马科斯称会延续并进一步扩大政府对基础设施建设的投入,将"大建特建"计划更名为"多建好建"计划(Build Better More),重点建设首都区铁路和轻轨、旅游基础设施和农业基础设施。

菲律宾政府提出,将每年用于基础设施建设的支出维持在占 GDP 的5%~6%,到 2028 年本届政府任期结束时该比重将达到创纪录的 6.3%,并鼓励社会资本以公私合作(PPP)的方式投资基础设施建设。根据 2023年预算,政府将在基础设施建设方面投入 1.196 万亿比索,该项投入预计占当年 GDP 的 5%。2023 年 3 月,菲律宾总统小马科斯批准了 194 项、投资额达 9 万亿比索的基础设施建设项目,在这些项目中,123 项为新政府拟定的项目,71 项为承接上届政府的项目。② 其中,涉及棉兰老岛的投资项目有 30 项,包括棉兰老岛铁路项目、萨马尔岛—达沃城市连接线项目、卡加延德奥罗沿海公路项目、达沃市高速公路项目,以及新三宝颜机场项目、布基农机场项目和新锡亚高萨亚克机场项目,而棉兰老岛铁路是菲律宾最南端有史以来最大的基础设施建设项目,全长 1544 公里。菲律宾致力于促进棉兰老岛发展,推动文莱—印尼—马来西亚—菲律宾的"东盟东部增长区"(BIMP-EAGA)建设。菲律宾公造和公路部(DPWH)表示,2023

---

① 《菲律宾拟采取更多措施对抗通胀》,《菲律宾商报》2023 年 3 月 8 日。
② 《政府公布九兆亿旗舰基础设施项目》,《菲律宾商报》2023 年 3 月 10 日。

年菲律宾将启动 7 万多项基础设施建设项目，这些项目包括重大项目和地方项目，将使用 8900 亿比索的预算拨款，每年需要近 300 万名技术和非技术工人。①

（四）实施数字经济发展政策，促进国家数字化转型

当前，全球已进入数字时代，东盟国家数字经济蓬勃发展，菲律宾也开始重视国家的数字化转型。2022 年小马科斯政府的首个国情咨文指出，面对数字技术的发展，要推动国家数字化转型，其中包括政府信息数字化，实行数字化身份证，加强国家通信网络建设，在各岛屿部署数字链接设施，实施国家宽带计划，确保每位公民能够体验数字生活。据预测，2022~2025 年菲律宾数字经济规模将从 200 亿美元增至 350 亿美元，年均增长率为 20%。② 2020 年 11 月，菲律宾央行批准将数字银行设定为新的银行类别。2022 年 8 月，菲律宾宣布 6 家数字银行获准全面运营，这些银行是 Tonik 银行、马亚银行、菲侨银行、UNO 银行、友联数字银行和 GoTyme 银行。2021 年 10 月，菲律宾众议院通过国税法修正案，拟对数字交易征收 12%的增值税。2022 年 1 月，菲律宾政府与美国国际开发署（USAID）联合启动为期五年的促进菲律宾中小企业数字化转型的计划。

菲律宾国家统计局的数据显示，2022 年菲律宾的数字经济规模达 2.08 万亿比索（约合 375 亿美元），与 2021 年的 1.87 万亿比索相比增长约 11%，数字经济对国内生产总值的贡献率达到 9.4%。菲律宾数字经济主要包括数字化赋能基础设施、电子商务和数字媒体。在 2022 年数字交易总额中，数字化赋能基础设施占 77.2%（其中电信服务、商业服务分别占 30.7%和 27%），电子商务占 20%，数字媒体占 2.8%。菲律宾数字经济领域就业人数约为 605 万人，较 2021 年增长 8.2%，其中数字化赋能基础设施吸纳就业

① 《2023 年将实施 7 万个基建项目》，菲律宾《世界日报》2023 年 3 月 15 日。
② Google, TEMASEK, Bain & Company (2023). "E-Conomy SEA Report 2022: Through the Waves, Towards a Sea of Opportunity." https://www.temasek.com.sg/en/news-and-resources/subscribe/google-temasek-e-conomy-sea-2022.

人数最多，其就业人数占数字经济领域就业总人数的 77.2%，其次是电子商务，其就业人数占比为 20.4%，数字媒体就业人数占比为 2.4%。

（五）推进可再生能源开发利用，逐步实现向绿色低碳经济转型

菲律宾是一个岛国，以山地为主，山地面积占国土总面积的 3/4，多数岛屿仅沿海有零星分布的狭窄平原，国内能源资源贫乏，对进口能源的依赖性大。1976 年，菲律宾首次启动了本土能源计划，通过勘探和开发储量相对较小但具有商业可行性的油田，开发和利用地热能，开发深水气田，增加煤炭产量，加大可再生能源开发，逐步降低对进口能源的依赖。2020 年，菲律宾的能源自给率为 53%，其中可再生能源占全国能源总供给的 34%，煤炭、石油和天然气分别占 30.9%、29% 和 5.8%。2020 年 6 月，菲律宾国会气候变化委员会通过了众议院第 761 号决议，内容包括不允许新建燃煤电厂，优先发展可再生能源项目，放宽可再生能源领域的外资限制等。

为了应对全球气候变化，菲律宾提出了国家自主贡献（NDC），即到 2030 年减少 70% 的碳排放。当前，加快开发可再生能源是菲律宾能源结构实现低碳绿色转型的必由之路。政府希望通过能源结构实现低碳绿色转型，实现绿色经济发展，创造绿色就业，为民众带来低碳发展的福利。2022 年 11 月，菲律宾能源部公布了《可再生能源法（2008）》的修订案，取消了可再生能源行业 40% 的外资持股比例的限制，外资可持有可再生能源公司 100% 的股权，允许外国公民或外资实体参与勘探、开发和利用菲可再生资源，如太阳能、风能、生物质能、海洋能和潮汐能等。[1] 按照菲律宾的规划，到 2030 年可再生能源发电量在总发电量中的比重达 35%，到 2040 年增至 50%，菲律宾步入清洁能源时代。2023 年 7 月，菲律宾能源部发布了海上风能项目的实施指南，以加快海上风能的开发利用。[2] 同时，能源部还提

---

① A. PARROCHA. " Marcos Administration Prioritizes Cheap, Renewable Energy. " https：//www. pna. gov. ph /articles/1191809.

② 《能源部发布海上风能项目实施指南》，《菲律宾商报》2023 年 6 月 23 日。

出，2023~2028 年风能和太阳能的电力项目占主导，到 2028 年涉及风能、太阳能的可再生能源项目分别占可再生能源项目总数的 36% 和 35%。①

三　菲律宾经济持续复苏

从 2022 年 3 月起，菲律宾将首都大马尼拉地区和其他 39 个区的防疫措施降到最低级别，不再将新冠肺炎疫情视为"公共卫生紧急危机"。从 4 月起，全面开放旅游边境，不再要求外国公民在申请签证时提供豁免入境文件。随着疫情防控政策的放宽，2022 年菲律宾经济保持了复苏的态势，宏观经济相对稳定，国内需求持续扩大，私人消费和政府支出增幅明显，进出口贸易快速增长，工业和服务业部门全面复苏，旅游业、业务流程外包、海外劳工等助力经济回暖。不过，在全球经济动荡和疫情尚未结束的背景下，菲律宾通货膨胀率居高不下，债务规模不断扩大，外汇储备逐渐缩减，解决粮食和能源问题成为新政府施政的重点方向。

菲律宾国家统计局的数据显示，2022 年第一季度至第四季度，菲律宾国内生产总值（GDP）的增长率分别为 8.2%、7.5%、7.6% 和 7.2%，全年为 7.6%，超过政府预期的 6.5%~7.5% 的年度经济增长目标，并创下 1976 年以来的最高经济增速。按平均汇率计算，菲律宾的 GDP 为 4042.30 亿美元，人均 GDP 为 3623 美元。在经济持续复苏的同时，宏观经济保持相对稳定，失业率趋于下降，从年初的 6.4% 降至年底的 4.3%，但在全球经济滞胀的背景下，菲律宾通胀率达 5.8%，财政赤字占 GDP 的比重为 7.3%，经常项目逆差占 GDP 的比重为 4.4%，国际收支赤字为 79 亿美元，菲比索兑美元汇率曾降至历史新低，外汇储备减至 960.1 亿美元。此外，菲律宾的债务总额升至 13.4 万亿比索，债务占 GDP 的比重为 60.9%，但仍低于预定的61.8% 的目标。其中，内债 9.2 万亿比索（占债务存量的 68.7%），外债4.2 万亿比索（占债务存量的 31.3%）。2022 年底，菲政府未偿债务总额减

---

① 《到 2028 年风能和太阳能主导指示性电力项目》，《菲律宾商报》2023 年 7 月 14 日。

少2253亿比索，下降1.7%。

从需求方面看，菲律宾私人消费和政府消费均有所增长，分别增长6.0%和0.7%；进出口贸易增长12.9%，其中出口增长5.7%，进口增长17.4%。从供给方面看，服务业增加值增长9.8%，工业增加值增长4.8%，农业增加值下滑0.3%。2022年，菲律宾一、二、三产业增加值占GDP的比重分别为9.6%、29.3%、61.2%。其中，农林牧渔业增加值为386.07亿美元，工业增加值为885.19亿美元，制造业增加值为696.95亿美元，建筑业增加值为297.03亿美元，贸易、餐饮业增加值为804.26亿美元，运输、仓储和通信业增加值为275.66亿美元。随着疫情防控政策的放松，菲律宾旅游业、业务流程外包、对外劳务逐渐恢复。入境政策的放宽带动旅游业快速复苏，外国游客数量显著回升，2022年全年接待外国游客265万人次，超过设定的170万人次的年度目标，其中来自美国、韩国、澳大利亚、加拿大、英国和日本的游客居多，但尚未恢复到新冠肺炎疫情前2019年的826万人次的水平。菲律宾是全球重要的服务外包承接国，2021年业务流程外包收入为294.9亿美元，雇佣人数达144万人，已提前实现菲律宾外包行业协会规划的目标。对外劳务是菲律宾创造外汇收入的重要来源，2022年菲律宾海外劳工汇款收入为361.4亿美元，高于2021年的348.8亿美元，创下历史新高，其主要来自美国、沙特阿拉伯、新加坡、卡塔尔和英国等国家，2022年海外劳工汇款收入占菲律宾GDP的8.9%。[1]

表1 2020~2022年菲律宾主要经济指标数据

单位：%

	2020年	2021年	2022年
国内生产总值增长率（按固定价格计算）	−9.5	5.7	7.6
私人消费	−5.8	3.1	6.0
政府消费	1.3	1.1	0.7
固定资本形成	−9.1	3.9	3.0

---

① 《去年12月个人汇款达到创纪录的34.9亿美元》，《菲律宾商报》2023年2月16日。

	2020 年	2021 年	2022 年
货物与服务出口	-4.7	2.2	3.0
货物与服务进口	-8.7	4.5	5.2
国内生产总值增长率（按固定价格计算）	-9.5	5.7	7.6
农业	0.0	0.0	-0.3
工业	-4.0	2.5	4.8
服务业	-5.5	3.3	9.8
年均通货膨胀率	2.4	3.9	5.8
政府财政赤字占 GDP 的比重	7.6	8.6	7.3
政府债务占 GDP 的比重	54.6	60.4	60.9
经常项目逆差占 GDP 的比重	3.2	1.5	4.4

资料来源：根据 *Philippine Statistics Authority National Accounts of the Philippines* 编制。

2022 年，菲律宾货物贸易总额为 2161.99 亿美元，较 2021 年增长 12.9%。其中，出口贸易额为 789.78 亿美元，增长 5.7%；进口贸易额为 1372.11 亿美元，增长 17.4%；贸易逆差为 582.33 亿美元，增长 38.0%（见表 2）。从主要贸易商品结构看，主要出口商品分别为电子产品（456.6 亿美元，占出口总额的 57.8%），矿产品（38.4 亿美元，占 4.9%），其他制成品（38.3 亿美元，占 4.8%），车辆、飞机、船舶用的引燃线组及其他线组（23.7 亿美元），机械与运输设备（22.2 亿美元）；主要进口商品分别为电子产品（327.5 亿美元，占进口总额的 23.9%），矿物燃料、润滑油及相关材料（238 亿美元，占 17.3%），运输设备（109.2 亿美元，占 8.0%），工业机器设备（59.3 亿美元），钢铁（57.7 亿美元）。从主要贸易地区看，菲律宾前十大出口国家或地区分别为美国（124.7 亿美元，占出口总额的 15.8%）、日本（111.3 亿美元，占 14.1%）、中国内地（109.7 亿美元，占 13.9%）、中国香港（104.8 亿美元，占 13.3%）、新加坡（49.1 亿美元，占 6.2%）、泰国（33.7 亿美元）、韩国（31.3 亿美元）、中国台湾（29.7 亿美元）、荷兰（29.4 亿美元）、德国（27.8 亿美元），十大进口国家或地区分别为中国大陆（282.2 亿美元，占进口总额的 20.6%）、印尼（132.0 亿美元，占 9.6%）、日本（123.5 亿美元，占 9.0%）、韩国（123.2 亿美元，占 9.0%）、美国（89.2 亿美元，占 6.5%）、

新加坡（81.2 亿美元）、泰国（73.3 亿美元）、中国台湾（68 亿美元）、马来西亚（63.8 亿美元）、越南（44.6 亿美元）。①

表 2　2020~2022 年菲律宾进出口贸易情况

单位：百万美元，%

	2020 年		2021 年		2022 年	
	金额	增长	金额	增长	金额	增长
进出口贸易	155026.06	−15.1	191578.32	23.6	216188.66	12.9
出口贸易	65214.52	−8.1	74693.11	14.5	78977.55	5.7
进口贸易	89811.54	−19.5	116885.21	30.1	137211.11	17.4
贸易平衡	−24597.02	−39.5	−42192.10	71.5	−58233.56	38.0

资料来源：Philippine Statistics Authority. "Highlights of the Philippine Export and Import Statistics." https：//psa. gov. ph/statistics/export−import/annual。

随着俄乌冲突的持续升级，全球粮食、能源价格骤升。由于菲律宾粮食和能源大量依赖进口，其粮食和能源安全问题更显突出。粮食方面，菲律宾新政府将发展农业、解决粮食安全危机作为执政的首要任务之一，小马科斯亲自担任农业部部长，政府通过实施发放专项补贴、延长贷款还款期限等政策，为农民购买种子、化肥和农药提供便利，以扩大粮食生产。2023 年 5 月，农业部制定了 Masagana 水稻产业发展计划（MRIDP），旨在在 2028 年前将大米自给率提高到 97.4%。2022 年，菲律宾水稻总产量达 1976 万吨，其中约 75.6% 来自灌溉区，其余 24.4% 来自非灌溉区。同时，作为世界第二大大米进口国，菲律宾积极向同为东盟成员国的越南和泰国进口大米，2022 年菲律宾大米进口量中约 90% 来自越南，剩余的来自泰国。能源方面，由于本国能源匮乏，菲律宾能源大量依赖进口，电价始终居高不下。菲律宾决定大力发展可再生能源，为此政府发布了 2020~2040 年国家可再生能源计划（NREP）。计划指出，菲律宾将新增可再生能源发电装机容量，包括太阳能、风能、水能和地热能等，努力实现到 2030 年、2040 年可再生能源发电量

① Philippine Statistics Authority. "Highlights of the Philippine Export and Import Statistics." https：//psa. gov. ph/statistics/export−import/annual.

占比分别达 35% 和 50% 的目标。同时，菲律宾修订了《可再生能源法案》，放松对外资的投资限制，允许外资持有可再生能源公司 100% 的股权。①

四　2023年菲律宾发展形势

2023 年，菲律宾新政府执政进入第二个年头。菲律宾总统小马科斯发表了就任后的第二份国情咨文，聚焦过去一年菲律宾在经济、民生、教育等领域取得的成就和未来发展规划。他提出，政府将继续把农业、基础设施建设、旅游业、新能源、数字化转型等作为重点发展领域，大力发展经济，持续改善民生。同时，将继续坚持独立自主的外交政策，通过国际合作推动菲律宾实现可持续发展。

在 2022 年大选中，小马科斯与杜特尔特、阿罗约等家族形成联盟，以较大优势胜选。"团结联队"在国会两院占据多数席位使得反对派难以在未来几年内通过议会对小马科斯政府形成掣肘，因而新政府的政策方针能够得到贯彻执行。尽管小马科斯对多位在杜特尔特执政期间担任要职的军方领导进行了调整，但马科斯与杜特尔特家族的政治联盟依然稳固，菲律宾国内政治局势将保持相对稳定。不过，执政联盟内部各政治家族间的关系盘根错节，不排除个别政治势力脱离执政联盟成为反对派的可能，家族政治可能衍生为政治暴力，政府腐败问题也是国内政治关注的焦点。

2023 年 1 月，菲律宾国家经济发展署（NEDA）公布了菲律宾 2023~2028 年五年发展计划（PDP），该发展计划是菲律宾"2040 愿景"下的第二个中期发展规划。2016 年，菲律宾总统杜特尔特正式提出"2040 愿景"。该计划旨在通过促进经济高速增长，创造就业和加速减贫，建设一个繁荣、包容和有韧性的社会。在五年发展计划中，菲律宾政府设定了未来五年经济增长、减贫和促进就业的目标。根据该计划，2023 年，菲律宾经济增长目标为 6%~7%，2024~2028 年，经济年均增长 6.5%~8%；全球创新指数排

---

① 《再生能源业很快将向外资完全开放》，《菲律宾商报》2022 年 11 月 2 日。

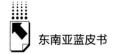

名从 2022 年的第 59 位提升至 2023 年的第 57 位，到 2028 年提升至 43 位；2023 年，失业率将降至 5.3%~6.4%，到 2028 年降至 4%~5%；人均国民收入从 2021 年的 3640 美元升至 2028 年的 6044~6571 美元；贫困率从 2021 年的 18.1% 降至 2023 年的 16%~16.4%，到 2028 年进一步降至 8.8%~9%；2023 年，通货膨胀率控制在 2.5%~4.5% 的区间，2024~2028 年通胀率控制在 2%~4% 的区间；到 2028 年政府债务占国内生产总值的比重降至 48%~53%。[①]

进入 2023 年，菲律宾经济仍保持复苏的态势。国外需求的增长带动制造业出口增长，旅游业、业务流程外包和对外劳务三大支柱行业持续回暖，公共卫生支出减少，债务压力逐步得到缓解，外汇储备增加将支撑国内经济复苏。但还应该看到，经济增长的动力有所减弱，通货膨胀继续成为经济复苏的阻力，粮食和能源安全问题仍是政府的棘手问题。据统计，2023 年第一季度菲律宾的经济增长率为 6.4%，其中农业增长 2.2%，工业增长 3.9%，服务业增长 8.4%；第二季度国内经济增长率为 4.3%，其中农业增长 0.2%，工业增长 2.1%，服务业增长 6%。[②] 政府预计，全年经济增长率为 6.5%~7.5%，通货膨胀率为 5%~7%。因此，菲律宾要想实现年度增长目标，2023 年下半年经济至少要增长 6.6%。

在 2023 年国情咨文中，菲律宾总统小马科斯强调，菲律宾将继续坚持独立自主的外交政策，在涉及领土主权问题时不会割让任何一寸领土，并倡导通过协商和对话解决争议。相对于杜特尔特政府，小马科斯政府的外交政策出现了战略转向。菲律宾拥有独特的地理位置，并与美国签定了《美菲共同防御条约》，这决定了其在美国"印太战略"中的重要地位。美国极力拉拢菲律宾，在《美菲加强防务合作协议》的框架下，美国拨款为菲律宾修建军事设施，与菲共同举行 2023 年度"肩并肩"军演。此外，美国还加

① Philippine National Economic Development Agency. "Philippine Development Plan 2023-2028." https：//pdp. neda. gov. ph/wp-content/uploads/2023/01/PDP-2023-2028. pdf/.

② Philippine Statistics Authority. "National Accounts of the Philippines." https：//psa. gov. ph/statistics/national-accounts.

大对菲清洁能源、数字经济、通信和农业等领域的投入。菲律宾将进一步深化与美、日的盟友关系，小马科斯可能难以在大国战略博弈中坚持不选边站队。

参考文献

ADB（2023）. *Asian Development Outlook April 2023*. Manila：Asian Development Bank.

R. M. Aldaba（2019）. "Mapping the Philippines in the Offshoring Services Global Value Chain." *Journal of Southeast Asian Economies*，Vol. 36，No. 2.

Philippine National Economic Development Agency（2017）. *Philippine Development Plan 2017-2022*. Manila：NEDA.

Philippine National Economic Development Agency（2023）. *Philippine Development Plan 2023-2028*. Manila：NEDA.

Philippine Statistics Authority（2022）. *Philippine Statistical Yearbook 2022*. Manila：PSA.

Ramon L. Clarete，Emmanuel F. Esguerra & Hal Hill（2018）. *The Philippine Economy：No Longer the East Asian Exception?* Singapore：ISEAS-Yusof Ishak Institute.

World Bank（2022）. *Philippines Economic Update：Bracing for Headwinds, Advancing Food Security*. Washington D. C.：World Bank.

World Bank（2022）. *Overcoming Poverty and Inequality in the Philippines：Past, Present, and Prospects for the Future*. Washington D. C.：World Bank.

World Bank（2022）. *Philippines Country Climate and Development Report*. Washington D. C.：World Bank.

World Bank（2023）. *Philippine Jobs Report：Shaping a Better Future for the Filipino Workforce*. Washington D. C.：World Bank.

World Bank（2023）. *Philippines Economic Update June 2023：Securing a Clean Energy Future*. Washington D. C.：World Bank.

B.10
疫情过渡期新加坡经济复苏与产业转型

周　欢[*]

摘　要： 2023 年 2 月 13 日，新加坡率先放宽所有防疫措施，取消政府抗疫跨部门工作小组，正式将新冠肺炎视为地方性流行病。新加坡政府发布了《新加坡应对新冠肺炎疫情白皮书》，回顾了新加坡三年疫情防控的经验与教训。疫情防控的三年里，新加坡经济经历了从衰退到复苏的过程，2022年经济复苏进程有所放缓。自 2022 年 4 月起，新加坡在原有的产业转型计划的基础上，陆续推出了面向 2025 年的七大产业组团转型蓝图，以持续加快产业转型升级的步伐。2023 年，在全球经济复苏乏力的背景下，新加坡经济将维持低速增长，制造业及其相关贸易部门走弱，而与旅游业相关的行业仍将保持增长态势。

关键词： 疫情防控　经济复苏　产业转型　新加坡

2022 年 6 月，以新加坡副总理兼财政部长黄循财为首的第四代领导团队发起了为期一年的"新加坡携手前进"运动，重申新加坡的基本价值观，审视所秉持的原则，检讨优先事项和政策，规划未来的前进道路。在经历了三年疫情防控之后，新加坡致力于推动国内经济复苏，加快产业转型升级。

＊ 周欢，经济学硕士，毕业于中山大学计量经济学专业，现为平安银行信用卡中心部门经理。

一 新加坡三年疫情防控的回顾

经过三年新冠肺炎疫情防控，新加坡进入将新冠肺炎视为地方性流行病的新阶段。自 2023 年 2 月 13 日起，新加坡国家疾病暴发应对系统（Disease Outbreak Response System Condition，DORSCON）的警戒级别从黄色下调至绿色，政府抗疫跨部门工作小组解散，边境管制措施全面放宽。2023 年 3 月，新加坡政府发布了《新加坡应对新冠肺炎疫情白皮书》（*White Paper on Singapore's Response to COVID-19*），梳理新加坡三年疫情防控的可取和不足之处，为应对未来可能发生的疫情提供宝贵的借鉴。

新加坡是较早出现新冠肺炎疫情的国家之一，大致经历了三波疫情的冲击。2020 年 1 月 23 日，新加坡发现首例新冠肺炎确诊病例，3 月 21 日出现首例死亡病例。4 月，疫情形势突变，新加坡一度成为东南亚首个确诊病例数破万的国家。从 2021 年 4 月起，由于新的变异毒株出现，新加坡出现了第二波疫情高峰。2021 年底，新加坡出现奥密克戎变异毒株，并引发了第三波疫情的迅速蔓延，新加坡仅三个月时间新增确诊病例数超过 80 万例，3 月 20 日累计确诊病例数突破 100 万例，10 月 16 日超过 200 万例。2022 年 6 月，新加坡疫情出现了反弹，单日确诊病例数在 7 月、10 月达到 6.5 万例和 5.7 万例的高峰后逐步下跌。截至 2022 年底，确诊病例数累计超过 220 万例，死亡病例数累计 1712 例，是世界上新冠肺炎疫情死亡率最低的国家之一。[①]

随着新加坡国内疫情形势的变化，疫情防控政策由"病毒清零"向"与病毒共存"转变。早在新冠肺炎疫情暴发初期，新加坡政府就成立了由卫生部、教育部、人力部和交通部人员组成的抗疫跨部门工作小组，并实施以"断路器"（Circuit Breaker）为名的系列限制措施。政府关闭所有提供非必要服务的工作场所，要求员工在家办公，所有学生居家学习，加强对人员

---

① "Singapore's COVID-19 Timeline：3 Years of Pandemic." https：//www.moh.gov.sg/docs/librariesprovider5/default-document-library/timeline.pdf.

流动和聚集的限制，禁止所有外籍短期旅客入境或过境等。新加坡政府较早意识到，疫苗是疫情防控的重要手段。2020 年 4 月，新加坡成立了疫苗专家团队，开始了筛选和采购疫苗的工作，最终提前与辉瑞和莫德纳签约，使得新加坡成为世界上较早获得新冠病毒疫苗的国家。2020 年 12 月底，新加坡正式启动新冠病毒疫苗接种计划。由于新冠肺炎疫情趋于稳定，疫苗接种率不断提高，新加坡政府开始调整疫情防控政策。2021 年 6 月 24 日，新加坡抗疫跨部门工作小组宣布"与病毒共处、如常生活"的全面计划，8 月 19 日该计划正式启动，这标志着新加坡进入"与病毒共存"的防疫阶段。2021 年 9 月初，新加坡新冠肺炎疫情加速蔓延，确诊病例数急剧增加，政府再次采取快速行动，收紧疫情防控措施。2022 年 3 月 24 日，新加坡总理李显龙宣布新加坡疫情防控已进入重要转折点，将果断地迈向"与病毒共存"的阶段。从 3 月 29 日起，新加坡开始放宽疫情防控措施，4 月 26 日起将疾病暴发应对系统（DORSCON）的警戒级别从橙色下调至黄色，政府大幅度放宽防疫安全管理措施。从 2023 年 2 月 13 日起，新加坡再将疾病暴发应对系统的警戒级别从黄色下调至绿色。

2023 年 3 月，新加坡政府发布了《新加坡应对新冠肺炎疫情白皮书》，在长达 92 页的白皮书中，新加坡对疫情防控中采取的措施展开检讨，指出八个"做得好"、六个"有待改进"、七个"值得思考之处"。其中，八个做得好的方面是：①政府第一时间扩大医疗护理设施的容量，提高检测能力；②在疫情初期就向制药公司购买疫苗，并在短时间内开展疫苗接种工作；③在疫情期间，新加坡保持与世界的联系，保障食物和关键医药物品的供应；④政府及时推出各种措施，协助企业渡过难关；⑤为面临财务和精神压力的国人提供援助；⑥及时采取混合学习模式，确保学生能在疫情期间继续上课；⑦政府通过抗疫跨部门工作小组的记者会，准确和及时地与公众分享疫情的相关资讯；⑧企业、慈善机构和社区公民小组三方共同努力，为弱势群体和国外劳工提供各种援助。有待改进的六个方面是：①应该更早展开监测，掌握更准确的数据，避免疫情在外国劳工宿舍大规模传播；②边境防疫措施落实得并不果断；③疫情初期，政府对于人们是否需要戴口罩存在不确定性；④在推广"合力追踪计划"初期，相关手机应用程序使用率偏低；⑤安全管理措施（SMMs）校准过度、难以操作，需要更大的灵活性；⑥在德尔塔变异毒株传播期间，政府反复收紧和放松防疫措施让人们无所适从，卫生部在短时间内推出居家康复计划也引起民众的混乱和担忧。疫情防控的七个启示：①事先确定哪些层面予以优先考虑；②增强经济、社会和国家发展的韧性；③深化互动和联系以善用各方面优势；④扩大医疗保健能力，并加强公共卫生专长和组织能力；⑤更好地运用科学技术来应对未来大流行病的突袭；⑥加强政府的危机管理和应对能力；⑦向公众传达清晰透明的信息。①

二　2022年新加坡经济复苏有所放缓

在疫情防控的三年中，新加坡经济经历了从衰退到复苏的过程。2020年，新加坡经济急转直下，国内经济萎缩3.9%，陷入建国以来最严重的经济衰退。2021年，新加坡经济出现强劲反弹，年增长率达8.9%。2022年，在全球经济动荡下行的背景下，新加坡经济复苏的进程有所放缓，第一季度至第四季度经济增长率分别为4.0%、4.5%、4.0%和2.1%，全年为3.6%。当年，新加坡国内生产总值（GDP）为6435亿新元（约合4670亿美元），人均收入为95789新元（约合8.27万美元），消费者物价指数（CPI）为6.1%，失业率为2.1%。

（一）经济增长的结构分析

从需求角度看，2022年新加坡的国外需求增长-1.3%，国内需求增长4.3%，其中消费支出增长6.5%，私人部门消费增长9.7%，而公共部门消费下降2.3%，固定资本形成增长1.6%（公共部门、私人部门分别增长-1.8%和2.3%），均低于上年的水平。国外需求萎缩归因于服务出口尤其

---

① "White Paper on Singapore's Response to COVID-19：Lessons for the Next Pandemic." https：//www. gov. sg/article/covid-19-white-paper.

是运输服务出口的下滑，但商品出口尤其是机械和运输设备出口仍增加。国内需求的增长主要是由于消费支出和固定资本形成的增长。私人部门消费支出增加主要集中在杂项商品及服务、娱乐与文化领域。公共部门消费总体出现下滑。国内固定资本形成中，私人部门的建筑工程增长-1%，交通设施增长2.4%，机械设备增长7.9%，房地产增长1.1%；公共部门的建筑工程增长0.4%，交通设施增长-21%，机械设备增长-21.7%，房地产增长2.8%。同时，国内外需求部分对总需求的贡献率分别为1.1%和-1.0%。消费支出贡献1.0%，其中，私人部门消费、公共部门消费分别贡献1.2%和-0.1%，固定资本形成贡献0.1%，库存变化贡献-0.1%。

从供给角度看，2022年各产业部门增加值均实现了同比增长。其中，制造业全年增长2.5%，与2021年的13.3%相比明显放缓；建筑业增长6.7%，上年为20.5%；生产性服务业增长4.8%，上年为7.6%。其中，食品饮料服务业增长18.2%，地产业增长14.1%，信息通信业增长8.6%，零售业8.4%，专业服务业增长7.6%，行政管理增长6.6%，其他服务业增长5.2%，交通与仓储业增长4.0%，批发业增长3.2%，金融保险业增长1.4%，酒店住宿业增长0.5%。同时，各产业部门对GDP增长的贡献率如下：批发业为0.6%，制造业、其他服务业为0.5%，信息通信业、专业服务业、地产业为0.4%，交通与仓储业为0.3%，行政管理、金融保险业、建筑业为0.2%，食品饮料服务业、零售业为0.1%。①

从收入角度看，2022年，新加坡的营业总额盈余占名义国内生产总值的57.7%，员工薪酬占36.6%，税收减生产和进口补贴占5.8%；由于要素收入流出超过流入1040亿新元，当年新加坡的国民总收入（GNI）为5400亿新元，低于名义国内生产总值。2022年，国民储蓄总额为2650亿新元，增长13.5%，其中贷出和转移到国外的1240亿新元、资本形成总额1410亿新元，国民储蓄占国民总收入的49.1%；新加坡国外要素收入为2170亿新元，高于2021年的1960亿新元。海外业务收入占经济总量的25.2%，略低

---

① Ministry of Trade and Industry（2023）. *Economic Survey of Singapore 2022*. pp. 8-10.

于 2021 年的 25.7%。截至 2021 年底，新加坡的海外直接投资存量约 12380 亿新元。

（二）各产业部门和行业状况

新加坡产业结构由生产性部门和生产性服务部门组成，生产性部门增加值占 GDP 的 25.4%，生产性服务部门增加值占 GDP 的 71.3%。生产性部门包括制造业、建筑业、公用事业和其他生产行业，生产性服务部门包括批发业、零售业、交通与仓储业、酒店住宿业、食品饮料服务业、信息通信业、金融保险业、地产业、专业服务业和行政管理。

在生产性部门中，制造业不仅是新加坡最大的生产性行业，也是最重要的产业。2022 年，制造业增加值占 GDP 的比重为 21.6%，其主要由电子、化工、精密工程、生物医药、其他制造业和运输设备制造业等构成，它们各自的增加值占制造业增加值的比重分别为 48.5%、15.4%、12.5%、11.8%、6.4% 和 5.8%。2022 年制造业增加值增速大大低于 2021 年，电子增长 2.6%，化工增长 −5.5%，生物医药增长 −5%，精密工程增长 6.3%，运输设备制造业增长 18.8%，其他制造业增长 10.1%。其中，运输设备制造业快速增长归因于航空航天、海洋和近海工程（M&OE）行业的扩张，疫情后航空设备的维护、修理和大修，以及油气设备需求的增长。建筑业是另一大生产性行业，全年建筑合同额为 298 亿美元，比上年下降 0.5%，其中私人部门增长 3.2%，公共部门下降 3.0%。私人部门建筑需求增长源于土木工程、机构建设和工业建筑需求的增长，公共部门建筑需求下降主要由于工业建筑、土木工程需求出现下滑。①

在生产性服务部门中，新加坡国外批发业销售额上涨 3.1%，国内批发业销售额下跌 10.5%，国外批发业销售额增长主要是由于石油及其相关产品、电子信息设备和计算机销售量的扩大，国内批发业销售额下滑的原因是电子信息设备和计算机、化学品和化工产品需求减少；零售业持续增长，整

---

① Ministry of Trade and Industry（2023）. *Economic Survey of Singapore 2022.* pp. 56-61.

体零售额已恢复至 2019 年的水平，非机动车销量实现增长，汽车销量有所下降，服装和鞋类、食品和酒类、日用百货及手表和珠宝的零售额增长，迷你集市和便利店、超市和大卖场的零售额下跌；交通与仓储业的海运总量下降 3.7%，集装箱港口吞吐量为 3730 万标箱，樟宜国际机场的航班量为 21.9 万架次，旅客吞吐量为达 3220 万人次，均恢复到 2019 年一半的水平，货运量下降 4.8%；酒店住宿业的营业收入为 320 万新元，增长 235.0%，入境旅客数量为 630 万人次，已恢复至疫情前 33.0% 的水平，前五大游客市场分别是印尼、印度、马来西亚、澳大利亚和菲律宾，其旅客数量占游客总数的 52.8%；食品饮料服务业持续快速增长，在政府放宽疫情管控措施后，餐馆、餐饮服务商、快餐店、咖啡馆、美食广场和其他用餐场所的营业收入均大幅回升；信息通信业受到企业对数字解决方案强劲需求的影响实现增长，但增速低于上年；金融保险业增长放缓，商业银行总资产/负债为 3.3 万亿新元（增长 7.7%），金融公司总资产/负债为 188 亿新元（增长 8.8%），投资银行总资产/负债为 947 亿新元（增长 -6.1%），人寿保险的加权新业务保费为 63 亿新元（增长 -4.1%），单一保费产品的加权保费为 235 亿新元（增长 -9.4%），证券市场上市公司共有 651 家，综合市值为 8300 亿新元（增长 -7.5%），交易量为 3540 亿股（增长 -26.0%），成交额为 3080 亿新元（增长 -6.2%）；地产业持续增长，私宅出售和组屋转售价格、各类房屋出租价格明显上涨，部分区域的房屋租金大幅攀升，工业地产价格和房屋租金也呈现上涨趋势。[①]

（三）进出口贸易保持增长势头

新加坡是一个高度外向型经济体，对外经济依存度（进出口贸易总额/GDP）超过 200%。2022 年，新加坡的进出口贸易保持了较快的增长势头，货物进出口额达 1.356 万亿新元，增长 17.7%。其中，出口额为 7090 亿新元，增长 15.6%；进口额为 6550 亿新元，增长 20.1%。在出口结构中，非石油国内出口额为 1990 亿新元，增长 3.0%；石油国内出口额为 1300 亿新元，增长

---

① Ministry of Trade and Industry（2023）. *Economic Survey of Singapore 2022*. pp. 62-75.

52.4%；再出口额为 3800 亿新元，增长 13.5%。在非石油国内出口中，增长最快的国家或地区是美国、马来西亚、欧盟、日本、印尼、中国台湾、韩国、泰国、中国内地和中国香港；在非石油国内再出口中，增长最快的国家或地区是印尼、韩国、美国、马来西亚、中国台湾、日本、欧盟、中国内地、越南和中国香港。与此同期，服务贸易进出口额为 7580 亿新元，增长 10.8%，其中出口额为 4020 亿新元（增长 12.1%），进口额为 3570 亿新元（增长 9.3%）。①

三 面向2025年新加坡产业转型蓝图

早在 2016 年 3 月，新加坡就推出了面向"工业 4.0"的产业转型计划，以提高企业生产力、投资技能、推动创新和走向国际化为目标。当时，新加坡根据产业关联性和实施便利度，将 23 个行业分成 6 个产业转型组团，涉及制造业和服务业。制造业包括能源和化工、精密工程、海事工程、航空业、电子等，服务业包括贸易、交通运输业、房地产业、医疗保健、金融业、教育、食品制造与服务业等。2021 年 4 月，新加坡未来经济委员会（Future Economy Council）提出要制定面向 2025 年产业转型蓝图（ITM 2025），以更新原有产业转型蓝图。面向 2025 年新加坡产业转型计划，包括了先进制造与贸易（电子、精密工程、能源与化学、航空航天和物流业等）、互联互通（海陆空交通等）、人类卫生与潜能（教育与医疗等）、城市系统（建筑业、环境服务等）、资源与环境永续性、现代服务（金融服务业、资讯通信科技及媒体等）、生活风格（食品服务业、酒店住宿业和零售业等）等七大产业转型组团。2022 年 4 月，新加坡推出了第一个面向 2025 年产业转型蓝图，即海运产业转型蓝图，随后各产业转型组团陆续出台了各自领域的产业转型蓝图。

（一）先进制造与贸易转型蓝图

2022 年 10 月，新加坡推出了《面向 2025 年先进制造与贸易转型蓝图》

---

① Ministry of Trade and Industry（2023）. *Economic Survey of Singapore 2022*. p. 3.

（*Advanced Manufacturing and Trade Transformation Map 2025*），它包括电子、精密工程、能源与化学、航空航天和物流业五大行业的产业转型。该蓝图提出通过支持研发、精深科技创新、促进数字化和环境可持续发展来提升本地公司的竞争力。到 2025 年，新加坡将建成全球重要的先进电子制造和创新节点，遍布全球的由数字化精密工程企业构成的有活力的生态系统，可持续和绿色增长的全球能源和化学品中心，拥有国际领先地位的航空航天制造、维护、维修和运营节点，以及亚洲领先的物流生态系统。到 2025 年，创造至少 1.34 万个就业岗位，到 2030 年，实现制造业增加值增长 50% 的总体目标。[①] 长期以来，制造业是新加坡最重要的产业部门。2021 年，制造业增加值占国内生产总值的 22%，就业人数占就业总人数的 1/8，而制造业增加值中有 80% 来自电子、精密工程、能源与化学和航空航天。未来五年，新加坡拟投资 8500 万美元，建立国家氮化镓技术中心，以满足市场对氮化镓的需求。此外，半导体是新加坡先进制造业的重要组成部分，其产值占制造业增加值的 1/3 以上。

（二）海陆空交通产业转型蓝图

2022 年 4 月，新加坡海事及港务管理局推出了《面向 2025 年海运产业转型蓝图》（*Marine Industry Transformation Map 2025*），这也是新加坡首个面向 2025 年产业转型蓝图。该蓝图提出，2020 ~ 2025 年行业增加值年均增长率为 2% ~ 3%，即大约增加 20 亿美元。同时，蓝图提出海运产业转型的四大关键策略，即增强确保新加坡海事产业作为全球供应链关键节点的关联性和韧性，构建充满活力的创新生态系统并积极发展新的增长领域，支持该领域的中小企业和初创企业发展成为全球领军企业，培养具备专业技能、面向未来的海事人才队伍。此外，新加坡还将设立海事劳资政三方转型委员会，以引领海事行业的转型。

[①] "Singapore Updates Industry Transformation Plans to Boost Production, Add 13, 400 Jobs by 2025." https：//www.edb.gov.sg/en/business - insights/insights/singapore - updates - industry - transformation-plans-to-boost-production-add-13-400-jobs-by-2025.html.

2023 年 3 月，新加坡推出了《面向 2025 年陆路交通产业转型蓝图》（Road Transport Industry Transformation Map 2025），政府希望通过该转型蓝图应对劳工短缺和去碳化等方面的挑战，打造安全可靠和可持续的陆路交通网络，并确保相关人员为未来做好准备。为此，新加坡将致力于实施三大关键策略，包括建立可应付未来的工作队伍、打造可持续和坚韧的陆路交通业、通过创新与科技发展可靠而具成本效益的交通系统。目前，新加坡从事陆路交通业的劳动力超过 10 万人，其中公共交通领域有 2.2 万名员工，到 2025 年将增加 4%。新加坡陆路交通管理局将同全国交通工友联合会（NTWU）、公交业界合作，让员工学习新技能，提升员工的技能水平。

2023 年 8 月，新加坡推出了《面向 2025 年航空产业转型蓝图》（Air Transport Industry Transformation Map 2025）。该蓝图旨在将新加坡建成面向未来的全球航空枢纽，并为应对航空业面临的挑战做好准备。为此，蓝图提出四大关键策略。①构建安全和可持续发展的航空枢纽。2022 年，新加坡民航局发布了首个国家航空安全计划，支持国际民航组织（ICAO）减少国际运输碳排放的努力，并到 2050 年实现净零排放。为此，樟宜国际机场将采用更清洁的能源，航空公司将采用绿色航空燃料，并优化航班运营以减少燃油消耗和排放。②机场营运转型。加快采用新科技，通过自动化提高机场运营效率。从 2024 年起，逐步实现当地居民和游客不使用护照就能通过移民检查。③航空的前沿性创新。开发新一代空中导航服务系统，推动空中交通管理创新，引入无人管理系统。④培育面向未来和适应性强的劳动队伍。推动航空业劳动力转型，提高航空专业人员的技能水平。民航局将与高等院校合作，更新学校课程，让年轻人了解航空业的最新发展，吸引他们加入该行业。①

---

① "Launch of the Air Transport Industry Transformation Map 2025." https：//www. mot. gov. sg/news/speeches/Details/keynote-address-by-acting-minister-for-transport-mr-chee-hong-tat-at-the-launch-of-the-air-transport-industry-transformation-map-2025.

（三）建筑业、环境服务业等产业转型蓝图

2022 年 9 月，新加坡国家发展部出台了《面向 2025 年建筑、环境产业转型蓝图》（Construction，Environmental Industry Transformation Map 2025），它是在 2017 年和 2018 年推出的建筑业和设施管理业转型蓝图的基础上产生的，旨在进一步集中资源以应对建筑、环境产业面临的挑战。该蓝图涵盖三大转型重点，贯穿建筑周期各个阶段。全国将设立综合建筑区，使更多建筑业工作从露天工地转移到自动化的预制工厂。首个综合建筑区坐落在裕廊海港，并于 2022 年 12 月投入运营。

2023 年 1 月，新加坡国家环境局推出了《面向 2025 年环境服务业转型蓝图》（Environmental Service Industry Transformation Map 2025），旨在增强环境服务业的韧性，加速推动业界创新，提高生产力，鼓励现有企业发展成多元化和综合性的环境服务企业。该蓝图提出了未来推动环境服务业发展的四大关键策略，包括推动创新和新技术的应用，以提高生产力和减少人力需求；培育有潜力的公司，把握新商机和增长点；发展高生产效率的企业，提升服务能力；创造高质量的工作机会，改善低薪和年长雇员的就业前景。到 2025 年，该行业将创造超过 1600 个工作机会，包括专业人士、经理，执行人员和技师等。目前，新加坡环境服务业企业有 1700 多家，共有 7.1 万名员工。其中，约 1200 家提供清洁服务，约 300 家经营废物管理，约 200 家负责害虫管理。超过九成的环境服务企业是中小型企业。①

（四）现代服务产业转型蓝图

2023 年 3 月，新加坡出台了《面向 2025 专业服务产业转型蓝图》（Professional Service Industry Transformation Map 2025），专业服务业涵盖企业总部服务、提供咨询、法律和会计服务的专业服务。该转型蓝图的目标是，

---

① 《更新版环境服务业转型蓝图：2025 年前制造逾 1600 优质工作》，新加坡《联合早报》2023 年 1 月 17 日。

2020~2025 年专业服务业增加值年均增长 3%~4%，增加值从 230 亿新元增至 270 亿新元，每年创造 3800 个工作岗位，包括专业人士、经理、执行人员与技师等。实现专业服务业转型的举措，包括强化对区域和全球的吸引力、鼓励实现数字化转型和改善生产效率、重新设计工作和提升工作队伍的技能。

2022 年 9 月，新加坡金融管理局公布了《面向 2025 年金融服务业转型蓝图》（*Financial Services Industry Transformation Map 2025*）。该蓝图提出，2021~2025 年，新加坡金融服务业年平均增长率达 4%~5%，年均创造 3000~4000 个就业岗位。该蓝图提出金融服务业转型的五个关键战略：①增强资产类别优势。在外汇、保险、财富管理、资产管理、私人资本市场、金融科技等领域，发挥具有全球作用的资产类别的能力；②促进金融基础设施数字化。包括完善债券市场基础设施、基金结算工具，以及推出区域内中小型企业数字金融服务平台等；③推动亚洲零排放经济发展。政府确认八个优先部门，为企业提供适当的融资解决方案，促进实体经济部门去碳化，为能力建设、绿色金融科技、气候风险与再保险和可持续与转型融资解决方案提供 1 亿新元的资助；④塑造未来金融网络。增强支付链接，扩大与区域经济体的跨境支付联系，支持金融和实体经济资产的代币化，增强数字货币链接；⑤培养一支有技能、适应性强的行业队伍。金融部门发展基金将向"金融人才和领导者计划"提供 4 亿新元的赠款。

2023 年 5 月，新加坡公布了《面向 2025 年通信科技产业转型蓝图》（*Information & Communications Industry Transformation Map 2025*）。政府将继续推动该行业发展，聚焦软件、IT 服务、线上及电信等特定领域，进一步巩固新加坡作为领先科技公司和科技专才首选地地位。2021~2025 年，特定科技领域可实现 5%~7% 的年均增长，创造约 8 万个高薪工作岗位。① 新加坡将通过四大关键策略实现该转型蓝图设定的目标，包括加倍努力建立科技

---

① 《继续深化加强科技和数码能力，更新版资讯通信科技产业转型蓝图出炉》，新加坡《联合早报》2023 年 5 月 6 日。

生态系统、投资具有竞争优势的关键技术（如人工智能）、加快数字基础设施建设（如5G网络）、扩大对外连接（如与更多国家签署数字经济合作协议、促进跨境数字贸易等）。

（五）医疗产业转型蓝图

2023年7月，新加坡卫生部推出了《面向2025年医疗产业转型蓝图》（*Medical Industry Transformation Map 2025*）。该蓝图更加注重通过创新和可持续发展策略，改善人口健康状况，并打造面向未来的医疗队伍。与2017年的医疗产业转型蓝图相比较，面向2025年的转型蓝图借鉴了应对新冠肺炎疫情的经验，提出将加强研究和创新生态系统，更新"健康365"和保健资讯网应用，以数据支持医疗研究；通过全国临床转化计划和平台，把"价值医疗"的理念运用到临床医疗，价值医疗是指坚持以病患体验为衡量标准的医疗方式，推动在健康SG计划下的医疗转型；加强数字化转型，通过修订医疗服务法令和出台医疗信息法案，应对新兴的医疗模式，如远程护理、个性化健康计划和精准医疗等；政府将增聘更多护士和护理人员，重新设计相关工作以吸引人才加入；继续与海内外公共卫生和学术机构合作，促进新加坡本地医疗系统的发展。

（六）食品服务产业、酒店住宿业和零售业转型蓝图

2022年5月，新加坡推出了《面向2025年食品服务产业转型蓝图》（*Food Service Industry Transformation Map 2025*），旨在建立具有创新性和韧性的食品服务产业，打造众多区域化本土品牌。该转型蓝图提出从数字化、创新、国际化和人力资源等四大方面，推动食品服务产业转型，即采用数字化技术以改善生产力，加强创新以掌握可持续发展机会和新收入来源，掌握把本土品牌培养为区域品牌和国际品牌的机会，持续推动人力资源开发，为未来准备适应性强的工作队伍。

2022年10月，新加坡公布了《面向2025年酒店住宿业转型蓝图》（*Hotel Industry Transformation Map 2025*），旨在将该行业转变为为拥有创新

能力的高素质劳动力提供良好工作和职业机会的行业。其关键策略包括以下几个方面。①推动人力精益商业模式。新加坡旅游局（STB）于2016年4月推出了酒店改造补助金，酒店可以申请这项补助金，重新设计其经营场所，以提高生产率。②通过创新开发新的解决方案。2022年2月，新加坡酒店协会（SHA）成立酒店创新委员会（HIC），开启全行业试点计划，寻找克服行业痛点的新方案。③通过国际化发展业务。抓住全球和区域旅游业发展的机会，支持新加坡酒店参与国际竞争，降低成本，提升海外竞争力，创造就业机会。④建立强大的高素质人才队伍。政府已推出专业高管职业转换计划、未来技能赚取和学习计划、酒店业未来技能研究奖等，还将开展酒店职业活动，启动"未来技能领导力发展倡议"等。

2022年10月，由新加坡企业发展局推出了《面向2025年零售业转型蓝图》（*Retail Industry Transformation Map 2025*），提出以体验式概念和创新性产品巩固新加坡全球生活时尚和零售枢纽地位。该转型蓝图将专注四大关键策略。①建立环球新加坡品牌，支持其国际化进程。鼓励新加坡品牌进入新市场，在区域市场实现扩张，并通过其他形式实现国际化。②创新体验式概念，使零售业重新焕发活力。开展独特的店内体验活动，加上通过社交商务与客户联系，鼓励零售商更深入地进行产品创新。③加强新加坡全球生活时尚中枢地位，促进环球品牌和本地品牌的合作，将环球业者带入本地零售生态系统。④加快就业和技能转型，为本地人创造优质工作。

四　2023年新加坡经济发展形势

2023年，俄乌冲突的持续发酵引发世界经济和地缘政治的突变，全球经济仍将处于下行通道。疫情后全球经济复苏乏力，发达经济体利率高企，汇率波动加剧，金融市场紧缩，直接影响各国消费和投资，冲击全球供应链，影响全球进出口贸易，打击消费者和企业信心，也对新加坡经济复苏产生直接的影响。全球制造业低迷，将使新加坡制造业及其相关贸易

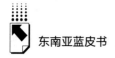

部门走弱，尤其是全球半导体需求疲软，导致新加坡电子、精密工程行业陷入困境，化学工业和生物医药的订单量下降，批发贸易、海运、金融和保险业也会受到经济放缓的负面影响。不过，国际航空业的持续复苏，旅游入境人数的增多，使得新加坡的航空运输、酒店住宿、餐饮、娱乐等行业仍将维持增长态势。

据统计，2023年第一季度，新加坡经济增长0.4%，消费者价格指数（CPI）上涨6.1%。从需求角度看，新加坡的总需求增长0.9%，国外需求增长1.8%，国内需求增长-1.7%。在国内需求中，消费支出增长5.8%。其中，私人消费、公共消费分别增长5.8%和5.4%。固定资本形成增长0.1%。从供给角度看，制造业部门出现下滑，增长率为-5.6%，其中化工（-13.1%）和电子（-8.0%）跌幅最大，运输设备制造业增长17.7%；服务业增长2.0%，其中酒店住宿业（21.9%）、餐饮服务业（12.2%）、行政管理（11.4%）快速增长，贸易、金融保险业分别下跌2.5%和0.9%。与此同期，新加坡进出口货物贸易增长-7.8%，其中出口货物贸易增长-6.5%（石油国内产品出口增长-8%，再出口增长-5.2%），进口货物贸易增长-9.2%（石油国内产品进口增长-7.4%，非石油国内产品进口增长-9.7%）；服务贸易增长1.7%，服务出口（增长0.4%）和进口（3.3%）均实现正增长。新加坡官方预计，2023年新加坡的GDP增长0.5%~2.5%。[①]

新加坡副总理兼财政部长黄循财提出，2023年新加坡政府的工作重点仍是推动经济增长和增加就业。在2023年政府财政预算案声明中，他以"携手前进新时代"（Moving Forward in a New Era）为主题，阐述了新加坡如何在纷乱的世界格局中确保发展前景，在把握新机遇、加强社会契约的同时，强化全民集体韧性。在2023财政年度，新加坡政府部门经常收入预计达967亿新元，增长7.1%，这主要源于消费税、公司税、个人所得税和资

---

① Ministry of Trade and Industry（2023）. *Economic Survey of Singapore First Quarter 2023. Singapore*：Ministry of Trade and Industry.

产税的增加，消费税税率将调高至8%；政府部门开支为1041.5亿新元，预算赤字为74.5亿新元。^① 从2025年起，新加坡将实施全球反税基侵蚀（GloBE）和国内补足税（DTT）规则，要求在新加坡的跨国公司的有效税率达到15%的全球最低公司税率标准。另一方面，2023年新加坡的通货膨胀率预计为5.5%~6.5%，核心通胀率为3.5%~4.5%。自2021年10月以来，新加坡金融管理局连续五次收紧货币政策，让新元加速升值，以降低国内核心通胀率。^② 新加坡副总理兼财政部长黄循财说，从长远来看，应对通货膨胀最好的策略是确保新加坡人的实际收入继续增加，政府的工作重点仍是推动经济增长，让新加坡人有更多的就业机会。^③

2022年3月，新加坡贸工部长颜金勇表示，新加坡政府将制定"新加坡经济2030愿景"，从制造业、服务业、贸易和企业四大支柱着手，为长远经济增长规划发展蓝图。在这一愿景下，新加坡要把握先进制造业的发展新机遇、发展新引擎推动服务业增长、加强与全球的贸易往来和互联互通，以及为新加坡企业打造蓬勃的生态环境。其中，"2030年制造业愿景"确定，将致力于在2030年将新加坡打造成先进制造业的全球业务、创新与人才中心，未来10年制造业增加值增长50%，确保制造业对GDP的贡献率保持在20%左右；"2030年服务业愿景"提出，把握数字化和可持续发展领域的增长机遇，巩固新加坡作为商业、生活时尚和旅游业枢纽的地位，未来10年将现代服务业增加值提升至少50%，并创造超过10万个工作岗位；"2030年贸易愿景"提出，到2030年实现岸外贸易总额超过2.5万亿新元，并采取促进创新与数字化、建立强大的公私伙伴关系和扩大转口贸易等三大关键策略；"2030年企业愿景"指出，要实现2030年新加坡经济愿景，需要一个蓬勃的企业生态环境作为支撑，将大力发掘和支持有潜能的新加坡企业，

---

① "Singapore Budget 2023: Revenue and Expenditure." https://www.mof.gov.sg/singaporebudget/budget-2023/budget-statement.

② Monetary Authority of Singapore (2023). *Recent Economic Developments in Singapore. Singapore*: Monetary Authority of Singapore. p. 3.

③ 《黄循财：政府工作重点仍是推动经济增长增加就业》，新加坡《联合早报》2023年3月6日。

并确保它们具备全球竞争力和创新能力，从而为未来做好准备。

此外，新加坡提出将修改原有气候目标，即由 2050 年达到净零排放改为到 2045 年左右实现。为了提前实现净零排放目标，政府部门从 2023 年起将执行新的采购策略，并定期提交有关各部门关于执行可持续计划的进度报告。在新加坡碳排放总量中，工业领域碳排放量占比超过 60%，要达到净零排放，就必须让各产业部门和企业脱碳。为此，新加坡将逐步调高碳税，助力推动更低碳的生产和投资，为对绿色技术和相关基础设施投资的企业提供能效津贴；通过水电费回扣，协助中低收入家庭免受高电价造成的冲击；促进电网脱碳，政府将协助企业转向更低碳的生产方式；作为国际金融中心，新加坡将在绿色金融服务领域发挥其优势。[①] 同时，政府将实施全国氢气战略，以低碳方式生产氢气，到 2050 年，氢气可满足当地 50% 的能源需求。[②]

参考文献

ADB（2023）. *Asian Development Outlook 2023*. Manila：Asian Development Bank.

Ministry of Trade and Industry Singapore（2022）. *Singapore's National Hydrogen Strategy. Singapore*：Ministry of Trade and Industry.

Ministry of Trade and Industry（2022）. *Economic Survey of Singapore Fourth Quarter 2022. Singapore*：Ministry of Trade and Industry.

Ministry of Trade and Industry（2023）. *Economic Survey of Singapore 2023. Singapore*：Ministry of Trade and Industry.

Monetary Authority of Singapore（2023）. *Recent Economic Developments in Singapore*, *February 2023. Singapore*：*Monetary Authority of Singapore*.

Monetary Authority of Singapore（2023）. *Recent Economic Developments in Singapore*, *August 2023. Singapore*：*Monetary Authority of Singapore*.

[①] 《政府部门将加强采购策略，争取 2045 年达净零排放》，新加坡《联合早报》2023 年 2 月 25 日。

[②] Ministry of Trade and Industry Singapore（2022）. "Singapore's National Hydrogen Strategy." https：//www. mti. gov. sg/Industries/Hydrogen.

"White Paper on Singapore's Response to COVID-19: Lessons for the Next Pandemic. " https://www. gov. sg/article/covid-19-white-paper.

World Bank（2020）. "Integrating Human Capital into National Development Planning in Singapore. " https://openknowledge. worldbank. org/server/api/core/bitstreams/abcffd3b-80 22-5b8b-9080-4760db842033/content.

B.11
大选前后泰国的政治与经济形势

郑慕强[*]

摘　要：　在经历了三年新冠肺炎疫情后，泰国举行了新一届国会下议院选举。远进党获得最多议员席位，由远进党、为泰党等组成的八党联盟提名的总理候选人皮塔未被国会通过，使得政府内阁总理选举一波三折。经过新的党派联盟整合，为泰党提名的赛塔当选为泰国第 30 任总理。随着国内疫情影响逐渐消退，泰国经济持续缓慢复苏，国内外需求扩大，农业和服务业增长率超过经济整体增速，工业出现负增长，旅游业逐渐回暖，但经济总体尚未恢复到疫情暴发前的水平。面对新的国内外形势，泰国确立了未来五年经济与社会发展方向，并调整宏观经济政策，促进产业转型升级，扩大基础设施投资，加快东部经济走廊建设，重振旅游业。因此，大选前后的泰国政治与经济形势引人关注。

关键词：　全国大选　经济复苏　产业转型　泰国

在国际形势和地缘政治格局急剧变化的背景下，泰国举行了 2023 年全国大选，虽然政府总理选举一波三折，但国内政局保持总体平稳。泰国经济复苏进程依然缓慢，通货膨胀率有所回落，出口贸易持续萎缩，未来泰国政治与经济形势仍面临诸多不确定因素。泰国各界希望新政府能够稳定政局，加快变革，摆脱"中低收入陷阱"，促进经济社会的可持续发展。

---

[*] 郑慕强，经济学博士，汕头大学东南亚研究中心教授。

一　2023年泰国大选

2023 年 5 月，泰国大选正式拉开帷幕，这是自 2014 年泰国发生军事政变以来的第二次大选。近年来，泰国政局保持了相对稳定，但经济发展滞后于其他东南亚国家，尤其是疫情结束后经济复苏缓慢，泰国国内寻求变革和改变现状的呼声高涨。年轻选民希望通过参与主流政治，结束泰国长期以来军事政变、街头抗议和民主承诺落空的循环。因此，本次大选被视为保守势力与民主派之争，也是决定泰国未来发展的重要转折点。

根据泰国选举制度，泰国国会下议院由 400 名分区议员和 100 名不分区议员组成。全国 400 个选区各选出一名议员进入分区议席，再按各政党得票比例确定不分区议席分配方案。

此次选举将从 500 名下议院议员中选举产生总理人选。其中，400 名议员由单一选区直接选举产生，另外 100 名议员由全国比例代表制产生。各政党可提名三名总理候选人，被提名者无须为该党党员或是当选议员，但被提名者须获国会至少 5% 的议员即 25 名议员的支持才能获得提名。总理的最终人选由上下两院联席会议投票产生，两院联席会议由 500 名下议院议员和 250 名由军方任命的上议院议员组成，总理候选人必须获得两院联席会议超过半数的支持。泰国选举委员会确定投票日为 5 月 14 日，下议院 400 个分区议席的候选人须在 4 月 3 日至 7 日报名参选，政党则必须在 4 月 4 日至 7 日为 100 个不分区议席提名候选人，并提名总理人选。

此次大选，泰国国内共有 25 个政党提交了总理候选人名单，其中包括泰国人团结建国党（United Thai Nation）总理候选人现任总理巴育（Prayut Chan-o-cha）、公民力量党（Palang Pracharat）总理候选人现任副总理巴威（Prawit Wongsuwan）、为泰党（Pheu Thai）总理候选人贝东丹（Paetongtarn Shinawatra）、远进党（Move Forward）总理候选人皮塔（Pita Limjaroenrat）、自豪党（Bhumjaithai）总理候选人现任副总理兼卫生部长阿努廷（Anutin Charnvirakul）、民主党（Democrat）总理候选人现任商业部长朱林（Jurin

Laksanawisit）等。①

2023 年 5 月 14 日，泰国举行新一届国会下议院选举，共有 3929 万人投票，投票率高达 75.22%，创下历史之最。泰国的大选结果显示，远进党和为泰党在下议院获得了最多的席位。其中，远进党获得了 151 个议席（区域议员获 112 席，政党名单议员获 39 席），为泰党获得了 141 个议席（区域议员获 112 席，政党名单议员获 29 席），自豪党获得了 71 个议席（区域议员获 68 席，政党名单议员获 3 席）、国民力量党获得了 40 个议席（区域议员获 39 席，政党名单议员获 1 席）、泰国人团结建国党获得了 36 个议席（区域议员获 23 席，政党名单议员获 13 席）、民主党获得了 25 个议席（区域议员获 22 席，政党名单议员获 3 席）。

2023 年 7 月 11 日，泰国总理巴育宣布退出政坛和其所在的泰国人团结建国党，但他将继续担任看守总理一职直到新政府上台。巴育曾任泰国陆军参谋长、陆军司令等职，2014 年 5 月 22 日，泰国军方以“国家维稳团”名义接管政权，巴育任“国家维稳团”主席。同年 8 月，国家立法议会选举巴育担任总理。2019 年 6 月，泰国新一届国会上下两院投票选举新总理，巴育再次高票当选。执政九年来，巴育总理为促进泰国的发展和社会稳定发挥了重要作用，但也被指责在经济发展上毫无建树，应对新冠肺炎疫情不力等。因此，巴育总理及其内阁成员曾遭到在野党阵营向国会提出的四次不信任案，分别在 2020 年 2 月、2021 年 2 月、2021 年 8~9 月和 2022 年 7 月，但巴育总理及内阁成员均顺利过关。

2023 年 7 月 13 日，泰国国会上下两院联席会议正式投票选举泰国第 30 任总理。在 5 月下议院选举中，远进党得票数最多，随后联合为泰党等七个政党组成八党联盟，共占据下议院 312 席，在下议院拥有绝对优势。然而，250 名上议员中大多是由军方委派的保守派人士，投票结果显示八党联盟提名的总理候选人皮塔仅获得 13 名上议员的支持，其余投了反对票或弃权票。最终皮塔只获得上下两院 324 票的支持，未能获得国会 750 名议员半数以上的

---

① 《2023 大选：准总理候选人高达 38 位》，泰国《星暹日报》2023 年 4 月 6 日。

支持。此后，皮塔被曝出在登记参选议员时仍持有一家媒体公司的股份，有违反选举法规定的情况，加之远进党意欲修改刑法第 112 条有"冒犯君主法"等行为，均对皮塔造成负面影响。7 月 19 日，泰国国会举行第二轮总理选举投票，首先就皮塔能否被重复提名为总理候选人展开辩论，在上下两院参与投票的 715 名议员中，有 395 人反对皮塔再次被提名为总理候选人。

在皮塔的总理提名资格被否后，此次大选中得票数排名第二的为泰党将推出新的总理候选人。皮塔此前曾表示，若是他的总理提名资格被否，他将支持为泰党推出的候选人。此后，为泰党密集会见各派别的政党领袖，多个党派均表示不支持修改刑法第 112 条，更有政党明确表示不会与支持修订该条款的政党共同组建政府。① 由于多个政党表明只要为泰党与远进党合作就不会支持为泰党提名的总理人选，为泰党宣布退出八党联盟，抛弃在大选中赢得下议院最多议席的远进党，重新组建新的党派联盟，寻求足够的国会上下议院的支持票。② 2023 年 8 月 21 日，为泰党宣布十一党联盟组建新政府，该政党联盟已争取到国会下议院 314 张支持票，并提名赛塔·他威信（Srettha Thavisin）为总理候选人。

8 月 22 日，泰国国会召开上下两院联席会议，并举行第三轮总理选举投票。为泰党正式提名赛塔为该党总理候选人。投票结果显示，作为唯一的总理候选人，赛塔共获得 482 张支持票，其中下议院 329 张，上议院 153 张，另有 165 张反对票、81 张弃权票，有 20 人未到会，③ 由此赛塔当选泰国第 30 任总理。赛塔出生于 1963 年 2 月 15 日，是为泰党 3 名总理候选人之一。他曾就读于泰国朱拉隆功大学，获土木工程学士学位，后在美国克莱蒙研究大学学习，获工商管理硕士学位，其职业生涯始于宝洁（P&G）泰国公司的副经理，后转向房地产行业，是泰国房地产开发商尚思瑞（Sansiri）的前总裁兼首席执行官。自 1994 年该公司成立以来，他一直在公司任职，并担任多家子公司董事。该公司于 1996 年 7 月在泰国证券交易所

---

① 《为泰党密集会晤跨派系政党商谈组阁》，泰国《星暹日报》2023 年 7 月 23 日。
② 《为泰党正式宣布与远进党分道扬镳》，泰国《星暹日报》2023 年 8 月 2 日。
③ 《赛塔当选泰国第 30 位总理》，泰国《星暹日报》2023 年 8 月 22 日。

上市，是泰国最大的房地产开发商之一，2022年营业收入为297亿泰铢，利润超过20亿泰铢，已开发项目400多个，遍布全国20个府。[①]

二 泰国经济呈现缓慢复苏的态势

2022年，在新冠肺炎疫情影响逐渐减弱的背景下，泰国宏观经济总体相对稳定，经济持续缓慢复苏，失业率处于低位，但通货膨胀率居于高位，贸易逆差有所扩大。从产业结构上看，服务业增长率超过经济整体增速，工业出现负增长，旅游业逐渐回暖，进出口贸易创下历史新高，但国内经济仍未恢复到疫情暴发前的水平。

（一）泰国经济持续缓慢复苏

在新冠肺炎疫情的冲击下，2020年泰国经济陷入严重的衰退，2021年经济呈现恢复性增长，2022年经济保持了缓慢复苏的态势。据泰国国家经济和社会发展委员会（NESDC）公布的数据，2022年泰国国内生产总值的增长率为2.6%，高于上年经济增速（1.5%）。从季度经济增长率看，第一季度至第四季度泰国的经济增长率分别为2.2%、2.5%、4.6%和1.4%。

从需求侧来看，泰国国内外需求出现了一些变化。2022年，私人消费增长6.3%，政府消费增长0%，固定资本形成增长2.3%，其中私人投资和政府投资分别增长5.1%和-4.9%。商品与服务出口、进口分别增长6.8%和4.1%，其中商品出口、进口分别增长5.5%和15.3%。对比2021年，国内私人消费（0.6%）和投资（3.0%）有较快增长，而政府消费（3.7%）和投资（3.4%）呈现停滞和萎缩状态。与此同时，国外需求则持续增长，但增幅明显放缓。从2022年第四季度开始，泰国的出口、进口贸易出现负增长，分别为-7.3%和-0.3%，由此导致商品与服务出口和进口、商品出口

---

① 《塞塔当选泰国第30位总理》，泰国《星暹日报》2023年8月22日。

增长率从上年的两位数降至一位数，但商品进口仍保持两位数增长。2022年经常项目逆差为169亿美元，占GDP的3.4%（见表1）。

表1 2020~2023年泰国经济增长情况

	2020年	2021年	2022年	2023年	
				2022年11月	2023年2月
GDP（10亿铢）	15661.1	16166.6	17367.3	18781.11	18444.1
人均GDP（铢）	225311.4	231986.1	248635.3	268144.2	263332.9
GDP（10亿美元）	500.5	500.5	495.2	521.7	562.3
人均GDP（美元）	7200.7	7254.1	7089.7	7448.4	8028.4
GDP增长率（%）	-6.1	1.5	2.6	3.0~4.0	2.7~3.7
私人消费（%）	-0.8	0.6	6.3	3.0	3.2
政府消费（%）	1.4	3.7	0.0	-0.1	-1.5
固定资本形成（%）	-4.8	3.1	2.3	2.5	2.2
私人投资（%）	-8.1	3.0	5.1	2.6	2.1
政府投资（%）	5.1	3.4	-4.9	2.4	2.7
商品与服务出口（%）	-19.7	11.1	6.8	8.5	7.4
商品出口（10亿美元）	227.0	270.6	285.4	293.8	280.9
商品出口（%）	-6.5	19.2	5.5	1.0	-1.6
商品与服务进口（%）	-13.9	17.8	4.1	3.6	2.6
商品进口（10亿美元）	186.6	238.2	274.6	276.1	268.8
商品进口（%）	-13.6	27.7	15.3	1.6	-2.1
经常项目差额（10亿美元）	20.9	-10.6	-16.9	5.6	8.6
经常项目差额/GDP	4.2	-2.1	-3.4	1.1	1.5
消费物价指数（CPI）	-0.8	1.2	6.1	2.5~3.5	2.5~3.5
GDP平减指数	-1.3	1.7	4.7	2.5~3.5	2.5~3.5

注：2023年为预测数，其中包括2022年11月21日、2023年2月17日的预测数。

资料来源：根据Office of the National Economic and Social Development Council, *Thai Economic Performance in Q4 of 2022 and the Outlook for 2023* 数据编制。

从供给侧来看，2022年泰国的三大产业中，农业增长2.5%，工业增长-0.5%，服务业增长4.3%。从季度增长率来看，农业除第三季度外均为正增长；工业增长波动较大，该部门第一、三季度为正增长，第二、四度为负增长；服务业实现了四个季度的持续正增长。从工业各部门数据看，制造业增长率为0.4%，电力燃气供应增长1.9%，供水与排污增长3.9%，采矿业增长-14.9%，制造业生产指数（PMI）增长0.6%，产能利用率平均值为62.6%。① 从服务各部门数据看，住宿餐饮业和信息通信业分别增长39.3%，运输仓储业增长7.1%，建筑业下降2.7%。由于旅游业逐渐复苏，国际游客人数增加，全年接待国外游客数量达1115.3万人次，增长2506.6%，旅游收入为1.207万亿泰铢，增长217.0%（见表2）。

表2 2021~2022年泰国各产业部门增长率

单位：%

	2021年	2022年				
		第一季度	第二季度	第三季度	第四季度	全年
农业	2.3	3.4	4.0	-2.2	3.6	2.5
工业	3.7	0.7	-2.1	4.5	-4.6	-0.5
采矿业	-5.3	-17.2	-21.2	-13.3	-6.9	-14.9
制造业	4.7	2.0	-0.8	6.0	-4.9	0.4
电力燃气供应	0.3	1.8	1.1	4.4	0.1	1.9
供水与排污	4.6	4.7	3.2	3.3	4.3	3.9
服务业	0.3	2.8	4.7	5.5	4.2	4.3
建筑业	2.2	-5.1	-4.4	-2.6	2.6	-2.7
批发零售;机车和个人家庭物品维修	1.7	2.7	3.2	3.5	3.1	3.1
运输仓储业	-2.8	3.5	5.0	10.1	9.8	7.1
住宿餐饮业	-15.0	32.2	44.7	53.2	30.6	39.3
信息通信业	-15.0	32.2	44.7	53.2	30.6	39.3
金融保险服务业	5.3	1.0	1.4	1.0	0.4	0.9
房地产业	1.7	1.3	2.4	3.1	19	2.1
专业技术服务	-3.1	0.3	1.3	1.7	1.6	1.2
行政后勤服务	-7.8	-1.2	-0.6	3.5	4.4	1.5
公共管理和国防;	0.2	-2.8	0.6	1.0	-0.8	-0.5
社会基本保障教育	0.3	0.6	1.7	2.9	-0.7	1.1
卫生与社会工作	3.5	7.3	9.0	5.3	4.3	6.3

---

① NESDC（2023）."Thai Economic Performance in Q4 of 2022 and the Outlook for 2023." https：//www.nesdc.go.th/nesdb_ en/article_ attach/article_ file_ 20230217093030.pdf.

	2021 年	2022 年				
		第一季度	第二季度	第三季度	第四季度	全年
艺术娱乐	4.9	-3.2	-1.2	1.7	0.7	-0.5
其他服务业	-6.1	1.0	1.6	6.3	0.8	2.4
雇人的私人住户	-0.1	1.2	-5.8	2.9	1.2	-0.1
总计	1.5	2.2	2.5	4.6	1.4	2.6

资料来源：根据 Office of the National Economic and Social Development Council, *Thai Economic Performance in Q4 of 2022 and the Outlook for 2023* 数据编制。

（二）宏观经济总体保持稳定，但通胀率创下24年来的新高

在新冠肺炎疫情期间，泰国政府实施了扩张性财政政策和宽松的货币政策。2022 年下半年开始，中央银行调整货币政策，连续七次加息共计 175 个基点，以抑制通货膨胀。2022 年，按现价计算，泰国国内生产总值为 17.4 万亿泰铢（约合 4950 亿美元），人均 GDP 为 248635.3 泰铢（约合 7089.7 美元）。目前，泰国仍是东南亚第二大经济体，仅次于印尼。2022 年，国内消费者物价指数（CPI）为 6.1%，失业率为 1.32%，就业人数从上年的 3882 万人增至 3922 万人，失业人数从 78 万人降至 53 万人；年末公共债务累计达 10.6 万亿泰铢，占国内生产总值的 60.9%；经常项目赤字为 169 亿美元，经常项目逆差占 GDP 的比重为-3.4%；外汇储备为 2166 亿美元。泰铢兑美元的平均汇率为 35.07 泰铢/美元，上年为 31.99 泰铢/美元。[①]

由于俄乌冲突的加剧，国际市场上能源和大宗商品价格大幅波动，泰国的物价水平急剧攀升，通货膨胀率创下 24 年来的新高。同时，泰国经济还面临持续增长的家庭债务和公共债务两大风险。在经历了三年疫情后，泰国家庭债务占 GDP 的比重接近 90%，公共债务占 GDP 的比重接近 60%。政府

---

① NESDC（2023）."Thai Economic Performance in Q4 of 2022 and the Outlook for 2023." https：//www. nesdc. go. th/nesdb_ en/article_ attach/article_ file_ 20230217093030. pdf.

不得不将公共债务占 GDP 的上限从 60% 调高到 70%，并放宽财政透支额。虽然在疫情期间政府采取了非常规赤字预算，但从政府财政长期稳定和平衡看，此举为无法长期持续的财政措施。

（三）进出口贸易创近年新高，引进外资取得新进展

在全球疫情的冲击下，2020 年泰国进出口贸易急剧下滑，2021 年快速恢复，2022 年泰国进出口贸易额达 20.53 万亿泰铢（约合 5884.55 亿美元），增长 20.1%，创下历史新高。其中，出口贸易额为 9.96 万亿铢（约合 2874.25 亿美元），增长 16.2%；进口贸易额为 10.57 万亿铢（约合 3010.30 亿美元），增长 24.0%（见表 3）。2022 年，中国继续保持泰国第一大贸易伙伴的地位，美国、日本、马来西亚、越南分别是泰国第二至第五大贸易伙伴。其中，泰国的十大出口国或地区分别为美国（16487.10 亿铢）、中国内地（11918.75 亿铢）、日本（8549.31 亿铢）、越南（4601.25 亿铢）、马来西亚（4391.67 亿铢）、澳大利亚（3886.64 亿铢）、印度（3645.32 亿铢）、印尼（3575.26 亿铢）、新加坡（3547.77 亿铢）和中国香港（3487.05 亿铢），十大进口国或地区分别为中国大陆（24871.23 亿铢）、日本（12100.20 亿铢）、美国（6239.59 亿铢）、阿联酋（5984.56 亿铢）、马来西亚（5048.02 亿铢）、中国台湾（4155.02 亿铢）、韩国（3553.05 亿铢）、印尼（3379.31 亿铢）、新加坡（2875.04 亿铢）和越南（2789.52 亿铢）。[①]

表 3　2000~2022 年部分年份泰国进出口贸易变化

年份	进出口贸易（亿泰铢）				进出口贸易增长（%）			
	进出口	出口	进口	贸易差额	进出口	出口	进口	贸易差额
2000	52621.98	27680.65	24941.33	2739.32	27.7	25.0	30.8	-10.7
2005	91927.16	44386.91	47540.25	-3153.34	19.8	14.6	25.1	-534.2
2010	119699.27	61133.35	58565.91	2567.44	22.2	17.7	27.3	-56.7
2015	141318.01	72257.22	69060.78	3196.44	-4.0	-1.2	-6.7	444.4

---

① Ministry of Commerce. "Foreign Trade Statistics of Thailand." https：//tradereport. moc. go. th/TradeEng. aspx.

年份	进出口贸易（亿泰铢）				进出口贸易增长（%）			
	进出口	出口	进口	贸易差额	进出口	出口	进口	贸易差额
2020	136598.35	71835.67	64762.67	7073.00	−9.3	−5.8	−12.8	248.9
2021	170945.25	85689.40	85255.85	433.55	25.1	18.9	32.0	−93.9
2022	205267.15	99570.73	105696.42	−6125.69	20.1	16.2	24.0	−1513.1

资料来源：Ministry of Commerce. "Foreign Trade Statistics of Thailand. " https：//tradereport. moc. go. th/ TradeEng. aspx。

目前，泰国已签署的多边和双边自贸协定共15项，包括与东盟其他国家、中国内地、日本、韩国、印度、澳大利亚、新西兰、秘鲁、智利和中国香港等。2022年，在各类自贸协定框架下，泰国对东盟其他国家的出口额为307.93亿美元，增长17.17%；对中国的出口额为262.91亿美元，增长3.80%；对日本的出口额为67.23亿美元，增长0.47%；对澳大利亚的出口额为60.41亿美元，增长−1.90%；对印度的出口额为57.24亿美元，增长30.76%；对韩国的出口额为36.25亿美元，增长3.77%；对澳大利亚的出口额为27.10亿美元，增长17.01%；对智利的出口额为5.93亿美元，增长4.02%。在《区域全面经济伙伴关系协定》（RCEP）框架下，对日本、中国、韩国、澳大利亚、新加坡、新西兰、马来西亚和越南的出口总额为9.95亿美元。① 2023年3月，泰国与欧盟宣布重启双边自贸协定谈判，双方于2013年展开首次自贸协定谈判，但次年该谈判因泰国政局动荡而中断。

不过，泰国的进出口贸易仍存在一些隐忧。在全球经济增长放缓的背景下，2022年10月，泰国出口贸易出现了20个月以来的首次下跌，后连续五个月为负增长。同时，2022年泰国贸易逆差达161.228亿美元，创下2004年以来的新高，究其原因主要是俄乌冲突导致全球能源价格高涨，能源价格上涨推高原材料、半成品价格，进而导致泰国进口额大幅度增加。其中燃料类进口615.3亿美元，增长20.3%；资本货物进口668.28亿美元，

---

① 《外贸厅去年使用FTA权益出口额超846亿美元》，泰国《星暹日报》2023年2月2日。

增长 22%；原材料及半成品进口 1259.46 亿美元，增长 41.5%。① 此外，美国针对泰国的反倾销措施涉及三种产品，即从泰国出口的晶体硅光伏电池（CSPV）、铝箔产品、订书钉。美国声称上述产品涉及使用中国制造的零部件，因此，违反美国的相关法律，对其采取反倾销措施。

为促进国内经济复苏，泰国积极调整吸引外资政策，推出了外籍人士长期居留签证和外国企业在泰国投资可享受各项优惠政策等措施，还为新能源汽车、数字技术、以"生物—循环—绿色"（BCG）经济模式运行的重点产业推出 3~5 年的扶持政策，并优化了供应链和物流服务等。据泰国投资促进委员会（BOI）的统计，2022 年，泰国吸引外商直接投资（FDI）项目 1070 项，投资额为 4339.71 亿铢，占全年吸引投资总额（6646.35 亿铢）的 65.3%。其中外资独资项目 608 项，投资额为 2522.87 亿铢；中国大陆是当年泰国的最大投资来源地，随后为日本、美国、中国台湾和新加坡等。②

三 泰国近中期经济政策的调整

当前，国际环境和地缘政经形势急剧变化，泰国采取了一系列政策措施加以应对。政府确立了未来五年经济与社会发展方向，并调整宏观经济政策，推动经济复苏和抑制通货膨胀，促进国内产业转型升级，扩大基础设施投资，加快东部经济走廊建设，重振旅游业，为构建创新型经济和公平社会创造有利的环境和条件。

（一）泰国发布第十三个国民经济和社会发展五年计划

2022 年 10 月，泰国国家经济和社会发展委员会（NESDC）发布了第十三个国民经济和社会发展五年计划（2023~2027 年），该计划也是 2018 年 10 月开始实施的《20 年泰国国家发展战略规划（2018—2037 年）》中的

---

① 《去年贸易逆差 161 亿美元创 9 年来新高》，泰国《星暹日报》2023 年 1 月 30 日。
② "Foreign Investment Projects Submitted to BOI." https：//www.boi.go.th/upload/content/Total%20FDI%202022_63c675c594aa7.pdf.

第二个五年计划。"十三五"计划提出以"适足经济哲学"（SEP）、韧性发展、联合国可持续发展目标、"生物经济—循环经济—绿色经济"发展模式（BCG Model）为指导原则，确立未来五年的五大战略目标，即重组制造业和服务业以塑造创新型经济、开发适应全球新时代的人力资源、创造机会和构建公平的社会、确保生产和消费的可持续性、增强应对全球性挑战和风险的能力。

在确立"十三五"计划的战略目标后，泰国又明确提出了具体的实现指标。（1）重组制造业和服务业以塑造创新型经济。2021~2027年，泰国人均国民收入从7097美元增至9300美元。（2）开发适应全球新时代的人力资源。2020~2027年，泰国人类成就指数（HAI）从0.6501升至0.7209，该指数包括健康、教育、就业、收入、住房、家庭与邻里生活、运输与通信、社会参与等指标。（3）创造机会和构建公平的社会。2020~2027年，泰国最高收入阶层和最低收入阶层的收入差距从5.68倍降至5倍。（4）确保生产和消费的可持续性。2019~2027年，温室气体（GHG）减排量从17%增至20%。（5）增强应对全球性挑战和风险的能力。2020~2027年，国际卫生条例（IHR）规定的应对突发公共卫生事件的能力建设从85%升至95%，每项核心能力建设不低于80%。随着全球气候急剧变化，泰国全球气候风险指数（CRI）世界排名从2015~2019年的第36位降到2023~2027年的第40位。2021~2027年，泰国数字竞争力世界排名从第38位升至第30位，政府效率世界排名从第20位升至第15位。[①]

泰国的"十三五"计划为泰国经济发展提出了13个具体的发展路径。在制造业和服务业方面，要把泰国打造为全球领先的高附加值农产品生产与加工基地、能够实现可持续发展和高质量的旅游目的地、世界主要的电动汽车制造基地、高品质的医疗保健中心、区域重要的战略贸易和投资及物流门户、东盟数字和智能电子产业中心；在社会经济和公平方面，要发展具有潜

---

① Office of the National Economic and Social Development Council, Office of the Prime Minister (2022). *The 13th National Economic and Social Development Plan* (*2023-2027*). Bangkok: NESDC. p. 19

力和竞争优势的中小企业，建设可持续发展的智慧城市和安全宜居的社区，缩小贫富差距和为低收入者提供适当的社会保障；在自然资源和环境可持续性方面，要塑造循环经济和低碳社会，减轻自然灾害和气候变化的影响；在泰国转型关键因素方面，要培育致力于终身学习、面向未来发展的高素质人才队伍，建立具备现代化特征、高效和反应迅速的公共部门。此外，"十三五"计划还提出了具体的政策措施，包括实施原则、政策指南、财政预算、参与部门、监测与评估程序等。

（二）调整宏观经济政策，推动经济复苏和抑制通货膨胀

为了加快推动国内经济复苏，2021年1月，泰国政府制定了应对疫情与促进经济复苏的企业和国民援助计划实施方案，并借助国有储蓄银行、农业合作社银行、住房银行、中小企业发展银行、国家进出口银行、国有伊斯兰银行等启动13项措施来拉动国内消费。2021年6月，泰国政府批准了总额达1400亿泰铢的一揽子经济刺激计划，旨在减轻新冠肺炎疫情对国内经济的影响。2022年7月，泰国内阁批准了新一轮总额达274亿泰铢的经济刺激配套方案，向全国约2650万名符合条件者发放总额为212亿泰铢的援助，向1334万名领有国家福利卡的低收入民众发放总额为53亿泰铢的援助，向223万名特殊需求者发放总额为8.92亿泰铢的援助。2022年10月起，2023年泰国政府财政预算开始执行，该年财政预算总额为3.18万亿铢，较上年增长2.74%；预算赤字为6950亿铢，较上年略有减少。

俄乌冲突爆发后，国际油价和其他大宗商品价格上扬，引发泰国通货膨胀率急剧上升，2022年泰国的通货膨胀率达6.1%。同时，美国货币政策的转向，导致泰国货币一度加速贬值，泰铢兑美元汇率降至2015年以来的最低水平。在全球通货膨胀加剧和美国连续11次加息的压力下，保持物价和币值稳定成为泰国宏观经济政策的核心目标。为此，泰国中央银行多次提高政策利率。2022年8月，泰国央行上调基准利率25个基点，使其升至0.75%，这是四年来泰国央行首次加息。2022年9月和11月，2023年1月、3月、5月、8月和9月泰国先后七次上调基准利率，使得基准利率升

至 2.5%，达到 9 年来的新高。泰国央行货币政策委员会认为，泰国经济已逐渐步入正轨，货币政策应将通货膨胀率持续保持在目标区间内，并强化金融领域的长期稳定态势。要达成这个目标，泰国就必须避免长时间的低利率环境。虽然泰国出现高通胀的概率已经减小，央行的货币紧缩政策可能即将结束，但极端天气推高粮食价格的风险还依然存在。

（三）促进产业转型升级，打造区域新能源汽车制造中心

在"泰国 4.0"战略框架下，政府确定了新一代汽车、智能电子、农业和生物技术、数字经济、工业机器人、未来食品加工、生物能源与生物化工、航空物流、高端旅游、医疗卫生等十大目标产业部门，以推进五大传统优势产业转型和五大未来新兴产业发展。同时，泰国政府提出"生物经济—循环经济—绿色经济"（BCG）的新发展模式，并将其作为继"泰国 4.0"之后的另一项国家战略。政府确定了采用 BCG 模式的四个具有战略性的领域，即粮食和农业，医疗和健康，能源、材料和生物化学，旅游与创意经济，并将新能源汽车、医疗器械、机器人和自动化、生物产业、食品加工业作为工业发展的五大目标产业，计划到 2030 年每年生产 72.5 万辆电动汽车（占国内汽车总产量的 30%），到 2027 年将泰国建成东盟医疗器械制造中心、生物中心，以及未来粮食生产中心。为此，泰国投资促进委员会（BOI）制定了 2023~2027 年投资促进战略，确定了创新、高科技和绿色产业的七大核心领域，即对现有产业进行升级和发展具有潜力的新兴产业、向绿色和智能工业转型、推动泰国成为地区贸易中心和投资窗口、扶持与全球市场和供应链相连的中小企业和初创企业、促进国内不同地区的投资、促进国内社区和社会发展、推动海外投资和拓展商机等。[①]

随着新能源汽车工业的兴起，泰国传统的汽车工业面临严峻的挑战，政府专门成立了国家电动汽车政策委员会。2021 年 3 月，该委员会发布了总体规划，确定了促进电动汽车产业发展的指导方针和目标，提出到 2030 年

---

① Thailand Board of Investment Office（2023）. *Investment Promotion Guide 2023*. Bankok：BOI.

生产 72.5 万辆电动汽车,使得电动汽车产量占汽车总产量的 30%,力争在未来五年内将泰国打造为东南亚电动汽车制造中心。2022 年 2 月,泰国政府批准了电动汽车政策委员会提出的降低纯电动汽车、摩托车和皮卡等车辆的关税、消费税及提供市场补贴等措施,上述措施于 2022 年 5 月正式生效。① 同时,泰国投资促进委员会推出了针对新能源汽车的投资促进措施,包括对电动汽车零部件厂商实施免税,纯电动汽车最长可享受 10 年免税期,混合动力汽车最长可享 6 年免税期,削减新能源汽车购置税,提供购车补贴等。

目前,泰国是东南亚最大的汽车生产国,也是世界上第十一大汽车生产国和第九大汽车出口国。2022 年,泰国汽车总产量达 188.35 万辆,增长 11.73%;出口突破 100 万辆,达 100.03 万辆,增长 4.28%。2023 年,预计泰国汽车产量将达 195 万辆,出口 105 万辆,增长 1.22%,内销 90 万辆,增长 6.36%。在泰国汽车市场上,燃油动力汽车仍以日系汽车为主,电动汽车领域中国品牌发展势头强劲。2022 年 10 月的数据显示,在燃油动力汽车市场上,丰田汽车占 34%、五十铃汽车占 25%、本田汽车占 10%;在新能源汽车市场上,长城汽车依托欧拉好猫、哈弗 H6 等热销车型占据 45% 的份额,其次是名爵,占 24% 的份额。②

(四)扩大基础设施项目投资,加快东部经济走廊建设

近年来,泰国加快基础设施建设,进一步促进国内经济复苏。2022 年 6 月,泰国政府内阁通过了 2023~2027 年基础设施行动方案,包括 77 个建设项目,总预算为 3377.97 亿泰铢,主要用于加强东部经济走廊(EEC)的基础设施、公用事业和通信网络的发展。其中,2023 年共有 29 个项目,总预算为 1256.00 亿泰铢,2024~2027 年共有 48 个项目,总预算为 2121.97 亿泰铢。③ 同时,泰国政府通过了 2023~2027 年国有企业发展规划,确定了全国 52 家国有企业的发展目标与策略,从而使之符合国家战略总体规划和第

---

① 《内阁批准调整 27 项汽车税促进电动车发展》,泰国《星暹日报》2022 年 2 月 25 日。
② 《泰国超额完成 180 万辆汽车产能目标》,泰国《中华日报》2023 年 1 月 26 日。
③ 《内阁批 3300 亿铢预算升级 EEC 基础设施》,泰国《星暹日报》2022 年 6 月 29 日。

十三个五年发展计划。预计五年间累计投资 184 个项目，总价值超过 2.9 万亿铢，重点是加快基础设施建设和扶持中小企业发展等，包括城镇间的公路和铁路、机场、航运港口、水运系统、电力传输系统、太阳能发电厂、电动汽车充电站、供水服务设施等建设项目。① 2023 年，国有企业投资预算为4433.51 亿泰铢，其中能源、交通、公用事业、其他领域的投资占比分别为61%、24.5%、6% 和 8.5%。预算支出前 10 大公共投资项目是：中泰曼谷—廊开铁路一期（曼谷—呵叻府）、捷运紫线项目道潘—叻武拉纳段、输配电系统开发二期、拉玛三—道卡农—曼谷西部外环路高速公路、班派—玛哈色拉堪—黎逸—莫达汉—那空拍侬铁路、崇颂国王华诞的政府中心扩建区项目、配电系统改扩建第 12 号项目、登柴—清莱—清孔铁路线、第九次总体水厂规划改进项目、Mae Moh 发电厂更换 8~9 台电机项目。②

自 2018 年以来，泰国东部经济走廊建设取得明显进展，主要基础设施项目，如 EEC 高铁、乌塔堡机场、马达浦工业港口、林查班港口均已进入建设阶段。东部经济走廊第一阶段（2018~2022 年）建设，共吸引 1.92 万亿泰铢的投资，超过最初设想的 1.7 万亿泰铢的目标。其中，与索尼影视和Amazon Falls 公司共同开发的哥伦比亚电影水世界项目，吸引游客超 2000 万人次，创造了 100 亿泰铢的经济价值。东部经济走廊建立了电动汽车生产基地，其中中国长城汽车公司投资 220 亿泰铢，比亚迪投资 178.91 亿泰铢，EVlomo 投资东盟最大的电池生产项目，投资总额为 330 亿泰铢，Horizon Plus 公司（中国台湾的鸿海集团与泰国国家石油集团 PTT 的合资公司）投资超 361 亿泰铢。近期，泰国推出了东部经济走廊的第二个五年计划，提出要继续推出促进投资的优惠政策，为投资者提供一对一专案谈判模式，为国内外投资者提供全方位便利；要扩大产业集群，在现有新能源汽车等产业集群的基础上，增加物流、石油化工等产业集群，拓展东部经济走廊的产业链，加速企业向数字化和智能化转型；加大基础设施投资，加快高速公路、

① 《泰国资委公布新 5 年计划 184 个项目投资 2.9 万亿铢》，泰国《星暹日报》2022 年 8 月 28 日。
② 《明年政府 10 大投资项目将划拨预算 839 亿铢》，泰国《星暹日报》2022 年 11 月 28 日。

污水处理厂等基础设施建设，实现5G网络全覆盖；改善生活环境，推广绿色低碳的发展理念，创建智慧社区。①

（五）实施国家旅游发展计划，重振旅游业

旅游业是泰国经济的重要支柱，2019年是泰国旅游业最兴旺的一年，接待国际游客3991.63万人次，旅游业总收入为3.01万亿铢。2020年，突如其来的新冠肺炎疫情重创了泰国旅游业，到访的国际游客数量骤减至670.24万人次，旅游业总收入降至7425亿铢。2021年，国际游客数量仅为42.79万人次，旅游业总收入降至3840亿铢。2022年，泰国旅游业逐渐回暖，接待的国际游客数量升至1115.3万人次，旅游业总收入达1.2亿铢。随着新冠肺炎疫情转向低水平流行，2023年被视为泰国旅游业全面复苏的开端。政府提出，2023年将水、陆、空运力恢复至疫情前80%的水平，旅游业总收入达到1.31万亿泰铢，相当于2019年旅游业总收入的43.5%。泰国将发展更具美好体验感的、高质量的和可持续发展的旅游业，利用大数据和虚拟技术开发新的旅游生态系统，用美食、泰拳、电影、时尚、传统节日、音乐、博物馆等塑造国家软实力，着力开发医养旅游、银发旅游、家庭旅游和体育旅游，并开拓新的旅游客源国。

2023年1月，泰国政府通过了泰国国家旅游发展计划（2023～2027年）。该计划提出，泰国接待游客量年均增长5%，游客停留时间不少于5天，每年至少有3000家旅游企业和旅游景点获得国家认证。到2027年，接待的国际游客人数达到8000万人次，旅游业总收入超过5万亿铢，旅游业收入占GDP的比重达25%，并成为达成联合国可持续发展目标的国家中成绩最佳的35个国家之一。同时，该计划还提出四大发展策略：一是增强旅游业的韧性与弹性，实现旅游供求平衡；二是确保旅游业高质量发展，如提高安全卫生标准，推动数字和信息基础设施再升级，支持利用旅游经济数据来制定相关国家政策；三是改善旅游体验，把重点放在高端游客群体，推动泰国发展成为全球五个

---

① 《EEC运营初见成效五年引资1.92万亿铢》，泰国《星暹日报》2022年12月13日。

领先的医疗保健目的地之一；四是推动旅游业可持续发展，以保护自然环境、旅游目的地和传统文化为重点，支持将先进技术应用于旅游管理工作中。①

四　2023年泰国政经形势

2023年是泰国的大选年，也是第十三个国民经济和社会发展五年计划的开局之年。在新的国际形势下，地缘政治格局急剧变化，大国战略博弈加剧，全球价值链加速重构，泰国政治与经济形势面临诸多不稳定和不确定因素。当前，虽然泰国大选已尘埃落定，但未来政局仍存在变数，经济复苏进程依然缓慢，泰国国内普遍希望未来的新政府能够稳定政局，加快变革，促进经济社会的可持续发展。

虽然2023年5月泰国大选已落下帷幕，但政府总理的选举一波三折。大选刚结束不久，泰国的许多有识之士认为，新政府必须尽快成立，至少不能推迟到8月后，否则将不利于国家长期稳定发展。人们担心，如果政局不稳泰国GDP将下滑1%~2%。② 8月22日，为泰党候选人赛塔高票当选总理，为泰党成为新政府的核心执政党，开启了为泰党时隔九年重新执政的时代。作为政府组阁的主导者，为泰党与联盟内其他政党已达成合作分工协议，将以为泰党竞选纲领为主要内容，整合和协调其他政党的政策，向国会发表施政方略。这些政策涉及数字经济、土地、工资、兵役制度、农作物价格、南部边境省份冲突、医疗中使用大麻、修改宪法但不触及皇室的相关条款、防止和制止腐败和不当行为等。目前，经济复苏是泰国面临的首要问题，必须通过结构调整和机制完善来刺激经济发展，以恢复人民对国家的信心。③ 在全国大选竞选期间，为泰党候选人赛塔一直主打经济和民生牌，在以新任总理身份发表的全国电视讲话中，他誓言让国家团结起来，以国家和泰国人民利益为先，在今后四年开创变革新时代。

---

① 《泰启动五年国家旅游战略发展规划方案》，泰国《中华日报》2023年1月12日。
② 《泰国棘手的经济问题必须赢在当下》，泰国《中华日报》2023年7月30日。
③ 《为泰党宣布11党结盟共同组建新政府》，泰国《星暹日报》2023年8月21日。

尽管世界卫生组织宣布新冠肺炎疫情不再构成国际关注的突发公共卫生事件，这意味着疫情对泰国经济的影响趋于减缓，但是，由于世界经济复苏进程缓慢，主要发达国家经济下行，泰国等新兴国家经济发展面临的不确定因素增多。作为高度外向型经济，泰国经济的复苏受到世界经济下行和国际市场需求萎缩的制约。泰国经济增长的动力减弱，通胀压力增大，货币汇率下行而基础利率提高，从而引发金融市场的波动，同时也会增加偿债负担，增大企业运营成本。同时，从2022年10月起，泰国月出口连续出现负增长，2023年上半年出口贸易下降5.4%，进口贸易下降3.5%。据国际货币基金组织（IMF）、世界银行和亚洲开发银行的最新预测，2023年泰国经济增长率为3.4%、3.6%和3.3%。据泰国官方的统计，2023年第一、二季度泰国经济增长率为2.7%和1.8%，上半年为2.2%，预计全年为2.5%~3.0%。

从近中期看，泰国经济社会发展仍面临一系列挑战。2020年，泰国经济衰退程度比世界上多数国家都要严重，服务业尤其是旅游业受到的冲击最为严重，经济结构十分脆弱。长期以来，泰国的外向型经济主要依赖代工（OEM）生产模式，国内缺乏资本、技术、市场和人才，全要素生产率（TFP）增长较低，经济增长内生动力不足；产业集聚造成区域发展的巨大差异，曼谷及其周边地区是泰国主要产业的集聚地，其大部分收入来自现代工业和服务部门，而占全国人口1/3的东北部和北部地区的收入主要依赖农业，经济总量低于国内生产总值的10%；泰国社会收入分配不均，贫富差距巨大，最富有群体的平均收入是最贫穷群体的近16倍，国内收入最高的10%的人口拥有的资产几乎占全国总资产的1/3；2022年底，泰国家庭债务为14.97万亿泰铢，占GDP的比重达89.3%，创下16年来的新高；从2005年起，泰国已进入老龄化社会，2020年60岁以上人口占总人口的17.6%，预计"十三五"期间将达到20.1%。①

此外，泰国面临严峻的气候环境问题。2023年2月3日，泰国曼谷空

① Office of the National Economic and Social Development Council, Office of the Prime Minister (2022). *The 13th National Economic and Social Development Plan* (2023-2027). Bangkok: NESDC. pp. 6-11.

气质量信息中心发布了 2023 年 2 月 3 日 PM2.5 测量结果，测量值为 61～116mcg/m3，平均值为 85.2mcg/m3。泰国国内有 70 个地区的空气质量指数超标，39 个地区开始出现影响民众身体健康的情况。[①] 可见，泰国要想达成到 2050 年实现碳中和、2065 年实现温室气体净零排放的目标仍任重道远。

参考文献

ADB（2023）. *Asian Development Outlook April 2023*. Manila：Asian Development Bank.

Ariyapruchya, Kiatipong, Arvind Nair and Mahama Samir Bandaogo（2020）. "Thailand in the Time of COVID-19." *Thailand Economic Monitor*. Washington D. C.：The World Bank Group.

IMF（2023）. *World Economic Outlook Apr 2023：Rocky Recovery*. Washington D. C.：IMF.

IMF（2023）. *World Economic Outlook for Asia and Pacific May 2023：Recovery Unabashed amid Uncertainty*. Washington D. C.：IMF.

IMF（2023）. *World Economic Outlook Update July 2023：Near-Term Resilience, Persistent Challenges*. Washington D. C.：IMF.

NESDC（2023）. "Thai Economic Performance in Q4 of 2022 and the Outlook for 2023." https：//www. nesdc. go. th/nesdb_ en/article_ attach/article_ file_ 20230217093030. pdf.

Office of the National Economic and Social Development Council, Office of the Prime Minister（2022）. "The 13th National Economic and Social Development Plan（2023-2027）." https：//www. nesdc. go. th/nesdb_ en/ewt_ dl_ link. php？nid=4500.

Porphant Ouyyanont（2017）. *A Regional Economic History of Thailand*. Singapore：ISEAS-Yusof Ishak Institute.

World Bank（2021）. *Thailand Economic Monitor, July 2021：The Road to Recovery*. Washington D. C.：World Bank.

World Bank（2022）. *Thailand Economic Monitor：Fiscal Policy for a Resilient and Equitable Future*. Washington D. C.：World Bank.

World Bank（2023）. *East Asia and Pacific Economic Update, April 2023：Reviving Growth*. Washington D. C.：World Bank.

World Bank（2023）. *Global Economic Prospects June 2023*. Washington D. C.：World Bank.

---

① 《曼谷 70 个地区 PM2.5 值超标影响身体健康》，泰国《星暹日报》2023 年 2 月 3 日。

B.12
疫情过渡期越南经济社会
发展和对外关系

杨玉花*

摘　要： 2022年，在放宽疫情防控政策后，越南经济社会保持了稳定的
发展态势，国内经济强劲复苏，产业结构加速调整，进出口贸易创下历史新
高。越南政府推出了一系列中长期国家发展战略与政策，包括国家总体规划、
国家数字化转型计划、绿色增长行动计划、农业与农村可持续发展战略、科
技与创新发展战略、可持续减贫的国家目标计划等，以推动国家数字化和绿
色低碳转型，加快现代化国家建设。岁末年初，越南政府提出了2023年经济
社会和外交领域的发展目标和主要任务。国际经济形势和地缘政治格局的急
剧变化，会给越南经济社会和外交政策提出新的问题与挑战。

关键词： 疫情防控　经济复苏　对外关系　越南

在全球进入动荡变革期的背景下，越南遵循越共十三大精神，坚持开放
革新的方针。经济社会发展取得了显著成就，国内政治保持稳定，经济呈现
强劲复苏态势，外交领域也取得了新的进展。与此同时，政府大力推进国家
数字化和绿色低碳转型，为疫情后现代化建设制定方略。2023年，是越南
实施新的五年计划的第三年，越南经济社会和对外关系发展总体向好，但仍
面临一系列新的挑战。

---

* 杨玉花，经济学博士，厦门大学图书馆副研究馆员。

一 2022年越南经济与社会发展

2022 年 3 月，在越南逐步放宽疫情防控政策后，国内经济社会保持了稳定的发展态势。人口数量突破 1 亿人大关，国内经济呈现强劲复苏态势，产业结构加速调整，进出口贸易创下历史新高。

（一）越南人口规模超过1亿人

越南统计总局的统计数据显示，截至 2022 年 4 月 1 日零时，越南人口为 9920 万人。按近几年越南人口平均增长率计算，预计到 2023 年 4 月中旬，越南将成为世界上第 15 个人口规模超过 1 亿人的国家，也将是东南亚第三个人口规模达到 1 亿人的国家，其他两个东南亚国家分别为印尼和菲律宾。[①]

1986 年实施革新开放时，越南总人口为 6120 万人，两年后激增至 6400 多万人，这带来了一系列社会问题。为应对人口的快速增长，1988 年 10 月越南政府颁布计划生育政策，规定每个家庭最多只能生育两个孩子，并提高生育年龄至女性 22 岁、男性 24 岁，第一胎和第二胎之间必须间隔 3 年。随之，越南的人口增速趋于放缓，2009~2019 年人口增长率为 1.14%。截至 2019 年，越南人口规模超过 9620 万人。2020 年 5 月，越南政府调整了计划生育政策，即鼓励男女 30 岁前结婚，女性 35 岁前怀第二胎，生育两个孩子的女性可享受减税的优惠政策，到 2030 年将生育率低的省市的总生育率提高 10%，各省市达到生育更替水平，即每名育龄女性生育 2~2.2 个小孩。

从 2019 年越南人口普查结果看，越南人口平均年龄仅为 32.5 岁，其中 15 岁以下人口占 24.3%，15~64 岁人口占 68%，65 岁及以上人口占 7.7%。[②] 越南年轻化人口结构带来的"人口红利"，为越南经济持续发展带

[①] 《越南人口预计 4 月中旬破亿，成为第 15 个人口过亿国家》，越通社，2023 年 3 月 12 日。

[②] "20 Major Indicators of the 2019 Population and Housing Census." https://www.gso.gov.vn/en/data-and-statistics/2019/12/infographic-20-major-indicators-of-the-2019-population-and-housing-census/.

来充沛的新生劳动力。但是，如何解决人口结构不平衡问题及提高人口质量仍然是现阶段越南面临的挑战。当前，越南的生育率差距过大，人口结构和人口质量不平衡问题十分突出。同时，越南人口预计 2036 年正式进入人口老龄化阶段，到时老年人口接近 1546 万人，占总人口的 14.17%。2030 年，越南政府的人口战略提出，维持出生率稳定，实现出生人口性别比自然平衡，提高人口质量，有效利用人口结构黄金期，并适应人口老龄化趋势。

（二）2022年越南经济强劲复苏

在越南放宽疫情防控政策后，从 2022 年第三季度起，国内经济加速恢复，呈现强劲复苏态势。2022 年越南四个季度经济增长率分别为 5.03%、7.72%、13.67% 和 5.92%，全年增长率为 8.02%，高于上年 2.58% 的经济增长速度，也远高于官方设定的 6.0%~6.5% 的年度经济增长目标，并创下1997 年以来经济增速的新高。2022 年越南国内生产总值（GDP）为9513.327 万亿越南盾（约合 4090 亿美元），首次突破 4000 亿美元，人均GDP 为 9564.8 万越南盾（约合 4109 美元）。[①]

从宏观经济层面看，越南经济保持稳步运行，通货膨胀率保持在合理区间，2022 年消费价格指数（CPI）同比增长 3.15%，失业率为 3.3%。在美元大幅升值的背景下，2022 年越南盾对美元小幅贬值 4%。政府财政处于稳定状态，2022 年财政收入为 1.7848 万亿越南盾，财政支出为 1.5623 万亿越南盾，财政盈余超过 2000 万亿越南盾。进出口贸易总额首次突破 7000 亿美元，连续 7 年实现贸易顺差。此外，越南有 58 个省和 5 个直辖市，在 63 个省级行政区中，有 59 个 GDP 增速超过 6.5%，区域发展总体较为平衡。

从经济增长的结构看，在需求方面，2022 年越南消费增长 7.18%（其中，政府消费增长 3.62%，居民消费增长 7.79%），总资本形成增长 5.75%（其中，固定资本形成增长 5.98%，存量增长 1.6%）。同期，消费占 GDP

---

① GSO. "Key indicators on National Accounts by Items and Year." https：//www.gso.gov.vn/en/px-web/? pxid=E0301&theme=National%20Accounts%20and%20State%20budget.

的比重为 63.92%，其中政府消费占 GDP 的比重为 8.98%，居民消费占 GDP 的比重为 54.94%；总资本形成占 GDP 的比重为 33.41%，其中固定资本形成占 GDP 的比重为 31.69%，存量占 GDP 的比重为 1.72%；净出口占 GDP 的比重为 2.24%。在供给方面，农林渔业增长 3.36%，对经济增长的贡献率为 5.11%；工业和建筑业增长 7.78%，对经济增长的贡献率为 38.24%；服务业增长 9.99%，贡献率为 56.55%。

表 1 2018~2022 年越南国内生产总值及各部门统计数据

单位：十亿越南盾，%

	2018 年	2019 年	2020 年	2021 年	2022 年
GDP	7009042.13	7707200.29	8044385.73	8479666.50	9513327.03
GDP 增速	7.47	7.36	2.87	2.56	8.02
产业增加值					
农林渔业	862579.58	908257.22	1018050.00	1065078.00	1129908.12
工业和建筑业	2561274.55	2836491.47	2955806.03	3177859.76	3639729.82
服务业	2955777.40	3273149.53	3365059.90	3494290.46	3932450.14
税收及补贴	629410.60	689302.07	705470.32	742438.78	811238.95
产业增速					
农林渔业	4.12	2.67	3.04	3.27	3.36
工业和建筑业	8.99	8.21	4.38	3.58	7.78
服务业	7.46	8.08	2.01	1.57	9.99
税收及补贴	6.19	6.74	0.86	2.30	5.72
产业占比					
农林渔业	12.31	11.78	12.66	12.56	11.88
工业和建筑业	36.54	36.80	36.74	37.48	38.26
服务业	42.17	42.47	41.83	41.21	41.33
税收及补贴	8.98	8.94	8.77	8.75	8.53

资料来源：根据 *General Statistics Office Of Vietnam* 相关数据编制。

（三）主要部门行业概况

2022 年，越南加工制造业增长 8.1%，是经济增长的重要驱动力。在加工制造业中，电子产业是最重要的行业，其增加值约占加工制造业增加值的

18%，出口额约占加工制造业出口额的 30% 以上。2016~2020 年，越南电子产品和零组件出口年均增长 23.8%，2022 年电子产品出口额达 1144 亿美元，占全国出口总额的 30% 以上，电子产品出口由 2001 年的世界第 47 名升至 2022 年的第 12 名。① 越南电子产业发展主要依赖引进韩国、日本等外资企业，国内电子产业仍处于组装环节，国产率较低，电子产品出口额的95% 来自外资企业。作为制造业的另一大支柱，服装纺织业及鞋业发展较快，2022 年出口额达 710 亿美元，创历史最高水平。其中，服装纺织业出口额达 440 亿美元，增长 8.8%；鞋类和手提袋出口额达 270 亿美元，增长30%。越南《2030 年纺织和制鞋业发展战略及 2035 年展望》提出，到 2025年、2030 年越南服装纺织业出口额分别为 500 亿~520 亿美元和 680 亿~700亿美元，国产率分别达到 51%~55% 和 56%~60%。

从 2022 年 3 月 15 日起，越南旅游业全面恢复对外开放，接待的国内外游客数量迅速增加，旅游业进入全面复苏和发展时期。2022 年，越南接待国内外游客超过 1 亿人次，比上年增长 260%。其中，国际游客数量为 366.1万人次，这些游客主要来自韩国（96.5 万人次）、美国（31.8 万人次）、泰国（20.2 万人次）、柬埔寨（20.1 万人次）、新加坡（17.9 万人次）、日本（17.5 万人次）、马来西亚（17.1 万人次）、澳大利亚（14.5 万人次）、中国台湾（12.6 万人次）、中国大陆（12.5 万人次）。② 2022 年，越南旅游营业收入达 354.5 万亿越南盾。近期，越南旅游受到国际媒体的高度评价，提升了越南作为旅游目的地的吸引力。越南政府还将通过更便利的签证政策，如延长电子签证期限，扩大单方面签证豁免范围，吸引国际游客到越南观光旅游。2023 年，越南旅游业设定了接待国内外游客 1.1 亿人次的目标，其中国际游客数量为 800 万人次，旅游营业总收入 650 万亿越南盾。

越南金融业系统主要包括银行、保险、证券和其他金融机构，银行业是

---

① 《越南电子产业迈出突破步骤》，越通社，2023 年 2 月 24 日。

② GSO. "Number of Foreign Visitors to Vietnam by Some Nationalities by Some Nationalities and Year." https://www.gso.gov.vn/en/px-web/? pxid = E0825&theme = Trade% 2C% 20Price% 20and%20Tourist.

金融业的主要组成部分，证券市场是新兴的金融市场，政府对金融业实行分业监管。截至 2022 年底，越南信贷总额达 14226.8 万亿越盾，较上年末增长 6.2%；商业银行税前利润超过 37.3 万亿越南盾，增长 36%；保险业保费总收入为 246 万亿越南盾，比上年增长 15%，其中非寿险保费收入为 67.6 万亿越南盾，寿险保费收入为 178.3 万亿越南盾；越南债券市场规模为 1742.6 万亿越南盾，占国内生产总值的 18.32%；股票市值为 5226.6 万亿越南盾，占国内生产总值的 54.94%。① 2022 年是越南股市剧烈波动的一年，越南指数（VN Index）趋于下降，曾触及 874 点的底部。2022 年 4 月 4 日，越南指数暴跌 22.6%，全年下跌 33%。

2022 年，越南房地产业出现了较大的波动，上半年房地产热进入顶峰，核心城市及其近郊的地价和房价飙升，河内和胡志明市的商品房价格年增长率普遍超过 30%，但到下半年房地产业遭遇重创，房地产项目陷入停滞，房屋销售量和房价暴跌，地产公司违约率上升。同时，越南政府对房地产市场展开了一系列的整顿行动，政府还加大对房地产企业发售新债券的监管力度，使得该行业资金面临较大缺口。据越南建设部公布的 2022 年第四季度和全年的住宅与房地产市场信息，越南房地产库存主要集中在高端公寓、豪宅和旅游度假地产。2023 年 3 月，越南政府多次签发文件，提出化解房地产市场困境的多项解决方案，以促进房地产业健康发展，包括审查涉及发行公司债券的法律文件，指导商业银行的住房优惠贷款，督促地方政府批准土地规划，加快地价确定、土地使用费计算、土地移交和土地租赁，加大房地产市场的住房供应等。

（四）进出口贸易、引进外商直接投资情况

2022 年，越南进出口贸易总额为 7302.06 亿美元，增长 9.1%。其中出口额为 3713.04 亿美元，增长 10.5%；进口额为 3589.02 亿美元，增长 7.8%（见表 2）。越南进出口贸易总额在 2021 年突破 6000 亿美元的基础

---

① GSO. "Stock activity by Indicators and Year." https：//www.gso.gov.vn/en/px-web/? pxid = E0325&theme=National%20Accounts%20and%20State%20budget.

上，2022年又突破7000亿美元大关，再创历史新高，同时连续7年实现贸易顺差。根据世界贸易组织（WTO）的排名，越南连续跻身世界进出口规模最大的30个国家或地区之列，在东南亚地区升至第二位，仅次于新加坡。在出口商品结构中，有8项产品出口额超过100亿美元，这些产品出口额之和占出口总额的70.1%，具体信息如下：电话机及零组件592.9亿美元（增长3.1%）、电子产品及零配件552.4亿美元（增长8.7%）、机械设备及零配件457.2亿美元（增长19.3%）、纺织品成衣375亿美元（增长14.5%）、鞋类239.3亿美元（增长34.8%）、木材与木制品158.6亿美元（增长7.1%）、运输工具及零配件120.6亿美元（增长13.6%），以及水产品109.3亿美元（增长23.1%）。在出口国家或地区排名中，美国位列第一（1093.9亿美元），其后为中国内地（577.0亿美元）、欧盟（468.3亿美元）、东盟其他国家（340.2亿美元）、韩国（242.9亿美元）、日本（242.3亿美元）、中国香港（109.4亿美元）。

表2　2013~2022年越南进出口贸易情况

单位：百万美元，%

年份	进出口贸易额	比上年增长	出口贸易额	比上年增长	进口贸易额	比上年增长	贸易差额
2013	264065.5	15.7	132032.9	15.3	132032.6	16.0	0.3
2014	298066.2	12.9	150217.1	13.8	147849.1	12.0	2368.0
2015	327792.6	10.0	162016.7	7.9	165775.9	12.1	-3759.2
2016	351559.2	7.3	176580.8	9.0	174978.4	5.6	1602.4
2017	428333.9	21.8	215118.6	21.8	213215.3	21.9	1903.3
2018	480938.4	12.3	243696.8	13.3	237241.6	11.3	6455.2
2019	517963.7	7.7	264267.2	8.4	253696.5	6.9	10570.7
2020	545419.9	5.3	282628.9	6.9	262791.0	3.6	19837.9
2021	669136.5	22.7	336166.8	18.9	332969.7	26.7	3197.1
2022	730206.0	9.1	371304.1	10.5	358901.9	7.8	12402.2

资料来源：根据 *General Statistics Office Of Vietnam* 相关数据编制。

近年来，越南积极开展对外经济合作，加快融入区域经济一体化的进程，现已签署了19项自贸协定，它对促进越南进出口贸易发挥了积极的作用。在欧盟—越南自贸协定（EVFTA）生效三年后，2021 年越南对欧盟出口增长 14.2%，2022 年增长 16.7%。其中大米是越南从该自贸协定中受益最多的商品。根据欧盟—越南自贸协定的规定，欧盟每年将给予越南 8 万吨大米（其中加工大米 3 万吨、未碾米 2 万吨、香米 3 万吨）的出口配额，税率为 0%，欧盟承诺将完全放开越南碎米进口，以使越南每年可以向欧盟出口约 10 万吨碎米。① 2022 年，越南与"全面与进步跨太平洋伙伴关系协定"（CPTPP）其他成员国之间的贸易额达 1045 亿美元，较上年增长 14%。其中，越南对 CPTPP 其他成员国的出口十分活跃，如对加拿大出口增长 20%，对文莱出口增长 163%。在越南与英国自贸协定（UKVFTA）生效一年多后，2022 年双方贸易额达 68 亿美元，越南贸易顺差达 53 亿美元。

2022 年，越南引进的外商直接投资创五年来的新高。截至 2022 年 12 月 20 日，在越南的外商直接投资总额（包括新注册资本、追加资本和合资购买股权总额）为 277.2 亿美元，共有 108 个国家和地区在越南投资，外国投资者对越南 21 个行业中的 19 个行业进行了投资。其中加工制造业在吸引外商直接投资方面居首位，总额超过 168 亿美元，占注册资本总额的 60.6%；其后为房地产、发电和配电、科技活动等。从新增项目看，涉及批发和零售业、加工制造业、科技活动的项目最多，分别占总数的 30%、25.1% 和 16.3%。近期，越南吸引了全球知名电子跨国制造商的大量投资，北部工业区成为智能手机、电脑和相机的生产中心。全球最大的智能手机制造商韩国三星每年的手机产量中有一半来自越南，鸿海精密工业和立讯精密工业在越南北部投资设厂以制造或组装苹果笔记本电脑和平板电脑。美国英特尔公司已在越南投资 15 亿美元，拟增资扩大其芯片测试和封装工厂规模，该芯片封测厂也是英特尔在全球最大的工厂。中国最大的显示器制造商京东方计划在越南投资设立液晶显示器、遥控系统生产厂。中国新能源汽车制造商比亚迪计划在越南建厂，生产汽车零部件，投资额超过 2.5 亿美元。此外，新加坡胜科工业集团将与越南合资兴建五个工业园区。

---

① 《越南出口享惠自贸协定货值逾百亿美元》，越通社，2023 年 8 月 27 日。

越南政府制定的《2021～2030年越南外资合作战略》提出，越南要注重吸引世界500强企业和欧美投资商前来投资，强调优先吸引高新技术产业项目、工业4.0项目。2021～2025年，越南将提高部分国家和地区注册投资资金的比重，使其增至70%，到2026～2030年提升至75%，这些国家或地区包括韩国、日本、新加坡、中国大陆、中国台湾、马来西亚、泰国、印度、印尼、菲律宾、法国、德国、意大利、西班牙、俄罗斯、英国和美国，其中世界500强企业数量增加50%。①

二 越南推出中长期国家发展战略

为了推动国家数字化和绿色低碳转型，加快现代化国家建设，2022年和2023年初越南政府推出了一系列中长期国家发展战略与政策。这些中长期战略包括国家总体规划、国家数字化转型计划、绿色增长行动计划、农业与农村可持续发展战略、科技与创新发展战略、可持续减贫的国家目标计划等。

（一）越南首次制定2030年国家总体规划

2022年11月，越南政府签署了关于《2021～2030年国家能源总体规划和2050年愿景》的第138号决议（138/NQ-CP）。《2021～2030年国家能源总体规划和2050年愿景》确立了越南中长期国家发展目标和方向。该总体规划提出，越南力争到2030年成为拥有现代工业、中高收入的发展中国家；形成高效、统一、可持续的国家发展模式，建设具有活力的各大区域、经济中心和城市中心，拥有同步且现代化的基础设施网络体系；提高经济韧性，保障国家安全、能源安全、粮食安全和水资源安全；保护好生态环境，适应气候变化，人民物质生活和精神生活得到改善等。到2050年，越南将成为高收入的发达国家，社会变得公正、民主和文明，基础设施达到现代化水

---

① 《2021—2030年越南外资合作战略：敞开大门欢迎欧美大型企业》，越通社，2022年7月2日。

平，各地区实现和谐可持续发展。

该总体规划提出，力争 2021~2030 年国内生产总值年均增长 7.0% 左右，其中南部以东地区和红河三角洲地区 GDP 增长 8%~8.5%。2030 年，按现价计算的人均 GDP 将达到 7500 美元左右，服务业占 GDP 的比重超过 50%，工业、建筑业占比超过 40%，农林渔业占比在 10% 以下。2031~2050 年，GDP 年均增长 6.5%~7.5%。到 2050 年，按当前价格计算的人均 GDP 将达到 27000~32000 美元，城镇化率将达到 70%~75%，人类发展指数处于较高水平，国家安全得到有力保障等。同时，促进国家数字化转型，建设数字政府、数字经济和数字社会，数字经济占 GDP 的比重约为 30%。充分发挥各区域的潜力与优势，把河内和胡志明市打造为全国南北两地的增长极，建设南北经济走廊及老街—河内—海防—广宁、木牌—胡志明市—头顿经济走廊，拥有同步且现代化的基础设施体系。[①]

在社会发展指标方面，到 2030 年，越南人口规模将增至 1.05 亿，人类发展指数（HDI）保持在 0.7 以上，平均预期寿命为 75 岁；各类教育达到地区先进水平，每万人中有 260 名大学生，高等教育水平位列亚洲国家前十位，受过技能培训的劳动者比例达 35%~40%；医疗卫生服务质量与区域先进国家相媲美，每万人中有 35 张病床、19 名医生，私立医院床位所占比重为 15%；市区人均居住面积至少为 32 平方米；基本形成国家城市网络体系，确保国家级城市与城镇和农村地区之间的互联互通，城镇化率提升至 50% 以上；拥有智能城市系统，保护与弘扬传统文化，保护环境，与自然和谐相处，向循环经济、绿色经济和低碳转型。

（二）越南国家数字化转型计划

2020 年 6 月，越南政府签发第 749/ QĐ-TTg 号决定，批准了《2025 年国家数字化转型计划和 2030 年远景展望》。2021 年 6 月，政府签发第 942/ QĐ-TTg 号决定，批准了《2021~2025 年和 2030 年越南电子政府与面向数

① 《〈2021—2030 年和 2050 年愿景国家总体规划〉决议获准通过》，越通社，2022 年 11 月 5 日。

字政府发展战略》。2022 年 3 月，政府签发第 942/ QĐ-TTg 号决定，批准了《2025 年国家数字经济、数字社会发展战略和 2030 年远景展望》。越共十三大提出数字化转型是国家经济发展的动力，政府成立了国家数字化转型委员会，并设定了 2022~2025 年面向数字政府、数字经济和数字社会的 53 项指标，旨在构建数字政府、数字经济和数字社会，并打造具有全球竞争力的数字企业。此外，越南将每年的 10 月 10 日定为"国家数字化转型日"。

越南提出了 2025 年在数字政府、数字经济和数字社会方面所要达成的具体目标。在数字政府方面，到 2025 年，越南国内符合法律规定的行政手续在线服务率达 100%，以电子政务为基础的国家数据库建设 100% 完成，以在线形式受理民众提交的行政手续材料占比达 80%，各部委和省级机构逐渐开放国家机关的数据库，省部级 90% 的文件、县级 80% 的文件和乡级 60% 的文件（除国家机密文件外）将实现网络化处理，越南电子政务发展水平跻身世界前 50 的行列；在数字经济方面，到 2025 年数字经济占 GDP 的 20%，2030 年占 30%，各部门和行业中数字经济的比重至少达 10%，电子商务零售额占全国零售总额的 10% 以上，全球信息化发展指数（IDI）进入世界前 50 位，全球竞争力指数（GCI）进入世界前 50 位，全球创新指数（GII）进入世界前 35 位；在数字社会方面，成年人中拥有智能手机的人数占 80%，15 岁以上人口中拥有电子支付账户的占比达 80%，50% 以上的成年人拥有个人数字签名和电子签名，70% 以上的劳动者接受过基本数字技能培训，光纤宽带互联网服务普及率达 80%，70% 以上连接到网络的民众受到基本保护。①

范明政总理提出了 2023 年越南数字化转型的四大优先任务，包括数据库开发，大力推广在线公共服务，发展基础设施与数字平台，确保网络安全与信息安全。② 越南信息与传媒部公布的数据显示，截至 2022 年 3 月，越南面向数字化转型、数字政府、数字经济、数字社会的国家级数字平台共有

---

① 《2025 年国家数字化转型计划的基本目标》，越通社，2022 年 8 月 20 日。
② 《政府总理范明政提出数字化转型的四大优先》，越通社，2023 年 7 月 12 日。

35 个。其中 21 个平台由国家机构负责管理，由越南企业负责开发，并在全国范围内被统一使用，主要用于国家管理活动或提供公共服务，服务于社会；14 个平台由企业负责管理、开发及提供服务，满足机构、企业和社会的多样化需求。①

（三）越南绿色增长战略及其行动计划

2021 年 10 月，越南政府签发了《2021～2030 年国家绿色增长战略及2050 年展望》。2022 年 7 月，又提出了《越南国家绿色增长行动计划（2021～2030 年）》。2022 年 9 月，越南政府成立了国家绿色增长指导委员会，以加快实施国家绿色增长战略，从而保障以经济繁荣、环境可持续性、社会公平为目标的绿色增长如期实现。

在国家绿色增长战略中，越南提出了推动绿色增长的目标和主要任务，具体目标包括以下几个方面。①减少 GDP 碳排放强度。到 2030 年，GDP 碳排放强度比 2014 年至少下降 15%，2050 年至少下降 30%。②推动绿色经济发展。2021～2025 年，GDP 的单位能源消耗量年均下降 1%～1.5%，可再生能源占能源总供应量的比重为 15%～20%，数字经济增加值占 GDP 的 30%，森林覆盖率达 42%；2025～2050 年，GDP 的单位能源消耗量平均下降1.6%，可再生能源占能源总供应量的比重升至 25%～30%，数字经济增加值占比达 50%，森林覆盖率达到 42%～43%。③促进绿色生活方式。到 2030年，对城市固体生活垃圾进行回收并实行标准化处理的占比达 95%，直接填埋的占比达 10%，对城市污水进行回收并实行标准化处理的比例在二类以上城市中达到 50%，在其他城市中达到 20%；公共交通承运比重在特别类城市和一类城市中分别达到 20% 和 5%，使用清洁能源的公交比重在特别类城市和一类城市中分别达 15% 和 10%；政府绿色采购量占采购总量的35%，至少有 10 个城市建成绿色都市。到 2050 年，对城市固体生活垃圾进行回收并实行标准化处理的占比达 100%，直接填埋的占比达 10%，对城市

---

① 《2022 年回顾：率先推动数字转型和数字经济发展》，越通社，2023 年 1 月 2 日。

污水进行回收并实行标准化处理的比例达100%；公共交通承运比重在特别类城市和一类城市中分别达40%和15%，使用清洁能源的公交比重在特别类城市和一类城市中分别达100%和40%；政府绿色采购量占采购总量的50%，至少有45个城市建成绿色都市。④实现绿色转变过程。到2030年，人类发展指数（HDI）达0.75以上，100%的省市采用升级版的空气环境质量管理标准，至少70%的人口使用达到国家标准的洁净用水；到2050年，人类发展指数（HDI）达0.8以上，至少80%的人口使用达到国家标准的洁净用水。同时，国家绿色增长行动计划提出四个重要目标，即降低单位GDP温室气体排放量，促进经济社会绿色转型，提倡绿色生活方式和倡导可持续消费，在平等、包容和弹性原则的基础上实现绿色转型。

2022年9月，越南农业部推出了《2021~2030年国家农业绿色增长战略行动计划》。该计划旨在提出明确的目标任务和解决方案，以实现农业的绿色发展。根据该计划，越南农业部将从生态、有机、循环和低碳等方向，提高农业的效益、竞争力和可持续发展能力，并提高能源使用效率，努力在2050年之前实现碳中和。其具体目标包括农业产值年均增长率保持在2.5%~3%，森林覆盖率达到42%，有机农场面积占比达到2%，有机肥使用量占比和节水系统在农场的普及率均达到30%，在30万公顷的稻田里改种其他更具经济和环境收益的作物等。

2023年2月，越南工贸部发布了《工贸部应对气候变化和绿色增长行动计划（2030-2050）》。该计划提出的目标是，到2030年，可再生能源在一次能源供应总量中的占比达15%~20%，2045年达到25%~30%，2050年电力行业温室气体排放量约4200万吨二氧化碳当量。到2025年，纺织服装、钢铁、塑料、化学品、啤酒和其他酒类、饮料和制纸等生产行业原材料消耗量下降5%~8%，85%的超市和购物中心使用环境友好型包装，以逐步取代一次性和难以降解的塑料包装。该计划还提出以下几个具体目标：推动生产方式绿色转型，节约且高效利用各种自然资源和能源；应用数字技术并推进数字化转型；建设环境友好型的基础设施，提高增长质量，发挥竞争优势并减轻对环境的影响；增强适应气候变化的能力，主动采取措施最大限度减轻自然灾害造成的损失，确保在所有极端天气和发生自然灾害的条件下人民生活稳定、经济社会平稳运行。[①]

（四）2030年越南农业与农村可持续发展战略

2022年2月，越南政府签发了《2021～2030年越南农业与农村可持续发展战略和2050年展望》。其提出的总体战略目标是建设商品型农业经济，立足本国农业优势，打造现代化、高产优质高效、可持续和具有竞争力的农业；保持越南农业在全球的领先地位，保障国家粮食安全；农业为社会经济稳定、防治自然灾害和流行病、保护环境、应对气候变化、有效履行减少温室气体排放的国际承诺作出重要贡献；提高农民收入水平和生活质量；创造非农就业岗位，发展多元化生计模式，减少农村贫困人口，确保区域间发展机会均等。

该战略提出，到2030年，越南农林渔业增加值年均增长2.5%～3%，农林渔业劳动生产率年均增长5.5%～6%；进一步拓展农产品出口市场，农林水产品出口额年均增长5%～6%；提高农民收入水平，农村居民收入比2020年增加2.5～3倍，农村多维贫困户率（MIP）平均每年下降1%～1.5%；农业劳动力在社会劳动力总量中的占比降至20%以下，农业劳动力中接受过职业技术培训的比重达70%以上；全国至少90%的乡村达到新农村标准，其中50%的乡村达到升级版的新农村建设标准；发展绿色和环境友好型农业，减少农村环境污染，力争温室气体排放量比2020年减少10%。

（五）2030年越南科技与创新发展战略

2022年5月，越南政府发布了《至2030年科技与创新发展战略》。其提出的总体战略目标是，到2030年，在重要领域科技与创新潜力大幅提升，并力争位列中等收入国家前列，企业创新能力和技术水平达到世界中等水平以上，部分科技领域达到国际领先水平。具体目标包括提高科技与创新对经

---

① 《越南工贸部颁布应对气候变化行动计划》，越通社，2023年2月4日。

济增长的贡献率，全要素生产率（TFP）对经济增长的贡献率达到50%以上，高科技工业在加工制造业中的比重至少达到45%，全球创新指数（GII）进入全球前40名；到2025年，科技研发投入占GDP的1.2%~1.5%，国家财政科技支出占GDP的0.8%~1%，社会对科研和科技发展的投入占60%~65%。到2030年，科技研发投入占GDP的比重达1.5%~2%，国家财政科技支出占GDP的比重达到1%~1.2%，社会对科研和科技发展的投入的占比达到65%~70%；到2025年，每万人中科技人员数量达10名，到2030年达12名；到2030年，符合科技型企业标准的企业数和创新创业企业数比2020年翻一番，创新型企业数量占到企业总数的40%；到2030年，在国际科学期刊上发表论文数年均增长10%，发明专利申请量和授权发明专利数量年均增长16%~18%，农业植物新品种权申请量年均增长12%~14%，其中10%~12%在国外注册申请，专利发明的商业化率达到8%~10%。[①]

《2030年科技与创新发展战略》确定了未来科技创新的发展重点、发展方向和主要任务。科技创新发展重点包括侧重于为社会经济可持续包容性的发展和维护国家安全提供服务，革新和完善科技创新的国家管理体制，挖掘科学技术和创新潜力，促进企业的科技创新活动，开拓科技市场。科技创新发展方向涵盖人文社会科学、自然科学和应用技术等领域，其中应用技术包括信息化和通信技术、生物技术、先进材料技术、机械制造自动化技术、海洋技术、预防自然灾害和应对气候变化的技术、能源开采与利用技术、太空技术、先进和智能化建设等。科技创新的主要任务包括改革科学、技术和创新活动机制，提升国家科技创新治理能力，构建国家创新体系，充分利用科技创新融资渠道，培养具有创新能力的高素质科技创新人才，提高科学技术和创新创业基础设施建设能力及其使用效率，促进企业科技创新活动，积极推进科技创新领域的国际合作，加大对科技创新的表彰和宣传力度，提高民众对科技创新的认识。

---

① 《至2030年科技与创新发展战略获批发布》，越通社，2022年10月17日。

（六）2021~2025年可持续减贫的国家目标计划

2022年1月，越南政府批准了《2021~2025年国家可持续减贫目标计划》。其提出的总体目标是减少多维贫困，确保包容性和可持续性，减少贫困人口返贫现象和降低贫困发生率；协助贫困民众和贫困户维持基本生活，逐步使其脱贫并获得按照国家多维贫困标准提供的基本社会服务，提升生活质量；协助沿海沙州地区、沿海地区和海岛地区贫困县乡脱贫。该计划提出，按照多维贫困标准，贫困人口年均减少1%~1.5%，少数民族贫困户数量占比年均下降3%以上，沿海沙洲地区、沿海地区、海岛地区30%的贫困县和30%的贫困乡成功脱贫，贫困县的贫困发生率每年下降4%~5%。到2025年，按照国家多维贫困标准，贫困和相对贫困户数减少一半；沿海沙洲地区、沿海地区、海岛地区100%的贫困县和贫困乡获得基础设施方面的投资，这些设施主要为促进民生、生产、贸易和基本社会服务的发展提供服务。该计划提出，支持建立和推广超过1000个扶贫项目，协助贫困户和相对困户中至少一名劳动力找到稳定工作，贫困户和相对贫困户中的适龄儿童入学率达到90%。①

2014年，越南提出建立多维贫困标准。2015年11月，政府确立了2016~2020年越南多维贫困标准，并明确规定了多维贫困测量指标及贫困户、相对贫困户、中等收入户等标准。多维贫困测量指标包括收入水平、享有基本社会服务情况等指标，而享有基本社会服务的指标包括医疗、教育、住房、供水和环境卫生、信息等五项服务。随后，政府将有关除饥扶贫的政策合并成《2016~2020年国家可持续减贫目标计划》，由越南劳动荣军与社会部负责落实。该计划由5个项目组成，即30a号计划（贫困县快速和可持续减贫），135号计划（少数民族区域和山区的特别困难乡经济社会发展计划），对除30a号计划和135号计划外各乡生产发展、多样化生产和减贫的协助计划，传媒和信息减贫计划，加强对计划的监管和提高评价能力的计划。这一时期，

① 《越南批准2021~2025年可持续减贫国家目标计划》，越通社，2023年1月20日。

越南政府共投入 41.449 万亿越盾用于实施国家减贫计划，还拨款 44.214 万亿越盾用于经常性减贫工作，各地方还为减贫计划筹集资金 7.303 万亿越盾。①

三　越共十三大后越南的外交政策

2022 年，是越南贯彻落实越共十三大确定的外交政策的第二年。越共十三大决议指出，越南要坚持独立、自主、和平、友好、合作与发展的外交路线，实现对外关系全方位多样化，在遵守联合国宪章、国际法基本原则和平等、合作、互利的基础上，最大限度地维护国家和民族利益，将民族力量和时代力量结合起来，主动、积极、全面、深入地融入国际社会。2022 年，在越共十三大确定的外交方针的指导下，越南外交领域各项工作取得了新进展。

长期以来，越南奉行独立自主的外交政策。越共中央总书记阮富仲明确指出，2020~2030 年外交重点任务是，以积极主动的姿态更深入、更广泛地融入国际社会，维护和平、稳定的外部环境，不断提升越南的国际地位。他曾形容越南外交为"根坚、身实、枝柔"的竹子，其核心要素根植于马列主义和胡志明思想，是对以马克思列宁主义和胡志明思想为基础的积极进步的外交政策的发展。② 2019 年，越南国防白皮书提出了越南的"四不原则"，即不参加军事联盟、不联合一国反对另一国、不允许外国在越南建立军事基地或利用越南领土来反对其他国家、在国际关系中不使用武力或以武力相威胁。

在新冠肺炎疫情后，越南积极开展元首外交，党和国家领导人多次出访，同时也接待了多位来访的外国首脑。2022 年 10 月，越共中央总书记阮富仲对中国进行了正式访问，这是越共十三大后阮富仲的首次出访。阮富仲也是中共二十大后首位访华的外国首脑。访问期间，双方发表了

---

①　《扶贫济困：越南三十年革新开放的成就》，越通社，2019 年 9 月 3 日。
②　《越南竹式外交：外交工作对提升越南国际地位和作用发挥了重大作用》，越通社，2023 年 6 月 29 日。

联合声明，签署了 13 项合作文件。越南政府总理范明政 5 月参加了东盟—美国特别峰会并对美国和联合国进行了工作访问，11 月对柬埔寨进行了正式访问并出席了东盟峰会，12 月对比利时、荷兰、卢森堡进行了正式访问并出席了东盟—欧盟建立关系 45 周年纪念峰会。越南国会主席王廷惠分别对匈牙利、英国、老挝、柬埔寨、菲律宾、澳大利亚和新西兰进行了正式访问，并出席了在柬埔寨举行的第 43 届东盟议会联盟大会（AIPA-43）。

目前，越南已与联合国 193 个成员国中的 189 个国家建立了外交关系，越南共产党与 111 个国家的 247 个政党建立了联系，越南国会与 140 多个国家的国会和议会建立了联系，越南民间友好组织与 1200 个外国民间组织和非政府组织建立了联系。越南成为 70 多个多边组织和论坛的成员，越南与世界上 230 个国家和地区建立了经济联系。[①] 在担任联合国安理会非常任理事国期间，越南曾多次举办重大国际会议。越南也担任过亚欧首脑会议、亚太经合组织领导人非正式会议、世界经济论坛东盟峰会等会议的东道主。越南也在国际和地区论坛上担任过重要职务，如 2022 年 6 月联合国大会一致投票选举越南为第 77 届联合国大会副主席之一，10 月当选 2023~2025 年联合国人权理事会成员国等。同时，越南还派出了数百名官兵参加联合国驻非洲维和部队。

越共十三大提出，要构建以政党外交、国家外交和民间外交为三大支柱的全方位现代外交。2022 年，除政党外交、国家外交外，越南民间外交也取得了新进展。如越南友好组织联合会举办了世界和平理事会第 22 届大会。越南还与其他国家举行了一系列外交和友好交流活动，如 2022 年越老团结友好年活动、越老建交 60 周年庆祝活动和《越老友好合作条约》签署 45 周年纪念活动，越柬友好年活动和越柬建交 55 周年庆祝活动，越南—印度建交 50 周年庆祝活动等。此外，越南还在宣光省举行了 2022 年国际友好交流活动，在高平省举行了 2022 年全国民间外交工作会议。越南还举行了越

① 《越南在对外活动中的地位》，越通社，2023 年 1 月 23 日。

南—尼泊尔友好协会和越南—奥地利友好协会成立大会等。同时,越南积极协助外国非政府组织开展工作。目前,在越外国非政府组织共有436个。2020~2022年6月,外国非政府组织提供的援助资金达5.62亿美元,涉及医疗卫生、教育培训、自然资源与环境、法律援助、经济社会发展和解决社会问题等领域。①

此外,越南加强了对海外越南人的工作。2021年8月,越共中央政治局签发了关于新形势下海外越南人事务的第12-KL/TW号指示。越南外事主管部门多措并举,动员海外越南人为国家重大问题的解决贡献智慧和力量,为海外越侨回国开展经营投资与科学合作活动铺平道路,动员海外越南人参加越南商品推介与促销活动等。目前,越侨在越南投资的项目共有385个,注册资本超过17亿美元,越侨还与数千家越南国内企业合作,为创造就业机会、转让技术和促进社会经济发展做出了贡献。受世界经济动荡和新冠肺炎疫情的影响,近几年越侨海外经济活动有所减弱,但越南的侨汇收入仍不断增加。2022年,越南侨汇收入达190亿美元,较上年增长5%,使越南成为世界十大侨汇接收国之一。②

四 2023年越南经济、社会和外交发展形势

2022年末,越南政府提出了2023年经济社会和外交领域的发展目标和主要任务,确定了2023年经济社会发展的具体指标和外交重点。不过,全球经济动荡和各国经济复苏乏力会对越南经济发展造成直接的影响,国际形势和地缘政治格局的急剧变化也会对越南外交政策提出新的挑战。

2022年11月,越南国会通过了《2023年越南经济社会发展计划的决议》。该决议的总体目标是:继续将稳住宏观经济大盘、抑制通胀、促进经济增长、确保主要经济指标在合理区间等摆在优先位置;有效控制

---

① 《回顾2022年:民间外交有所起色》,越通社,2023年1月3日。
② 《越南:经济外交为国家发展做出积极贡献》,越通社,2023年8月29日。

新冠肺炎疫情和新发传染病；加快经济结构调整，不断增强经济内生动力、韧性和适应性；推动社会经济复苏发展计划、三个国家目标计划有效实施；推动创新、绿色增长、数字化转型等。2023年，越南确立的主要经济社会发展指标包括国内生产总值增长率为6.5%，居民年人均收入达4400美元，加工制造业占GDP的比重为25.4%~25.8%，居民消费价格指数（CPI）增长4.5%，社会劳动生产率增长5.0%~6.0%，农业劳动力占社会总劳动力的比重达26.2%，多维贫困标准下贫困发生率下降1%~1.5%。[①]

越南提出的2023年经济社会发展的主要任务和工作，具体包括继续优先保持宏观经济大盘稳定，抑制通胀，促进经济增长，确保主要经济指标在合理区间；做好疫情预防和控制工作；建立和完善各项体制和机制，提高执法效力和效率，加强反腐败和反浪费工作；继续加大行政改革力度并将行政改革与电子政务、数字政府建设相结合，改善营商环境，提高国家竞争力；大力推进增长模式转型和经济结构重组，提高经济生产能力、质量、效益、竞争力、应对风险能力及承受能力；着力建设和完善配套性战略基础设施，尤其是交通基础设施、应对气候变化的基础设施，以及服务于数字转型的基础设施；注重环境保护与管理工作，有效开发和利用自然资源；注重人力资源开发，尤其是高素质人力资源开发，并将其与科研、科技应用等相结合，不断支持企业创新；注重文化发展，促进文化与经济、社会融合发展；提高人民生活质量，做好社会保障工作；坚定维护国家独立、主权、统一和领土完整，维护政治稳定、国家安全和社会秩序；同步、全面、有效地开展对外活动和参与国际活动，维护和平稳定的外部环境，提高越南在国际舞台上的地位和威望；做好信息宣传工作，提高工作效率，创造社会共识。

进入2023年，越南政府将加大公共投资力度，推动能源转型，加之旅

---

① 《越南第十五届国会第四次会议通过2023年社会经济发展计划的决议》，越通社，2022年11月11日。

游业等服务业强劲复苏，将助力越南经济增长。目前，越南政府已公布2023年度财政预算，政府财政预算金额为698.867万亿越盾，增长28.9%。近期，越南接收来自国际和区域机构有关气候变化和能源转型的援助资金超过110亿美元。同时，越南旅游业将强劲复苏，有望接待国际游客1000万人次，住宿、饮食、旅游、运输、娱乐等行业将从中受益。不过，全球经济复苏乏力，世界市场需求萎缩，会对越南经济发展造成直接的影响。① 2023年第一季度，越南GDP仅增长3.32%，建筑业和工业部门产出下降0.82%，制造业下降0.37%，进出口贸易下降13.3%，其中出口、进口分别下降11.9%和14.7%，新批外商直接投资、增资和股权并购下降12.1%。越南政府预计，2023年越南全年经济增长率为7.5%~8.0%，通货膨胀率为4.5%，财政赤字占GDP的比重为4.5%。

越南外交部长裴青山指出，2023年，世界形势继续复杂多变，越南面临的困难和挑战更多，外交部门将努力抓好六大重点任务。①继续巩固稳定、和平、有利发展的对外工作局面。加强与周边国家、大国、战略伙伴、全面伙伴、传统朋友等重要伙伴的关系，增进政治互信和强化互惠互利，提高多边外交水平，积极主动地融入世界，进而提升越南的地位。②加强服务于发展的经济外交工作。在世界经济面临衰退的风险的背景下，为维护宏观经济稳定和促进经济社会发展做出贡献。同时，主动把握机遇并出谋划策，保持宏观经济稳定，积极推进越南融入国际市场，扩大出口市场等。③加强外交与国防的密切配合。④推进新时代越南全面外交。强化政党外交、国家外交、议会外交和民间外交的协同效应，确保党的统一领导、国家的统一管理，使得对外工作中各大支柱和各力量能够密切配合。⑤发挥外交工作在保卫祖国事业中的作用。加强研究和预报工作，满足新形势下的新要求。⑥建设一支政治过硬、本领高强、求实创新、能打胜仗的外交干部队伍。②

① 《2023年越南增长挑战与动力》，越通社，2023年3月3日。
② 《越南外交部部长裴青山推进新时代越南现代、全面外交》，越通社，2023年1月23日。

参考文献

ADB（2017）. *Pathways to Low-Carbon Development for Viet Nam.* Manila：Asian Development Bank.

ADB（2022）. *Viet Nam's Ecosystem for Technology Startups.* Manila：Asian Development Bank.

ADB（2023）. *Asian Development Bank and Viet Nam：Fact Sheet.* Manila：Asian Development Bank.

D. T. Binh，T. S. Lam，N. D. Nguyen（2020）. "Increasing the Efficiency of the Textile and Garment Industry of Vietnam in the Context of the Dependence on Foreign Suppliers and Investors." *Journal of Eastern European and Central Asian Research*（JEECAR），Vol. 7, No. 3.

Ha Hoang Hop（2013）. *More Change Awaits Vietnam's Political Economy.* Singapore：ISEAS.

Jennifer P. Poole，Amelia U. Santos-Paulino，Maria V. Sokolova and Alisa DiCaprio（2017）. "The Impact of Trade and Technology on Skills in Viet Nam." *ADBI Working Paper Series.* Manila：Asian Development Bank.

Le Hong Hiep，Anton Tsvetov（2018）. *Vietnam's Foreign Policy under Doi Moi.* Singapore：ISEAS-Yusof Ishak Institute.

Vo Nhan Tri（2000）. *Vietnam's Economic Policy since 1975.* Singapore：ISEAS.

R. Wakasugi（2007）. "Vertical Intra-industry Trade and Economic Integration in East Asia." *Asian Economic Papers*，Vol. 6, No. 1.

World Bank（2022）. *Vietnam Macro Monitoring.* Washington D. C. ：World Bank.

专题篇

B.13
跨入21世纪东南亚海洋经济
发展格局与趋势

王 勤*

摘 要: 东南亚国家（除老挝外）均为海洋国家，海岸线漫长、海域辽阔，海洋资源丰富。跨入21世纪，东南亚海洋经济迅速兴起，各国相继推出海洋发展战略与政策。新加坡构建了实施全球海洋中心城市战略的明晰路径，印尼实施"全球海洋支点"战略，越南出台了海洋强国战略。在海洋产业政策的引领下，各国的海洋渔业、油气开采业、交通运输业、船舶制造业和旅游业逐渐成为海洋产业的主导部门，新兴的海洋产业迅速兴起，它们在国内经济中的地位不断提高，作用不断增强。面对当今世界海洋经济发展的趋势，东南亚国家根据各自海洋资源禀赋和产业优势，调整海洋经济发展战略与政策，推进海洋产业数字化和绿色转型，引导海洋产业集群式发展，强化和革新海洋综合管理，以实现海洋经济的可持续发展。

* 王勤，经济学博士，厦门大学国际关系学院/南洋研究院教授，博士生导师。

关键词: 21世纪 海洋经济 发展格局 东南亚国家

2001年,联合国缔约国文件指出,"21世纪是海洋的世纪"。伴随着海洋世纪的到来,东南亚国家纷纷推出海洋发展战略,将海洋发展置于强国战略的重要地位,充分利用海洋资源禀赋,塑造海洋产业优势,促进海洋经济转型升级,实现海洋经济的可持续发展,未来东南亚海洋经济发展前景广阔。本报告拟就21世纪东南亚海洋经济发展格局与趋势作一分析。

一 东南亚海洋经济的形成与发展

自古至今,东南亚向来是东西往来的交通要道。据史书记载,在古代历史上该地区曾兴起一些海上商业大国,如室利佛逝、满者伯夷、亚齐王国等,它们利用独特的地理位置和海洋环境,从事海上商业活动。[①] 16世纪初,西方殖民者占领了马六甲、马尼拉、巴达维亚等地。葡萄牙入侵马六甲后又占领了澳门并开展三角贸易,西班牙在马尼拉开辟了大帆船贸易航线,荷兰以巴达维亚为中心开展与欧洲的贸易,西方殖民者几乎垄断了该地区的海上贸易。1824年,英国将新加坡辟为自由港,新加坡逐步成为该地区最大的货物集散中心,到20世纪初新加坡已是世界第七大港口。

二战后,东南亚国家纷纷独立,开启了工业化的进程,并经历了20世纪50年代的"替代进口"工业化和60年代末开始的"面向出口"工业化阶段。随着各国工业化进程的推进,东南亚主要国家的海洋经济逐步形成与发展,各国海洋渔业的捕捞量逐年增长,印尼、马来西亚和文莱的油气勘探开采全面展开,外向型的临海工业迅速兴起,出口贸易还带动了海洋运输业的发展和港口建设。这一时期,东南亚国家中海洋经济发展最快的国家是新

---

① 梁英明等:《东南亚古代史》,北京大学出版社,2013,第6页。

加坡。作为海岛型城市国家，新加坡以外向型工业化带动海洋经济的发展，由此临海工业和服务业得以快速发展。20世纪60年代末，新加坡加快了裕廊工业区的开发建设并积极吸引外资，尤其是引进西方跨国公司的石油化工项目，到1975年，新加坡迅速成为世界第三大炼油中心，仅次于美国的休斯敦和荷兰的鹿特丹；新加坡修船业快速发展，到20世纪70年代中期，新加坡成为全球大型船舶修理中心，并最先建成亚洲最大的集装箱码头；在面向出口的工业的带动下，新加坡的对外贸易和港口运输业快速发展，新加坡从20世纪60年代初的世界第五大港跃升至70年代末的世界第二大港；1972年，新加坡大力开发圣淘沙岛旅游景区，到1973年，赴新加坡的游客数量首次突破100万人次，新加坡成为继香港后亚洲第二个游客突破百万人次的地区。

自20世纪80年代中期起，东南亚国家经济步入快速增长阶段，而1997年亚洲金融危机中断了这些国家经济高速增长的进程。这一时期，各国的海洋经济快速发展，海洋产业在国民经济中的地位逐步提升。东南亚国家渔业资源丰富，各国海洋捕捞业和水产养殖业规模不断扩大，渔产品出口持续增加，并成为世界上重要的渔业生产与出口国；东南亚国家工业化进程的推进，带动了各国石油和天然气的勘探和开采，印尼、马来西亚油气产量稳步提高；新加坡的石油化工业聚集在裕廊岛，1991年，政府投资70亿新元，进行规模宏大的"化工岛"建设计划，在裕廊岛及其邻近岛屿开展填海和架桥作业，形成石油化工产业集聚区，以吸引石化跨国公司的投资和打造区域石化产业链；东南亚国家外向型经济的强劲增长，带动了对外贸易和海洋运输业的发展。从1986年开始，新加坡超过荷兰鹿特丹成为世界最繁忙的港口，1988年集装箱吞吐量跃居世界第2位，1990年和1991年排名世界第1位。到1996年，新加坡、菲律宾马尼拉、印尼丹戎不碌、马来西亚巴生和泰国曼谷均跻身世界30大集装箱港行列，分别排在世界第2、18、24、25和28位。1999年，新加坡太平船务公司（PIL）、马来西亚国际航运公司（MISC）分别排在世界最大集装箱船运营公司的第24、26位；20世纪90年代初，菲律宾、越南开始引进日本和韩国船舶工业的投资，1994

年，日本常石集团在菲律宾兴建了宿务船厂，1996 年，韩国现代集团与越南当地企业合资成立了现代越新船厂，由此两国的船舶工业迅速崛起。

这一时期，越南、老挝、缅甸相继实施经济开放政策。1986 年底，越共六大的召开开启了越南革新开放的序幕。越共中央指出，海洋经济是越南最优先发展的经济领域，由此海洋经济驶入快车道。1991 年，越共七大首次提出把越南建成海洋经济强国。当年通过了《油气法》，以吸引西方跨国公司参与油气勘探开发。1996 年，越共八大提出，海洋和沿海地区是越南经济建设的战略区域。2006 年，越共十大重申，制定有重点的全面海洋经济发展战略，强调重点完善海洋运输网络，促进油气开采业、海产品加工业和造船工业发展，加快发展海洋服务业。另一方面，越南组建大型的国有涉海企业集团，以推进海洋产业的形成与发展。1995 年和 1996 年，越南分别成立了国家航运公司（Vinalines）、船舶工业总公司（Vinashin），它们是越南国内海运业和船舶制造业的最大企业。

1994 年 11 月，《联合国海洋法公约》正式生效，它标志着世界海洋新秩序的开始。该公约对领海、毗邻区、专属经济区、大陆架、用于国际航行的海峡、群岛国、岛屿制度、闭海或半闭海、内陆国出入海洋的权益和过境自由、国际海底及海洋科学研究、海洋环境保护与安全、海洋技术的发展和转让等均做出了法律规定。东南亚国家相继签署了《联合国海洋法公约》，目前仅柬埔寨尚未批准该公约。作为缔约国，东南亚国家对于海洋划界的解释和运用，表现了明显的务实性和灵活性。各国通过双边或多边谈判方式来解决海洋划界问题，其中既有划定边界的协定，也有未能划定边界的临时安排。1982 年 7 月，柬埔寨和越南签署了关于在泰国湾共同历史水域划界的临时安排。1990 年 5 月，马来西亚与泰国签署了关于在泰国湾共同开发海底资源的临时安排。1992 年 6 月，马来西亚与越南签署了关于在泰国湾共同开发海底资源的临时安排。1995 年 8 月，马来西亚与新加坡签署了领海划界协定。1997 年 8 月，泰国与越南签署了大陆架和专属经济区划界协定。2009 年 3 月，马来西亚与文莱签署了领海、大陆架与专属经济区划界协定。1999 年，马来西亚、泰国和越南签署了关于在泰国湾共同开发海底资源的

临时安排。[1]

跨入 21 世纪，东南亚国家相继制定海洋发展战略，出台海洋产业政策，推动海洋传统产业转型和新兴产业发展，以加快迈向海洋世纪。2004 年，印尼政府公布了 2005～2025 年国家发展计划，提出要重新认识海洋，发展海洋导向型经济，可持续地利用海洋资源。2011 年 5 月，印尼出台了《2011～2025 年印尼经济发展总体规划》（MP3EI），依据印尼海岛国家的特点，提出兴建"六大经济走廊"，形成六大特色产业中心，通过岛际间联合参与国际竞争。[2] 2014 年，印尼总统佐科提出将印尼建成"全球海洋支点"（Global Maritime Axis）的愿景，并宣布要建设海洋强国。2000 年，菲律宾出台了《菲律宾 21 世纪议程》，提出以生态系统为基础的岛屿综合开发战略。2011～2016 年菲律宾发展计划提出，加强对沿海和海洋资源的管理，保护生物多样性和生态系统，以促进海洋产业可持续发展。[3] 2007 年，越南制定了《2020 年海洋战略规划》，2012 年颁布了《海洋法》，2018 年推出了《2030 年越南海洋经济可持续发展战略及 2045 年愿景》。柬埔寨提出了"四角战略"，并将其作为国家发展战略，包括加快农业发展、推动基础设施建设、吸引更多投资和开发人才资源，其中强调要推动渔业发展与改革，促进渔业的可持续发展。

二 面向21世纪东南亚国家海洋发展战略

伴随着全球海洋时代的到来，东南亚国家相继推出海洋发展战略与政策，但各国情形不尽相同。新加坡构建了实施全球海洋中心城市战略的明晰路径，印尼实施"全球海洋支点"战略，越南出台了海洋强国战略，马来西亚确立了

① T. Davenport（2012）. *Southeast Asian Approaches to Maritime Delimitation.* Singapore：Asian Society of International Law.

② National Development Planning Agency. *Masterplan for Acceleration and Expansion of Indonesia Economic Development 2011-2025.* Bappenas：National Development Planning Agency. pp. 31-33.

③ PEMSEA（2015）. *Regional Review：Implementation of the Sustainable Development Strategy for the Seas of East Asia（SDS-SEA）2003-2015.*

海洋战略性产业，菲律宾逐渐将海洋经济置于国家发展议程之中，泰国以"工业4.0"战略带动海洋经济发展，以迎接海洋世纪的到来所带来的机遇与挑战。

（一）新加坡实施全球海洋中心城市战略

在近现代，新加坡是东南亚最大的货物集散中心，20世纪初成为世界第七大港口，转口贸易在新加坡经济中占主导地位。20世纪50年代末，新加坡实施"替代进口"工业化战略，但仍维持自由港地位。20世纪60年代中期后，新加坡推行"面向出口"工业化，政府实施海洋产业政策，构建以临海工业和临海服务业为特色的海洋产业结构，海洋石化工业、海事工业、海洋交通运输业、海事金融业、海事仲裁、滨海旅游业、海洋工程建筑业、海水利用等产业应运而生，由此全球海洋中心城市逐步形成与发展。

当今世界，全球海洋中心城市均以全球城市、中心城市和海洋城市三位一体，拥有多元化和综合性的国际经济中心功能，具有海洋资源和产业竞争优势，并彰显海洋自然景观和海洋城市文化的特色。长期以来，新加坡始终致力于构建多元化和综合性的国际经济中心，提出构建环球—亚洲枢纽，力争把新加坡打造成更具活力的国际大都市。[1] 目前，新加坡已是世界重要的制造业基地、国际贸易中心、国际金融中心、国际航运中心和旅游会议中心，并跻身全球最具竞争力城市和最具发展潜力城市行列。与此同时，新加坡是全球第三大炼油中心、国际海事工业中心、国际海洋航运中心、国际海事金融中心、国际海事仲裁中心和世界海洋研发与创新中心，由此新加坡作为全球海洋中心城市的地位得以确立。在"全球领先的海事之都"（Leading Maritime City of the World）评估中，新加坡在2012年、2015年、2019年和2022年连续四次名列榜首。[2]

---

[1] Economic Strategies Committee (2010). *Report of the Economic Strategies Committee*: *High Skilled People*, *Innovative Economy*, *Distinctive Global City*. Singapore: Economic Strategies Committee.

[2] Menon Economics, DNV GL (2019). "The Leading Maritime Capital of the World Report 2019." https://www.dnv.com/news/leading-maritime-capitals-of-the-world-report-2019-singapore-still-on-top-145477.

随着全球进入海洋时代，新加坡制定了临海工业和服务业转型蓝图，推动海洋产业转型和创新发展，实施海洋产业重点项目，以进一步提升全球海洋中心城市的地位。2016 年 3 月，新加坡推出产业转型计划（ITP），为 23 个产业制定转型蓝图，其中涉及海洋产业的主要包括能源和化工产业转型蓝图（Energy and Chemicals Industry Transformation Map）、海事工程产业转型蓝图（Marine and Offshore Engineering Industry Transformation Map）、海洋运输业转型蓝图（Sea Transport Industry Transformation Map），此举旨在加快临海工业和海运业的转型升级，打造未来海洋产业核心竞争力。[1] 2021 年 4 月，新加坡提出要制定 2025 年产业转型蓝图（ITM 2025），以更新原有 23 个产业转型蓝图。2022 年 4 月，新加坡推出首个更新后的产业转型蓝图，即海运产业转型蓝图。2013 年，新加坡提出大士港（Tuas）建设规划，计划到 2040 年建成世界上最大的全自动化集装箱港；新加坡国有胜科海事公司启动建设全球首个综合式船厂；新加坡第六个科技创新计划（2016~2020 年）将海洋与近海作为制造业研发的八个关键领域之一；新加坡还建立了圣约翰岛国家海洋实验室（SJINML）和新加坡海事与岸外工程科技中心（TCOMS），并加大海洋产业研究开发的投入，努力打造世界海洋研发和创新中心。

（二）印尼的"全球海洋支点"战略

2014 年 10 月，印尼总统佐科在就职演说中提出将印尼建成"全球海洋支点"的愿景。"全球海洋支点"战略包括五大支柱：①复兴海洋文化理念，印尼是海洋群岛国家，位于太平洋和印度洋的交汇处，未来海洋在国家发展中具有举足轻重的地位；②注重海洋资源的管理，开发海洋渔业，确保海洋的"粮食安全"和主权；③兴建重点港口，发展海洋运输业，推动滨海旅游业发展，促进互联互通和海洋经济发展；④加强区域海洋安全合作，妥善处理领海争端，打击非法捕捞和海盗行为，保护海洋环境；

---

[1] "Industry Transformation Programme of Singapore." https：//www.mti.gov.sg/ITMs/Overview.

⑤增强海上防御力量，维护国家领海主权和海洋资源，保障区域海洋航行安全。①

为了实施海洋强国战略，印尼政府恢复海事建设与资源统筹部，由其负责协调下属的海洋事务，统一管理和协调各部门涉海事务。印尼海事建设与资源统筹部长说，印尼国内生产总值的75%来自海洋。② 印尼海洋资源丰富，政府加大了对海洋渔业的投入，将油气勘探、开采的重点转移到海上，加快海上油气资源勘查，寻求离岸的油气资源。2015年，印尼政府发布的《2015~2019年中期建设发展规划》（RPJMN）提出，兴建具有产业特色的"六大经济走廊"，其中包括爪哇走廊的化工业和造船业中心、巴布亚和马鲁古走廊的渔业中心、巴厘和努沙登加拉走廊的旅游休闲中心、苏拉维西走廊的渔业中心等。同时，政府实施"海上高速公路"建设规划，构建海上交通网络，实现国内主要岛屿间的互联互通，使印尼成为全球海上交通运输的一大枢纽。2017年，印尼政府推出11项国家战略，每一项都涉及海洋项目的建设，其中包括拟选择七大港口打造成国际枢纽港。③

2019年5月，印尼总统佐科在连任的就职演讲中，推出了印尼的"2045宏愿"。2020年1月，印尼政府公布了《2020~2025年国家中期发展计划》（RPJMN），将海洋渔业和海洋管理作为实现经济增长的重要支撑，并为之制定了五项发展战略。一是建设渔业管理区，确保渔业资源的可持续性，规范海洋和岛屿使用；二是加强海洋保护区管理，开发海洋生物资源，研发海洋生物技术；三是建立现代水产养殖集群，扩大海洋捕捞船队规模；四是提高营商环境便利度，增强海洋参与者的合规性；五是加强渔民职业教育与培训，传播可持续的渔业技术。同时，印尼海事建设与资源统筹部制定

---

① The Jakarta Post. "Presenting Maritime Doctrines." https://www.thejakartapost.com/news/2014/11/14/presenting-maritime-doctrine.html.
② 《海洋资源每年贡献350亿美元》，印尼《国际日报》2017年4月17日。
③ 印尼政府拟选择的国际枢纽港为棉兰郊区的瓜拉丹绒（Kuala Tanjung）或勿老湾（Belawan）、西加省的吉晶（Kijing）、北苏省的比通（Bitung）、雅加达的丹绒普碌（Tanjung Priok）、泗水的丹绒北腊（Tanjung Perak）、锡江市（Makassar）的锡江新港和巴布亚的梭隆（Sorong）。

了五年发展规划，从多个角度对印尼海洋事务进行归类划分，并提出了2020~2024年相应的战略目标和绩效指标，包括促使海洋经济成为国民经济发展引擎、强化印尼的先进海洋国家身份、保护海洋环境、推动海洋经济实现公平和动态的增长、塑造创新型海洋文化等。

（三）越南的海洋强国战略

2007年2月，越共第十届中央委员会通过了《2020年越南海洋战略》，提出了到2020年将越南建成海洋强国、靠海致富、维护国家海洋岛屿的主权、推进国家现代化建设、使国家日益富强的总体目标。2007年5月，越南颁布了落实海洋战略决议的政府行动纲领。随后，越南国会通过了《海洋法》（2012年）、《海洋岛屿自然资源与环境法》（2015年）、《航海法》（2015年）、《渔业法》（2017年修改与补充）和各行业涉及海洋岛屿的法律。目前，越南政府已发布10多项决定，政府总理签发的关于国家管理，落实经济社会、国防安全和海洋岛屿的主张、政策、战略和规划等也已达100多项。[1] 2018年10月，越共十二届八中全会通过了关于《近期至2030年、远期至2045年的越南海洋经济可持续发展战略》的第36/NQ-TW号决议。2020年3月，越南政府颁布了关于落实越共十二届八中全会通过的2030年越南海洋经济可持续发展战略及2045年愿景的决议的政府总体计划和五年计划，并设立越南国家海洋经济可持续战略执行指导委员会。[2]

《近期至2030年、远期至2045年的越南海洋经济可持续发展战略》指出，到2030年越南力争基本实现经济、社会、海洋、沿海地区和海岛环境的可持续发展，海洋管理、海岸管理达到国际标准，并达到世界中等发达国家的水平；海洋经济规模不断扩大，沿海省市的居民平均收入不断提高，海洋经济产值占国内生产总值（GDP）的10%，沿海28个省市生产总值占GDP的65%~70%；沿海省市的人类发展指数（HDI）高于全国平均水平，

① 《越南海洋战略落实10年：努力发展成为海洋强国》，越通社，2018年10月3日。
② 《越南政府颁布海洋经济可持续发展总体计划》，越通社，2020年3月6日。

沿海省市的人均收入比全国平均收入高出至少 20%，完善有居民的岛屿的基础设施建设，包括电力、淡水、通信、医疗、教育等设施；加快海洋科学技术的发展，打造高水平的海洋科技队伍，在海洋科技领域居东盟国家前列；完成至少 50% 的海洋面积尤其是重点海域的资源环境基本调查，并绘制 1∶500000 比例的地图，建立海洋及岛屿基本数据库，控制和防止海洋环境污染，保护好海洋生态环境，应用航天技术和人工智能对地震、海啸、气候变化和海平面上升等海洋自然灾害进行观测和预报。该决议提出，到 2045 年，将越南建成繁荣、安全和可持续发展的海洋强国。

此外，近几年，越南政府还发布了一系列有关海洋经济发展的战略性文件，如《2021—2030 年阶段、远期展望至 2050 年越南港口系统发展总体规划》（2021 年）、《到 2030 年促进海洋经济跨产业集群发展和打造各强大海洋经济中心提案》（2022 年）、《2030 年海洋资源可持续开发利用和海洋环境保护战略及 2050 年愿景》（2023 年）等。

三　东南亚海洋产业发展的特点

在各国海洋发展战略与政策的引领下，东南亚国家根据海洋资源禀赋和产业比较优势，推动传统海洋产业转型，促进新兴海洋产业发展，由此海洋渔业、海洋油气业、海洋交通运输业、海洋船舶业和滨海旅游业成为主要海洋产业部门，新兴海洋产业也逐渐兴起，它们在国民经济中的地位不断提升，作用不断增强。

（一）东南亚是世界上最重要的海洋渔业生产与出口地区

东南亚拥有漫长的海岸线和广阔的海域，渔业资源十分丰富，是世界上最重要的海洋渔业产区。据联合国粮农组织（FAO）的统计，2000 ~ 2020 年东南亚国家的渔业捕捞量从 1708 万吨升至 4620 万吨，占世界渔业捕捞总量的比重则由 12.5% 上升到 21.6%。2017 年，印尼的渔业捕捞量居世界第 2 位（仅次于中国），越南、缅甸、菲律宾、泰国和马来西亚则分别排在世界

渔业捕捞量的第 7、10、12、15 和 16 位。① 2020 年, 印尼渔业年产量为
2183.4 万吨, 越南为 863.6 万吨, 缅甸为 601.4 万吨, 菲律宾为 439.9 万
吨, 泰国为 239.4 万吨, 马来西亚为 178.9 万吨, 柬埔寨为 93.6 万吨, 老
挝为 20 万吨, 文莱为 1.7 万吨, 新加坡为 0.5 万吨。② 各国渔业生产包括海
洋捕捞、内陆捕捞和水产养殖。按 2020 年渔业产量计算, 海洋捕捞占
39.4%, 水产养殖 54%, 内陆捕捞占 6.6%; 以增加值计算, 海洋捕捞占
50.5%, 水产养殖占 41.3%, 内陆捕捞约占 8.2%。③

东南亚国家拥有的渔船数量约占世界总量的近 1/5, 是世界上拥有渔船
数量最多的地区之一。从 2020 年注册的渔船规模看, 印尼拥有 116.1 万艘
渔船, 远超其他东盟国家, 随后是马来西亚 (4.88 万艘)、越南 (3.52 万
艘)、缅甸 (2.24 万艘)、泰国 (1.04 万艘)、文莱 (1332 艘)、菲律宾
(1025 艘) 和新加坡 (31 艘)。各国机动渔船数量所占的比重均较高, 如印
尼机动、非机动渔船分别为 100.19 万艘和 15.94 万艘, 马来西亚分别为
4.57 万艘和 0.31 万艘, 缅甸分别为 1.81 万艘和 0.43 万艘, 泰国、菲律宾
和新加坡均为机动渔船。此外, 各国海洋捕捞大多使用传统的捕捞方式, 其
中围网捕捞量占总捕捞量的 24%, 刺网捕捞量占 22.2%, 拖网捕捞量占
21.8%, 鱼钩和鱼线捕捞量占 16%。④

东南亚是世界上主要的渔业产品出口地区之一。2017 年, 有六个国家
跻身世界渔业前 50 大出口国行列, 越南、泰国、印尼、菲律宾、马来西亚
和缅甸分别列第 3、6、14、34、42 和 43 位。⑤ 2021 年, 东南亚渔业产品出
口 532.22 万吨, 出口额 230.55 亿美元。其中, 越南渔业产品出口 172.02
万吨, 泰国为 135.48 万吨, 印尼为 120.09 万吨, 缅甸为 38.77 万吨, 马来
西亚为 33.89 万吨, 菲律宾为 23.08 万吨; 越南渔业产品出口额为 90.87 亿

① FAO (2019). *Fishery and Aquaculture Statistics 2017*. p.9.
② SEAFDEC (Southeast Asian Fisheries Development Center). "Fisheries Country Profile (2020)."
http://www.seafdec.org/country-profiles.
③ SEAFDEC. "Fishery Statistics Summary 2020." http://www.seafdec.org/stat2020.
④ SEAFDEC. "Fishery Statistics Summary 2020." http://www.seafdec.org/fishstat2020.
⑤ FAO (2019). *Fishery and Aquaculture Statistics 2017*. p.44.

美元，印尼为 55.27 亿美元，泰国为 54.12 亿美元，缅甸为 38.77 亿美元，马来西亚为 33.89 亿美元，菲律宾为 9.35 亿美元，马来西亚为 9.1 亿美元，柬埔寨为 8.89 亿美元。[1] 东南亚国家出口的渔业产品主要是甲壳动物、鱼制品、鱼肉鱼片、甲壳类及软体动物制品，进口的渔业产品为冻鱼、甲壳动物和软体动物等，主要出口市场集中在美国、日本、中国和韩国。

（二）东南亚海洋油气业供需关系和产能结构面临调整

东南亚国家的石油和天然气大部分来自沿海大陆架，印尼、马来西亚、越南、文莱的石油和天然气储量相对丰富。据英国石油公司（BP）统计，2020 年底，东南亚国家现有的石油探明总储量为 109 亿桶，该数值不足世界石油探明总储量的 1%，且东南亚石油资源地理分布不平衡，主要分布在印尼、马来西亚、越南和文莱，其他国家石油资源有限。同时，东南亚国家天然气资源较为丰富。目前，东南亚国家天然气储量为 3.5 万亿立方米，约占世界天然气总储量的 1.9%，主要分布在印尼、马来西亚、越南、文莱、缅甸和泰国。

随着各国工业化进程的推进，东南亚国家石油和天然气的供需关系出现较大变化，油气消费量增速快于产量增速，各国对进口油气的依赖度持续攀升。自 2000 年以来，东南亚国家能源总需求增长 80% 以上，而化石燃料需求量翻番，且占增长的主要部分。[2] 目前，东南亚国家的石油年产量大致保持在 1.3 亿吨的水平，且呈现缓慢下降的趋势，石油供需缺口持续增大，印尼是亚洲最大的产油国，但从 2004 年起成为石油净进口国。国际能源署（IEA）预计，到 2030 年东南亚石油进口量占总需求的比重将升至 74%。同时，东南亚国家的天然气生产和消费均呈现快速增长态势，消费量增速快于产量增速。自 2010 年起，各国天然气消费量增速有所放缓，供需关系趋于稳定，天然气年出口量为 650 亿立方米，马来西亚、印尼仍是世界上重要的液化天然气（LNG）出口国。

---

① SEAFDEC. "International Fish Trade-Related Issues." http：//www.seafdec.org/intlfishtrade/.

② IEA（2019）. "Southeast Asia Energy Outlook 2019." https：//www.iea.org/reports/southeast-asia-energy-outlook-2019.

尽管新加坡是非产油国，但其炼油业十分发达，早在20世纪70年代，新加坡就成为仅次于美国休斯敦和荷兰鹿特丹的世界第三大炼油中心。新加坡地处国际枢纽港，航运船舶众多，海空运输燃料油需求巨大，这使得新加坡成为全球重要的燃料油消费市场。为鼓励跨国石油公司在新加坡设立国际石油贸易服务中心，新加坡政府实施了诸多税收优惠措施。目前，通过新加坡买卖原油现货金额约占世界原油现货贸易总额的15%~20%，新加坡成为继纽约、伦敦之后的全球第三大石油贸易中心，也是亚洲地区石油产品定价中心。

（三）东南亚海洋交通运输业在世界上占有重要地位

东南亚经济属于高度外向型经济，是世界第四大进出口地区，海洋交通运输业作为国际贸易主要载体得以快速发展。近年来，东南亚主要国家的注册商业轮船载重吨位（DWT）一直保持增长势头。据联合国贸易与发展会议（UNCTAD）统计，2022年，在世界35大船东大国（包括本国船舶和外国注册船舶）中，新加坡拥有2813艘船舶，海运能力为140825千载重吨位，占世界商船运力的6.2%，排在世界第4位，仅次于希腊、日本、中国。印尼拥有2458艘船舶，海运能力为28657千载重吨位，排在世界第19位；越南拥有1170艘船舶，海运能力为16059千载重吨位，排在世界第27位；马来西亚拥有607艘船舶，海运能力为9959千载重吨位，排在世界第30位。[①] 同时，在2023年全球最大的30家班轮航运公司中，新加坡太平船务公司（PIL）、泰国宏海箱运公司（RCL）排在第12、25位，马来西亚国际航运公司（MISC）是全球最大的液化天然气（LNG）船运企业之一。此外，菲律宾是世界上最大的船员输出国。据波罗的海国际航运公会（BIMCO）统计，全球海员数量约为190万人，其中超过1/3即至少70万海员来自菲律宾。[②]

---

① UNCTAD（2023）. *Review of Maritime Transport 2023*. p. 34.

② BIMCO（2021）. "Seafarer Workforce Report 2021: The Global Supply and Demand for Seafarers." https://shop.witherbys.com/seafarer-workforce-report/.

作为全球价值链的重要节点，东南亚国家进出口贸易带动了港口繁荣兴旺。据 UNCTAD 统计，2022 年东南亚七国的集装箱吞吐量为 11880.8 万标箱，占世界集装箱吞吐量的 13.9%。其中，新加坡为 3729.0 万标箱、马来西亚为 2729.4 万标箱、越南为 2051.9 万标箱、印尼为 1238.1 万标箱、泰国为 1049.7 万标箱、菲律宾为 924.9 万标箱、缅甸为 84.6 万标箱。[①] 在 2023 年全球最大的 100 个集装箱港中，东南亚国家占 10 个，分别为新加坡港（3729 万标箱，第 2 位）、马来西亚巴生港（1322 万标箱，第 13 位）、马来西亚丹戎帕拉帕斯港（1051 万标箱，第 15 位）、泰国林查班港（874 万标箱，第 20 位）、越南胡志明市港（791 万标箱，第 23 位）、印尼丹戎不碌港（7239 万标箱，第 25 位）、越南海防港（563 万标箱，第 31 位）、越南盖梅港（559 万标箱，第 32 位）、菲律宾马尼拉港（547 万标箱，第 34 位）、印尼丹戎北腊港（397 万标箱，第 51 位）。[②] 在 2022 年全球十大港口运营商排名中，新加坡国际港务集团（PSA International）名列榜首，菲律宾国际集装箱码头服务公司（ICTSI）排在世界第 8 位。

（四）东南亚船舶工业异军突起

随着世界船舶制造工业中心的东移，船舶跨国公司踊跃在东南亚国家投资设厂，菲律宾和越南年成为世界上重要的船舶制造业基地。2010 年，菲律宾船舶制造业首次超过欧洲国家。2018 年，菲律宾新造船舶交付量达 198.8 万吨，是世界第四大造船国，仅次于中国、日本和韩国。新加坡是全球大型船舶修理中心，而印尼、马来西亚、泰国的造船业也有较快发展。

东南亚国家船舶工业快速兴起，得益于日本、韩国等大型跨国船舶企业在东南亚国家投资设厂，其中规模较大的船舶制造企业是菲律宾韩进苏比克船厂、菲律宾常石重工宿务船厂和越南现代越新船厂等。由韩国韩进重工在

---

① UNCTAD. "Maritime Transport Indicators." https：//unctadstat. unctad. org/wds/TableViewer/ tableView. aspx？ ReportId＝13321.

② Lloyd' List. "One Hundred Ports 2023." https：//lloydslist. com/one-hundred-container-ports- 2023.

菲律宾苏比克湾投资兴建的韩进苏比克船厂，是东盟区域占地面积最大的船厂，也曾进入全球十大造船企业之列；日本常石集团在菲律宾宿务岛兴建的常石重工宿务船厂，主要建造散货船；韩国现代集团与越南船舶工业集团合资兴建的现代越新船厂以建造散货船为主，也涉足油船建造业务，并逐步向整船建造企业转型。2008 年，全球金融危机爆发使得世界造船订单迅速减少，造船业进入深度调整期，菲律宾和越南造船企业经营状况急转直下，越南最大的船舶公司——越南船舶工业集团陷入债务危机。2013 年底，越南政府制定了《到 2020 年越南造船工业发展总体规划和 2030 年展望》，提出保持和发挥现有造船和修船基地的能力，发展满足国内外市场需求的造船和修船产业，兴建与海港系统和重要国际航道相连接的大规模修船基地。但是，由于近些年全球航运和造船市场处于低迷期，菲律宾和越南的造船订单减少，业绩下滑，韩进苏比克船厂深陷债务危机，常石造船厂计划在菲律宾建拆船厂的计划也被搁置。

新加坡是国际航运枢纽城市，是世界大型船舶修理中心和船舶专业化定制中心。从 20 世纪 60 年代末起，新加坡大力兴建造船厂，致力于发展大型船舶修理产业，并于 1983 年成为世界最大的修船中心。20 世纪 90 年代，新加坡海事工业加快结构重组。1997 年，三巴旺造船厂和裕廊造船厂实行合并，1999 年，裕廊造船厂兼并了 SML 船厂，2000 年，上市公司裕廊造船厂更名为胜科海事，由此胜科海事加快了在国外开展收购活动的步伐。目前，新加坡的胜科海事公司是世界第六大造船厂，该公司积极在国际航运枢纽投资设厂，现已在 13 个国家设立造船厂，以此建立起全球船舶生产网络。[①]

（五）东南亚滨海旅游业是重要的海洋支柱产业

东南亚国家具有丰富的滨海旅游资源，海洋自然风光和滨海旅游胜地举世闻名，滨海旅游业是旅游业中发展最快的领域，也成为各国旅游业重要的

---

① Sembcorp Marine. "Our Global Network Platform." https：//www.sembmarine.com/our-global-network-platform.

组成部分。印尼的著名旅游景区大多位于滨海城市，马来西亚十大旅游景点以位于沿海地区居多，菲律宾25个最大的旅游景点中有18个分布在临海地区，泰国滨海旅游业收入占旅游业总收入的近1/3，越南沿海旅游资源数量和滨海游客数量均超过全国总量的70%。

在疫情前，东南亚旅游业发展迅速，2019年接待的国际游客数量创历史新高，但三年疫情期间游客数量大幅下滑。据东盟官方统计，2019~2021年，东南亚的国际游客人数从1.44亿人次降至294.86万人次。其中，文莱从33.32万人次降至0.35万人次，柬埔寨从661.06万人次降至19.65万人次，印尼从1610.7万人次降至155.75万人次，老挝从479.11万人次降至88.64万人次（2020年数据），马来西亚从2610.08万人次降至13.47万人次，缅甸从436.41万人次降至13.09万人次，菲律宾从826.09万人次降至16.39万人次，新加坡从1911.38万人次降至33万人次，泰国从3991.63万人次降至42.79万人次，越南从1800.86万人次降至0.35万人次。[①] 2019年，东盟国家（除老挝外）旅游业产值占GDP的比重如下：文莱为5.6%，柬埔寨为25.8%，印尼为5.6%，马来西亚为11.7%，缅甸为6.5%，菲律宾为22.5%，新加坡为11%，泰国为20.3%，越南为7%。各国旅游业从业人员数量占就业总人数的比重如下：文莱为7.1%，柬埔寨为25.0%，印尼为9.5%，马来西亚为15.1%，缅甸为5.7%，菲律宾为22.7%，新加坡为14.4%，泰国为21.8%，越南为9.0%。[②]

另一方面，东南亚国家大力发展邮轮旅游业，并将其作为促进滨海旅游业发展的重要举措。新加坡是亚洲最早发展邮轮旅游业的国家，也是该地区邮轮旅游业的枢纽。新加坡现有33条国际邮轮航线，两个邮轮港口可容纳33艘以上的国际邮轮。菲律宾马尼拉、巴拉望和长滩岛是主要的邮轮访问港。2023年，菲律宾被评选为亚洲最佳邮轮旅游目的地。巴生港是马来西亚主要的邮轮访问港，泰国现可停靠邮轮的港口仅有曼谷林查班港、兰察邦

---

① ASEAN Secretariat （2023）. *ASEAN Statistical Yearbook 2022.* p. 175.

② World Travel and Tourism Council （2020）. "2020 Annual Research：Key Highlights." https：//www.wttc.org/economic-impact/country-analysis/country-data/.

普吉港，政府拟在芭堤雅建造泰国首个邮轮专用港。2023 年 4 月，越南首个国际深水邮轮港——安娜·玛丽娜港投入试运营。

（六）东南亚新兴海洋产业迅速发展

东南亚国家新兴海洋产业迅速兴起，尤其是临海新兴工业快速发展。早在 20 世纪 90 年代初，新加坡就开始实施"化工岛"建设计划，现该岛已聚集超过 100 家跨国化工企业，涵盖炼油、化工、特殊化工、液体仓储和物流等石化产业链的各个环节。该岛已与美国墨西哥湾沿岸、日本东京湾、沙特朱拜勒和延布石化工业园等一起跻身世界级炼化基地行列。2017 年，泰国制定了东部经济走廊（EEC）计划，并将其作为实施"泰国 4.0"战略的标志性项目。东部经济走廊南临泰国湾，拥有漫长的海岸线，是中南半岛重要的交通枢纽，也是泰国重要的工业基地。该经济走廊目标定位为高科技产业集群区和东盟海上交通中心，政府还将在该经济走廊规划建设航空城、创新区、数字产业区、智能公园和沿海工业区等。①

东南亚国家具有丰富的离岸风力资源，发展海上风力发电潜力较大。近年来，各国大力发展可再生能源，积极引资合作发展海上风电项目。2022 年 4 月，菲律宾能源部公布了海上风电发展路线图，提出到 2040 年海上风电装机容量有望达到 21 吉瓦，相当于该国电力总供应量的 1/5。2023 年 7 月，菲律宾能源部发布了海上风能发电项目实施指南，提出 2023~2028 年风能和太阳能发电项目将占主导，其中到 2028 年风能发电项目数量将占可再生能源项目总数的 36%。② 2023 年 4 月，越南颁布了《2021~2030 年绿色增长战略》及其行动计划，5 月推出了《2021~2030 年国家电力发展规划和 2050 年愿景》，9 月出台了《2021~2030 年国家能源总体规划和 2050 年愿景》，上述文件强调加快能源结构转型，提高可再生能源发电量在总发电量中的比重，促进绿色低碳增长。其中，越南的电力发展规划提出，到 2030 年海上风电装机容量达

① "EEC Development Project Implementation Progress." https：//www. eeco. or. th/en/content/project-progress.
② 《到 2028 年风能和太阳能主导指示性电力项目》，《菲律宾商报》2023 年 7 月 14 日。

6000 兆瓦，占总装机容量的 4.0%，到 2050 年海上风电装机容量达 70000~91500 兆瓦，占总装机容量的 14.3%~16%。[①]

此外，新加坡大力研发海水利用技术，海水淡化成为新兴的海洋产业。新加坡现有海水淡化厂 5 座，第一家海水淡化厂——大士新泉海水淡化厂于 2005 年建成，第二家也是全球最大的海水淡化厂——大泉海水淡化厂于 2013 年启用，第三家海水淡化厂于 2018 年运转，第四家海水淡化厂——滨海东海水淡化厂于 2020 年营运，第五家海水淡化厂——裕廊岛海水淡化厂于 2022 年投入使用，由此新加坡利用海水生产的淡水量占用水需求总量的比重从 2010 年的 10% 升至 2022 年的 25%。

四　面向21世纪东南亚海洋经济发展趋势

随着全球进入海洋世纪，世界海洋经济蓬勃发展，海洋经济逐渐从要素驱动转向技术与创新驱动，新兴海洋产业成为海洋经济的新增长点，海洋产业集聚效应促进资源有效配置，数字化和智能化推动海洋产业技术变革和管理创新，绿色低碳促进海洋产业可持续发展。近年来，东南亚国家紧跟世界海洋经济发展趋势，根据本国的海洋资源禀赋和产业优势，积极调整海洋经济发展战略与政策，推进海洋产业转型升级，引导海洋产业集群式发展，强化和革新海洋综合管理，以实现海洋经济的可持续发展。

（一）积极实施21世纪海洋强国战略

跨入 21 世纪，东南亚一些国家相继制定了促进海洋经济发展的中长期战略，实施海洋产业政策，推动海洋传统产业转型和新兴产业发展，以加快迈向海洋世纪。2004 年，印尼政府公布了 2005~2025 年国家发展计划，提出要重新认识海洋，发展海洋导向型经济，可持续地利用海洋资源。2011 年 5 月，印尼出台了《2011~2025 年印尼经济发展总体规划》（MP3EI），

---

① 《第八个电力规划：确保国家能源安全》，越通社，2023 年 6 月 3 日。

提出依据印尼海岛国家的特点，兴建"六大经济走廊"，形成六大特色产业中心，通过岛际间联合参与国际竞争。2014 年，印尼总统佐科推出"全球海洋支点"战略。2020 年 1 月，印尼出台了《2020~2024 年印尼中期国家发展计划》（RPJMN），提出将海洋渔业和海洋管理作为实现经济增长的重要支撑。2000 年，菲律宾出台了"菲律宾 21 世纪议程"，提出以生态系统为基础的岛屿综合开发战略。2011~2016 年菲律宾发展计划提出，加强对沿海和海洋资源的管理，保护生物多样性和生态系统，以促进海洋产业可持续发展。[①] 2018 年 12 月，菲律宾政府制定了《2019~2028 年海洋产业发展规划》（MIDP），旨在促进海洋产业合理化和综合发展，以提高海洋产业对国内经济的贡献度和国际竞争力。[②] 越南推出了一系列促进海洋经济发展的中长期战略规划，如《2020 年海洋战略规划》《2030 年越南海洋经济可持续发展战略及 2045 年愿景》《2021~2030 年和 2050 年越南港口系统发展总体规划》《2030 年海洋资源可持续开发利用和海洋环境保护战略及 2050 年愿景》等。

（二）以"工业4.0"、数字化和绿色低碳推进海洋产业转型

当今世界，"工业 4.0"浪潮汹涌澎湃，引领人类社会迈向智能化时代，产业数字化和绿色转型成为焦点。在这一背景下，世界海洋经济同样面临结构性调整，海洋产业各部门向产业链高端环节迈进。东南亚国家纷纷制定"工业 4.0"战略与相关政策，将海洋产业作为产业结构转型升级的重要领域，利用"工业 4.0"技术，推动海洋产业向信息化和智能化方向发展，实现临海工业高端化和海洋服务业多元化，打造海洋产业技术创新体系，构建"智慧海洋""数字海洋"，推动海洋经济绿色低碳发展。2016 年 3 月，新

---

① PEMSEA（2015）. *Regional Review*：*Implementation of the Sustainable Development Strategy for the Seas of East Asia*（*SDS-SEA*）*2003-2015*.

② Maritime Industry Authority（MARINA）. "Philippines：Maritime Industry Development Plan（MIDP）2019-2028." https：//marina. gov. ph/wp-content/uploads/2019/02/MIDP_ Final_ as-of-7-Jan-2019. pdf.

加坡政府推出了面向"工业4.0"的产业转型计划，将能源和化工、海事工程、贸易、交通运输列入其中，后又出台了2025年新加坡产业转型计划，包括七大产业转型组团，海运产业转型蓝图是新加坡政府推出的首个更新后的产业转型蓝图。新加坡还提出"海事绿色倡议"（MSGI），包括绿色船舶计划（GSP）和绿色港口计划（GPP）等。上述计划提出，从2030年起，在新加坡港口运营的船舶须采用净零排放的燃料驱动。2018年10月，马来西亚政府推出了"工业4.0"国家政策，确定了"工业4.0"的重点发展部门，其中与海洋产业相关的领域包括海洋油气开采业、装备制造业、以石油天然气为原材料的化学工业、涉及远洋航运的交通运输业等。[①]

（三）推进海洋产业集群式发展

由于海洋产业的关联性和集约度高，构建产业集群是海洋经济发展的重要基础，它可以引发集聚效应（Combined effect），有利于推进同业集聚和产业协作，延伸和完善海洋产业链，促进海洋资源有效配置，增强海洋产业的竞争优势。跨入21世纪，东南亚国家高度重视海洋产业的集群式发展，通过政府的战略性规划和市场化运作，兴建海洋产业集群，如印尼的"六大经济走廊"、马来西亚的东海岸走廊经济特区（ECER）、新加坡的"化工岛"计划和大士港（Tuas）建设、泰国的东部经济走廊（EEC）计划等。2022年6月，越南提出，到2030年在国内沿海地区打造7大海洋经济跨产业集群，建立3~4个海洋经济中心。这7大海洋经济产业集群分别为广宁—海防—太平—南定—宁平产业集群、北中部地区产业集群、中部中心地区产业集群、中部靠南地区产业集群、东南部地区产业集群、东南部和西南部地区产业集群、西南部地区产业集群，涵盖远洋捕鱼、水产品加工、油气开采、炼油、可再生能源开发与利用、远洋运输、海事服务、集装箱船和专业船舶建造、物流服务、海上旅游等行业。[②]

---

① Ministry of International Trade and Industry. "Malaysia Industry 4WRD." http：//www. miti. gov. my/ index. php/pages/view/industry4WRD? mid＝559#tab_ 547_ 1919.
② 《越南将打造3—4个国际级海洋经济中心》，越通社，2022年6月15日。

（四）促进区域海洋经济合作

跨入 21 世纪，作为东南亚区域组织，东盟加快推进区域海上互联互通建设，促进成员国间的海洋经济合作。2010 年和 2016 年，东盟分别推出了《东盟互联互通总体规划》（MPAC 2015）和《东盟互联互通总体规划 2025》（MPAC 2025）。在基础设施互联互通方面，东盟提出了海洋交通运输、综合运输走廊和能源基础设施建设项目，其中一些关键项目涉及区域海洋合作的内容，如马六甲—北干巴鲁互连项目、西加里曼丹—沙捞越互连项目、滚装网络和海上短程运输项目等。东盟还计划为航海运输网络建立 47 个主要港口，建立连接大陆和群岛的高效可靠的航线，这些航线有沙敦/庄—槟城—勿拉湾、马六甲—杜迈、达沃—比通、三宝颜—山打根、穆阿拉—附近港口等。[①]由于东盟油气资源地理分布不均，区域能源供需不平衡。东盟大力推动区域能源合作，制定区域能源合作五年行动计划，建立天然气管道联通网络，以实现天然气的跨国界运输。[②] 同时，东盟将旅游业作为推动区域经济一体化的优先部门，《东盟旅游战略规划 2016～2025》提出，未来 10 年东盟将着力推动区域旅游市场一体化，整合和共享区域旅游资源，构建单一的旅游目的地。[③] 此外，第 34 届东盟峰会通过了制止海洋垃圾的《曼谷宣言》，提出东盟海洋垃圾行动框架。[④]

不过，与发达海洋国家相比，现有东南亚国家（除新加坡）海洋经济总体上仍属于传统型和粗放型经济，海洋产业结构层次低，海洋三次产业发展不协调，第一产业比重大，第二产业比重小，第三产业发展缓

① ASEAN Secretariat（2011）. *Master Plan on ASEAN Connectivity.* p. 41.

② ASEAN Secretariat（2016）. *Master Plan on ASEAN Connectivity 2025.* Jakarta：ASEAN Secretariat, pp. 18-19.

③ ASEAN Secretariat（2015）. "ASEAN Tourism Strategic Plan 2016-2025." https：//www. asean. org/ storage/2012/05/ATSP-2016-2025. pdf.

④ "Bangkok Declaration on Combating Marine Debris in ASEAN Region." https：//asean. org/ bangkok-declaration-combating-marine-debris-asean-region/；"ASEAN Framework of Action on Marine Debris." https：//asean. org/asean-framework-action-marine-debris/.

慢，海洋产业的科技含量低，高附加值产业比重小，海洋综合管理相对滞后，海洋资源浪费严重，海洋生态环境受到较大侵袭。因此，跨入海洋世纪的东南亚国家要推进海洋产业转型升级和实现海洋强国目标仍任重道远。

参考文献

ASEAN Secretariat（2023）. *ASEAN Maritime Outlook（First Edition）*. Jakarta：ASEAN Secretariat.

FAO（2021）. *Fishery and Aquaculture Statistics 2019.* Rome：Food and Agriculture Organization of the United Nations.

Lloyd's Register，QinetiQ and University of Southampton（2015）. "Global Marine Technology Trends 2030." https：//www. southampton. ac. uk/smmi/contact. page.

PEMSEA（2018）. *National State of Oceans and Coasts：Blue Economy Growth of Indonesia.* Quezon：Partnerships in Environmental Management for the Seas of East Asia.

PEMSEA（2018）. *National State of Oceans and Coasts：Blue Economy Growth of Malaysia.* Quezon：Partnerships in Environmental Management for the Seas of East Asia.

PEMSEA（2018）. *National State of Oceans and Coasts：Blue Economy Growth of Philippines.* Quezon：Partnerships in Environmental Management for the Seas of East Asia.

PEMSEA（2018）. *National State of Oceans and Coasts：Blue Economy Growth of Thailand.* Quezon：Partnerships in Environmental Management for the Seas of East Asia.

PEMSEA（2019）. *National State of Oceans and Coasts：Blue Economy Growth of Singapore.* Quezon：Partnerships in Environmental Management for the Seas of East Asia.

PEMSEA（2021）. *National State of Oceans and Coasts：Blue Economy Growth of Viet Nam.* Quezon：Partnerships in Environmental Management for the Seas of East Asia.

S. Tongsopit，N. Kittner，Y. Chang，A. Aksornkij，W. Wangjiraniran（2016）. "Energy security in ASEAN：A Quantitative Approach for Sustainable Energy Policy." *Energy Policy*, Vol. 90.

B.14
东南亚海洋区位和海洋
资源的现状及特点

温师燕*

摘　要：　东南亚国家大多为海洋国家，具有丰富的海洋空间资源、海洋渔业资源、海洋油气资源、滨海旅游资源，但各国的海洋资源禀赋不尽相同。东南亚地处太平洋和印度洋的交汇处，海域辽阔，海岸线漫长，岛屿众多；印尼、菲律宾、越南、泰国、马来西亚和缅甸等国的海域鱼类众多，是世界上最重要的海洋渔业产区；东南亚近海大陆架的石油和天然气资源丰富，主要分布在印尼、马来西亚、越南、文莱等国；东南亚海洋自然风光和滨海旅游胜地举世闻名，滨海旅游业是各国旅游业的重要组成部分。同时，东南亚还是世界上海洋生物资源最为丰富和最具生物多样性的地区之一。

关键词：　海洋区位　海洋资源　海洋经济　东南亚

一般说，海洋自然资源主要包括海洋空间资源、海洋生物资源、海洋能源资源、海洋矿产资源、滨海旅游资源等。东南亚区域海域辽阔，海岸线漫长，海洋资源丰富，但各国的海洋资源禀赋不尽相同。本文拟就东南亚国家的海洋空间资源、海洋渔业资源、海洋油气资源、滨海旅游资源和海洋生态环境作一分析。

---

* 温师燕，经济学博士，西安财经大学讲师。

一　东南亚的海洋空间资源

东南亚国家地处太平洋、印度洋之间，整体上可分为陆地和海岛两大板块，该地区包括缅甸、泰国、柬埔寨、越南、老挝、马来西亚、新加坡、印尼、文莱和菲律宾等国。位于马来西亚半岛西海岸和印尼苏门答腊岛东部之间的马六甲海峡，是世界上最繁忙的海上通道。东南亚地区岛屿众多，海岸线漫长，海岸线长度约占世界的 18%，大陆架占世界的 19%，200 海里专属经济区占世界的 10.86%，居住在距离海岸 100 公里以内的沿海地区的人口数约占该地区人口总数的 71%。

在东南亚国家中，印尼是世界上最大的群岛国家，拥有全球第二长的海岸线。印尼官方称，海岸线总长 10.8 公里，领海面积 29 万平方公里。印尼拥有约 1.7 万个岛屿，素有"千岛之国"的美誉。其中 6000 个岛屿有人居住，包括五个大岛和 30 个较小的岛屿群，这五大岛屿分别为爪哇岛、苏门答腊岛、加里曼丹岛、新几内亚岛和苏拉威西岛。印尼群岛东西长 5300 公里，南北长约 2100 公里。各岛屿之间有许多海峡和内海，其中巽他海峡、马六甲海峡、龙目海峡是沟通太平洋和印度洋的重要通道，内海主要有爪哇海、苏拉威西海、弗洛勒斯海和班达海等。

马来西亚全境被南海分成东马和西马两部分，其位居海上战略枢纽位置。马来西亚国土面积 329847 平方公里，海岸线总长 4675 公里。西马位于马来半岛南部，北与泰国接壤，南与新加坡隔柔佛海峡相望，东临南海，西濒马六甲海峡。西马与泰国共享陆地和海洋边界，与新加坡、越南和印尼共享海洋边界。东马位于加里曼丹岛北部，与印尼、菲律宾、文莱相邻，与文莱和印尼共享陆地和海洋边界，与菲律宾共享海洋边界。

缅甸位于中南半岛西部，东北与中国毗邻，西北与印度、孟加拉国相接，东南与老挝、泰国交界，西南濒临孟加拉湾和安达曼海，国土面积约 67.7 万平方公里，从北向南长 2051 公里，从东向西长 936 公里。缅甸海岸线从纳特河（Nat River）到高东县（Kawthoung），全长 1930 公里，若开邦

海岸紧临孟加拉湾，而伊洛瓦底三角洲和坦尼达里海岸紧临安达曼海。缅甸大约有1700个岛屿，其中大多位于密克群岛。缅甸还有5.1万平方公里的大陆架。

菲律宾是一个群岛国家，由7107个岛屿组成，是世界第二大群岛国家，国土面积约29.97万平方公里，其中吕宋岛、棉兰老岛、萨马岛等11个主要岛屿面积之和占全国总面积的96%。菲律宾全长大约1850公里，从中国台湾南端附近延伸到婆罗洲北部附近；宽度965公里，海岸线长约36289公里。三大水域环绕群岛，北隔巴士海峡与中国台湾遥遥相对，南和西南隔苏拉威西海、巴拉巴克海峡与印尼、马来西亚相望，西濒南海，东临太平洋。

新加坡属于海岛型城市国家，位于马来半岛南端、马六甲海峡出入口，北隔柔佛海峡与马来西亚相望，南隔新加坡海峡与印尼相望。新加坡国土面积735.2平方公里，由新加坡主岛及附近63个小岛组成，其中新加坡主岛面积占全国总面积的88.5%。新加坡主岛东西长49公里，南北长25公里，海岸线长193公里。除主岛外，较大的岛屿有德光岛、乌敏岛和圣淘沙岛。

泰国位于中南半岛中南部，北部与缅甸和老挝接壤，东北与老挝交界，东南与柬埔寨为邻，南面是泰国湾和马来西亚，西面是安达曼海和缅甸南部，东南紧临太平洋的泰国湾，西南濒临印度洋的安达曼海。泰国的国土面积513120平方公里，海岸线长3219公里，其所在海域沿克拉地峡向南延伸至马来半岛，其中狭窄部分居印度洋与太平洋之间。

越南国土呈"S"形，从北到南海岸线长达3444公里，跨越13个纬度。越南位于中南半岛东部，地势狭长，北与中国接壤，西与老挝、柬埔寨交界，东面和南面紧邻南海，越南的海岸系数为世界平均水平的6倍。全国63个省和直辖市中有28个省市临海，其面积占越南国土总面积的42%，人口占总人口的45%。

柬埔寨地处中南半岛南部，北部和西部与泰国接壤，东北部与老挝接壤，东部和东南部与越南接壤，国土面积181035平方公里。柬埔寨拥有443公里长的海岸线，69个近海岛屿。柬埔寨的沿海省份包括戈公省（Koh Kong）、西哈努克省（Sihanoukville）、贡布省（Kampot）和白马省（Kep），居住在沿海地区的人口数量超过 100 万。

文莱位于加里曼丹岛西北部,北部濒临南海,东、南、西三面与马来西亚的沙捞越州接壤,并被沙捞越州的林梦分隔为东西两部分。文莱的国土面积 5765 平方公里,海岸线长 161 公里,沿海为平原,内地多山地。

东帝汶位于努沙登加拉群岛东端,包括帝汶岛东部和西部北海岸的欧库西地区及附近的阿陶罗岛和阿陶罗岛东端的雅库岛,西与印尼西帝汶相接,南隔帝汶海与澳大利亚相望,国土面积 15007 平方公里。东帝汶的海岸线长度为 782.88 公里,大陆架面积为 25648 平方公里。

二 东南亚的海洋渔业资源

东南亚拥有漫长的海岸线和广阔的海域,渔业资源十分丰富,是世界上最重要的海洋渔业产区。印尼、菲律宾、越南、泰国、马来西亚和缅甸等国家的海域鱼类众多,海洋捕捞和养殖渔业以海鱼类、淡水鱼类、甲壳类和软体动物类为主。海洋渔业资源主要分布于太平洋中西部、印度洋东部和亚洲内水区域,其中太平洋中西部的渔业资源最为丰富,鱼的种类最多、渔业产量最高。

据统计,2016 年,印尼在太平洋中西部的渔获量为 1790.14 万吨,占总渔获量的 77.16%,亚洲内水渔获量占 16.69%,印度洋东部渔获量仅占 6.15%;菲律宾在太平洋中西部的渔获量为 376.94 万吨,占总渔获量的 89.13%,印度洋东部渔获量仅占 10.87%;越南在太平洋中西部的渔获量为 391.18 万吨,占总渔获量的 60.93%,亚洲内水渔获量占 39.07%;泰国在太平洋中西部的渔获量为 142.34 万吨,占总渔获量的 57.09%,印度洋东部渔获量占 24.28%,亚洲内水渔获量仅占 18.63%;马来西亚在太平洋中西部的渔获量为 104.45 万吨,占总渔获量的 52.43%,印度洋东部渔获量占 42.06%,亚洲内水渔获量仅占 5.51%。[①]

---

① FAO. "Fisheries Division Global Production Statistics." http://www.fao.org/figis/servlet/TabSelector.

从各国海域拥有的鱼的种类看，印尼的鱼的种类最多，其次是菲律宾，随后为越南、泰国、马来西亚和缅甸等。据统计，印尼有4782种鱼类，其中主要有淡水鱼1243种、咸水鱼3621种、引入鱼种20种、本地鱼种133种、近危鱼种232种、濒危鱼种375种、珊瑚鱼2083种、远洋鱼类109种、深水鱼316种、游钓鱼类260种、商业鱼类692种；菲律宾现有3606种鱼类，其中主要有淡水鱼362种、咸水鱼3346种、引入鱼种50种、本地鱼种120种、近危鱼种125种、濒危鱼种361种、珊瑚鱼1904种、远洋鱼类20种、深水鱼402种、游钓鱼类280种、商业鱼类730种；越南有2579种鱼类，其中主要有淡水鱼762种、咸水鱼1871种、引入鱼种20种、本地鱼种0种、近危鱼种116种、濒危鱼种304种、珊瑚鱼1163种、远洋鱼类30种、深海鱼60种、游钓鱼类245种、商业鱼类16种；泰国有2316种鱼类，其中主要有淡水鱼875种、咸水鱼1529种、引入鱼种22种、本地鱼种21种、近危鱼种128种、濒危鱼种266种、珊瑚鱼820种、远洋鱼类49种、深水鱼55种；游钓鱼类221种、商业鱼类547种；马来西亚有2029种鱼类，其中主要有淡水鱼622种、咸水鱼1361种、引入鱼种20种、本地鱼种50种、近危鱼种113种、濒危鱼种234种、珊瑚鱼802种、远洋鱼类31种、深水鱼49种、游钓鱼类210种、商业鱼类158种；缅甸有1107种鱼类，其中主要有淡水鱼536种、咸水鱼600种、引入鱼种14种、本地鱼种58种、近危鱼种48种、濒危鱼种122种、珊瑚鱼308种、远洋鱼类30种、深水鱼18种、游钓鱼类170种、商业鱼类24种。[1]

从各国海洋捕捞和养殖渔业的种类看，主要有海鱼类、淡水鱼类、甲壳类和软体动物类，但各国情况不尽相同。印尼渔业产品以杂项水生动物、杂项水生动物产品和甲壳类等为主，菲律宾渔业产品中海鱼类和水生植物类的比重最大，泰国渔业产品主要是海鱼类、淡水鱼类、甲壳类和软体动物类，马来西亚渔业产品集中在海鱼类、水生植物类、甲壳类和淡水鱼类，缅甸渔业产品主要有淡水鱼类和海鱼类。据统计，2016年，印尼杂项水生动物产

---

[1] Fishbase (2019). "Information by Country/Island." https：//www.fishbase.se/search.php.

品在全部渔业产品中占比为 52.53%，杂项水生动物占比为 22.99%，甲壳类占比为 16.88%，三者占印尼渔获量的 90% 以上；菲律宾渔业产品中海鱼类和水生植物类的比重最大，分别占全部渔业产品的 41.22% 和 33.22%，二者占菲律宾渔获量的近 3/4；越南海鱼类产品在全部渔业产品中的比重为 40.86%，淡水鱼类占 34.85%，二者占越南渔获量的 70% 以上；泰国海鱼类产品在全部渔业产品中占 42.91%，淡水鱼类占 23.45%，甲壳类占 16.99%，三者占泰国渔获量的 80% 以上；马来西亚海鱼类产品在全部渔业产品中占 67.59%，水生植物类占 10.34%，甲壳类占 8.54%，三者占马来西亚渔获量的 80% 以上；缅甸淡水鱼类产品在全部渔业产品中占 59.32%，海鱼类占 37.38%，二者占缅甸渔获量的 95% 以上。[1]

三　东南亚的海洋油气资源

东南亚近海大陆架的石油和天然气资源丰富，主要分布在印尼、马来西亚、越南、文莱等国。据统计，2020 年底，东南亚国家现有的石油探明储量为 109 亿桶，该数值不足世界石油探明总储量的 1%，且东南亚石油资源地理分布不平衡，主要集中在越南、马来西亚、印尼、文莱，这四个国家石油探明储量约占东南亚石油探明总储量的 95%，其他国家的石油资源有限。同时，东南亚的天然气资源较为丰富，现已探明的天然气储量为 3.5 万亿立方米，约占世界天然气总储量的 1.9%，主要分布在印尼、马来西亚、越南、缅甸、文莱和泰国，这些国家的天然气储量约占东南亚天然气总储量的 96%。[2]

印尼油气开采历史悠久。1883 年，印尼在北苏门答腊首次发现 Telega 油田，1885 年建成了第一口油井。[3] 印尼的油气资源相当可观，曾是东盟第

---

[1] FAO. " Fisheries Division Global Production Statistics. " http：//www.fao.org/figis/servlet/TabSelector.

[2] *BP Statistical Review of World Energy 2021.* pp.16，34.

[3] Shell Indonesia. "History of Shell in Indonesia. " https：//www.shell.co.id/en_id/about-us/who-we-are/history-of-shell-in-indonesia.html.

一大产油国,亚洲第三大产油国。印尼的石油产量1977年时曾达到最高值,日均产油168.5万桶,此后持续波动,1991年后则持续下降。2020年底,印尼石油探明存量为24亿桶,居东南亚国家的第3位,仅次于越南和马来西亚。近年来,印尼的石油产量持续下降,2009~2019年日均产油量增长-2.4%,2020年日均产油量74.3万桶,占世界日均产油量的0.8%。同时,印尼天然气探明存量1.3万亿立方米,仅次于中国居亚洲第二位,但天然气产量持续下降,2009~2019年天然气产量增长-1.4%,2020年天然气产量为832亿立方米,占世界天然气总产量的1.6%。据统计,截至2020年2月,印尼的海上油气田为199个,其中油田100个,气田42个,混合油气田57个(包括凝析油气产品)。除了West Seno、Bangka和Janaka North是深水油气田,Sirasun、Jangkrik North East、Jangkrik和Merah Besar是中水油气田之外,其余皆为浅水油气田。印尼活跃的油气田中有64个分布在爪哇,该地区是印尼油气田数量最多的区域,苏门答腊次之,纳土纳、东加里曼丹和西爪哇地区油气田数量都在20个以上,而苏拉威西和西巴布亚较少,分别为1个和7个。[①]

马来西亚的油气开采历史可追溯到马来西亚1910年首次发现美里(Miri)油田。同年,马来西亚建成了第一口油井。[②] 不过,马来西亚大规模的石油勘探和开采是从20世纪60年代开始的,当时主导马来西亚油气产业的公司是壳牌石油公司和埃索石油公司。1974年,马来西亚成立了国家石油公司。马来西亚的大陆架主要由六个盆地构成,可分成三个区块即马来半岛区块、沙捞越区块和沙巴区块。马来西亚曾是东南亚第二大产油国,亚洲第四大产油国。马来西亚的石油产量在2004年达到最高值,日均产油77.7万桶,此后持续下降。2020年底,马来西亚石油探明储量27亿桶,居于东南亚国家第二位,仅次于越南。2009~2019年,马来西亚日均产油量增长-0.4%,日均产油量59.6万桶,占世界日均产油量的0.7%。2020年底,马来西亚天然气探明储量为0.9万亿立方米,居于亚洲第三(仅次于中国和印尼)。近年

---

① Clarksons. "World Offshore Register." https：//www. clarksons. net/wor.

② Bank Pembangunan Malaysia Berhad (2011). "Report on Malaysia Oil and Gas Exploration and Production." https：//www. bpmb. com. my/documents/21475/33700/20. pdf.

来，马来西亚天然气产量小幅上涨，2009～2019 年天然气产量年均增长 1.8%。
2020 年，马来西亚天然气产量为 732 亿立方米，占世界天然气总产量的
1.9%。据统计，截至 2020 年 2 月，马来西亚海上油气田数量达到 160 个，
其中油田 49 个，气田 53 个，混合油气田 58 个（包括凝析油气产品）。马来
西亚深、中水油气田集中分布在沙巴区域，有 Malikai、Siakap North、Petai、
Gumusut、Kakap、Kikeh 6 个深水油气田和 1 个中水油气田。马来半岛区域
和沙捞越区域分别拥有 69 个和 68 个活跃油气田，沙巴区域有 23 个。[1]

　　文莱虽是东南亚国家中的小国，但拥有丰富的油气资源。自 1929 年发现
诗里亚油田后，文莱共勘探开发了 28 个油气田，其中油田 23 个，气田 5 个。
1965～1978 年，文莱的石油产量持续扩大，成为东南亚第二大产油国。1979
年，产量达到 24 万桶/天的历史最高点。1980～1995 年，文莱的石油产量被马
来西亚超过，1996 年被越南超过，2002 年被泰国超过。2020 年底，文莱石油
探明储量 11 亿桶，占世界石油探明总储量的 0.1%；天然气探明储量 0.2 万亿
立方米，占世界天然气探明总储量的 0.1%。近年来，文莱的石油产量持续下
降，而天然气产量小幅上升。2009～2019 年，文莱日均产油量增长-3.2%。
2020 年，日均产油量 11 万桶，占世界日均产油量的 0.1%；天然气产量增
长 1.6%，天然气产量为 126 亿立方米，占世界天然气总产量的 0.3%。目
前，文莱的海上油气田开采项目有 13 项，其中浅水项目主要为 Punyit/Nuri/
Pelican、Champion North-Bulan Bulan、Ampa Compression、Osprey、Champion
Intermediate Deep （CPID）、Ampa-Fairley Pipeline Replacement （2017）、
Salman Project （Brunei）、Egret East （Brunei）、Champion Waterflood （CWF
B2/3）和 Maharaja Lela Jamalulalam South （MLJS/MLS）。除 MLJS/MLS 项目是
与法国合作外，其余项目均由文莱壳牌石油公司负责。深水项目为
Geronggong、Kelidang Gas Project 和 Brunei Block CA-1-Jagus East / Julong East，
前两个分别由文莱壳牌石油公司、马来西亚国家石油公司文莱公司负责。[2]

---

① Clarksons. "World Offshore Register." https：//www. clarksons. net/wor.
② BSP. "The Coastal and Offshore Oil and Gas Fields." https：//www. bsp. com. bn/panagaclub/
pnhs_ old/geology/web/WEB38. HTM.

越南石油天然气勘探进展较快，石油探明储量居东南亚国家首位，天然气探明储量居第三位。2020年底，越南已探明的石油储量约为44亿桶，占全球石油探明总储量的0.3%；天然气探明储量0.6万亿立方米，占全球天然气探明总储量的0.3%。据统计，截至2020年3月，越南海上油气田数量为116个，目前仍然处于生产状态的有46个，处于关闭状态的有0个，计划于2022年开发的油气田有1个，暂缓至2024年开发的有1个，2022~2025年极有可能开发的油气田有20个，另外48个处于已被发现但尚未进行详细规划阶段。越南油田数量为43个，处于生产状态的有22个，分布在1、2/10、9-1、9-3/12、12W、15-1、15-2/01、46/13和Nam Rong-Doi Moi区块，主要由越南石油天然气公司、俄罗斯国有企业国外石油公司（Zarubezhneft JSC）公司、法国佩朗科石油公司、韩国国家石油公司、韩国SK能源公司、越南Bitexco公司、英国Premier Oil plc、印尼PT Medco Energi Internasional Tbk公司和法国Geopetrol S. A.公司投资生产；越南气田数量为16个，处于生产状态的有2个，位于6-1和46区块，由马来西亚沙布拉能源公司、西班牙国家石油公司、印度石油天然气公司、俄罗斯石油公司和越南石油天然气公司投资生产；越南油气混合田数量为59个，处于生产状态的有22个，主要位于1、2/10、4-3、5、6-1、9-1、11-2、12W、15和白犀牛（Te Giac Trang）区块，其中越南石油天然气公司公司投资额占主导地位的有13个，其余油气田的主要投资公司为韩国国家石油公司、马来西亚国家石油公司、西班牙国家石油公司、日本JXTG控股的日本越南石油公司、英国Premier Oil plc和印度石油天然气公司。

泰国油气资源主要分布在泰国湾盆地，探明储量远低于其周边国家。20世纪60年代，泰国开始海上油气开采，目前存量已将近枯竭。2020年底，泰国石油探明储量3亿桶，天然气探明储量为0.1万亿立方米，占世界天然气总储量的0.1%。据统计，截至2020年3月，泰国海上油气田数量为85个，目前仍处于生产状态的有47个，处于关闭状态的有5个，计划于2021~2024年开发的有4个，另外29个处于已被发现但尚未进行详细规划阶段。其中，泰国的油田数量为30个，处于生产状态的有8个，分布在

B5/27、G5/43、G10/48、B8/38 和 G1/48 区块，主要由 Pearl Oil 公司、NuCoastal 公司、KrisEnergy Oil & Gas、Ophir Energy plc 和 MP G1 投资生产；泰国的气田数量为 7 个，处于生产状态的有 4 个，位于 B11、B13、B16 区块，由雪佛龙公司、泰国国家石油公司和道达尔公司投资生产；泰国的油气混合田数量为 48 个，处于生产状态的有 35 个，主要位于 B8、B10~B17、G4 和 G11 区块，其中雪佛龙公司投资额占 50% 以上的有 23 个，其余股份主要属于日本三井石油公司、泰国国家石油公司、克里斯能源公司和新加坡帕朗索丰（Palang Sophon）海工公司。[①]

缅甸石油开采历史悠久。1795 年，人们在仁安羌地区便发现了丰富的石油矿藏。1853 年，英属缅甸出口了第一桶原油。目前，缅甸天然气探明储量在东南亚国家中列第四位，仅次于印尼、马来西亚和越南。2020 年底，缅甸天然气探明储量为 0.4 万亿立方米，占全球天然气总储量的 0.2%。缅甸有 51 个陆上区块和 53 个近海区块，其中包括 26 个深水区块，用于油气勘探。截至 2019 年，缅甸共有 19 个海上油气田，其中 18 个为气田，1 个为混合油气田。这 19 个油气田中，10 个为活跃气田，分别是 A-1 区块的 Shwe 气田，A-3 区块的 Mya North 气田，M-5 区块的 Sein 气田和 Badamyar 气田，M-5 和 M-6 区块共有的 Yadana 气田，M-9 区块的 Zawtika、Gawthaka 和 Kakonna 气田，M-12 区块的 Yetagun North 气田和 M-12、M-13、M-14 区块共有的 Yetagun 气田；剩余的 9 个油气田均未投产，其中 A-1 区块的 Shwe Phyu 气田、A-3 区块的 Mya South 气田和 M-3 区块的 3CA 气田正在开发中，预计 2022~2024 年投产；M-6 区块的 3DA 和 MOC 气田、M-9 区块的 Zatila 油气田和 Shwepyihtay 气田、M-12 区块的 Myeik 和 Aung Zay Ya 气田都处于未开发状态。[②]

菲律宾油气勘探历史悠久，但近年来油气资源正逐步耗竭。1976~2015 年，菲律宾共发现油气田 35 个，其中仅有 2 个油气田处于生产状态，2 个

---

① Clarksons. "World Offshore Register." https：//www.clarksons.net/wor.

② Clarksons. "World Offshore Register." https：//www.clarksons.net/wor.

油气田计划于 2024 年进行开采，19 个油气田处于已被发现但尚未开发状态，7 个油气田处于停业阶段，3 个油气田处于废弃状态。活跃的两个油气田分别为 SC38 区块的马拉帕亚天然气田（Malampaya-Camago）和 SC 14 C1 区块的加洛克油田（Galoc），其原始探明储量为天然气 2.7 万亿立方英尺、石油 7000 万桶、凝析油 850 万桶。其中，马拉帕亚天然气田是深水天然气田，它位于菲律宾巴拉望岛西北部的近海海域，能够满足吕宋岛约 30% 的能源需求。不过，预计马拉帕亚气田的天然气储量将在 10 年内开采完毕，菲律宾计划于 2025 年关闭该气田。[①]

表 1　2000~2020 年部分年份东南亚国家石油、天然气探明储量及相关数据统计

		2000 年底	2010 年底	2019 年底	2020 年底		
		储量 （十亿桶）	储量 （十亿桶）	储量 （十亿桶）	储量 （十亿桶）	储量 （十亿吨）	占总量比重 （%）	储产比
石油	文莱	1.2	1.1	1.1	1.1	0.1	0.1	27.3
	印尼	5.1	4.2	2.5	2.4	0.3	0.1	9.0
	马来西亚	2.1	3.6	2.7	2.7	0.4	0.2	12.5
	泰国	0.5	0.4	0.3	0.3	①	②	1.7
	越南	2.4	4.4	4.4	4.4	0.6	0.3	58.1
		储量 （万亿 立方米）	储量 （万亿 立方米）	储量 （万亿 立方米）	储量 （万亿 立方米）	储量 （万亿 立方英尺）	占总量比重 （%）	储产比
天然气	文莱	0.4	0.3	0.2	0.2	7.9	0.1	17.6
	印尼	2.7	3.0	1.4	1.3	44.2	0.7	19.8
	马来西亚	1.1	1.0	0.9	0.9	32.1	0.5	12.4
	缅甸	0.3	0.2	0.4	0.4	15.3	0.2	24.4
	泰国	0.4	0.3	0.1	0.1	5.1	0.1	4.4
	越南	0.2	0.6	0.6	0.6	22.8	0.3	74.1

注：①低于 5000 万吨；②低于 0.05%；储产比即储量/产量比率，是指任何一年底的剩余储量除以该年度的产量的结果，表明剩余储量以该年度的生产水平可供开采的年限。

资料来源：根据 BP *Statistical Review of World Energy 2021* 编制。

---

① USGS. "National Minerals Information Center: Asia and the Pacific." https://www.usgs.gov/centers/nmic/asia-and-pacific#rp.

四 东南亚滨海旅游资源

东南亚国家具有丰富的滨海旅游资源，海洋自然风光和滨海旅游胜地举世闻名。滨海旅游是旅游业发展最快的市场，也成为各国旅游业重要的组成部分。印尼的著名旅游景区大多位于滨海城市，马来西亚的十大旅游景点以位于沿海地区居多，菲律宾 25 个最大的旅游景点中的 18 个分布在临海地区，泰国滨海旅游业收入占旅游业总收入的近 1/3，越南滨海旅游资源数量和滨海游客数量分别超过全国总量的 70%。

印尼是世界上最大的群岛国家，拥有众多的世界自然遗产和文化遗产、海滩和海岛度假胜地。在印尼，世界自然遗产有科莫多国家公园、马戎格库龙国家公园、洛伦茨国家公园和苏门答腊热带雨林等，世界文化遗产有婆罗浮屠寺庙群、普兰巴南寺庙群、桑义兰早期人类遗址、巴厘文化景观和沙哇伦多的翁比林煤矿遗产等。印尼拥有许多海岛度假胜地，如南巴利岛、龙目岛、民丹岛和尼亚斯岛。印尼多元族群、外来文化和土著文化的碰撞与融合，使得印尼滨海旅游更具有独特的吸引力，相关旅游景点包括中爪哇省的婆罗浮屠寺庙群、印度教普兰巴南寺庙群，亚齐的 Baiturrahman 大清真寺和苏丹王陵墓，荷属东印度群岛时代的建筑遗产等。

马来西亚拥有 4 个世界自然遗产和世界文化遗产，世界自然遗产为古龙穆鲁国家公园和京那巴鲁公园，世界文化遗产为历史名城马六甲和乔治敦、伦公河谷的考古遗址。马六甲是马来西亚历史最悠久的古城，位于马六甲海峡北岸，郑和下西洋时曾六次在此停靠。马来西亚拥有许多海滩和海岛度假胜地，是世界闻名的潜水胜地之一。潜水地点包括柔佛州的刁曼岛和奥尔岛，登嘉楼的卡帕斯岛和停泊岛，沙巴的美人鱼岛、马达京岛、马布岛和西巴丹岛等。

菲律宾是一个群岛国家，滨海旅游资源丰富，它拥有著名的海滩、岛屿、古城和多元的历史文化遗产。菲律宾有 6 个世界遗产、3 个非物质文化遗产、4 个世界记忆文献遗产、3 个生物圈保护区、1 个创意城市、2 个世界遗产城市、7个拉姆萨尔湿地所在地遗址和8个东盟遗产公园。长滩岛、宿雾、巴拉望、锡兰高等是最受欢迎的旅游景点。维甘历史古城是亚洲保存最完好的西班牙殖民时期的城市，被联合国教科文组织列入世界文化遗产名录。普林塞萨港地下河国家公园被称为世界新七大奇迹之一。

作为旅游大国，泰国具有丰富的滨海旅游资源，主要集中在泰国湾沿线和安达曼海东南部。在泰国76个行政区中，有25个位于滨海地区。泰国滨海旅游城市主要分布在中央地区、东部地区和南部地区，包括曼谷、普吉府、暖武里府、素叻他尼府、甲米府等一级行政区，这些府以海洋资源为依托，将滨海城市打造成多功能的滨海旅游经济区。中央区最受欢迎的滨海旅游城市为曼谷、华欣、巴蜀府，东部最受欢迎的滨海旅游城市为差春骚府、春武里府、阁昌岛、芭提雅和罗勇府，南部地区各府大多属于滨海旅游城市，最受欢迎的为苏梅岛、甲米、普吉岛、宋卡和素叻他尼府。[1]

越南位于印支半岛东部，濒临泰国湾、北部湾和南海。全国八大地域中有五个属于沿海区域，全国59个省和5个直辖市中，有27个省、2个直辖市为沿海省市。在越南8个世界遗产中，有7个位于沿海城市，包括广宁省的下龙湾、宁平省的长安名胜群、清化省的西都城、广平省的峰牙—己榜国家公园、承天—顺化省的顺化历史建筑群、广南省的会安古镇和美山圣地，其中芽庄海滩、美溪海滩、下龙湾、美奈渔村、山茶半岛等是最受欢迎的旅游胜地。据统计，越南的沙滩岛旅游约占全国旅游活动的70%。[2]

五　东南亚的海洋生态环境

东南亚的海洋生态系统由南海、安达曼海、爪哇海等几大国际水系构成，主要包括红树林、珊瑚礁、海草床、滩涂、河口、海湾等。该区域内的

---

① "Amazing Thailand." https：//www.tourismthailand.org/Destinations.

② N. A. Thinh, N. N. Thanh, L. T. Tuyen & L. Hens (2019). "Tourism and Beach Erosion: Valuing the Damage of Beach Erosion for Tourism in the Hoian World Heritage Site, Vietnam." *Environment, Development and Sustainability*, Vol. 21, No. 5. pp. 2113-2124.

湄公河拥有全球独一无二的湖水系统（湄公河洞窟河流—大湖系统）和湿地森林，支撑了最具生产力和多样化的淡水生态环境。来自南、北太平洋的洋流来往于亚洲大陆东部，促进该区域海洋生物的繁衍生息，也带来了远洋生物幼虫。来自赤道的温水使得该海域珊瑚快速繁殖和生长。①

作为世界上海洋生物资源最为丰富和最具生物多样性的地区之一，东南亚拥有的湿地生态系统包括滩涂、红树林、海草床和珊瑚礁。该地区拥有世界上最多样的珊瑚礁，其数量约占世界总量的34%。该地区约有600个珊瑚物种和1300多个珊瑚礁鱼种。其中，"珊瑚三角区"（Coral Triangle）涵盖印尼、马来西亚、菲律宾、巴布亚新几内亚、所罗门群岛和东帝汶的水域，面积达1.8万平方千米。该水域珊瑚物种数占世界总数的76%。马来西亚的珊瑚礁表面积为4006平方千米，是"珊瑚三角区"的一部分。东马的珊瑚种类最多，估计超过550种，而西马则超过480种。马来西亚的活珊瑚覆盖率（LCC）为42.57%～52.3%，2015年马来西亚活珊瑚覆盖率为46.07%。①柬埔寨珊瑚礁表面积为2805公顷，主要分布在西哈努克省和大部分岛屿周围，特别是在高龙岛海洋保护区内。

东南亚红树林面积占全球总面积的30%，共有1230片红树林，其中67%的红树林分布在印尼、马来西亚和菲律宾。印尼红树林面积占东南亚红树林总面积的72%。②印尼红树林面积为311.3万公顷，占地球红树林总面积的23%，居世界之首。马来西亚红树林面积达62.9万公顷，其中沙巴沿海地区红树林面积占全国红树林总面积的60%，其余红树林分布在沙捞越和马来半岛的沿海地区。菲律宾红树林资源丰富，在世界上超过70种耐盐红树林物种中，菲律宾约有46种。菲律宾66个省份有红树林资源，占全国省份总数量的80%。红树林主要集中在巴拉望省、苏禄省、北三宝颜省、南三宝颜省、北苏里高省、南苏里高省、东西萨玛尔省、奎松

---

① PEMSEA（2015）. *Sustainable Development Strategy for the Seas of East Asia（SDS - SEA）*. PEMSEA, Quezon City, Philippines. Updated 2015.

② PEMSEA（2015）. *Sustainable Development Strategy for the Seas of East Asia*. Quezon：PEMSEA, Quezon City, Philippines. Updated 2015.

省、塔威塔威省、保和省和巴西兰省等。越南南部的湄公河三角洲和北部的红河三角洲都有红树林分布，南部海岸红树林面积为19.18万公顷，东北部海岸红树林面积为3.94万公顷，中部海岸红树林面积为1.43万公顷，北三角洲海岸红树林面积为7000公顷。柬埔寨红树林面积约为7.8万公顷，主要分布在海岸带和河口沿岸，超过1/2的红树林位于戈公省。

受工业化和城市化进程的影响，东南亚国家的海洋生态环境受到不同程度的破坏。印尼是海草最丰富的地区之一，过去50年印尼损失了30%～40%的海草床，其中爪哇地区的损失率高达60%。1918～2010年，菲律宾红树林面积减少了51.8%；1990～2010年，红树林面积减少了28172公顷。[1] 泰国的红树林因水产养殖和城市面积扩大而遭到破坏。2014年，泰国红树林总面积为24.55万公顷，比1961年减少一半以上。[2] 越南原有红树林约40万公顷，由于越南战争期间除草剂和汽油弹被大量使用，红树林减少近10万公顷。近年来，大规模沿海开发和水产养殖导致越南每年失去的红树林面积约为1.5万公顷。此外，越南海域内80%的珊瑚礁面临威胁，处于濒危状态的海洋生物多达100种。[3] 缅甸南部半岛附近有着丰富的珊瑚礁资源和红树林资源。过度捕捞和水体污染使得珊瑚礁资源受到极大破坏，位于伊洛瓦底江三角洲的红树林也遭到大量砍伐。[4]

为保护沿海和海洋生态环境，东南亚国家开始逐步实施综合海岸带管理，并建立海洋保护区。印尼和泰国设立了颇具规模的海洋保护区，而菲律宾建立海洋保护区的时间最长。2002年，东南亚国家环境部长通过了"东盟海洋遗产地标准"和"国家海洋保护区标准"，为对现有和新建的海洋保

---

① J. Long, D. Napton, C. Giri, & J. Graesser（2014）. "A Mapping and Monitoring Assessment of the Philippines' Mangrove Forests from 1990 to 2010." *Journal of Coastal Research*, Vol. 30, No. 2. pp. 260–271.

② Hnin Ei Win. "Mangrove Forest Conversation in Thailand." http://ap.fftc.agnet.org/ap_db.php?id=856.

③ 《越南海洋环境：现状与对策》，越通社，2020年1月21日。

④ Jared Downing. "A Rough Guide to Myanmar's Geography, from the Temperate Kachin Hills to the Rainforests and Coral Reefs of Tanintharyi." https://frontiermyanmar.net/en/myanmar-geography-101.

护区进行管理提供依据。海洋遗产地标准包含六个主要标准和四个附加标准，而海洋保护区标准大致分为社会、经济、生态、区域和务实五大指标体系。在东南亚国家中，全球性的海洋保护区包括印尼的科摩多自然公园、菲律宾的 Tubbataha 礁石自然海洋公园、泰国的 Ujung 自然公园和越南的 Halong Bay；区域性的海洋保护区有缅甸的 Lampi 海洋自然公园和泰国的 Tarutao 自然公园。[①] 马来西亚也设立了海洋保护区，并将海洋保护区范围扩展到其管辖海洋水域总面积的 10%。[②] 泰国 1996 年批准了《增强和保护环境质量的政策》，2015 年制定了《海洋和沿海资源管理法》，并加入了国际自然保护联盟（IUCN）和联合国开发计划署（UNDP）共同倡导的"未来红树林"计划，旨在保护沿海生态系统，包括珊瑚礁、河口、潟湖、沙滩、海草和湿地等。

参考文献

Hans-Dieter Evers, Azhari Karim (2011). "The Maritime Potential of ASEAN Economies." *Journal of Current Southeast Asian Affairs*, Vol. 1.

N. Khalid, M. Ang and Z. M. Joni (2009). "The Importance of the Maritime Sector in Socioeonomic Development: A Southeast Asian Perspective." *Tropical Coasts*, *Vol.* 16, No. 1.

Mcilgorm A. (2016). "Ocean Economy Valuation Studies in the Asia-Pacific Region: Lessons for the Future International Use of National Accounts in the Blue Economy." *Journal of Ocean and Coastal Economics*, Vol. 2, No. 2.

PEMSEA (2018). *National State of Oceans and Coasts: Blue Economy Growth of Indonesia*. Quezon: Partnerships in Environmental Management for the Seas of East Asia.

PEMSEA (2018). *National State of Oceans and Coasts: Blue Economy Growth of Malaysia*. Quezon: Partnerships in Environmental Management for the Seas of East Asia.

PEMSEA (2018). *National State of Oceans and Coasts: Blue Economy Growth of*

---

① U. Pascual, R. Muradian, L. Brander (2010). *The Economics of Valuing Ecosystem Services and Biodiversity*. Alcohol and Alcoholism-ALCOHOL ALCOHOLISM.

② Noor Hasmayana Binti Yahaya. "International Coral Reef Initiative (ICRI) Member Type Country: Malaysia." https://www.icriforum.org/members/malaysia/.

Philippines. Quezon: Partnerships in Environmental Management for the Seas of East Asia.

PEMSEA (2018). *National State of Oceans and Coasts: Blue Economy Growth of Thailand.* Quezon: Partnerships in Environmental Management for the Seas of East Asia.

PEMSEA (2019). *National State of Oceans and Coasts: Blue Economy Growth of Singapore.* Quezon: Partnerships in Environmental Management for the Seas of East Asia.

PEMSEA (2021). *National State of Oceans and Coasts: Blue Economy Growth of Vietnam.* Quezon: Partnerships in Environmental Management for the Seas of East Asia.

Y. Song, D. Li, X. Hou (2020). "Characteristics of Mainland Coastline Changes in Southeast Asia during the 21st Century." *Journal of Coastal Research*, Vol. 36, No. 2.

B.15
印尼"全球海洋支点"战略
与海洋经济发展

那文鹏*

摘　要：　印尼是世界上最大的群岛国家，海洋资源十分丰富，具有开发利用海洋的优越条件。近年来，印尼政府高度重视海洋的作用与价值，提出了建设海洋强国的战略构想，其中海洋经济是海洋强国战略的重要支柱。由此，海洋产业在印尼国内经济中的地位不断提升，展现广阔的发展潜力。中国与印尼均为海洋大国，具有加强海洋合作的共同愿景，双方提出"全球海洋支点"构想和"一带一路"倡议的战略对接，并在多个海洋合作领域取得丰硕成果。在新的国际和区域形势下，中印尼应加强海洋合作机制建设，维护区域海洋安全，构建海洋产业链，弘扬共同的海洋文化传统，保护区域海洋生态环境。

关键词：　"全球海洋支点"　海洋强国　海洋产业　印尼

印尼位于太平洋和印度洋的交界地带，由大约 1.7 万个岛屿构成，官方声称海岸线总长达 10.8 万公里，领海面积达 29 万平方公里，内陆和群岛水域面积达 311 万平方公里。同时，印尼扼守马六甲海峡、巽他海峡、龙目海峡等海上通道，海洋发展的区位条件极为优越。[①] 近年来，印尼政府提出"全球海洋支点"战略构想，力图将印尼打造为世界闻名

---

*　那文鹏，厦门大学国际关系学院/南洋研究院世界经济专业博士生。
[①]　KKP（2020）. *Laporan Tahunan 2020*. Jakarta：KKP.

的海洋强国。政府将海洋经济列为核心发展部门，并制定相应的海洋规划与政策，推动海洋产业平稳发展。海洋产业在印尼展现广阔的发展前景。

一 印尼制定海洋强国战略的现实基础

长期以来，海洋在印尼经济发展历程中扮演着重要的角色，与印尼人民的生活与生产密不可分。随着印尼海洋开发能力的不断增强，历届印尼政府对海洋的重视程度日益提高，不断挖掘海洋在政治、经济和文化等领域的利用价值，为日后制定海洋强国战略奠定了良好的基础。

（一）政治与法律基础

印尼于1945年8月17日宣告独立，但其发布的宪法中鲜有提及领海问题，仅在第33条第3款中规定，"土地、水域及矿藏均为国家所有，并用来最大限度地为人民造福"。然而，根据1947年印尼与荷兰签署的《林牙椰蒂协定》（Linggajati Agreement），荷兰仅承认印尼对部分岛屿享有主权，岛屿周围水域的管辖权归荷兰所有。直至1949年12月，荷兰正式向印尼移交主权后，才承认印尼为拥有领海的国家。此后，印尼暂时保留了有关荷属印度群岛的法律，领海水域根据1939年的《领海和海域法令》（TZMKO）进行界定，仅包括各岛周围3海里的区域，此外的海域均为公海，外国船只可以自由航行或开采海洋资源。对于建国伊始的印尼而言，此项法律将国土分割为互不相连的岛屿，不但成为威胁国家安全的潜在隐患，而且不利于开发和维护周围海域的各项资源。

为了改变这一局面，印尼政府于1957年12月13日发表了《朱安达宣言》（Djuanda Declaration）。作为首份涉及领海问题的战略性文件，该宣言向世界声明了印尼的群岛国地位，并在主张12海里领海宽度的同时，提出采用直线基线法划定印尼的领海基线，线内的所有岛屿和水域均为其领土。

1960 年 2 月 18 日，印尼颁布了《印度尼西亚领水法》，以国内立法的方式再次强调其群岛国地位，明确 12 海里领海宽度和领海基线，拥有对群岛间所有海域和自然资源的完全主权，并给予国际船只以传统的无害通过权。然而，印尼的领海主张与英美等传统海洋强国的利益相悖，后者以违反"自由航行与通过权"为由，对印尼的领海主张提出反对意见。在 1958 年和 1960 年召开的联合国海洋法会议中，印尼与其他国家共同提出的群岛国议题，均未获得会议通过。直至 1973~1982 年召开的第三次联合国海洋法会议上，传统海洋强国逐渐作出让步，印尼的群岛国主张才获得国际认可，其后通过的《联合国海洋法公约》（UNCLOS）明确了群岛国的定义、界限、权利和义务等事宜。

《联合国海洋法公约》的最终签署，标志着印尼长达 25 年的外交努力终获硕果，由此印尼获得了实质上的群岛国地位。1985 年 12 月 31 日，印尼国会正式批准了《联合国海洋法公约》，成为印尼海洋战略形成过程中的重要里程碑。自此以后，印尼的海洋划界摆脱了自我主张阶段，拥有了深厚的国际法基础，《联合国海洋法公约》成为日后印尼制定海洋政策和海洋战略的重要依据。20 世纪 90 年代以来，尤其是进入 21 世纪以后，印尼政府不断完善本国海洋相关立法，如 1996 年重新修订了《领海法》，2004 年出台了《渔业法》，2005 年出台了《沿海和海洋发展投资法案》等。2014 年 10 月，印尼总统苏西洛·尤多约诺（Susilo Yudhoyono）发布第 32 号法令，推出了印尼的《海洋法》，并公布了海洋管理的宗旨与原则、范围与辖区、概念与定义等内容，为日后佐科政府制定海洋强国战略奠定了基础。

（二）经济与管理基础

印尼的海洋资源极为丰富，为发展海洋经济提供了优越条件，海洋开发与管理被视为国家发展的基石。20 世纪 50 年代初期，面对国内外层出不穷的政经危机，印尼政府将主要精力放在工业化上，海洋经济未能获得足够重视。不过，1966 年苏哈托（Suharto）掌握权力后，印尼进入"新秩序"

（New Order）时期，政府对海洋经济的关注度逐步提高。1969~1993 年，印尼完成了首个长期发展规划（PJP I），其间大力推动渔业捕捞的国际合作，以弥补本国的技术劣势。同时，印尼还成立了国家石油公司（Pertamina），通过"产品分享制"与外资共同开发海上油气资源，从而获得了大量的外汇收入。1993 年，印尼进入第二个长期发展规划（PJP II）建设周期，保持了发展海洋经济的政策导向，主张加强对海洋资源的勘探与开发，推动海洋经济快速发展，促进印尼东部地区平衡发展，利用科学技术保护海洋生态环境。

跨入 21 世纪，印尼海洋经济进入全新发展阶段。2000 年，印尼政府组建了海洋与渔业部，同时将 12 海里以内的海洋资源管理权下放至地方政府。在《2005~2025 年国家长期发展规划》（RPJPN）中，印尼政府明确提出了发展海洋经济的政策主张，试图通过加强海域管理和资源开发，建立整合型海洋经济。在《2010~2014 年国家中期发展规划》（RPJMN）中，印尼政府提出重点发展海洋渔业、海洋能源与矿产业、海洋运输业、海洋工业和海洋旅游业等产业。与此同时，印尼政府发布了《2011~2025 年加速和扩张经济发展总体规划》（MP3EI），提出根据国家的地理特性建立"六大经济走廊"，包括苏门答腊经济走廊、爪哇经济走廊、加里曼丹经济走廊、苏拉威西经济走廊、巴厘岛—努沙登加拉经济走廊和巴布亚—马古鲁经济走廊。这些经济走廊以港口城市为基点，根据当地的资源条件发展特色产业，如渔业、造船业、矿产业和旅游业等，并通过海上航线相互连接。

在发展海洋经济的过程中，印尼政府秉持可持续性原则，高度重视海洋生态环境保护。随着世界各国对海洋生态环境的关注与日俱增，旨在维护海洋资源可持续利用的"蓝色经济"概念应运而生。在此背景下，印尼政府在 2012 年 1 月的 APEC 会议上提出了促进"蓝色经济"发展的倡议，重点包括提高渔业可持续性，减缓气候变化对珊瑚礁的冲击，各国加强基础设施联通和政策法规对接。同年 6 月，在巴西举办的 Rio+20 峰会上，印尼宣布将努力发展"蓝色经济"，保证海洋和海岸带区域的均衡可持续发展，包括利用海洋经济提高居民收入，保护海洋生态系统，加强民众对海洋文化的认识等。[①] 在具体的实践中，印尼建设了四大"蓝色经济"示范区，包括在龙目岛东部的商业和投资整合示范区、在阿南巴斯群岛的小海岛综合示范区、在托米尼湾的海湾综合管理示范区、在珊瑚礁三角区的自然保护示范区。这些示范区立足于当地丰富的海洋资源，力图实现经济效益与生态效益的平衡，彰显了印尼海洋经济的发展方向。

（三）历史与文化基础

作为世界闻名的海洋文明中心之一，印尼有着独树一帜的海洋文化。历史上，印尼诸岛受益于连接太平洋和印度洋的独特地理位置，以及东部香料群岛出产的丁香花苞、豆蔻核仁和肉豆蔻皮等珍贵货物，成为古代"海上丝绸之路"上重要的贸易中转站。周期性的季风使各国商人将印尼作为重要的落脚地，他们不但将外部的商品和技术传入印尼，而且使其成为各种文化交流碰撞的场所，从而塑造了印尼的海洋文化和宗教意识。同时，印尼本国的文明成果也借由海路向外传播，如印度洋中的弦外支架和双船体船只，均受到印尼造船技术的影响，这成为印尼对区域海洋发展的重要贡献。最终，海洋贸易所带来的人口和财富，以及由此产生的对官僚系统的需求，在某种程度上推动了国家的出现，其中影响最为深远的是 7~14 世纪存在于苏门答腊岛东南部的室利佛逝（Sri Vijaya）、13~15 世纪建立于爪哇岛东部的满者伯夷（Madjapahit），它们是印尼海洋文化的历史根基。

虽然印尼诸岛曾存在过海洋强国，但现代印尼的形成起始于 15~17 世纪的大航海时代。由于奥斯曼帝国阻断了东西方商路，葡萄牙和荷兰等西方国家为获取马鲁古群岛和班达群岛的香料，借由先进的航海技术进入印尼群岛，并由此逐步展开殖民统治。对于印尼而言，西方殖民统治是其历史中充满苦痛的一页，但荷兰殖民政府的统治系统变相加强了印尼诸岛之间的交

[①] Antaranews. "Indonesia Promotes 'Blue Economy' in rio + 20 Forum Meeting." https：// en. antaranews. com/news/83060/indonesia-promotes-blue-economy-in-rio20-forum-meeting.

流，交通和通信的发展使印尼群岛逐渐成为相互联系的有机整体，这为日后印尼群岛成为统一的国家提供了现实基础。面对西方殖民者的入侵，印尼人民利用海上力量奋起反抗，留下了诸多英勇事迹，如1521年淡目王国的帕特·乌努斯（Pati Unus）抵抗葡萄牙占领马六甲，1599年亚齐苏丹国的马拉哈亚蒂（Malahayati）海军上将与荷兰和葡萄牙殖民统治者作战，1670年戈瓦苏丹国的苏丹哈桑丁（Hasanuddin）反抗东印度公司（VOC）控制香料贸易路线等。利用海洋争取民族独立的历史，成为印尼人民共同的民族记忆，也促进了民族共同体和国家意识的构建。

尽管印尼群岛具有形成现代统一国家的基础，但由于各岛屿间在语言、民族、宗教和文化等方面存在显著的差异，部分地区在印尼宣告独立后出现了分离主义倾向。1967年，苏哈托政府出台了强调国家统一的"群岛愿景"（Wawasan Nusantara），并于1973年将之纳入国家政策的指导方针，使其成为国家意识形态的核心。"群岛愿景"基于印尼的地理特性和历史渊源，认为印尼群岛的陆地、海洋和空域完整不可分割，群岛作为政治、经济、社会和文化、国防和安全的统一体而存在。此概念借由保持群岛完整性来维护国家利益，体现了印尼政府在地缘政治中的基本立场，也常被用来在国际海洋争端中维护印尼的海洋主权。自20世纪80年代中期以来，"群岛愿景"已被纳入印尼的高中和大学的教育课程，用以向国民传达印尼群岛"分散而统一"的政治和文化观念。由此，印尼政府有着弘扬海洋文化的历史基础和现实需求。

二 佐科执政时期的印尼海洋强国战略

自参与印尼总统选举以来，佐科就将海洋发展作为其最具特色的政策理念，并在执政期间将其逐步落实。在佐科总统的首个任期内，印尼政府出台了多个互有联系的海洋战略文件，并由此制定了海洋发展的目标与策略。2019年佐科成功连任总统后，海洋强国战略得以延续，并作为印尼政府的工作重点直至今天。

（一）佐科执政初期对海洋强国战略的探索

2014 年 5 月，时为总统竞选组合的佐科·维多多（Joko Widodo）和优素福·卡拉（Jusuf Kalla），向普选委员会（KPU）提交了一份包含 9 项优先议程（Nawa Cita）的纲领性文件，用以阐述未来的执政理念与使命愿景。该文件聚焦印尼发展进程中的改革难题，将海洋开发作为解决改革难题的重要手段，凸显了佐科对海洋发展的高度重视，海洋战略也成为其区别于其他竞选对手的政策亮点。在日后的选举活动中，佐科多次重申自己的海洋战略主张，并不断阐释与丰富其具体含义。2014 年 7 月，佐科在成功当选印尼第七任总统后呼吁："让我们共同努力，将印尼发展成世界海洋轴心、全球文明枢纽。"① 同年 10 月，佐科在总统就职演讲中再次宣告，"我们必须竭尽全力，让印尼恢复成为一个海洋强国。我们已经忽略海洋、海峡和海湾太久了，而海洋、海峡和海湾是我们文明的未来"②。

11 月 13 日，佐科出席在缅甸内比都举行的东亚峰会（EAS），并在主题演讲中宣告了印尼的"全球海洋支点"（Global Maritime Fulcrum）战略构想，详细阐述了五个组成部分：一是复兴印尼的海洋文化，强化民众的群岛国家身份认同，令其意识到国家发展与海洋管理之间的密切联系；二是维护和管理海洋资源，发展海洋渔业以保障粮食安全，增进人民福利水平；三是改善海洋基础设施，推动港口、航运业和海洋旅游业的发展；四是积极开展海洋外交，加强与其他国家的海洋合作，减少非法捕捞、领土争端、海盗、海洋污染等纠纷；五是强化海上防卫力量，维护领海主权与资源，保障海洋航运和海上通道安全。③ 在此次演讲中，佐科将海洋议题与其他事项相剥

---

① Tempo. "President-Elect Jokowi Calls for United Indonesia." https：//en. tempo. co/read/595130/president-elect-jokowi-calls-for-united-indonesia.

② Tribunnews. "Isi Lengkap Pidato Joko Widodo Usai Pelantikan Presiden di MPR." https：//www. tribunnews. com/nasionan/2014/10/20/isi-lengkap-pidato-joko-widodo-usai-pelantikan-presiden-di-mpr.

③ The Jakarta Post. "Presenting Maritime Doctrines." https：//www. thejakartapost. com/news/2014/11/14/presenting-maritime-doctrine. html.

离，突出强调了海洋建设在未来国家发展中的核心地位，重新梳理了海洋发展战略的内涵与维度，标志着佐科政府的海洋发展战略初步成型。

（二）佐科首届任期内海洋强国战略的丰富与发展

自提出海洋强国战略以来，佐科政府便着手制定具体的发展规划，力图将战略中的各项主张付诸实施。2015年1月8日，佐科通过该年第2号总统令发布了《2015~2019年中期国家发展计划》（RPJMN），以此作为各部委和地方政府的工作指南。在海洋发展问题上，佐科政府坚持此前设立的发展目标，即促进海洋经济发展、加强海洋资源管理、改善海洋运输、保护海洋生态环境、强化海洋意识，同时为其制定了总体的政策方向和发展策略。然而，虽然佐科制定了雄心勃勃的发展规划，但受党派激烈斗争等不利因素的影响，各项改革措施在其执政早期屡屡受挫。直到2016年下半年，佐科所领导的"红白联盟"在国会中占据多数席位后，各项发展政策才得以有效贯彻。该年8月，佐科对海洋战略的缓慢推进深感不满，随即向主要官员下达了2016年第7号总统指令，要求各部门加快渔业发展。

2017年1月，佐科发布该年第3号总统令，正式出台了《加快国家渔业发展行动计划》，政策重点包括发展可持续性的捕捞渔业和水产养殖业，发展水产品加工业，推进空间规划和区域发展，完善相关的监管法规和组织机构。同年2月，佐科政府对外发布了《印尼海事政策》，这既是对前期海洋战略的回顾与总结，也是对未来印尼海洋发展的全方位展望。在该文件中，印尼政府正式确立了印尼海洋战略的七个支柱，一是推进海洋资源管理与人力资源开发；二是加强海上防御、海洋安全与海洋执法；三是完善海洋治理与建立相关机构；四是发展海洋经济，完善海洋基础设施，提高沿海社区福利；五是加强海洋空间管理与海洋环境保护；六是弘扬海洋文化；七是开展海洋外交。

除阐明印尼海洋强国战略的基本框架外，《印尼海事政策》还在附录中公布了《2016~2019年印尼海洋政策行动计划》。2016~2019年，佐科政府计划推动五个优先项目群快速发展，并详细设定了每个项目群的优先活动。

其中第一个项目群与海上边界、海洋空间和海上外交有关，优先活动包括与海上邻国进行边界谈判，增强印尼在海洋组织中的作用；第二个项目群与海洋产业和海洋连通性有关，优先活动包括发展海洋运输产业，开发建设 24 个战略性港口，推动造船业的发展与升级，保障海上航运安全；第三个项目群与海洋资源管理和海洋服务业有关，优先活动包括发展捕捞渔业和水产养殖业，加强海洋油气管理，发展海洋旅游产业，开发海洋资源，扩大海洋保护区面积至 2000 万公顷；第四个项目群与海上防御和海洋安全有关，优先活动包括构建维护国家主权的海上力量，打击海盗和海上暴力行为，治理非法捕鱼（IUU）活动；第五个项目群与海洋文化有关，包括改善沿海社区福利水平，发展海洋科学与技术，培育海洋人力资源。

（三）佐科第二任期内海洋强国战略的目标与策略

2019 年 5 月，印尼选举委员会再次宣布佐科胜出，佐科成功实现总统连任。在 10 月 20 日的就职演讲中，佐科推出了关于印尼发展的"2045 宏愿"，但其中并未提及海洋议题，引发了外界对印尼海洋战略延续性的担忧。不过，佐科于 2020 年 1 月签署了该年第 18 号总统令，对外公布了《2020～2024 年中期国家发展计划》（RPJMN）。该计划显示，佐科政府仍将海洋渔业和海洋管理作为实现经济增长的重要支撑，并为之制定了五项发展战略：第一，建设渔业管理区（WPP），增强渔业可持续性，完成海洋分区计划，规范海洋和小型岛屿使用；第二，加强海洋保护区管理，开发海洋生物产品，研发海洋生物技术；第三，提高水产养殖产量，建立现代水产养殖产业集群，发展具有经济规模和可持续性的捕鱼船队；第四，提高商业投资便利度，为渔民和养殖业者提供商业保险和土地证明，提高海洋和渔业参与者的合规性；第五，为渔民提供培训和咨询，加强职业教育和人力资源培训，传播具有可持续性的渔业技术，建设海洋和渔业数据库。由此可知，佐科政府对以往的海洋发展政策进行了扩展，海洋强国战略仍是其第二任期的工作重点。

在中期发展规划的指导下，印尼海事与投资统筹部制定了未来五年的战略规划，从多个角度对印尼海洋事务进行归类划分，并提出了2020~2024年的战略目标和绩效指标，包括推动海洋经济成为国民经济发展引擎，强化印尼的先进海洋国家身份，保护海洋环境，实现公平和动态的海洋经济增长，发展创新型海洋文化等。2021年3月，佐科主导制定的《创造就业法案》（UU Cipta Kerja）开始生效。在49项改革法规中，包含了本年第27号政府条例（PP No. 27/2021），该条例重新梳理了海洋渔业的相关法规。① 2022年1月，印尼国会通过本年第3号法律（UU No. 3/2022），正式批准了印尼的迁都计划，将首都由雅加达迁至婆罗洲的东加里曼丹省，并将新首都命名为"努山达拉"（Nusantara）。从字源学上讲，该名词最早出现于满者伯夷王国，由古爪哇语"岛屿"（Nusa）和"之外"（Antara）组成，曾作为"印度尼西亚"的同义词而存在，与强调国家统一的"群岛愿景"（Wawasan Nusantara）高度相关，准确地反映了印尼作为群岛国家的地理特征，并宣告了印尼延续海洋战略的政经诉求。②

三 印尼海洋经济发展的现状

在佐科政府制定的海洋战略中，海洋经济发展处于核心位置，是印尼政府推动经济增长的新思路。作为世界上最大的群岛国家，印尼拥有十分丰富的海洋资源，具有发展海洋经济的良好基础。在政府各项产业振兴政策带动下，印尼海洋经济部门均取得了不同程度的发展，成为国民经济中的重要部门。

（一）总体情况

根据印尼海事与投资统筹部的定义，海洋经济是指直接或间接发生在水

---

① Kompas. "49 Peraturan Pelaksana UU Cipta Kerja Diundangkan, Ini Rinciannya. " https：//nasional. kompas. com/read/2021/02/21/14592421/49 - peraturan - pelaksana - uu - cipta - kerja - diundangkan-ini-rinciannya.

② Antaranews. "2022 State Budget Focuses on Six Main Policies: President Jokowi. " https：//en. antaranews. com/news/201981/2022-state-budget-focuses-on-six-main-policies-president-jokowi.

域（包括领海、群岛水域、专属经济区，以及包括海滨和小岛在内的其他水域）的经济活动、在水域以外利用水域自然资源的活动、生产用于水域的商品和服务的活动。然而，由于海洋经济的具体范围难以界定，长期以来各国均缺乏计算海洋经济规模的统计标准。为了解决该问题，印尼海事协调部（KKBK）与中央统计局（BPS）合作，于 2017 年发布了《2010～2016年印尼海洋 GDP》。该文件从印尼标准产业分类（KBLI）中挑选出 159 种经济活动，并将其归纳为 9 个海洋经济产业集群，包括渔业、能源与矿产业、生物技术、海洋工业、海洋服务业、滨海旅游业、航运业、海洋工程业和海上国防、执法与安全。不过，印尼政府认为，此版统计标准包含的经济活动范围较为有限，未能纳入衍生产品和下游活动。因此，2019 年印尼对海洋经济的统计标准进行了修订，将海洋经济产业集群由 9 个拓展到 11 个，新增沿海与小岛资源、非常规海洋资源两个集群，海洋经济包含的经济活动由159 种增加到 312 种。①

印尼海事与投资统筹部的统计数据显示，2010～2018 年，印尼海洋经济增加值由 782.00 万亿盾提高为 1084.97 万亿盾，年均增长率由 4.28%提高到 4.80%，但在国内生产总值（GDP）中的占比由 11.04%略降至10.41%。2019 年，印尼海洋经济增加值为 1231 万亿盾，占 GDP 的11.25%；2020 年，印尼海洋经济增加值降至 1212 万亿盾，但占 GDP 的比重提高到 11.30%。② 海洋经济各部门中，能源与矿产业是规模最大的部门，2010～2018 年，增加值由 372.15 万亿盾提高到 403.31 万亿盾，但在海洋经济增加值中的占比由 47.59%降至 37.17%；渔业是第二大部门，增加值由 176.65 万亿盾提高为 285.64 万亿盾，在海洋经济增加值中的占比由22.59%提高为 26.33%；滨海旅游业是第三大部门，增加值由 80.23 万亿盾

---

① Antaranews. "2022 State Budget Focuses on Six Main Policies: President Jokowi." https://en. antaranews. com/news/201981/2022-state-budget-focuses-on-six-main-policies-president-jokowi.

② Kementerian Koordinator Bidang Kemaritiman dan Investasi. "Kemenko Marves Bahas Pentingnya PDB dalam Perekonomian Maritim." https://dev. maritim. go. id/kemenko - marves - bahas - pentingnya-pdb-dalam-perekonomian-maritim/.

提高为 132.92 万亿盾，在海洋经济增加值中的占比由 10.26% 提高为 12.25%。相比之下，其他海洋产业的规模较小，在海洋经济增加值中的占比均低于 10%，海洋工业、海洋服务业、航运业、海洋工程业和海上国防、执法与安全的增加值均有所提高，生物技术的增加值出现萎缩（见表 1）。

表 1   2010 年和 2018 年印尼海洋产业的产值和比重

单位：万亿盾，%

产业	2010 年			2018 年		
	增加值	占海洋增加值	占 GDP	增加值	占海洋增加值	占 GDP
渔业	176.65	22.59	2.58	285.64	26.33	2.74
能源与矿产业	372.15	47.59	5.43	403.31	37.17	3.87
生物技术	14.86	1.90	0.22	2.25	0.21	0.02
海洋工业	14.23	1.82	0.21	18.41	1.70	0.18
海洋服务业	53.02	6.78	0.77	97.12	8.95	0.93
滨海旅游业	80.23	10.26	1.17	132.92	12.25	1.28
航运业	44.42	5.68	0.65	76.79	8.08	0.74
海洋工程业	12.98	1.66	0.19	21.47	1.98	0.21
海上国防、执法与安全	34.96	4.47	0.51	47.07	4.34	0.45
合计	782.00	100.00	11.04	1084.97	100.00	10.41

资料来源：根据 Kementerian Koordinator Bidang Kemaritiman dan Investasi 的 *Rencana Strategis Kementerian Koordinator Bidang Kemaritiman dan Investasi Tahun 2020-2024* 编制。

（二）海洋渔业

印尼海洋动植物资源丰富，海洋渔业发展潜力巨大。在捕捞渔业方面，根据印尼海洋渔业部（KKP）估计，在坚持可持续原则的前提下，印尼捕捞渔业资源的潜力为 1201 万吨，其中 59.65% 为中上层鱼类，27.40% 为底层鱼类，12.95% 为其他渔业资源。在此基础上，印尼划定了 11 个渔业管理区（WPP）。2022 年政府规定的允许捕捞量为 863.97 万吨，其中 60.20% 为中上层鱼类，28.38%为底层鱼类，11.42%为其他渔业资源。[①] 在水产养殖业方面，印尼潜在用地规模达1791万公顷，其中海洋用地为1212万公顷，占比67.7%；咸淡水用地为296万公顷，占比16.5%；淡水用地为280万公顷，占比15.8%。然而，印尼水产养殖用地的开发度较低，已经开发的仅包括27.89万公顷的海洋用地，60.59万公顷的咸淡水用地，31.64万公顷的淡水用地。在海洋植物资源方面，印尼拥有约250万公顷的珊瑚礁、29.35万公顷的海草，以及约350万公顷的红树林，这些是发展海洋渔业的优良资产。[②]

自海洋强国战略实施以来，印尼政府不断提高对渔业的扶持力度，向渔业领域投入了大量资本。印尼统计局（BPS）的统计数据显示，2019~2021年，针对印尼渔业的国内直接投资（DDI）稳步增长，投资项目由117项增至500项，投资实现额由2.48万亿盾增至10.12万亿盾；外商直接投资（FDI）受疫情的影响大幅减少，投资项目由173项降至167项，投资实现额由0.54亿美元降至0.17亿美元。[③] 在具体的发展策略上，印尼政府聚焦本国渔业加工能力不足的问题，计划在偏远岛屿和边境地区建立20个海洋渔业综合中心（SKPT），主要分布在马鲁古省、巴布亚省、亚齐省、北苏拉威西省和廖内群岛省等地。[④] 通过这些综合中心，印尼政府将捕捞生产、产品加工和市场营销等环节整合起来，同时向渔民提供必要的基础设施和生产工具，如渔船、渔具、集成冷库、海藻仓库、浮动码头等，力图提高渔业生产效率和降低渔业生产成本。

佐科政府的渔业政策取得了良好效果，印尼渔业保持稳中向好的发展态势。印尼统计局的统计数据表明，印尼经济在疫情期间严重萎缩，2020年GDP增长率为-2.07%，但渔业仍为正增长（0.73%）；2021年GDP增长率

① KKP. "Keputusan Menteri Kelautan dan Perikanan Republik Indonesia Nomor 19 Tahun." https://jdih.kkp.go.id/peraturan/df947-2022kepmen-kp19.pdf.

② KKP（2020）. *Laporan Tahunan 2020*. Jakarta：KKP.

③ BPS（2022）. *Statistik Indonesia 2022*. Jakarta：BPS.

④ Kompas. "KKP Targetkan Bangun 20 Sentra Perikanan Pada 2019." https://ekonomi.kompas.com/read/2018/01/30/101700026/kkp-targetkan-bangun-20-sentra-perikanan-pada-2019.

回升至 3.69%，但渔业的增长率更高（5.45%）。根据联合国粮农组织（FAO）的统计，2020 年印尼的渔业产量位居世界第二，总量达 2183.44 万吨，其中捕捞渔业产量为 698.94 万吨，占比为 32.01%；水产养殖业产量为 1484.50 万吨，占比为 67.99%。在具体的渔业产品中，水生植物占 44.34%，海洋鱼类占 25.48%，淡水鱼类占 17.90%，甲壳类占 5.91%，洄游鱼类占 3.99%，软体动物占 1.79%，杂项水生动物占 0.60%，杂项水生动物产品占比不足 0.01%。在进出口贸易方面，印尼渔业处于绝对顺差地位。2020 年，贸易总量达 149.97 万吨，贸易总额为 54.41 亿美元，其中出口贸易量为 124.38 万吨，出口额为 50.44 亿美元；进口贸易量为 25.59 万吨，进口额为 3.97 亿美元。

（三）海洋能源与矿产业

印尼石油和天然气等能源矿产资源较为丰富，具有发展海洋能源与矿产业的天然优势，但勘探和开发难度较大。在地质构造上，印尼约有 60 个含油气盆地，其中 73% 的含油气盆地位于海洋，27% 的含油气盆地位于陆地。印尼的含油气盆地主要集中在五个区域，包括苏门答腊油气区、爪哇油气区、东加里曼丹油气区、东部油区和南海海域。根据英国石油公司（BP）的统计年鉴，2020 年印尼已探明的石油储量仅剩 24.4 亿桶，占世界石油总储量的 0.1%；已探明的天然气储量为 1.25 万亿立方米，占世界天然气总储量的 0.7%；已探明的煤炭储量达 348.69 亿吨，占世界煤炭总储量的 3.2%。[①] 印尼上游油气监管组（SKK Migas）的年度报告指出，2019 年印尼共有 199 个油气工作区（Wilayah Kerja），其中 105 个为在岸工作区，64 个为离岸工作区，30 个为离在岸混合工作区。[②] 随着印尼油气勘探技术的不断提高，仍有许多大型海上油气田会逐步被发现。

虽然印尼拥有发展油气产业的良好基础，但受到国际油气价格低位运行

[①] BP. "Statistics Review of World Energy 2021." https://www.bp.com/en/global/corporate/energy-economics/statistical-review-of-world-energy.html.

[②] SKK Migas (2020). *Laporan Tahunan 2019.* Jakarta：SKK Migas. p. 39.

等因素的影响,近年来针对印尼海洋能源与矿产业的投资数额有所下跌。2016~2021年,对印尼油气产业上游部门的投资额由115.60亿美元降为109.93亿美元,其中2017年更是达到103.02亿美元的低谷。在投资结构中,2021年6%的资金用于资源勘探活动,13%的资金用于资源开发活动,74%的资金用于生产活动,7%的资金用于管理活动。[1] 作为投资减少的必然结果,印尼油气产量不断下滑。与2015年相比,2022年印尼石油产量由4057.97万吨降至3141.03万吨;天然气产量由761.62亿立方米降至577.20亿立方米。此外,随着印尼经济的不断发展,印尼本国的油气需求快速增长,2022年石油消费量达6965.36万吨,天然气消费量达370.15亿立方米。面对巨大的能源缺口,印尼早在2004年就已成为石油净进口国,因此加快海上油气田的勘探与开发显得尤为重要。

为了促使油气产业恢复元气,印尼政府采取了诸多振兴政策。2017年1月,针对油气产业中的生产协议,印尼政府提出以"产量分成"合同代替原有的"成本回收"合同,即印尼政府不再偿还承包商的勘探和生产费用,以保留更大比例的油气储量。但面对油气产量下降的困境,2020年8月,印尼政府又重新修订此项规定,允许承包商在不同的分摊合同中自由选择,以激发其对油气产业的投资热情。此外,印尼政府还曾于2018年撤消18项关于油气产业的法规条文,以及23项资格审核等方面的行政要求,以简政放权的方式打造良好的营商环境。根据印尼上游油气监管组的规划,印尼油气产业将在2027年前推出23个离岸项目和19个在岸项目,同时在2025年前需要1500亿美元的投资以阻止上游生产下降,从而达到2031年日产石油100万桶的宏伟目标。[2]

(四)滨海旅游业

印尼位于亚欧板块、太平洋板块和印度洋板块的交界地带,独特的地理

---

① SKK Migas (2022). *Laporan Tahunan 2021*. Jakarta:SKK Migas. pp. 53-54.

② Antaranews. "SKK Migas Targets One Million bpd Oil Production in 2031." https://en.antaranews.com/news/138383/skk-migas-targets-one-million-bpd-oil-production-in-2031.

位置为其提供了发展滨海旅游业的丰富资源。一方面,印尼拥有约640万平方公里的水域面积、5.47万公里长的海岸线、51个生物种类多样的国家公园,这为其带来发展海洋生态旅游和自然旅游的巨大潜力;另一方面,印尼是"海上丝绸之路"的重要节点,海洋古国的文化遗产光辉灿烂,为其提供了发展海洋文化旅游的优越条件。截至2022年,印尼已获得9处世界遗产,其中4处为自然遗产,5处为文化遗产。在世界经济论坛(WEF)发布的《2021年旅行与旅游竞争力报告》中,印尼的旅游竞争力总指数在117个国家中排第32名,其中旅游资源得分排第16名,自然资源得分排第8名,文化资源得分排第24名,非休闲资源得分排第38名。①

随着居民收入的提高和交通成本的降低,旅游业逐渐成为印尼经济中新的支柱产业和出口创汇部门,印尼政府由此不断加大对旅游资源的开发力度。在2011年第50号政府条例中,印尼政府发布了《2010~2025年国家旅游业发展总体规划》(RIPPARNAS),制定了印尼旅游业的发展路径和目标。在具体的发展策略中,印尼政府制定了旅游目的地开发计划、旅游市场发展计划、旅游产业发展计划和旅游机构发展计划,力图全面推动旅游业升级换代。印尼佐科政府借鉴巴厘岛的发展经验,提出要在印尼兴建10个"新巴厘岛"景区,分别为曼达利卡(Mandalika)、摩罗泰岛(Morotai)、丹绒格拉洋(Tanjung Kelayang)、多巴湖(Danau Toba)、瓦卡多比(Wakatobi)、婆罗浮屠塔(Borobudur)、千群岛(Kepulauan Seribu)、丹绒勒松(Tanjung Lesung)、布洛摩(Bromo Tengger Semeru)和拉布安巴佐(Labuan Bajo),其中多数景区与滨海旅游业息息相关。②

在佐科政府的推动下,印尼旅游业获得了长足发展,但在疫情的冲击下遭遇了困难。根据印尼统计局的统计数据,2014~2019年,印尼的国际游客

---

① World Economic Forum (2022). *The Travel & Tourism Competitiveness Report 2021*. Geneva: World Economic Forum. p. 13.

② The Jakarta Global. "Indonesia Prepares New Strategy to Meet 2019 Tourist Arrival Target." https://jakartaglobe.id/news/indonesia-misses-tourists-arrival-targets-set-up-new-strategy-to-capture-higher-targets-this-year/.

数量由 943.54 万人次提高到 1610.70 万人次，年均增长率为 11.29%。在入境方式上，2019 年有 416.06 万人次由海路通道进入印尼，在所有国际旅客中约占 25.83%。国际游客的大量涌入，为印尼带来了丰厚的外汇收入。印尼央行（BI）的统计数据显示，2014~2019 年，印尼旅游业的出口收入由102.61 亿美元提高到 169.12 亿美元，净出口收入由 15.79 亿美元提高到55.91 亿美元。印尼国内旅游业蓬勃发展，2015~2019 年国内游客数量由2.56 亿人次提高到 2.83 亿人次，旅游业从业人员在总劳动力中的占比由9.03%提高到 11.83%。然而，新冠肺炎疫情出现以来，印尼旅游业遭受沉重打击，2020 年印尼的国际游客数量降至 405.29 万人次，较上一年下降了74.83%；2021 年降至 155.75 万人次，较上一年下降了 61.57%。

（五）海洋运输业与造船业

印尼由上万个岛屿构成，地理样貌支离破碎，各项经济活动对海洋运输的需求较高。然而，由于印尼海洋基础设施建设相对落后，2018 年印尼的物流绩效指数为 3.15，在东盟国家中排第五位，低于新加坡（4.00）、泰国（3.41）、越南（3.27）和马来西亚（3.22）。为了改善本国的海洋运力水平，佐科政府于 2014 年提出了"海上高速公路"建设构想，计划在 2015~2019 年投入 699 万亿盾（约合 574 亿美元）用于海洋基础设施建设。其中，243.6 万亿盾用于修建 24 个国际性商业港口，198 万亿盾用于修建 1481 个非商业性港口，101.7 万亿盾用于购买船舶，7.5 万亿盾用于近海运输，40.6 万亿盾用于建设装卸大宗和散装货物的设施，50 亿盾用于至港口的多式运输，10.8 万亿盾用于造船厂更新等。在印尼计划建造的 24 个国际性商业港口中，5 个港口被赋予枢纽地位。船舶在枢纽港口和剩下的 19 个支线港口间定期往返，构成印尼全新的海运网络。

经过佐科政府的不懈努力，印尼的海运能力有所增强。据印尼统计局发布的 2020 年海运统计数据，2014~2019 年国内航线装货量由 3.29 亿吨增至3.58 亿吨，卸货量由 3.82 亿吨增至 4.01 亿吨。与之相比，受到国际贸易不景气等因素的影响，国际航线的装货量由 4.17 亿吨降至 3.49 亿吨，但卸货量由 1.01 亿吨增至 1.05 亿吨。在客运方面，2019 年共输送国内登岸旅客 2300.56 万人次，离岸旅客 2262.73 万人次；国际登岸旅客 544.43 万人次，离岸旅客 556.82 万人次。① 2020 年，印尼海运业受到疫情严重影响，虽然总装货量增长 4.95%，但总卸货量下降 8.70%，总登岸旅客人次下降 55.78%，总离岸旅客人次下降 4.94%。在所有港口中，位于 21 个省份的 25 个战略性港口居于核心地位，其 2020 年的装货量占总装货量的 28.41%，卸货量占总卸货量的 50.04%，登岸旅客数占登岸旅客总数的 27.65%，离岸旅客数占离岸旅客总数的 27.18%。②

造船业是海洋航运重要的关联产业，同样受到了印尼政府的高度重视。联合国贸发会议（UNCTAD）的数据显示，2022 年印尼登记的商船数量为 1.10 万艘，占世界所有商船数量的 1.33%，合计达 2.93 万载重吨（DWT）。在船舶类型上，油轮数量在印尼商船总数中占 28.57%，散装船的数量占 24.81%，普通货船的数量占 15.88%，集装箱船的数量占 7.26%，其他类型船只的数量占 23.48%。虽然印尼对各类船舶的需求较高，但其主要船舶及构件高度依赖进口。为了解决该问题，印尼政府于 2015 年召开了造船业统筹会议，并在 2017 年出台的第 15 期经济配套措施中推出了多项产业振兴政策，如为造船业提供税收优惠、提高船舶设计能力、发布"造船限令"、规定 40% 以上的国产组件含量政策（TKDN）、指定巴淡岛为自由贸易区（FTZ）等。在这些政策刺激下，2014~2019 年，印尼建造的船舶吨位由 6.69 万总吨（GT）提高到 11.00 万总吨，在世界中的比重由 0.11% 提高到 0.17%。在疫情的强烈冲击下，2020 年印尼造船规模大幅跌至 3.63 万总吨，但 2021 年逐渐恢复至 6.45 万总吨。

四　中国与印尼的海洋合作

中国和印尼均为海洋大国，两国海洋合作已成为双边关系发展的助推

---

① BPS（2020）. *Statistik Transportasi Laut 2019*. Jakarta：BPS. pp. 13-35.
② BPS（2021）. *Statistik Transportasi Laut 2020*. Jakarta：BPS. pp. 13-35.

器。当前，中国与印尼实现了海洋发展战略的全面对接，构建了多层次的海洋合作机制，海洋安全、海洋经济、海洋文化和海洋生态等领域务实合作全面展开，并取得显著成效。

（一）加强海洋政策对接，完善相关合作机制

为促进海洋合作的深入发展，中国和印尼不断加强相关制度建设。2005年4月中印尼建立战略伙伴关系时，双方提出建立海上问题磋商与合作机制，并签署了海上合作谅解备忘录，这标志着两国海洋合作进入机制建设阶段。2007年11月，中国和印尼签署了渔业部门间的海洋领域合作备忘录。2013年10月，两国将双边关系提升为全面战略伙伴关系，肯定了海洋合作的积极进展，并同意加快推进海洋务实合作。2018年10月，中国同印尼签署了共建"一带一路"倡议和"全球海洋支点"构想合作谅解备忘录，双方完成了海洋政策对接，由此进入深度合作阶段。2021年6月，中国印尼高级别对话合作机制首次会议召开，双方将合作领域由政治、经济、人文"三驾马车"，升级为政治、经济、人文和海上合作"四轮驱动"。2022年7月，在印尼总统佐科访华期间，双方续签了共建"一带一路"倡议与"全球海洋支点"构想合作谅解备忘录，两国的海洋合作得到良好延续。由此可见，经过长期的探索与协商，中国和印尼创建了多层次、宽领域、高标准的海洋合作机制。该机制保障了海洋合作的顺利推进，指明了海洋合作的具体方向。

（二）维护区域海洋安全，稳定地区海洋秩序

中国与印尼毗邻的东南亚海域，不仅是极为重要的海上贸易通道，还是地缘政治的重要地区，长期受到各类海洋安全问题的影响，加强海洋安全合作符合中印尼的共同利益。2002年，中国与包括印尼在内的东盟国家，共同签署了《南海各方行为宣言》（DOC），宣告以友好协商的方式解决海洋争议。2011年，中国与东盟国家提出制定"南海行为准则"的构想，但次年由于黄岩岛事件该构想的落实遭遇挫折，此时印尼在东盟国家间积极斡

旋，促使东盟达成关于南海问题的六项原则，从而使东盟对尽快制定"南海行为准则"达成共识。2019年，"南海行为准则"通过单一磋商文本的一读，现已进入二读阶段，表明中国和印尼等参与国的共同愿景。同时，中国与印尼在打击海盗、海上跨国犯罪及开展海上联合搜救等领域，取得了较为明显的合作成果。自2006年建立防务安全磋商机制以来，中印尼海军定期举行友好互访，加强海洋军事设备和技术交流。中国积极参与印尼"科摩多"多边人道主义救援联合演习、"南伽拉"失事潜艇打捞等行动，有效地维护了区域海洋安全与稳定。

（三）推动海洋经济领域合作，共同发展新兴海洋产业

在中国和印尼的海洋战略规划中，海洋经济是核心发展部门，也是两国海洋合作的重要领域。经过多年的探索与建设，中印尼海洋经济合作成效显著，并形成了多个旗舰性的合作项目。在资金融通上，双方建立了中印尼海上合作基金，同时双方依托中国—东盟海上合作基金、"丝路基金"和亚洲基础设施投资银行等展开务实合作；在渔业发展上，中国积极参与印尼的"国家鱼仓"建设，两国企业在印尼东爪哇图班市打造印尼海洋渔业中心的首个基地，该基地已于2022年6月正式投产，年渔获量预计可达50万吨；在基础设施建设上，中国与印尼共建雅万高铁，中国支持印尼"三北综合经济走廊"（北苏门答腊省、北加里曼丹省、北苏拉威西省）建设，并投资参与印尼丹戎不碌港扩建、东加里曼丹码头工程等；在海洋油气开发上，中海油和中石油收购多个印尼海洋油气田，推动印尼海洋油气田的勘探与开发；在滨海旅游上，2019年中国已成为印尼的第二大国际旅客来源国，2021年受疫情影响降至第三位。近年来，海洋经济在两国国民经济中的地位稳步提高，中印尼应继续将海洋经济作为合作重点，促进海洋国内价值链与区域价值链的嵌入，推动两国海洋新能源、海洋生物医药、海洋工程装备制造、海洋高新技术服务等新兴产业共同发展，推动疫情后海洋经济的恢复与扩张，打造基于两国区位优势的繁荣之海。

（四）促进海洋人文交流，共同培养海洋人才

对于中国和印尼的海洋合作，海洋文化是重要的着力点和驱动力，并衍生出全新的时代内涵。作为隔海相望的重要邻国，中印尼海洋文化交流源远流长，互利互惠的海洋贸易塑造了"丝路精神"，双方具备加强海洋文化互动的历史根基。在新的海洋时代，两国基于以往的海洋文化交流成果，不断推出符合当代需求的合作项目，并取得较为丰硕的成果。例如，2013年中国政府海洋奖学金启动，大量印尼学生来华学习海洋专业知识；2015年两国成立副总理级人文交流机制，优先推动教育、科技、文化、卫生、青年等领域合作，海洋文化交流已成为其中的重要内容；两国积极建立友好港口关系，包括广州港和泗水丹戎佩拉港、宁波港和雅加达丹戎不碌港等。这些活动提高了两国的海洋文化互信，有利于消除彼此之间的海洋认知差异，为其他领域的海洋合作提供稳固的社会基础。

（五）保护海洋生态环境，加强海洋资源管理

面对日趋严峻的环境危机，海洋生态环境合作成为中印尼海洋合作的新亮点。在两国海洋科研机构的共同努力下，双方落实了一系列海洋环境合作项目，涉及监测海洋气候变化、保护海洋生物多样性、合理开发海洋资源等多个领域。2010年5月，中印尼海洋与气候联合研究中心在雅加达挂牌成立，这是中国首个在海外设立的海洋科研机构，并在印尼巴东设立海洋联合观测站；同年11月，中国与印尼签署海洋科技合作备忘录，涉及海洋生物和生态管理等内容。2012年，两国联合成立了中印尼比通联合海洋生态站，这是首个中外合办的海洋生态站，位于海洋生物多样性极佳的珊瑚礁三角区（CTI），有利于对海洋生态系统开展调查研究。2021年6月，两国科学院签署《中印尼海洋生态牧场建设项目合作意向书》，提出在龙目岛建立科学管理自然资源的人工渔场。总体而言，印尼是中国开展海洋生态环境合作的先行伙伴，但目前两国的合作仍处于起步阶段，双方在海洋垃圾处理、海洋国家公园建设、蓝色碳汇试点研究等领域，具有较高的合作潜力。

参考文献

ASEAN Secretariat（2023）. *ASEAN Maritime Outlook（First Edition）*. Jakarta：ASEAN Secretariat.

BP（2022）. *Statistics Review of World Energy 2022.* London：British Petroleum.

BPS（2020）. *Statistik Transportasi Laut 2020.* Jakarta：BPS.

Nurkholis, D. Nuryadin N. Syaifudin et al.（2016）. "The Economic of Marine Sector in Indonesia." *Aquatic Procedia*, Vol. 7.

PEMSEA（2018）. *National State of Oceans and Coasts：Blue Economy Growth of Indonesia.* Quezon：Partnerships in Environmental Management for the Seas of East Asia.

W. W. Purwanto, Y. Muharam, Y. W. Pratama, D. Hartono, H. Soedirman, R. Anindhito （2016）. "Status and Outlook of Natural Gas Industry Development in Indonesia." *Journal of Natural Gas Science Engineering*, Vol. 29.

R. Rahadian, T. Tajerin, A. H. Purnomo（2009）. "The Contribution of the Marine Economic Sectors to the Indonesian National Economy." *Tropical Coasts*, Vol. 16, No. 1.

Rikrik Rahadian（2009）. "The Contribution of the Marine Economic Sectors to the Indonesian National Economy." *Tropical Coasts*, Vol. 16, No. 1.

A. Rizal, H. Herawati, I. Zidni, I. M. Apriliani & M. R. Ismail（2018）. "The Role of Marine Sector Optimization Strategy in the Stabilisation of Indonesian Economy." *World Scientific News*, Vol. 102.

M. Suparmoko & C. Economics（2016）. "The Role of the Ocean Economy in the National Income Accounts of Indonesia." *Journal of Ocean*, Vol. 2, No. 2.

B.16
马来西亚海洋经济发展及其战略规划

金师波*

摘　要：　随着马来西亚海洋经济的蓬勃发展，海洋产业逐渐成为其国内重要的产业部门。跨入 21 世纪，面对海洋世纪带来的机遇与挑战，马来西亚提出了打造现代化、安全、高效的海事部门，将造船修船业、海洋运输业、滨海旅游业作为其战略性的海洋产业部门，并最终使马来西亚成为一个举足轻重的海洋国家的构想。近年来，中马两国的海洋经济合作不断扩大和深化，在海洋油气开发、港口建设、沿海工业区建设、海洋科技等领域均取得了新进展。

关键词：　海洋经济　海洋产业　战略规划　马来西亚

马来西亚是个海洋国家，海洋资源丰富，海岸线总长 4675 公里，拥有 879 个岛屿。马来西亚地理上分为东、西两部分，西马位于马来半岛南部，北与泰国接壤，南与新加坡隔柔佛海峡相望，东临南中国海，西临马六甲海峡；东马位于加里曼丹岛北部，与印尼、文莱共享陆地边界，与菲律宾共享海洋边界。近年来，马来西亚海洋经济迅速发展，政府将海洋发展置于国家发展议事日程的优先位置，制定了海洋产业的发展规划与政策，促进海洋产业的转型升级，以实现海洋强国的目标。

---

* 金师波，经济学博士，福建社会科学院亚太研究所助理研究员。

一 马来西亚海洋经济的发展历程

历史上，马来西亚是一个向海而生、倚港而兴的国家。马六甲王国是古时马来亚地区首个海上王国，由于马六甲海峡地处东西方贸易的咽喉要道，吸引了来自东西方的商人，马六甲王国成为海上贸易中心。[①] 1511 年，葡萄牙人占领了马六甲，后荷兰殖民者终结了葡萄牙统治。17 世纪初，英国商人开始现身马来亚水域。1786 年 8 月，英国东印度公司租借槟城，并逐步向东南亚的海峡地区扩张。1795 年，英国占领了荷属马六甲。1824 年，英国与荷兰签署《英荷条约》，确立了英国对马来亚的霸权。1826 年，英国把槟城、马六甲、新加坡与纳闽联合起来，组成了海峡殖民地。在殖民地时期，西方殖民者开始在近海进行油气勘探和开采。1910 年，在该地区人们首次发现美里（Miri）油田，同年建成了第一口油井——大老太太（the Grand Old Lady）油井。东西方海上贸易的蓬勃发展，也带动了马来西亚沿海城市的发展和海上交通运输的繁荣。

1957 年，马来西亚宣告正式独立。当年，马来西亚颁布了《新兴工业法》，开始了工业化进程。当时，马来西亚工业化的重点是发展劳动密集型的"进口替代"工业，主要是食品、饮料、纺织等消费品工业。为保护新兴的民族工业，马来西亚实行了贸易保护政策，对进口的同类工业消费品实施进口许可证制度或征收高额关税。在进口替代工业化阶段，传统海洋捕鱼业、海洋油气采掘业逐步向海洋食品加工业、炼油工业等延伸。20 世纪 60 年代末，马来西亚进入"面向出口"工业化阶段。1968 年，政府颁布了投资奖励法令，给予面向出口的工业企业减免公司所得税、开发税和利润税等优惠待遇；此外，凡是面向出口的工业，外资既可独资经营也可持有多数股权。1970 年，政府颁布了自由贸易区法令，在槟城、吉隆坡/巴生、柔佛等地设立 10 个自由贸易区。这一时期，马来西亚引进壳牌、埃索石油公司进

---

① 梁志明等：《东南亚古代史》，北京大学出版社，2013，第 517~525 页。

行油气资源的勘探和开采，由此石油天然气勘探开采规模逐渐扩大。1974年，马来西亚国家石油公司（Petronas）成立，它拥有马来西亚所有油气勘探和生产项目的所有权。同时，面向出口的工业带动了海洋交通运输业、港口建筑业、造船修船业等的发展，也促进了马来西亚海洋工程建筑业的发展。此外，马来西亚制定和实施了旅游发展计划，推动旅游业的发展。1980年，马来西亚设立国有重工业公司，开始发展部分重工业，包括建立钢铁厂、生产国产车（PROTON）、进行石油提炼、建立水泥厂等。

1994年11月，《联合国海洋法公约》正式生效，它标志着世界海洋新秩序的开始。该公约对领海、毗邻区、专属经济区、大陆架、用于国际航行的海峡、群岛国、岛屿制度、闭海或半闭海、内陆国出入海洋的权益和过境自由、国际海底及海洋科学研究、海洋环境保护与安全、海洋技术的发展和转让等均做出了法律规定。作为缔约国，马来西亚对《联合国海洋法公约》的解释和运用表现出很强的务实性。马来西亚重视对专属经济区和大陆架管辖权的落实，通过规避颁布领海基线的义务，以增强其海域权利诉求的灵活性和主观性；通过解决部分海域划界问题和实现对部分海域的共同开发，获取资源勘探开发方面的现实利益。1995年8月，马来西亚与新加坡签署了领海划界协定。2009年3月，马来西亚与文莱签署了领海、大陆架与专属经济区划界协定。1990年5月，马来西亚与泰国签署了关于在泰国湾共同开发海底资源的临时安排。1992年6月，马来西亚与越南签署了关于在泰国湾共同开发海底资源的临时安排。1999年，马来西亚、泰国和越南签署了关于在泰国湾共同开发海底资源的临时安排。同时，马来西亚以马六甲海峡沿岸国的身份，坚决捍卫其在海峡航运安全、海上安全方面的管辖权，反对将海峡国际化，并与海峡使用国在建立和维护航行设施等领域进行合作，较好地维护了自身在相关方面的权益。[①]

跨入21世纪，面对海洋世纪带来的机遇与挑战，马来西亚将海洋发展置

---

① T. Davenport（2012）. *Southeast Asian Approaches to Maritime Delimitation.* Singapore：Asian Society of International Law.

于国家发展议事日程的优先位置，制定了海洋经济发展规划与政策。在《2006~2020年马来西亚工业战略规划》（IMP3）中，马来西亚强调打造现代化、安全、高效的海事部门，并最终成为一个举足轻重的海洋国家。根据该规划，马来西亚将造船修船业、海洋运输业、滨海旅游业作为其战略性的海洋产业部门。2006年，马来西亚政府推出柔佛—依斯干达经济特区（IM）、乔治城—北部走廊经济特区（NCER）、关丹—东海岸经济走廊（ECER）、沙巴发展走廊（SDC）和沙捞越再生能源走廊（SCORE）五大经济走廊的建设规划，其中将关丹—东海岸经济走廊建成海洋产业聚集区。2010年10月，马来西亚政府推出经济转型计划（ETP），该执行方案涉及12个国家关键经济领域和131项计划，这些关键领域包括电子电器、油气能源、农业、棕榈油、通信设施、金融服务、旅游、商业服务、批发零售、教育、医疗保健、以及"大吉隆坡计划"，投资总额预计4440亿美元。计划提出，到2020年马来西亚人均收入达15000美元，实现进入高收入国家的目标。

2018年10月，马来西亚政府推出了"工业4.0"国家政策（National Policy on Industry 4.0），提出通过提高生产力、获得更多高技能工人，促进马来西亚中小企业参与制造业转型升级，到2025年将马来西亚建成高科技产业国，并跻身全球创新指数前30名。该政策提出，以人工智能、工业物联网、工业大数据、云计算、工业机器人、3D打印、工业网络安全、知识工作自动化、虚拟现实为支柱，推进制造业及其相关服务业企业数字化转型，促进企业在人力、流程、技术等各个领域取得更系统全面的发展，并在"工业4.0"的推动下变得更智慧和更强大。[①] 在"工业4.0"的重点发展部门方面，马来西亚仍选择第11个五年计划所确定的具有高增长性和发展潜力的行业。其中，与海洋产业相关的行业包括海洋油气采掘业、造船修船等装备制造业、以石油天然气为原材料的化学工业、涉及远洋航运的交通运输业等。

---

① Ministry of International Trade and Industry. "Malaysia Industry 4WRD." http：//www. miti. gov. my/ index. php/pages/view/industry4WRD？ mid＝559#tab_ 547_ 1919.

二 马来西亚海洋产业发展现状

随着马来西亚海洋经济的蓬勃发展，海洋产业已逐渐从以第一产业为主向以第二产业和第三产业为主转变，并成为马来西亚国民经济中的重要部门。其中海洋油气业、海洋运输业、滨海旅游业、海洋渔业等部门在国内经济中的地位不断提升，这些部门创造了众多的就业机会，让马来西亚获取了大量的外汇收入。

（一）海洋渔业

马来西亚海洋渔业资源丰富，鱼类众多。据世界鱼类数据库（FishBase）统计，马来西亚有 2029 种鱼类。[1] 马来西亚的捕捞渔业和水产养殖业涉及的海洋生物种类有海鱼类、水生植物类、甲壳类和淡水鱼类。2018 年，海鱼类产品在马来西亚渔获量中占 65.81%，甲壳类占 9.63%，水生植物类占 9.39%，三者合计占马来西亚渔获量的 80% 以上。马来西亚的海洋渔业资源主要分布于太平洋中西部、印度洋东部和亚洲内水区域。其中，太平洋中西部和印度洋东部的渔业产量占总产量的 90% 以上。太平洋中西部鱼类最多，并于 1995 年超过印度洋东部成为渔业产量最高的区域。近年来，随着水产养殖业的迅速发展，亚洲内水区域的渔获量呈逐年增加趋势。2018 年，太平洋中西部的渔获量为 92.39 万吨，占渔获总量的 49.84%，印度洋海域的渔获量占 44.34%，亚洲内水区域的渔获量占 5.82%。

近年来，马来西亚海洋渔业的总产量呈略微下降的趋势。2015~2020年，马来西亚的渔业总产量从 199.83 万吨降至 178.89 万吨。在捕捞渔业方面，捕捞渔业产量从 149.20 万吨降至 138.89 万吨，其中海洋捕捞产量从 148.61 万吨降至 138.33 万吨，内陆捕捞产量从 5924 吨降至 5626 吨，海洋捕捞产量一直在捕捞渔业总产量中占 99% 以上，主要海洋渔业产品为海鱼

---

[1] FAO. "Fishbase Information by Country / Island." https：//www.fishbase.se/search.php.

类、水生植物类、甲壳类；在水产养殖业方面，2005 年前海水养殖业在水产养殖业中占主体地位，但自 2006 年起淡水养殖业的产量则超过海水养殖业。2015~2020 年马来西亚水产养殖业产量从 50.63 万吨降至 40 万吨。目前，马来西亚是世界第七大海藻生产国，在世界热带卡拉胶海藻养殖排名中位列第三。

马来西亚是世界上人均鱼类消费量最高的国家之一，2016 年人均鱼类消费量约为 59 公斤。从 2015 年开始，马来西亚成为渔业产品的净进口国。2010~2015 年，马来西亚鱼类产品的出口和进口呈现略微下降的趋势，但总体变化幅度不大。2015 年后，出口持续下降，进口却开始持续增长。2018年，马来西亚鱼类产品的出口量为 139.41 万吨，出口额为 60.77 亿美元；进口量为 212.96 万吨，进口额为 40.69 亿美元。[①] 同时，马来西亚国内鱼类产品加工量的下降趋势比较明显。2011~2017 年，马来西亚鱼类产品加工量从 281.81 万吨降至 224.19 万吨，这表明马来西亚鱼类产品出口能力和国内消费市场均受限，不具备明显的竞争优势。

（二）海洋油气业

马来西亚的大陆架主要由六个盆地构成，可分成马来半岛区块、沙捞越区块和沙巴区块。其中，马来半岛区块包括马来盆地和彭宇盆地的部分区域，沙捞越区块包括七个地质省，沙巴区块包括沙巴盆地等。据英国石油公司（BP）统计，2018 年马来西亚石油探明储量为 30 亿桶，占世界石油探明总储量的 0.2%；天然气探明储量为 0.9 万亿立方米，占世界石油探明总储量的 1.2%，仅次于中国和印尼居于亚洲第三。[②] 截至 2020 年 2 月，马来西亚实际拥有的活跃的海上油气田数量达到 160 个，其中油田 49 个、气田53 个、混合油气田 58 个（包括凝析油气产品）。马来半岛区块和沙捞越区块是马来西亚油气田最多的区域，分别有 69 个和 68 个活跃的油气田。沙巴

① FAO, Fisheries and Aquaculture Department. "Fishery Commodities and Trade." http：//www. fao. org/fishery/statistics/global-commodities-production/query/en.

② BP (2019). *BP Statistical Review of World Energy 2019*. pp. 14, 30.

区块则是马来西亚中深水油田比较集中的地区，主要分布有 6 个深水油气田和 1 个中水油气田。①

马来西亚是东盟第二大产油国，亚洲第四大产油国。马来西亚的石油产量在 2004 年达到最高值，日均产油 77.7 万桶，此后持续下降，2014 年后有所回升，但日均产油量均未超过 70 万桶。2007～2017 年，马来西亚石油产量年均下降 0.6%。2018 年，马来西亚日均产油量为 68.2 万桶，占世界日均产油量的 0.7%；石油日均消费量为 81.4 万桶，占世界日均消费量的 0.8%。另一方面，马来西亚也是东盟和亚洲主要的天然气生产国。近些年来，马来西亚天然气产量持续增长。2007～2017 年，天然气日均产量年均增长 1%，日均产量在 2017 年达到最高值，即 745 亿立方米。2018 年，马来西亚天然气日均产量为 725 亿立方米。马来西亚天然气日均消费量的增速略低于日均产量。2007～2017 年，马来西亚天然气日均消费量年均增速为 0.3%，日均消费量在 2014 年达到最高值，即 447 亿立方米，之后缓慢下降，2018 年日均消费量为 413 亿立方米。

长期以来，马来西亚一直是石油和天然气的出口国。随着马来西亚工业化进程的推进，国内石油消费量急剧上升，石油产量却有所降低，石油供求缺口逐步扩大。2012～2022 年，马来西亚石油日均产量从 59.8 万桶降至 50.2 万桶，日均消费量则从 76.0 万桶增至 92.1 万桶。从 2011 年起，马来西亚石油日均消费量超过日均产量。因此，马来西亚既出口石油也进口石油。这一时期，马来西亚的石油出口量从 2018 年的 1713.9 万吨开始逐年下降，2021 年为 959.0 万吨；而进口量则呈现上升趋势，从 2015 年的 924.5 万吨增至 2022 年的 1568.1 万吨。另一方面，马来西亚是东南亚最大、全球第五大的液化天然气（LNG）出口国，仅次于卡塔尔、澳大利亚、美国和俄罗斯。2012～2022 年，马来西亚 LNG 出口量年均增长率为 1.8%，大致保持在 300 亿立方米以上，2022 年出口量为 374 亿立方米，创下近十年来的新高，占世界出口总量的 6.9%。同时，马来西亚也进口少量液化天然气，

---

① Clarksons. "World Offshore Register." https：//www.clarksons.net/wor.

每年通常维持在 20 亿立方米左右，2022 年为 38 亿立方米，也达到近十年来的最高位。

马来西亚国家石油公司（Petronas）成立于 1974 年，是一家国有企业。它获有国会通过石油开发法令授予的拥有和控制马来西亚石油资源的所有权，拥有马来西亚所有油气勘探和生产项目的所有权，并负责管理所有相关许可程序。Petronas 拥有马来西亚绝大部分油气区块的股份，在所有上游产量分成合同中持有股权。该公司的业务范围涵盖了石油和天然气勘探和开发、炼油、天然气加工液化、石化产品生产与销售、天然气运输管线建造与维护、船舶制造、汽车工程以及产业投资。Petronas 是最早跨入世界 500 强的东盟企业，也是马来西亚唯一的世界 500 强企业。在 2020 年美国《财富》杂志的世界 500 强企业排行榜上，Petronas 以营业收入 580. 27 亿美元、利润 79. 75 亿美元，排在第 186 位。

当前，马来西亚海洋油气业面临不少挑战。首先，海上油气设施老旧。马来西亚目前拥有 300 多个海上油气平台、超过 1 万公里的海底管道和 3900 多根油管柱，但是 11% 的海上油气平台和 8% 的海底管道已经运营超过 40 年，11% 的油管柱已经废弃，200 多口油井因堵塞而被废弃。[1] 其次，油气资源正在逐步耗竭。马来西亚油气业正处在行业发展的拐点，据测算，依照现有开采速度，马来西亚石油储量不够开采 15 年。再次，马来西亚油气供需之间存在地理差距，油气主要产区位于东马的沙捞越和沙巴，而油气需求区域主要集中在西马，因而马来西亚需要投巨资建设油气输送管道。最后，马来西亚国家石油公司作为垄断性的国有大型企业，其经营管理上的低效也长期为人诟病。为改变这一状况，该公司提出，未来将尽快适应经济、技术和环境变化带来的产业链变动。

随着气候问题日益突出，加上俄乌冲突对全球能源市场的冲击，马来西亚加快能源结构调整和绿色转型。马来西亚国家石油公司制定了节能减排及可持续发展目标，促使企业转型。根据马来西亚国家石油公司 2021 年可持

---

① Petronas（2019）. *Petronas Activity Outlook 2019-2021.* p. 25.

续发展报告，其可持续发展目标包括：到 2024 年，将马来西亚国内业务的温室气体排放量限制在 4950 万吨；将可再生清洁能源装机容量提高至 3000MW；通过教育培训，计划培育各类面向可持续发展目标的人才或领导者 24000 名左右。同时，该公司对生产设备、工艺技术等做出了一系列调整和升级，包括批准世界银行 2030 年实现零常规燃除倡议（ZRF），承诺避免在新开发油田中进行常规燃除，并在 2030 年之前结束现有石油生产基地的常规燃除；加大对可再生能源基础设施的投资，对公司生产和运营的设备进行电气化改造，逐步实现以电力为主的能源结构；通过数字化管理、工艺设备改进等提高能源利用效率；使用碳捕集和封存技术，到 2050 年实现零碳排放目标。

（三）海洋运输业

马来西亚是高度的外向型经济，国际贸易的 90% 依靠海洋运输，其中马来西亚籍船舶承担的海运贸易业务量占 37%。为了促进马来西亚航运业的可持续发展，政府制定了《2017～2022 年马来西亚航运总体规划》（MSMP），成立了国家航运和港口理事会（NSPC）。据统计，2022 年 1 月，在世界前 35 大船东大国（包括本国船旗船舶和外国注册船舶）中，马来西亚凭借拥有 607 艘船舶，海运能力为 9959 千载重吨位，排在世界第 32 位。其中本国船旗船舶 453 艘，外国注册船舶 163 艘。马来西亚拥有的船舶总价值为 101.58 亿美元，在世界上排名第 25 位。其中油轮 3.55 亿美元、散货船 2.36 亿美元、杂货船 2.63 亿美元、集装箱船 5.28 亿美元、气体运输船 21.83 亿美元、化学品运输船 1.26 亿美元、离岸船舶 62.66 亿美元、渡轮和客船 0.32 亿美元。[①] 马来西亚各类型船舶中，运载能力最大的是油轮和散货船。2018 年，油轮载重量为 3204 千载重吨位，散货船载重量为 775 千载重吨位，普通货船载重量为 263 千载重吨位，集装箱货船载重量为 261 千载重吨位。同时，马来西亚国际航运公司（MISC）是全球最大的液化天然

---

① UNCTAD（2022）. *Review of Maritime Transport 2022*, pp. 39-40.

气（LNG）船运企业之一，其液化天然气运输量占全球液化天然气运输量的7%。[1]

港口货物吞吐量是反映海洋运输业发展好坏的重要指标。马来西亚港口货物吞吐量以集装箱为主，非集装箱货物主要是液化天然气、石油、棕榈油、燃油和肥料等。近年来，马来西亚的集装箱吞吐量快速增长。2010～2018年，马来西亚港口的集装箱吞吐量从1814.2万标箱增至2495.6万标箱，增长37.6%。[2] 在2019年劳氏世界集装箱港口排名中，马来西亚的巴生港（Klang Port）排名第12位，丹戎卜勒巴斯港（Tanjung Pelepas Port）排名第18位。从2016年起，巴生港每年集装箱吞吐量均突破200万标箱，巴生港不仅是马来西亚最大的港口，也是区域配发中心和集装箱转运中心，还是欧洲至远东贸易航线的最佳停靠港。如果以班轮运输连通指数（LSCI）来衡量马来西亚与全球海运网络的联通程度，2019年马来西亚港口的班轮运输连通指数为93.80，仅次于中国、新加坡、韩国居世界第四位。在马来西亚各港口中，班轮运输连通指数最高的港口是巴生港（86.1683），丹戎卜勒巴斯港排名第二（66.6856），槟城港、柔佛港、亚庇港的班轮运输连通指数均较低。

（四）造船修船业

马来西亚造船修船历史悠久，距今已有100多年的历史。马来西亚造船修船业主要集中在东马地区。马来西亚各类型船厂有99个，其中东马地区有68个船厂，西马地区有31个船厂。主要大型造船企业中，6个在东马地区，3个在西马地区。在2011年造船修船业鼎盛时期，马来西亚造船修船业及其相关行业的雇员超过3.1万人，2018年为1.5万人。马来西亚当地造船厂雇用了大量外国劳工，西马地区造船企业的外籍工人数占职工总数的18%，东马地区造船企业的外籍工人比例高达46%。

---

① MISC（2019）. *MISC Berhad Annual Report 2018.* p. 10.

② UNCTA. UNCTASTATS. https：//unctadstat. unctad. org/wds/ReportFolders/reportFolders. aspx? sCS_ ChosenLang＝en.

由于近些年全球航运和造船市场处于低迷期，马来西亚造船修船业务量不断下滑，营业收入持续减少。2010~2016 年，马来西亚造船修船业营业收入从 7.35 亿林吉特降至 5.58 亿林吉特，其中造船业营业收入从 4.64 亿林吉特降至 2.28 亿林吉特，修船业营业收入从 2.2 亿林吉特降至 2.08 亿林吉特。[①] 近几年，马来西亚造船业手持订单量、新接订单量和造船完工量等三大订单量的总吨数均出现不同程度的下降。目前，马来西亚船舶工业的竞争力低于菲律宾、越南和印尼。2018 年，菲律宾和越南新接订单量分别为 198.8 万吨和 48.1 万吨，当年造船完工量已超过欧洲的德国和意大利。菲律宾和越南仅次于中国、韩国和日本而分列世界造船工业大国的第四、五位。据统计，2014~2018 年，菲律宾造船业产值占世界造船业总产值的比重从 2.93% 升至 3.42%，越南从 0.53% 升至 0.89%，印尼从 0.11% 升至 0.28%，而马来西亚则从 0.09% 降至 0.04%。[②]

近十年，马来西亚船舶出口规模呈现先大幅下降后小幅回升的趋势。2010~2019 年，马来西亚船舶出口年均增长率为 -10%。2010 年，马来西亚船舶出口额为 6.83 亿美元，2015 年骤降至 1.74 亿美元，2019 年回升至 2.62 亿美元。马来西亚出口的船型包括渡船、驳船、游艇、拖船、渔船等，其中 90% 的出口船只是由沙巴和沙捞越的船厂建造的，主要出口到印度、新加坡、阿联酋、印尼等国。与此同时，马来西亚船舶进口规模从 10.49 亿美元骤降至 1.88 亿美元。因此，马来西亚船舶进出口贸易基本处于贸易逆差状态，2017 年贸易逆差达到 9.49 亿美元，为历史最高值。直至 2019 年，因为进口规模骤降，船舶贸易才出现了贸易顺差。马来西亚船舶贸易长期维持逆差的原因是多方面的，由于当地造船厂技术有限，很难大规模地承接吨位较大、价值较高的造船订单，即使是中小型船舶市场也因为难以满足交货期限的要求或者价格不具有竞争力而让国内造船厂流失订单，同时，当地造船厂因为融资困难，对客户在预付定金、付款条件等方面的要求较高，而其

---

① MIGHT (2018). *Malaysian SBSR Industry Report 2017/2018.* p. 20.

② Ship & Maritime Equipment Association (SEA) (2018). *Sea Europe Shipbuilding Market Monitoring.* p. 11.

他国家的金融机构或造船厂所提供的融资与付款条件更优惠。例如，2016年马来西亚船东订购113艘新船，合同金额为90亿美元，但马来西亚船厂仅获得45艘船的订单，总价值仅为5亿美元，且近一半的订单来自马来西亚政府的国防项目。

（五）滨海旅游业

马来西亚滨海旅游资源丰富，拥有美丽的海滩和海岛度假胜地。柔佛州的刁曼岛和奥尔岛，登嘉楼的卡帕斯岛和停泊岛，沙巴的美人鱼岛、马达京岛、马布岛和西巴丹岛是世界知名的潜水胜地。同时，马来西亚沿海地区还拥有4处世界自然遗产和世界文化遗产，其中2处自然遗产为古龙穆鲁国家公园和京那巴鲁公园，2处文化遗产为历史名城马六甲、乔治敦和伦公河谷的考古遗产。2017年，在全球最受欢迎的城市中，马来西亚首都吉隆坡排名第九位。[1]

在马来西亚经济发展过程中，政府高度重视旅游业的发展，并将其作为国民经济的重要产业部门。近年来，马来西亚旅游业发展明显落后于邻国，尤其是2014年马航事件后旅游业遭遇了寒冬，直至2018年才有所恢复。据世界旅游组织（World Tourism Organization）的统计，2019年马来西亚的旅游业收入为225.04亿美元，占国内生产总值的6.17%；直接从事旅游业的员工数为122.96万人，占就业总人数的8.13%。[2]另据世界银行的统计，如果以直接和间接与旅游相关的旅游经济来衡量，2019年马来西亚旅游经济收入为418.4亿美元，占GDP的11.48%；旅游经济从业人员数量为221.67万人，占就业总人数的14.65%。[3]同时，马来西亚旅游业具有一定的国际竞

① Ming Teoh (2019). "All Malaysians Are Part of Visit Malaysia Year 2020 Vision." https://www.thestar.com.my/lifestyle/travel/2019/08/06/visit-malaysia-year-2020-vision.

② World Travel and Tourism Council (2020). "2020 Annual Research: Key Highlights." https://www.wttc.org/economic-impact/country-analysis/country-data/.

③ The World Bank. "TCdata360_ Travel and Tourism Direct Contribution to GDP 2019." https://tcdata360.worldbank.org/indicators/tot.direct.gdp? country = BRN&indicator = 24650&countries = BRA&viz=line_chart&years=1995, 2028.

争力。在世界经济论坛公布的"2019年旅游业竞争力报告"中，马来西亚在全球排名第29位。其中价格竞争力排名第5位，国际开放度排名第10位，经商环境排名第11位，人力资源排名第15位，机场设施排名第25位。[①]

马来西亚将2020年定为第五个旅游年。为促进旅游业发展，政府采取的措施如下：从预算中拨出20亿林吉特作为中小型旅游基金的低息贷款；延长新建的四星级和五星级酒店免税优惠期限，为每年接待超过1500名本地游客和超过750名外国游客的旅游业者提供的旅游配套免税优惠也延长到2020年底；向马来西亚医疗旅游理事会拨出3000万林吉特，推介医疗旅游医院旗舰计划，旨在将马来西亚打造为亚洲医疗保健中心；扩大电子签证区域中心，为各国游客申请电子签证提供便利的条件。不过，由于新冠肺炎疫情的暴发，马来西亚政府已决定取消旅游年的活动。

新冠肺炎疫情重创马来西亚旅游业，游客大幅度减少直接影响餐饮、住宿、交通等旅游相关产业。据统计，2020年到访马来西亚的国际旅客从2019年的2610.1万人骤降至433.3万人，2021年进一步降至13.5万人。[②]随着疫情结束，马来西亚开始重振旅游业，但受国际经济复苏乏力的影响，要恢复到疫情前的水平还有待时日。同时，周边国家也在积极争夺国际客源。

三 近些年马来西亚海洋经济的战略规划

随着国内经济的起飞，马来西亚开始重视海洋经济的发展，政府在五年发展计划中将海洋产业作为推动经济发展的重点部门。跨入21世纪，面对海洋世纪带来的机遇与挑战，在《2006~2020马来西亚工业战略规划》（IMP3）中，马来西亚强调打造现代化、安全、高效的海事部门，并最终成

---

① WEF (2019). *The Travel & Tourism Competitiveness Report 2019.*
② ASEAN Secretariat. "ASEAN Stats Data Portal." https：//data. aseanstats. org/.

为一个举足轻重的海洋国家。根据该规划,马来西亚将造船修船业、海洋运输业、滨海旅游业作为其战略性的海洋产业。近年来,马来西亚政府颁布了一系列政策措施,以促进海洋产业的发展。

(一)积极制定海洋产业发展规划,促进海洋经济可持续发展

近年来,马来西亚根据海洋资源禀赋和产业优势,制定和调整海洋产业政策。政府还颁布了海洋渔业、海洋运输业、造船修船业和滨海旅游业的中长期发展计划,确定各部门行业的发展目标、重点领域和具体措施,推动传统海洋产业转型,促进新兴海洋产业发展,以构建可持续发展的海洋经济体系。

面对海洋渔业资源日益枯竭的现实情况,为促进海洋渔业可持续发展,马来西亚政府制定了《2011~2020 年马来西亚渔业战略计划》、《2015~2020年马来西亚捕捞渔业战略计划》和《防止、阻止和消除非报告和未报告的捕捞活动国家行动计划》等。近年来,马来西亚取消了远洋渔业的政府补贴,规定渔民须遵守条例才可获得捕鱼执照。政府还加强了海洋鱼类监测,并与周边海洋国家协调休渔期。2016 年,马来西亚农业与农基工业部在1999 年渔业保护条例(控制濒危鱼类)下增列了 7 种鱼类,以保护马海域的鱼类资源。被列入管制名单的鱼类包括 2 种赤釭(俗称蒲扇鱼、黄貂鱼、蒲鱼)和 5 种鲨鱼。

马来西亚政府出台了《2017~2022 马来西亚海洋运输业总体规划》(MSMP),提出要扭转马来西亚海洋运输业的发展颓势,增强海洋运输业的国际竞争力,以振兴马来西亚海洋运输业。该总体规划提出,到 2020 年,马来西亚所属的航运船在全球能源航运市场中的比重达到 20%,在东盟市场中的比重达到 30%。为此,政府提出了五大政策措施,即①提高马来西亚海洋运输业在全球市场中的份额;②提高马来西亚海洋、海事人力资源的竞争力;③为海洋运输企业提供更为便利的金融服务;④优化营商环境,增强对海洋运输企业的吸引力;⑤促进海事辅助服务业的创新与可持续发展。同时,马来西亚还成立了国家航运和港口理事会(NSPC),以统筹规划和

实施航运和港口发展计划。

马来西亚通过了《2020 年马来西亚造船修船业战略计划》。该计划提出，未来十年马来西亚造船修船业的增加值增长率和就业增长率分别达到 10%和 6%，即增加值达 199 亿林吉特，并创造 55500 个就业机会。到 2020 年，马来西亚造船业在本国和国际市场中的占有率分别达 80%和 2%，马来西亚修船业在马六甲海峡通航和南海通航的海上修船市场中的占有率分别达到 3%的 80%。2016 年 8 月，政府对造船修船业推出新的税收优惠政策，即取得新兴工业地位的造船公司，可享受 5～10 年法定收入 70%～100%的所得税减免，还可享受符合条件的资本支出 60%～100%的税收减免。

马来西亚政府出台了包括旅游业规划、开发与营销、协调中央政府与各州权限等在内的国家旅游政策，确立了旅游业发展目标。要解决就业问题，推进城乡一体化，推动经济公平发展；积极开展外交，改进国际形象，促进国家统一等目标；实现社会发展、推动文化交流等。为了实现这一系列目标，政府提出对马来西亚的"海洋、沙滩"等旅游产品进行调整，开发一系列旅游新业态，包括生态旅游、乡村旅游、文化遗产旅游、会展旅游等。同时，通过扩大旅游购物和举办"销售嘉年华"活动，将马来西亚建成著名的旅游购物目的地。

（二）促进海陆资源互补和产业关联，打造沿海经济特区的海洋产业集群

在海洋经济发展过程中，马来西亚注重将海洋自然资源、空间资源与陆上资本、技术和劳动力资源进行统一规划，设立沿海产业园，以实现海陆资源互补和产业关联。马来西亚依靠丰富的海洋渔业资源和陆上劳动力资源，在沿海地区发展海洋食品加工业；马来西亚国家石油公司在开发海洋油气资源的同时，还计划在沿海地区发展下游石油化工行业，以海洋开采—海上运输—陆上提炼—陆上消费，实现海陆产业联动发展；重视海洋产业与陆域产业的相互关联与延伸，海洋运输业和造船修船业的产业规划注重对海洋石油类船舶建造业和海洋能源运输业的扶持；将海洋旅游自然资源与沿海历史文

化景观相结合，打造具有历史文化底蕴的滨海旅游业。

2006 年，马来西亚政府提出五大经济走廊的建设规划，依据各区域的资源禀赋和产业优势，确定了柔佛—依斯干达经济特区、乔治城—北部走廊经济特区、关丹—东海岸经济走廊、沙巴发展走廊、沙捞越再生能源走廊五大经济特区，并实施不同的区域发展战略和产业集聚政策。其中，关丹—东海岸经济走廊（ECER）由马来西亚国家石油公司牵头进行整体规划与实施，特区面积涵盖吉兰丹、登嘉楼和彭亨三个州及柔佛州的丰盛港地区，计划到 2020 年吸引投资 1120 亿林吉特，创造就业机会 56 万个。根据 2008 年通过的《关丹—东海岸经济走廊总体规划》，关丹—东海岸经济走廊以专业园区的形式重点推动海洋产业集群发展。海洋油气业及其下游的石化工业重点发展环氧丙烷和乙烯类产品，推动石化产品的多元化和下游产品的多样化。马来西亚国家石油公司在区内设立 Kertih 综合石化厂（KIPC）和 Gebeng 综合石化厂（GIPC），KIPC 专注于生产乙烯基石化产品，而 GIPC 专注于生产聚丙烯基石化产品。① 同时，马来西亚推动滨海旅游业发展，原计划到 2020 年投资 160 亿林吉特，重点推动岛屿旅游、半岛旅游、生态旅游、跨国旅游、城市与文化传统旅游等 32 个项目。此外，海洋渔业及其食品加工业、造船与修船业、海洋运输业也是马来西亚重点发展的海洋产业部门。②

（三）抓住"工业4.0"的发展契机，推进海洋产业转型升级

2018 年 10 月，马来西亚政府正式推出"工业 4.0"国家政策（National Policy on Industry 4.0），提出通过提高生产力、获得更多高技能工人，促进马来西亚中小企业参与制造业转型升级，到 2025 年将马来西亚建设成为高科技产业国，并跻身全球创新指数前 30 名。在"工业 4.0"的重点发展部门方面，马来西亚仍选择第 11 个五年计划所确定的电子电气、机械设备、

---

① ECERDC. "Economic Clusters: Oil, Gas, Petrochemicals and Supporting Industries." https://www.ecerdc.com.my/en/economic-clusters/manufacturing/.

② ECERDC. "Economic Clusters: Tourism." https://www.ecerdc.com.my/en/economic-clusters/tourism/.

化工、医疗器械、航空航天等具有高增长性和发展潜力的行业。① 其中，与海洋产业相关的行业包括造船修船业、海洋油气设施等装备制造业、以石油天然气为原材料的化学工业、涉及远洋航运的海洋运输业等。同时，马来西亚"工业4.0"国家政策指出，要广泛运用"工业4.0"的人工智能、大数据分析、高端材料、增材制造、网络安全、虚拟仿真、云计算、增强现实（AR）、物联网、工业机器人和系统集成等技术。这些技术均可应用于海洋渔业、海洋油气业、造船修船业、海洋工程建筑业、海洋运输业、滨海旅游业、海洋科学研究等领域，以推动海洋产业转型升级。

马来西亚每年都举办全国海洋产业论坛。2018年11月举办的第五届论坛主题为"引领'工业4.0'浪潮：迈向竞争力"。论坛的各项议题包括面向"工业4.0"的海洋制造业规划、"工业4.0"技术在海洋制造业中的运用、海洋产业在全球"工业4.0"背景下的应对等。马来西亚国家石油公司的未来设施（FOF）计划提出，马来西亚海洋油气业要与"工业4.0"国家政策实现战略对接，依靠数字分析、自动化、工业机器人等技术，促进海上油气业转型升级，提高公司经营管理水平，力争在2026年前实现削减50%的运营支出的目标。

为了推进海洋产业转型升级，马来西亚加强海洋基础设施建设，加快引进外国资本与技术，以促进传统海洋产业技术升级。马来西亚投资40亿林吉特扩建关丹港，扩建后关丹港能停靠20万吨集装箱船，其处理集装箱能力将从目前1600万个标箱提升至5200万个标箱，关丹港也将成为西马规模最大的港口。马来西亚还积极引进外资，利用跨国油气公司的先进技术，改变本国油气勘探和开采落后的状况。近年来，马来西亚海洋油气业是吸引外商投资最多的部门之一。2018年，马来西亚制造业吸引外商直接投资（FDI）580亿林吉特，其中石油化工业吸引外国投资191亿林吉特，位居各行业的首位。

---

① Ministry of International Trade and Industry. "Malaysia Industry 4WRD." http：//www. miti. gov. my/index. php/pages/view/industry4WRD？ mid＝559#tab_ 547_ 1919.

（四）参与东盟海洋互联互通建设，促进区域海洋经济合作

2010年10月和2016年9月，东盟分别推出了《东盟互联互通总体规划》（MPAC 2015）和《东盟互联互通总体规划2025》（MPAC 2025），确定了实现区域互联互通的战略目标、主要任务、关键项目和资金来源，两个文件是推动东盟共同体建设的关键举措。在基础设施互联互通方面，东盟提出加强海洋交通运输、综合运输走廊和能源基础设施建设。其中，一些关键项目涉及马来西亚参与的区域海洋产业合作项目，如马六甲—北干巴鲁互连项目、西加里曼丹—沙捞越互连项目、滚装网络和海上短程运输项目等。[①]东盟计划为建立航海运输网络共建设47个主要港口，并加强这些港口的性能和容量，包括改善仓储服务和疏浚水道等。此外，东盟还计划建立连接大陆和群岛的高效可靠的航线，这些新兴的或有发展潜力的航线有沙敦/庄—槟城—勿拉湾、马六甲—杜迈、达沃—比通、三宝颜—山打根、穆阿拉—附近港口等。[②]在能源基础设施方面，东盟制定了新的能源合作五年行动计划，还制定了《跨东盟天然气管道总规划》和《东盟（能源）互联互通总规划》。东盟拟于2020年建立东盟区域天然气管道联通网络，实现天然气跨国界运输。目前，东盟海上运输三条优先航线，即马六甲—杜迈、白兰海—槟城—普吉岛和达沃—比通建设均取得了一定进展。包括泛东盟天然气管道（Trans-ASEAN Gas Pipeline，TAGP）在内的13个双边气体管道皆已建设完成。[③]此外，作为东盟成员国，马来西亚积极参与东盟区域旅游合作。2002年11月，东盟正式签署了《东盟旅游协定》，提出各国应在旅游的便利化、市场准入、旅游质量和安全、市场共同开发以及人员培训等领域加强合作。2016年，东盟旅游部长发布了《2016~2025年东盟旅游战略规划》，规划提

---

① ASEAN Secretariat（2011）. *Master Plan on ASEAN Connectivity*. Executive Summary. i-ii.

② ASEAN Secretariat（2011）. *Master Plan on ASEAN Connectivity*. Chapter 3：key strategies for enhanced ASEAN connectivity. p. 41.

③ ASEAN Secretariat（2016）. *Master Plan on ASEAN Connectivity 2025*. Jakarta：ASEAN Secretariat. pp. 18-19.

出未来 10 年东盟将着力推动区域旅游市场一体化，整合和共享区域旅游资源，形成区域旅游竞争力。①

四　中国与马来西亚海洋经济合作

近年来，中国与马来西亚经贸关系发展迅速。自 2009 年起，中国连续十年成为马来西亚最大的贸易伙伴。从 2008 年起，马来西亚连续八年是东盟成员国中中国最大的贸易伙伴，2016 年被越南超越成为第二大贸易伙伴，中国一直是马来西亚最大的旅游客源地。2013 年 10 月，中马两国签署了《中马政府经贸合作五年规划》。2017 年 5 月，中马两国签署了《关于通过中方"丝绸之路经济带"和"21 世纪海上丝绸之路"倡议推动双方经济发展的谅解备忘录》。随着中国和马来西亚海洋经济的发展，中马两国的海洋经济合作不断扩大和深化，在海洋油气开发、港口建设、沿海工业区建设、海洋科技等领域均取得了新进展。

早在 20 世纪 90 年代初，中马两国就在石油勘探和开采领域展开合作。例如，中国海洋石油总公司与马来西亚国家石油公司在辽东湾和渤海湾合作勘探油气田，在苏丹合作开发和经营油气田，在印尼 JABUNG 区块入股开发石油资源。此外，马来西亚国家石油公司与中国海洋石油东海公司合资成立马石油东海液化石油气公司（马方占 94%股份），该公司在江苏负责液化石油气（LPG）装瓶和分销业务。马来西亚国家石油公司还在香港成立子公司代理销售润滑油，该公司还通过其子公司销售石化产品。2004 年 6 月，马来西亚国家石油公司独资子公司——马石油贸易（中国）有限公司在深圳成立，负责销售欣腾系列汽油机润滑油、摩推露系列柴油机润滑油和速润达系列摩托车润滑油，以及相关辅助油品。

2015 年 11 月，中马两国签署了《建立港口联盟关系的谅解备忘录》。

① ASEAN Secretariat（2015）．"ASEAN Tourism Strategic Plan 2016-2025." https：//www. asean. org/storage/2012/05/ATSP-2016-2025. pdf.

该谅解备忘录是双方在港口合作领域签订的首个合作文件，旨在通过项目合作、人员培训、信息交流、技术支持、提升服务等，推动中马港口开展广泛合作，促进两国海上互联互通建设，打造双方乃至东盟地区更广阔的互联互通航运网络。随后，中马双方正式组建了"中马港口联盟"，联盟成员涵盖大连港、太仓港、上海港、宁波舟山港、福州港、厦门港、广州港、深圳港、北部湾港、海口港等10个中方港口和巴生港、民都鲁港、柔佛港、关丹港、马六甲港、槟城港等6个马方港口。

2014年2月，中马合作开发的马来西亚皇京港项目启动。该项目位于马六甲海峡中段，包括一个自然岛和三个人工岛，总面积约607公顷。1号岛计划建造游轮码头、零售娱乐设施和住宅区，2号岛打造高科技工业园和自由贸易区，3号岛开发建设深水港和海事高科技工业园，4号岛建设集装箱码头、散装货运码头和造船设施。项目总投资430亿林吉特。参与皇京港项目的马方企业为凯杰发展有限公司（KAJD），它是马六甲当地的工程承包商，中方企业为中国电建集团国际工程有限公司、深圳市盐田港集团和山东日照港集团。该项目预计在2025年完工。

2015年，广西北部湾港务集团参与马来西亚关丹港的建设与管理。关丹港口有限公司由马来西亚上市公司IJM集团和北部湾控股（香港）有限公司以60∶40的股权比例共同所有，其中马来西亚政府持有特别股。该公司通过私有化协议，享有自1998年起往后30年对关丹港进行管理、经营和升级的特许权。随着新深水港区（NDWT）的建设，2015年6月，马来西亚政府批准了关丹港口有限公司至2045年的为期30年的特许权，以及2045年至2075年的为期30年的特许权。关丹港位于马来半岛东海岸的石化产业中心地带，是东海岸主要的集装箱码头。当新深水港区建成时，关丹港将成为马来西亚另一个海上运输枢纽。[①]

中马海洋科技交流与合作起步较早。1999年，中国国家海洋信息中心与马来西亚相关机构开展了海洋资料信息交换和地理信息系统（GIS）联合

---

① Kuantan Port. http：//www.kuantanport.com.my/zh_ CN/.

研究项目。2003 年起，中国国家海洋局第一、三海洋研究所分别与马来西亚的马来亚大学、国民大学开展了海洋科学研究与技术合作。2009 年，中马两国政府签署了《中华人民共和国政府与马来西亚政府海洋科技合作协议》，该协议是中国与南海周边国家签署的第一个政府间海洋科技合作协议。2010 年，中马海洋科技合作联委会第一次会议在北京召开。该会议至今已举办四次，为本地区国家间开展海洋科技互利合作树立了成功示范。

中马两国在海洋环境保护和新能源开发方面的合作日渐频繁。2002 年 3 月，双方共同参与了由联合国环境规划署牵头、南中国海周边七国政府共同组织开展的海洋环境保护大型国际合作项目——"扭转南中国海和泰国湾环境退化趋势"项目。2015 年，马来西亚参与了中国国家海洋局主办的东盟地区论坛（ARF）海上溢油应急合作研讨会，旨在合作应对南海地区溢油事件，改善海洋水质，修复海洋生态。2017 年，中马两国开展海洋可再生能源合作，国家海洋技术中心与马来西亚理工大学通过合作，共同开展海洋可再生资源评估、海洋能技术开发等相关研究。2019 年，双方签署了《海洋能源领域谅解合作备忘录》，旨在建立中马海洋能技术领域的长效合作机制。

随着新冠肺炎疫情的结束，中国与马来西亚的海洋合作逐步恢复。2023 年 10 月，第三届共建"一带一路"国际合作高峰论坛务实合作项目清单正式发布。其中，就有多个中国—马来西亚海洋经济方面的合作项目。例如，马来西亚东海岸铁路融资项目、马中关丹国际物流产业园跨境融资项目、实施"空中丝绸之路"中国—马来西亚航空货运枢纽项目、推进中国东盟（海南）邮轮旅游互联互通示范项目等。同时，在此次高峰论坛海洋合作专题论坛上，还发布了《"一带一路"蓝色合作倡议》，提出中国将与包括马来西亚在内的共建"一带一路"国家进一步凝聚在加强海洋合作方面的共识，包括铸造可持续发展"蓝色引擎"、推动海洋资源可持续利用、开展海洋空间规划、保护海洋生物多样性与韧性、促进海洋健康与清洁、加强海洋领域应对气候变化、深化海洋科学技术合作、提供海洋公共服务、提升公民海洋素养、构建蓝色伙伴关系等。

总之，随着中马关系的发展，两国海洋经济合作具有广阔的前景。中马两国海洋资源丰富，海洋产业互补性强。不过，当前中马两国海洋经济合作的领域仍然有限，合作模式以政府行为推动为主。展望未来，中马两国应加强政治互信，积极促进两国海洋发展战略的对接，努力构建和深化双方的蓝色伙伴关系；遵循"共商、共建、共享"原则，根据各自海洋资源优势，统筹规划，以海洋经济合作为先，搭建中马海洋合作平台和协商机制；进一步扩大两国海洋合作领域，深化海洋油气业、海洋交通运输业、滨海旅游业等传统海洋产业的合作，推动海洋生物医药、海洋可再生能源等新兴海洋产业的合作，拓展海洋科技、生物多样性、海岸带保护等领域的合作。

参考文献

M. N. Awang, E. H. Ariffin & A. Ariffin (2020). "The Impact of Industrial Revolution 4. 0 on Shipbuilding and Ship Repair Activities in Malaysia." *In Advancement in Emerging Technologies and Engineering Applications.*

CESOI. (2009). "The Future of Malaysia's Maritime Economy."

https: //www. mima. gov. my/about-us/about-mima/mima-overview.

H. -Y. Chong & W. -H. Lam (2013). "Ocean Renewable Energy in Malaysia: The Potential of the Straits of Malacca." *Renewable Sustainable Energy Reviews*, Vol. 23.

Ministry of International Trade & Industry (2018). *Industry 4WRD: National Policy on Industry 4. 0.* Kuala Lumpur: MITI.

M. B. Mokhtar, S. A. B. A. G. J. O. Aziz & C. Management (2003). "Integrated Coastal Zone Management Using the Ecosystems Approach." *Some perspectives in Malaysia*, Vol. 46, No. 5.

M. R. Othman, G. J. Bruce, & S. A. J. O. Hamid (2011). "The Strength of Malaysian Maritime Cluster: The Development of Maritime Policy." *Ocean & Coastal Management*, Vol. 54, No. 8.

PEMSEA (2018). *National State of Oceans and Coasts: Blue Economy Growth of Malaysia.* Quezon: Partnerships in Environmental Management for the Seas of East Asia.

A. H. Saharuddin (2001). "National Ocean Policy-new Opportunities for Malaysian Ocean Development." *Marine Policy*, Vol. 25, No. 6.

B.17
越南海洋强国战略下的海洋经济发展

金 岩*

摘 要： 越南是一个海洋国家，海岸线漫长，海洋资源丰富。1975年越南南北统一后，越南的海洋经济发展大致经历了三个阶段，即南北统一后，越南海洋政策的重点是占据有争议的岛屿，海洋石油工业成为促进经济恢复和出口创汇的重要产业；1986年，越共六大开启了越南革新开放的序幕，越南海洋经济逐渐驶入发展的快车道，主要海洋产业逐步形成与发展；2007年，越南颁布了《至2020年海洋战略规划》，标志着越南海洋经济发展进入一个新阶段，海洋强国战略得以确立，主要海洋产业加速发展，海洋渔业、海洋油气业、海洋交通运输业、海洋船舶工业、临海工业和滨海旅游业成为海洋经济的主导部门。不过，越南海洋经济也面临一系列挑战，一是海洋产业具有明显的外向型特征，海洋经济发展受制于国际市场需求的变化，二是海洋产业面临转型升级的压力，三是涉海国有企业存在公司治理和经营效率问题，四是海洋环境的退化和污染日趋严重。

关键词： 海洋经济 海洋强国 越南

越南位于亚洲的中南半岛上，国土面积33.1万平方公里，人口规模超过1亿人，是东南亚第三个人口达到1亿人的国家。近年来，越南海洋经济快速发展，政府大力推行海洋强国战略与政策，海洋产业成为国内重要的产业部门，但海洋经济发展也面临一系列挑战。

---

* 金岩，经济学博士，厦门大学国际关系学院/南洋研究院教授，博士生导师。

一 越南海洋经济发展的阶段

越南是一个海洋国家，海岸线长 3260 公里，在世界 157 个沿海国家和地区中位居第 27 位，领海面积是国土面积的 3 倍。全国 63 个省和直辖市中有 28 个省市临海，其面积占国土面积的 42%，人口数占总人口数的 45%，对越南国内生产总值的贡献率超过 60%。① 除了南方的九龙江平原和北方的红河平原外，山脉和高原占越南国土面积的 3/4，人均耕地面积仅为世界平均水平的 1/3。在人口众多和耕地面积有限的条件下，依靠海洋求生存和谋发展成为越南实现现代化的必然选择。1975 年越南南北统一后，越南的海洋经济大致经历了几个发展阶段。

1975 年，越南南北实现统一。次年召开的越南共产党第四次全国代表大会提出了促进海洋经济发展的任务。由于国内经济处于战后恢复阶段，越南海洋政策的重点是占据有争议的岛屿，建立海洋法律框架，依靠他国力量进行海洋科学调查。南北统一后，越南将海洋石油工业列为促进经济恢复和出口创汇的重要产业。1975 年 9 月，越南组建石油与天然气总局，开始对陆地和大陆架的油气资源进行全方位的勘探。随后，越南与法国、意大利和前西德石油公司先后签订了勘探开发协议，但这些公司以没有发现具有商业开采价值的油田为由撤出。1981 年，越南与苏联扎鲁别日石油公司成立联营的越苏石油公司。1986 年，该公司首次开采油田获得成功。

1986 年 12 月，越共六大开启了越南革新开放的序幕，越南经济迅速发展，海洋经济也由此驶入发展的快车道。越共六大强调，海洋经济是越南最优先发展的领域。1991 年，越共七大第一次提出要将越南建成海洋经济强国，确定了促进海洋经济发展的具体任务。当年，越南国会通过了《油气法》，以吸引西方跨国公司参与越南油气勘探开发。1996 年，越共八大指出，海洋和沿海地区是经济建设的战略区域。2006 年越共十大重申，要制

---

① 《专题报道：蓝色海洋经济的巨大发展潜力》，越通社，2022 年 6 月 6 日。

定和实施有重点的且全面的海洋经济发展战略，建立与完善海洋设施和海运网络，加快油气开采加工业、海产品加工业、造船工业和海洋服务业发展。此外，越南组建大型国有涉海企业集团，以推进海洋产业的形成与发展。1995 年，越南成立了国家航运公司（Vinalines），它是越南海运业的主导企业；1996 年，越南成立了越南船舶工业集团（Vinashin），它位居国内船舶制造业企业之首；2006 年 8 月，越南建立了国家油气集团（PVN），它是国内最大的油气勘探开发企业。

2007 年 1 月，越共十届四中全会通过了《至 2020 年海洋战略规划》。5 月，越南政府颁布了落实海洋战略规划的政府行动纲领，这标志着越南海洋经济发展进入了一个新阶段。当年，越南正式加入世界贸易组织（WTO）。加入 WTO 之后，越南加快了经济革新开放的步伐。加入 WTO 也带动了越南海洋经济迅速发展。2011 年，越共十一大提出沿海、海洋、海岛地区发展新战略，重点建设海港、沿海经济区和工业区，同时发展油气勘探加工工业、船舶修理工业、滨海旅游业、海洋运输业等。为了推动国内海洋产业的发展，越南政府采取了一系列政策措施。在海洋渔业方面，2008 年政府提高了渔民出海捕捞油价补贴标准，2014 年颁布了关于渔业发展政策的第 67 号议定书，帮助沿海地区渔民造船进行远洋捕捞；在船舶制造业方面，2013 年越南船舶工业集团债务重组后成立了越南船舶工业总公司（SBIC），当年越南颁布了《到 2020 年越南造船工业发展总体规划和 2030 年展望》，2014 年政府颁布了第 1901 号决议，正式批准造船工业发展计划；在临海工业方面，2008 年越南公布了《2020 年越南沿海经济区发展规划》，在沿海省市设置了 18 个沿海经济区；在滨海旅游业方面，2011 年越南出台了《至 2020 年越南旅游发展战略和 2030 年展望》，这是越南旅游业中长期的发展计划。

2019 年，越南提出了未来现代化发展的宏伟目标，即到 2025 年越南人均 GDP 要达到 4500 美元，成为上中等收入国家；到 2035 年，越南人均 GDP 达到 1 万美元；到 2045 年即建国 100 周年时，越南能够跻身高收入国家之列。与之相对应，越共十二届八中全会通过了《2030 年越南海洋经济可持续发展战略及 2045 年愿景》，确立了 2030 年和 2045 年越南海洋发展的

总体目标，即到 2030 年越南力争基本实现经济、社会、海洋、沿海地区和海岛环境的可持续发展，海洋经济占国内生产总值的 10%，海洋科技水平在东盟国家中居于领先地位；到 2045 年，将越南建成繁荣、安全和可持续发展的海洋强国。

二 越南海洋强国的战略目标与政策措施

1993 年，越共第七届中央委员会通过了《关于最近数年发展海上经济任务的决议》，首次提出把越南建设成为一个海洋经济强国。2001 年，越共九大提出要"大力向海洋进军，做海洋的主人"。2006 年，越共十大重申，力争早日成为本地区的海洋强国。2007 年 2 月，越共第十届中央委员会通过了批准《至 2020 年越南海洋战略》的第 9 号决议，提出了建成海洋强国的战略目标。2007 年 5 月，越南政府颁布了《落实〈党中央十届四中全会关于至 2020 年越南海洋战略决议〉的政府行动纲领决议》。2012 年 6 月，越南通过了《越南海洋法》，首次将海洋发展战略法制化。2018 年 10 月，越共十二届八中全会通过了批准《2030 年越南海洋经济可持续发展战略及2045 年愿景》的第 36/NQ-TW 号决议。2020 年 3 月，越南政府颁布了关于落实《2030 年越南海洋经济可持续发展战略及 2045 年愿景》的政府总体计划和五年计划。[①]

（一）《至2020年海洋战略规划》

2007 年 1 月，越共十届四中全会通过了《至 2020 年海洋战略规划》，确立了越南实施海洋强国的战略目标和政策措施，它表明越南将海洋发展上升至国家战略层面，标志着越南全面和系统的海洋战略最终形成。越共十届四中全会强调，在保卫和建设我们祖国的事业中，海洋具有十分重要的地位和作用，与祖国经济社会发展、国防安全保障和环境保护有着密切联系且影

[①] 《越南政府颁布海洋经济可持续发展总体计划》，越通社，2020 年 3 月 6 日。

响巨大；通过该规划的实施，要努力使越南成为一个海洋强国，牢固捍卫国家海洋主权和权益，为国家保持稳定发展做出贡献；要将经济社会发展与国防安全保障、环境保护切实结合起来，制定和实施更具有吸引力的政策。

《至 2020 年海洋战略规划》提出，到 2020 年越南的海洋经济产值占GDP 的 53%~55%，出口额占出口总额的 55%~60%，妥善解决海洋区域和沿海地区的各种社会问题，明显改善这些区域的人民生活状况。该规划确定了海洋重点和优先发展的领域并鼓励提前制定发展规划，具体包括海域和沿海经济社会发展规划，国防安全和对外合作规划，海洋环境资源调查、海洋科学技术、海洋环境保护和海域与沿海基础设施建设规划，吸收各种力量参与发展海洋经济，把建设各沿海经济中心与海洋经济活动相结合，为国家的发展提供强大动力。

为了有效地落实海洋战略，越南政府提出，必须明确海洋发展的目标与任务，制定配套政策和措施；加强全国性的海洋教育，提高公民的海洋意识；建设强大的海上安保力量，保障海洋主权和海上安全；推进海洋基础调查和发展海洋科学技术；有效推动实施海域和沿海区域的经济社会发展规划；对海洋进行权威而有效的管理，保障海洋和沿海地区的国防安全；制定和完善优惠政策和配套机制，鼓励投资海洋经济和沿海地区；促进海洋人力资源开发并与社会发展相结合；加强国际海洋合作，建立一批强大的海洋经济集团。

可见，越南海洋强国的战略立足点是，从维护海洋主权出发，采取军事行动与经济开发并重的策略，联合外国进行油气勘探开采，加强海洋科技研究和工艺推广，加强海军力量建设，全面发展海洋经济，加强沿海、近海和海岛区域建设，逐步向深海和远海进军，以实现海洋强国的战略目标。

（二）《越南海洋法》

2012 年 6 月，越南通过了《越南海洋法》，首次将越南的海洋发展战略法制化，以符合国际法和国际惯例的要求，也为其进军海洋提供基本的法理依据。随后，越南国会通过了《海洋岛屿自然资源与环境法》（2015 年）、

《航海法》（2015 年）、《渔业法》（2017 年修改与补充）、《海警法》（2018 年）和涉及海洋岛屿的多项法律。目前，越南政府已发布 10 多项决定，政府总理签发的关于国家管理落实有关经济社会、国防安全和海洋岛屿的主张、政策、战略和规划等也达 100 多项。①

《越南海洋法》的核心内容包括：①明确该法的适用范围，包括越南主张的管辖海域、岛屿和群岛，强调发挥越南全民族的力量，采取各种必要措施保卫越南在海域、岛屿和群岛的主权、主权权利和管辖权；②根据《联合国海洋法公约》，确定越南的海域制度，规定采用直线基线法确定其领海基线；③强调发展海洋经济，开展国际和区域合作；④明确海上巡逻和检查力量。

该海洋法提出，根据《联合国海洋法公约》，行使领海和领海的上空、领海的海床及其底土的主权，确定"不适合人类生活或开展经济活动的岛礁不能拥有专属经济区和大陆架"；强调发展海洋经济与保卫国家海洋主权、国防安全和安全秩序的关系，将油气和矿产资源勘探开发、港口和运输、旅游、水产、科研、人力资源等六大领域作为国家优先发展的方向，鼓励国内外投资发展海岛经济和海上活动；确立海上巡逻与检查的力量，强化对其主张管辖海域的巡逻、管控和维权执法，规定在人工岛屿、设施或结构周围设置 500 米安全地带；规定外国组织和个人在越南海域进行科研活动必须得到越南政府权限机关下发的许可证，并接受越方监督；尊重并保护外国组织和个人在越南专属经济区、大陆架等海域开展资源勘探、开发、科研、建造人工构造物和设施等活动的合法权益。

（三）《2030年越南海洋经济可持续发展战略及2045年愿景》

2018 年 10 月，越共十二届八中全会通过了《2030 年越南海洋经济可持续发展战略及 2045 年愿景》，确立了 2030 年和 2045 年越南海洋发展的总体目标。该文件提出，到 2030 年将越南建成海洋强国，实现海洋经济可持续

---

① 《越南海洋战略落实 10 年：努力发展成为海洋强国》，越通社，2018 年 10 月 3 日。

发展，促进海洋生态文化建设，主动应对气候变化和海平面上升，遏制海洋环境污染、海岸坍塌和海水入侵，制定恢复和保护重要海洋生态环境的标准，利用先进的科学技术促进海洋经济可持续发展。

该文件提出，到 2030 年越南力争基本实现经济、社会、海洋、沿海地区和海岛环境的可持续发展，海洋管理和海岸管理达到国际标准，并达到世界中等国家的水平；海洋经济迅速增长，沿海地区各省市居民的平均收入日益提高，越南海洋经济产值占国内生产总值的 10%，28 个沿海省市的生产总值占国内生产总值的 65%~70%；沿海省市的人类发展指数（HDI）高于全国平均水平，沿海省市的人均收入比全国平均水平高出至少 20%，完善有居民岛屿的基础设施建设，包括电力、淡水、通信、医疗、教育等设施；促进海洋科技发展，打造高水平的海洋人才队伍，海洋科学技术水平处于东盟国家的领先地位；完成至少 50% 海洋面积尤其是重点海域资源环境基本调查，并绘制 1∶500000 比例的地图，建立可共享和更新的海洋及岛屿基本数据库；控制和防止海洋环境污染，保护好海洋生态环境，应用航天技术和人工智能对地震、海啸、气候变化和海平面上升等海洋自然灾害进行观测和预报。该文件提出，到 2045 年将越南建成繁荣、安全和可持续发展的海洋强国。

越共中央提出，要提高全社会对海洋可持续发展的认识，完善与海洋经济可持续发展相关的战略规划和体制机制，并推出了海洋经济发展的政策措施。①大力发展海洋经济和沿海经济。2030 年前，优先发展海洋旅游及服务、航海经济、海洋油气及其他矿产资源开发、海产品养殖和捕捞、沿海工业、可再生能源和新兴海洋经济，集中建设沿海经济区、生态工业区，使其成为强大的海洋经济中心。②立足自然条件的比较优势，分区域发展海洋经济，将全国海洋和沿海省份划分为广宁至宁平的北部海洋沿海区、清化至平顺的北中部及中部海洋沿海区、巴地—头顿至胡志明市的东南部海洋沿海区、前江至金瓯—坚江的西南部海洋沿海区等四大海洋经济区域，重点发展不同的海洋产业，同时，调动和鼓励各种经济成分参与海洋可持续发展，培育强大的海洋经济集团。③保护海洋环境和生物多样

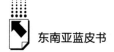

性，主动应对气候变化、海平面上升和防御自然灾害。④提高人民生活质量，建设人与海洋友好相处的海洋文化。⑤加强对外关系和开展海洋国际合作，保障国防和安全。

（四）其他海洋发展官方文件

2021年10月，越南政府签署第1579号决定，批准《2021~2030年和2050年越南港口系统发展总体规划》。该规划提出，到2030年建成高质量和现代化的港口系统，以满足经济社会发展的需要，为越南基本建成现代工业和成为上中等收入国家作出贡献。在航运方面，到2030年港口系统的货物吞吐量从11.40亿吨提升至14.23亿吨，其中集装箱吞吐量从3800万标准箱提升至4700万标准箱，客运量从1010万人次提升至1030万人次；在港口基础设施方面，优先发展海防市沥县港、巴地头顿省盖梅港等国际港，将庆和省云风港逐步发展为国际转运港，规划九龙江三角洲的朔庄省陈提港；根据地理区域、规模和功能，将港口系统分成特级、1级、2级、3级和4级港口；在连接港口基础设施方面，建设连接特级港口和一级港口的铁路线，在港口水域为内河船舶建立码头，建设连接特级港口的高速公路、连接港口的公路系统和地方道路等。①

2022年6月，越南政府批准了《到2030年促进海洋经济跨产业集群发展和打造各强大海洋经济中心方案》。该方案提出，到2030年在沿海地区形成7大海洋经济跨产业集群，形成3~4个海洋经济中心。这7大海洋经济产业集群分别为：①广宁—海防—太平—南定—宁平产业集群，优先发展国际港建设、远洋运输、海事服务、集装箱船建造、专业船舶建造、汽车工业和机械工程、旅游、度假和娱乐等领域；②北中部地区产业集群，优先发展进出口港建设、物流服务、电子制造、轧钢、纺织品出口、汽车生产辅助工业、沿海旅游和远洋捕鱼等领域；③中部中心地区产业集群，主要发展转运集装箱港和旅游港建设、国际海运、国际金融、科学服务、精密机械、机械

---

① 《越南港口系统发展总体规划获批》，越通社，2021年10月2日。

制造、自动化设备、信息技术、药物化学、药物生产和海上旅行等领域；④中部靠南地区产业集群，优先发展综合海港建设、海港物流服务、生物制品、化学品、医药化学品、加工出口海产品、城市燃气、海上旅游、娱乐探险等领域；⑤东南部地区产业集群，优先发展国际中转港建设、造船、远洋运输、国际贸易和金融服务、炼油工业、化工、电子和电信、高科技生产、汽车工业、海上旅游和城市旅游等领域；⑥东南部和西南部产业集群，优先发展农产品出口、国际转运港建设、水产品及海港物流服务、水产品加工、生态旅游和自然保护等领域；⑦西南部地区产业集群，优先发展旅游港和出口港建设、水产品加工、石油和天然气开采、可再生能源、远洋海捕鱼、度假和娱乐、金融业等领域。①

2023 年 4 月，越南政府颁布了批准《2030 年海洋资源可持续开发利用和海洋环境保护战略及 2050 年愿景》的第 48 号决议（48/NQ-CP）。该战略提出的总体目标是，到 2030 年合理开采、有效利用海岛资源，为经济社会发展和国防安全保障、国际合作服务；海洋环境污染得到有效抑制；海洋、沿海和海岛生物多样性得到保护和恢复；海洋自然遗产、文化遗产得以传承和发扬；尽可能降低自然灾害造成的影响，主动有效应对气候变化和海平面上升，朝着成为因海而强、因海而富的国家的目标迈进。其具体政策措施主要包括：海洋、海岛资源得到合理开发；促进海洋经济发展，重点发展领域包括旅游和海上服务、航海经济、石油及其他矿产资源开发、海洋捕捞与养殖、沿海工业、可再生能源及新兴海洋产业等；控制、预防和减少海洋环境污染、陆海污染、跨界污染、海洋环境污染、海洋塑料垃圾污染等问题等得到有效监测、控制和管理；沿海城市 100% 的有害垃圾和生活固体垃圾得到收集和处理；100% 的经济区、工业园区和沿海都市区朝着可持续、生态、智能、适应气候变化和海平面上升、拥有集中式水处理系统，以及满足与环境、海洋环境容量、海洋岛屿生态系统的恢复能力相关的标准和规定的方向规划与建设；做好海洋、沿海和海岛生态系统的管理保护工作，将海洋

---

① 《越南将打造 3—4 个国际级海洋经济中心》，越通社，2022 年 6 月 15 日。

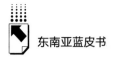

和沿海保护区的面积增加到至少占国家海洋自然面积的6%；增强对自然灾害、气候变化和海平面上升的预报预警能力，并做到有效应对；加强海岛调查和研究工作，建立海岛资源和海岛资源环境的综合信息系统。到2050年，海岛资源得到合理开发和有效使用，进而在绿色增长、海洋生物多样性得到保护、海岛环境得到改善、社会与自然和谐共存的基础上，将越南打造成靠海富强的国家。①

三 越南海洋经济的特点

越南海洋经济起步虽晚但发展较快，海洋产业已逐步成为国内重要的产业部门。近年来，越南政府积极制定海洋产业的中长期发展战略，实施各种政策措施，促进了海洋渔业、海洋油气业、海洋交通运输业、海洋船舶工业、临海工业、滨海旅游业和海上风力发电的快速发展，并使其成为海洋经济的主导部门，它们在国民经济中的地位和作用不断提升。

（一）海洋渔业

越南海洋渔业资源丰富。目前，在越南海域发现的生物物种有1.2万种，包括2000种鱼类。其中，有130种鱼类具有经济价值。越南海域鱼类总储量达420万吨，年均捕捞量达170万吨；甲壳类有1600种，年均捕捞产量达5万~6万吨；软体海鲜类有2500种，年均捕捞产量达6万~7万吨。② 2022年，越南渔业年产量达906万吨，居世界第六位，在东南亚国家中仅次于印尼列第二位。

越南海洋渔业资源主要集中在南部省份，中部和东南部的渔业捕获量最高。南方的湄公河三角洲提供了75%的海水养殖场。由于越南政府实施对渔民捕捞和造船补贴的政策，越南渔获量持续增加。疫情过后，越南渔业持续复苏。2022年，越南渔业总产量为906万吨，捕捞渔业产量为386万吨，

---

① 《〈可持续开发和利用资源、保护海洋岛屿环境战略〉获批》，越通社，2023年4月30日。
② 《致力成为一个海洋强国、靠海致富的越南》，越通社，2019年8月16日。

其中海洋捕捞量为366万吨。越南捕捞的海产品主要有沙丁鱼、曹白鱼、鲷鱼、飞鱼、鲹鱼、金枪鱼、海虾、墨鱼、鱿鱼、章鱼等。然而，近海渔业资源过度捕捞导致海产品多样性减少，越南开始积极发展水产养殖业，水产养殖面积和产量不断增加，水产养殖以虾和巴沙鱼为主，虾类养殖品种以草虾和南美白对虾为主。越南富安、庆和、宁顺、平顺、槟知、坚江和金瓯等沿海省份有效利用近海优势进行海水网箱养殖。目前，越南的水产养殖场达50多万个，水域面积达100多万公顷，海水养殖网箱达500万立方米（2019年）。[①] 根据2021~2030年国家水产养殖业发展计划，到2025年和2030年，越南水产养殖业年产量将分别达560万吨和700万吨。

越南是世界第三大渔业出口国，疫情后渔业产品出口全面复苏。2022年，越南渔业产品出口达110亿美元，创历史新高，其出口的渔业产品主要是甲壳动物、鱼制品、鱼肉鱼片、软体动物制品，欧盟、美国、中国和日本四大市场占越南渔业产品出口总额的74%。其中，对美国出口额首次达到20亿美元。越南共有620个渔业产品加工生产企业，其中415个生产企业的产品达到日本、美国和欧盟等高端市场的出口标准。同时，越南进口的渔业产品主要是金枪鱼、鱿鱼、章鱼、海鱼，还有来自印度、泰国的虾等。近年来，越南渔业从中国进口原材料的规模有较快增长。

在东南亚国家中，越南拥有的渔船数量居第三位，仅次于印尼和马来西亚。据统计，截至2016年底，越南拥有渔船10.98万艘，越南多数渔船为木制小型渔船，其中90马力的渔船有3.32万艘，90马力以下的渔船有7.66万艘。由于缺乏大型捕鱼船只，多数渔船只能在近海作业，产量受到限制。越南海洋捕捞约有40种海洋渔具，捕捞方式大多为传统的刺网捕捞和拖网捕捞，刺网捕捞量占渔业总产量的44%，拖网捕捞量占23%，钩线捕捞量占20%，围网捕捞量占6%，其他渔具捕捞量占7%。在北部湾主要是刺网捕捞，而在东南和西南海域则以拖网捕捞为主。[②]

---

① 《实现渔业可持续发展，带来更高经济价值》，越通社，2020年3月29日。

② SEAFDEC. "Fisheries Country Profile: Viet Nam." http://www.seafdec.org/fisheries-country-profile-viet-nam/.

（二）海洋油气业

自20世纪80年代起，越南油气产业迅速兴起，海上油气产量分别占越南总产量的95%和80%。油气产业成为越南重要的经济支柱产业，每年油气产业产值占国内生产总值的比重为10%～13%，油气产业上缴的税费占财政收入的20%～30%。2022年，越南生产原油934.27万吨、天然气77.97亿立方米，均占世界总产量的0.2%。[①]

在1975年越南南北统一前，越南就已开始进行油气资源开发，但未进入开采阶段。南北统一之后，越南将油气产业列为促进经济恢复和出口创汇的重要产业。1975年9月，越南组建石油与天然气总局，开始对陆地和大陆架的油气资源进行全方位的勘探。随后，越南与法国、意大利和前西德石油公司先后签订了勘探开发协议，但这些公司以没有发现具有商业开采价值的油田为由撤出。1981年，越南与苏联扎鲁别日石油公司成立了联营的越苏石油公司。1986年，该公司首次开采白虎（BacHo）油田获得成功。1986～1990年，越南石油生产和销售均由越苏石油公司掌控。20世纪90年代，越南油气产业加快开放的步伐。1993年，越南通过《油气法》，吸引西方跨国公司参与到油气资源的勘探开发中来。

目前，越南的油气田主要位于南昆山沉积盆地、红河沉积盆地和九龙沉积盆地，白虎、大雄、青龙是越南三大油气田，其中大雄和青龙位于中国南海断续线外侧。2006年8月，越南国家油气集团（PVN）成立，它是国有独资企业，现已具备独立进行油气资源勘探开发的能力。2009年2月，越南第一座炼油厂——蓉橘炼油厂开始试运营。2010年5月，炼油厂正式投产。在油气资源勘探开发方面，越南以外资企业为主。截至2016年底，外资企业在越南的存量油气项目共计50项，合同金额27.687亿美元。有超过40家外国企业对越南油气产业进行投资，项目以油气资源勘探开发为主。越南国内57个油气项目中，外资企业独资或控股的项目有33项，越南企业

---

① Energy Institute（2023）. *Statistical Review of World Energy 2023*. pp. 16, 30.

独资或控股的项目有 17 项。越南国家油气集团与外资签订的油气资源勘探开发合同形式包括产量分成合同（PSC）、油气合同（PC）、合作经营合同（BCC）和联营合同（JV），其中约 90% 是产量分成合同。

越南经历了由石油进口国转变为出口国，再成为石油净进口国的过程。2004 年，越南原油产量为 2005.1 万吨，原油出口量为 1950.06 万吨，此后原油产量和出口量呈下降趋势。2012~2022 年，越南原油产量从 1700 万吨降至 930 万吨，年均增长率为-5.8%。[1] 2021 年，越南原油出口量为 318.8 万吨，原油进口量为 1023.1 万吨，石油进口量大于出口量，石油进口量呈现逐步扩大的趋势。越南原油出口占出口贸易的比重大幅下降，主要原因是原油减产和炼油业的发展。

（三）海洋交通运输业

2007 年 1 月，越南加入世界贸易组织，国内经济逐步融入全球价值链和区域生产网络，进出口贸易不断扩大。2017 年，越南进出口贸易总额超过 4000 亿美元，2019 年突破 5000 亿美元，2021 年、2022 年又分别突破 6000 亿美元和 7000 亿美元。越南连续 7 年实现贸易顺差。2022 年，在世界货物出口和进口排名中，越南分别列第 23、21 位。越南 60% 以上的货物贸易是通过海洋运输来实现的，因而海洋运输成为越南进出口贸易的重要环节。

在 2022 年世界前 35 大船东大国中，越南因拥有 1170 艘船舶，海运能力为 16059 千载重吨位，列第 27 位。[2] 越南绝大部分船舶是散货船和混合船，集装箱船较少。全国仅有 10 家集装箱航运公司。这些公司拥有 48 艘集装箱船，总运力 39519 标准箱，总吨位 548236 载重吨。越南船队仅占国内约 7% 的市场份额，其余市场份额均掌握在外国航运公司的手中。[3] 越南国家航运公司（Vinalines）是越南运输部管理的国有企业，主要从事

---

① Energy Institute（2023）. *Statistical Review of World Energy 2023*. p. 16.

② UNCTAD（2023）. *Review of Maritime Transport 2023*. p. 34.

③ 《越南出台措施提升越南国际航运船队的地位》，越通社，2022 年 10 月 1 日。

越南国内外航运、港口管理、海运服务，以及物流等业务，是越南最大的海运企业。

越南共有 296 个海港。2022 年，越南港口货物吞吐量为 7.3318 亿吨，其中集装箱吞吐量为 2509 万标箱。越南港口众多，核心港口主要位于中南半岛南北两侧，中部港口整体规模较小。南部港口群以全国最大港口——胡志明港为核心，涵盖头顿港、盖梅港，其集装箱吞吐量占全国集装箱吞吐量的近 65%；北方港口群以越南第二大港口——海防港为核心，涵盖河内、雷东、广宁、锦普、广义等港；中部港口群涵盖荣市、边水、顺化、岘港、归仁、芽庄等港。在 2023 年全球前 100 个集装箱港中，东南亚国家占 9 个，其中越南有 3 个，分别为胡志明港（货物吞吐量为 791 万标箱，居第 23 位）、海防港（货物吞吐量为 563 万标箱，居第 31 位）、盖梅港（货物吞吐量为 559 万标箱，居第 32 位）。①

（四）海洋船舶工业

越南船舶制造业虽然起步晚，但发展较快。1996 年，越南成立了越南船舶工业集团（Vinashin）。为了促进船舶工业的发展，越南政府积极引进国外造船企业，并给予特殊的优惠政策。2002 年，越南制定了船舶工业发展总体规划，确定了 2010 年越南船舶工业发展的目标。② 2007 年，越南新船接单金额首次突破 60 亿美元，跃居世界第五位。2008 年全球爆发金融危机，世界造船订单量迅速萎缩，越南造船企业经营状况急转直下，越南最大的造船公司——越南船舶工业集团陷入债务危机。2013 年 11 月，越南船舶工业集团进行债务重组，成立了越南船舶工业总公司（SBIC）。随后，越南政府批准了《到 2020 年越南造船工业发展总体规划和 2030 年展望》。

---

① Lloyd' List. "One Hundred Ports 2023." https：//lloydslist.com/one-hundred-container-ports-2023.

② 越南制船舶发展的总体规划，提出至 2010 年越南船舶业形成 36 家船舶制造和修理企业、6 家船舶工业配套企业和 8 家军队船舶制造和修理企业；国内制造的船舶占越南船舶总数的 60%；能生产 1.5 万载重吨的工程船、捕捞船和航运船；力争国内 2~5 万载重吨货船和 10 万载重吨油轮有 70%~75% 由国内生产。

2014年10月，越南政府通过第1901号决议，正式批准造船工业发展计划。该计划提出，对全国造船厂进行重组，以有效利用造船设施和人力资源；发展造船产业的辅助工业；扩大国内外船舶销售市场，提供船舶修缮服务；加大对符合国际标准的造船人力资源的培训；形成造船科技研发能力，为南部、中部及北部三个造船集群服务。为促进造船产业辅助工业的发展，越南政府提出到2020年造船配套设备国产化率达60%~70%，并出台享受进口税优惠的原料零配件的名单，努力推进海关及行政手续现代化，审核申请优惠的手续流程等。2015~2020年，越南造船业的任务是总产值年均增长5%~7%，预留70%~80%的产能用于服务国内市场，船舶出口总吨位达176万~216万吨，约占世界造船市场的0.48%。[①]

目前，越南船舶工业总公司是国内最大的国有造修船企业，其年产能占全国的70%左右。全国可以建造1000吨级以上船舶的造船厂约有120家。在越南，外国船厂主要有荷兰达门船舶（DAMEN）、韩国现代重工（HYUNDAI）、法国PIRIOU造船、新加坡TRIYARDS造船等。2015年，越南手持订单量为206艘，共计130万修正总吨，占世界手持订单总量的1.2%；新接订单量为81艘，共计42.6万修正总吨，占世界新接订单量的1.1%，仅次于中国（33.3%）、日本（26%）、韩国（25.7%）、菲律宾（2.7%）、意大利（2%）、德国（1.7%）和芬兰（1.5%）；越南交付船只89艘，共计49.5万修正总吨，占世界交付量的1.3%。[②]越南已有能力制造散货船、集装箱船、液化天然气运输船等符合国际标准的货运船舶，但受制于技术、设备、人才等因素，越南主要生产小吨位的中小型低级船舶，且以干散货船等技术含量低的船型为主。

（五）临海工业

越南沿海地区工业发达，其在国内经济中具有举足轻重的地位。越南有

---

① 《越南造船工业发展计划获批》，越通社，2014年10月23日。

② Ship & Maritime Equipment Association（SEA）. "Market Developments Report 40." http://www.seaeurope.eu/template.asp? f=publications.asp&jaar=2016.

63 个省和直辖市,其中 28 个省市临海,这些省市的面积占越南国土总面积的 42%,人口占全国总人口的 45%。沿海省市经济总量占 GDP 的比重超过 60%。越南工业主要集中在胡志明市、河内市、北宁省、岘港市、海防市、芹苴市等,除河内市和北宁省外均为沿海地区,外商投资也以沿海省市为主。

为了加快沿海地区经济发展,2008 年 9 月,越南公布《2020 年越南沿海经济区发展规划》,提出到 2020 年沿海经济区经济总量占 GDP 的 15%~20%,并创造 130 万~150 万个就业机会。目前,越南现有 18 个沿海经济区。① 截至 2017 年底,越南沿海经济区吸引了 390 多个外国投资项目,注册投资额达 455 亿美元,到位资金额达 265 亿美元;吸引了 1240 个国内投资项目,注册投资额达 805 万亿越盾(约合 350 亿美元),到位资金额达 323.6 万亿越盾(约合 140 亿美元)。

2018 年 1 月,越南工贸部发布《至 2025 年越南海洋贸易与工业发展展望及 2035 年规划》,旨在确保越南海洋贸易与工业高位稳定增长,并使其成为越南重要的产业部门,推动沿海地区经济结构转型。该计划提出,2016~2020 年,越南沿海地区工业产值年均增长 9%~9.5%,出口年均增长 13.5%~14%;2021~2025 年,工业产值年均增长 10.5%~11%,出口年均增长 13%~13.5%。政府确立了优先发展的行业领域,如煤炭、石油、化工、热电和可再生能源生产、机械、冶金、电子、水产品加工等。

（六）滨海旅游业

越南拥有丰富的海洋旅游资源,海岸线漫长,海湾和沙滩众多。越南现有的 7 个世界自然遗产中有 6 个在沿海地区,被联合国教科文组织列入世界生物圈保护区名录的有 6 处。滨海旅游成为越南旅游业的优势领域。越南滨

---

① 越南现有 18 个沿海经济区分别为广宁省云屯、海防市水源—吉海、太平省太平沿海、南定省宁机、清化省宜山、义安省东南义安、河静省永昂、广平省鸿罗、广南省朱莱、广治省东南、广义省榕橘、平定省仁会、承天—顺化省云脚—陵姑、庆和省云风、富安省南富安、茶荣省定安、金瓯省五间、坚江省富国。

海旅游每年吸引 70% 的国际游客和 50% 的国内游客，为旅游业贡献 70% 的营业额。2019 年，越南接待外国游客 1800.9 万人次，接待国内游客 8500 万人次，旅游业收入达 720 万亿越盾，旅游业收入占国内生产总值的 11.9%，当年越南被世界旅游组织评为全球旅游业增长最快的 10 个国家之一。不过，2020 年的新冠肺炎疫情对越南的旅游业造成较大的冲击，接待游客量急剧下滑。2022 年 3 月，越南宣布对国际游客重新开放，当年接待国际游客 366.1 万人次，旅游业收入为 354.5 万亿越南盾。

为促进旅游业发展，越南制定了《至 2020 年越南旅游发展战略和 2030 年展望》《至 2030 年越南旅游发展战略和 2050 年展望》。政府计划，到 2025 年越南国际游客接待量将达 3200 万人次，国内游客接待量达 1.3 亿人次，旅游业收入达 450 亿美元，旅游服务贸易出口额约为 270 亿美元，旅游业对国内生产总值的贡献率达 10%，能提供 600 万个工作岗位，其中直接工作岗位 200 万个，70% 以上的从业人员接受过旅游业务和技能培训，使越南成为东盟国家中旅游业发展领先的国家；到 2030 年国际游客接待量将达 4700 万人次，旅游业对 GDP 的贡献率达 14%。

为了促进旅游业尤其是滨海旅游业的发展，越南加快了旅游基础设施的建设。全国现有机场 28 个，其中 10 个为国际机场，12 个只运营国内航线。越南现有 5 家航空公司，开通的国际航线超过 50 条，国内 5 家航空公司和海外 68 家航空公司合作在 28 个国家和地区开辟了近 130 条国际航线。同时，越南大力兴建旅游景点、酒店和度假村，开发旅游新产品，应用科技发展智慧旅游，提高旅游服务质量，扩大免签证国家和地区的范围，培育旅游专门人才。此外，越南积极发展邮轮旅游。近些年来，每年乘坐邮轮来越旅游的国际游客数量年均增长 20% 以上，2017 年接待的 1300 万人次的国际游客中乘坐邮轮来越旅游的游客有 26 万人次。2023 年 4 月，越南首个国际深水邮轮港——安娜·玛丽娜港投入试运营，该邮轮港可同时停靠 200 多艘邮轮。[①]

---

① 《越南首个国际邮轮码头投入试运营》，越通社，2023 年 4 月 19 日。

（七）海上风力发电

越南利用海上风力发电潜力巨大，开发与利用海上风能是越南实现经济绿色转型的重要步骤，也是实现能源转换、保障国家能源安全的突破性解决方案。据预测，越南海上风电潜力规模可达 16.5 万兆瓦。越南近海特别是南部地区海域水深 30~60 米，海上风电发展潜力大。越南海上风电的技术潜力为 160 吉瓦，其中平顺省为 42 吉瓦，宁顺省为 25 吉瓦，茶荣省为 20 吉瓦，广宁省为 11 吉瓦，河静省为 4.4 吉瓦等。[①]《越南国家海洋空间规划》确定了海上风电产业发展的重要性，海上风电是应对气候变化的清洁能源，具有广阔的发展前景。

2021 年 4 月，位于越南宁顺省顺北县的中南风力发电厂落成，这是越南最大的风力—太阳能混合发电厂，也是东南亚地区最大的和唯一的风力与太阳能一体化的可再生能源综合体。中南可再生能源综合体年发电量达 10 亿千瓦时。该发电厂的投资总额为 4 万亿越盾，占地面积为 900 公顷，其中包括装机容量为 151.95 兆瓦的太阳能发电项目，年设计发电时间 2785 小时，预计年发电量将达 4.23 亿千瓦时。目前，中南风力发电厂共有 45 个风力发电机组。其中，第一阶段共设装机容量为 39.95 兆瓦的 17 个发电机组，已于 2019 年完成；第二阶段共设装机容量为 64 兆瓦的 16 个发电机组，已于 2020 年完成；第三阶段共设 12 个发电机组，装机容量为 48 兆瓦。[②]

四　越南海洋经济发展面临的挑战

近年来，越南国内经济迅速发展，产业结构逐步优化，营商环境日益改善，进出口贸易屡创新高，外商直接投资大量涌入，越南成为亚太地区经济最具活力的国家之一。因此，作为国内经济的重要组成部分，越南的海洋经

---

① 《越南海上风电潜力巨大》，越通社，2021 年 9 月 7 日。
② 《越南最大风力发电厂正式投入运营》，越通社，2021 年 4 月 17 日。

济具有广阔的发展前景，海洋产业发展潜力巨大。不过，越南海洋经济面临一系列挑战。一是由于越南海洋产业外向度较高，海洋经济的发展受制于国际市场需求的变化，二是海洋产业面临转型升级的压力，三是涉海国有企业存在公司治理和经营效率问题，四是海洋环境退化和污染日趋严重。

首先，越南海洋经济发展受制于国际市场需求的变化。

越南的多数海洋产业属于外向型部门，高度依赖国际市场，从资金、技术到产品销售对外依存度高，受国际经济和地缘政治的影响较大。例如，国际原油价格的波动直接影响越南石油和天然气勘探开发。据估算，越南原油开采的成本价为47美元/桶。如果国际油价下跌，越南每年投入石油勘探的资金就会锐减，导致越南原油产量连续下降。2015～2017年，国际油价下跌，越南对石油勘探的投资从20亿～25亿美元降至4亿～5亿美元，随后原油产量持续下滑。当2018年国际油价超过60美元/桶后，越南对油气勘探开发的投资迅速扩大。由于当前全球航运市场运力过剩，造船市场产能过剩，使得越南造船业订单量迅速萎缩，造船企业经营状况每况愈下。越南港口虽紧靠欧亚航线国际主航道，但与新加坡、巴生、丹戎帕拉帕斯等枢纽港相比不具备竞争优势，也难以在区域周边港口中脱颖而出。同时，越南港口的翻建和升级仍受制于资金短缺。据估计，越南开发新港口需要耗资100万亿越南盾。

其次，越南海洋产业面临转型升级的压力。

当前，世界海洋经济逐渐从要素驱动转向创新驱动。各国积极推动传统海洋产业转型升级，促进新兴海洋产业发展，以促进海洋经济的可持续发展。2017年10月，欧盟对越南非法、不报告和不管制的海洋捕捞（IUU）活动发出"黄牌警告"，迫使越南修改《水产法》，要求越南按照欧盟的规定升级渔业基础设施，打击其海域外的非法捕捞行为；越南大型油田减产，新建油田产能不足，加之国内经济高速发展带动能源需求持续增加，这使得越南必须加大油气产业方面的国际合作，引进先进技术减缓大型油田产能下降的速度，与外资合作加快深海油气资源开发的步伐；随着全球造船产业中心东移，国际海事机构实施海运安全和环保的新规范、新标准，对船舶技术的要求日趋严格，越南船舶制造业必须适应国际海事机构新的规则标准和技术要求；在世界海洋集装箱运输规模不断扩大的情形下，越南集装箱船队规模小，资金缺乏，仍以小型运输船为主，且活动范围主要集中在东南亚和东北亚地区的短程航线上，难以与其他国家船队竞争，[1] 2018年，越南船队运输总量中普通货船和散货船的运输量占70%以上，而集装箱船运输量仅占3.6%；近几年越南旅游业发展迅速，但旅游基础设施严重不足，旅游产业链和配套设施不完善，旅游业专业人才短缺，全国现有旅游业从业人员130多万名，其中受过旅游专业培训的人员占42%，从其他行业转向旅游业的人员占38%，约20%的人员没有接受过培训。

第三，越南涉海国有企业存在公司治理结构不完善和经营效率低下的问题。

在越南海洋经济发展过程中，国有企业扮演着举足轻重的角色。越南国家油气集团、船舶工业集团和国家航运公司均为国内本行业的主导者。长期以来，这些国有企业经营不善，高管涉嫌渎职，企业亏损严重。近年来，越南政府加快了国有企业重组的步伐，对这三大国有企业集团也进行了大规模的重组和调整。2010年，越南船舶工业集团高管涉嫌渎职，导致公司出现巨额亏损，几乎宣布倒闭。2013年，越南船舶工业集团进行全面重组。该集团重组后，资产额达68.25万亿越南盾，负债超过53万亿越南盾，216个附属公司将被出售、股本化、兼并、解散或宣布破产以便还贷。2012年3月，越南国家航运公司高管腐败问题被曝光，公司亏损严重，随后公司进行重组。2018年，该公司股权私有化计划获批，随后，公司首次公开募股（IPO）。经过股权私有化，政府持有公司股权的65%，14.8%的股份出售给战略投资者，2%的股份由企业员工和工会持有。尽管这些涉海企业重组后问题得到了部分解决，但如何克服国有企业的固有弊端、完善公司治理结构和提升经营效率仍将任重道远。

---

① T. T. Nguyen（2016）. "An Investigation of the Vietnamese Shipping Industry and Policy Recommendations for Profound Participation into ASEAN Integration." *The Asian Journal of Shipping and Logistics*, Vol. 32, No. 2. pp. 81-88.

最后，越南海洋环境退化和污染日趋严重。

随着国内工业化和城市化的发展，越南海洋环境退化和污染加剧。目前，越南的海岸带和沿海地区污染严重。在越南现有的 100 条河流中，10 条河流的水质严重污染，且这些河流均流入大海。造成越南海洋污染加剧的原因包括沿海城市生活废水的排放、沿海工业区工业废水直接排入大海或通过海底废水排管排入大海、滨海旅游区废水和废弃物的排放、海上船只将废水排入大海、水产养殖废弃物的排放、废油和化学品的排放、海上钻塔和油船的溢油事件等。据统计，每年越南 28 个沿海省份的固体废弃物排放量约 1403 万吨。越南海域油井约有 340 口，排放的大量含油废水及固体废弃物达 5600 吨，近 10 年越南已发生 100 多起船舶溢油事件，这些已严重危及海洋生态系统和海产资源，甚至影响到数百万人的生计。每年越南红树林消失约 1.5 万公顷，海域内 80% 的珊瑚礁面临威胁，多达 100 种海洋生物处于不同程度的濒危状态。因此，越南保护海洋环境和生物多样性已成为当务之急。[①]

参考文献

ASEAN Secretariat（2023）. *ASEAN Maritime Outlook（First Edition）*. Jakarta：ASEAN Secretariat.

H. T. Nga（2018）."Approaches in the World and in Vietnam Ocean Economy-Definition and Classification." *Science & Technology Development Journal-Economics-Law Management*, Vol. 2, No. 1.

H. Nguyen（2019）."Blockchain-An Indispensable Development Trend of Logistics Industry in Vietnam：Current Situation and Recommended Solutions." *International Journal of e-Navigation and Maritime Economy*, Vol. 13.

T. T. Nguyen（2016）."An Investigation of the Vietnamese Shipping Industry and Policy Recommendations for Profound Participation into ASEAN Integration." *The Asian Journal of Shipping Logistics*, Vol. 32, No. 2.

X. P. Nguyen & P. Q. P. Nguyen（2018）."Strategies for Maritime Development：A Case

---

[①] 《越南海洋环境：现状与对策》，越通社，2020 年 1 月 21 日。

in Vietnam." *European Journal of Engineering Research and Science*, Vol. 3, No. 12.

PEMSEA (2021). *National State of Oceans and Coasts: Blue Economy Growth of Viet Nam.* Quezon: Partnerships in Environmental Management for the Seas of East Asia.

H. N. Phong, N. C. My, B. T. T. Hoa, & Finance (2019). "Sustainable Marine Economic Development in Vietnam in the Period 2011-2018." *Applied Economics*, Vol. 6, No. 6.

V. S. Tuan, N. K. Duc (2009). "The Contribution of Viet Nam's Economic Marine and Fisheries Sectors to the National Economy from 2004-2007." *Tropical coasts*, Vol. 16, No. 1.

B.18

中国—东盟海洋合作指数的构建及其启示

——以 2015~2019 年为例

闫 森*

摘 要： 中国和东盟 9 国均为海洋国家（除老挝外）。近年来，双方海洋合作迅速发展。本报告从中国与东盟海洋合作的主要领域入手，以制度建设、贸易往来、投资共赢和人文交流四个维度，构建包含三个层级总计 21 个指标的海洋合作指标体系，考察 2015~2019 年中国与东盟各国在海洋合作领域的显著特征和发展规律。研究结果表明，中国与东盟各国的海洋合作总体上均呈上升态势，但合作程度和侧重点存在较为明显的差异；在合作领域上，双方都建立了较为完备的制度环境和人文交流机制，但海洋贸易和涉海投资的合作潜力仍有待挖掘；在产业层面上，双方在海洋渔业和滨海旅游业方面的合作较为密切，但在油气开发和船舶修建方面的合作有待加强。面向未来，中国与东盟海洋合作前景广阔，双方应进一步推动海洋发展战略的对接，构建区域海洋产业链，建立沿海战略支点。

关键词： 海洋合作 指数体系 中国—东盟

一 引言

进入 21 世纪，随着全球自然资源供应日趋紧张，沿海国家纷纷将视线转向海洋开发，海洋经济逐渐成为各国经济建设的战略核心。根据经合组织

* 闫森，经济学博士，厦门大学南洋研究院副教授。

（OECD）发布的《2030年海洋经济展望》，海洋产业的发展潜力远超其他产业，2010~2030年，全球总体规模有望由1.5万亿美元增长至3万亿美元以上。[①] 在这一背景下，中国与东盟国家立足优越的海洋区位条件，相继制定了加强海洋发展的国家战略与政策。2012年，中国提出了建设"海洋强国"的指导方针，发展海洋经济是四项主要内容之一。在东盟国家中，印尼于2014年提出了"全球海洋支点"战略，并出台了众多配套的海洋产业政策；越南于2018年颁布了《至2030年越南海洋经济可持续发展战略及2045年展望》，明确了海洋经济在海洋发展中的主导地位；其他东盟国家虽未提出独立的海洋战略，但在国家战略中均强调了海洋发展的重要性。中国与东盟国家在海洋发展方面的共同目标，为双方开展海洋合作提供了战略机遇。

在推动海洋合作的过程中，中国与东盟国家逐步建立起"多边+双边"的海洋合作机制。在多边合作层面，中国借助东盟（ASEAN）和亚太经合组织（APEC）等多边平台加强与各国的对话。中国与东盟的海洋合作历经早期探索（1991~2002年）、机制内发展（2002~2011年）和更新升级（2012年至今）三个阶段，并且取得了许多实质性的成果。在此过程中，中国政府采取了积极主动的合作态度，将东盟国家作为"21世纪海上丝绸之路"的优先发展方向，不仅制定了《南海及其周边海洋国际合作框架计划》和《"一带一路"建设海上合作设想》，还建立了中国—东盟国家海洋合作论坛、落实《南海各方行为宣言》联合工作组、博鳌亚洲论坛之"21世纪海上丝绸之路"分论坛、中国—东盟海上合作基金四个主要的官方机制，并在"10+1"领导人年度峰会、"10+3"领导人会议、东盟地区论坛等多边会议上加强与东盟各国的海洋事务协调。除此之外，中国还分别与东盟各国开展双边海洋合作，先后与印尼、泰国和柬埔寨签署了《海洋领域合作备忘录》，并成立了中印尼海上合作技术委员会、中菲油气开发合作政府间联合指导委员会、中越海上共同开发磋商工作组等双边协调机制。

随着中国与东盟国家海洋合作机制的日益完善，双方海洋务实合作也

---

① OECD (2016). *The Ocean Economy in 2030*. Paris：OECD Publishing.

不断加强，由海洋渔业逐步拓展至包括海洋油气、海洋旅游、海洋运输和海洋工程在内的多个产业。在海洋渔业方面，中国先后与越南（2000年）、印尼（2004年）、菲律宾（2004年）签订了渔业合作协定，共同进行渔业资源维护和水产养殖；在海洋油气方面，中国出资购买了印尼油气区块权益，与缅甸共同进行油气勘探和铺设油气管道，与文莱共同出资建设油气平台；在滨海旅游方面，中国和东盟已成为彼此最大的客源地和目的地，在合作开发海洋旅游产品的同时，构建起以港口城市为支点的旅游协作网络；在海洋运输和工程方面，中国与东盟签署了《中国—东盟海运协议》和《中国—东盟港口城市合作网络论坛宣言》，中国还投资参与了文莱摩拉港、柬埔寨金边港和贡布港、缅甸皎漂深水港、菲律宾马尼拉港等海上基础设施建设。

虽然中国与东盟国家的海洋经济合作快速推进，但由于东盟国家海洋发展的区位条件不尽相同，再加上各国政经局势错综复杂，中国与各国开展经济合作的程度和侧重点具有明显差异。为了更准确地把握中国与东盟各国的海洋合作细节，量化研究中国与东盟国家海洋合作的广度和深度，构建一套海洋合作指标评价体系成为现实需求。基于此，本报告尝试建立中国—东盟海洋合作指数，以期从时间和空间两个维度测量双方合作水平，找出双方海洋合作的重点领域和薄弱环节，从而为中国与东盟扩大和深化海洋合作提供有价值的参考。

二　研究综述

在国际海洋合作不断扩大和深化的背景下，跨国家和全领域的海洋发展量化研究和比较分析逐渐成为学术界的关注重点。从目前已有的文献来看，上述问题的研究范围包括各国海洋经济对国民经济贡献度的测算与对比，海洋资源禀赋结构对海洋经济综合实力、发展潜力及国际竞争力的差异影响，海洋可持续发展能力的国别差异与国际协调，以及不同经济主体之间海洋合作的量化与对比。在针对海洋发展的国别比较研究中，构建以量化指数为基

础的评价体系最为直接和客观，不但能够让使用者快速形成等级判断，而且还能够量化差异程度。因此，该方法在学术界得到广泛应用，同时成为政策制定者等利益相关方做决策的重要工具。

在研究内容上，一套科学的评价指标体系不仅应满足指标界限清晰、覆盖全面等要求，还应做到纵向可溯和横向可比。正因如此，本报告的量化工作首先要解决两个问题。第一，被研究国家具有系统且准确的海洋统计数据。然而，相对于陆地经济部门，海洋经济统计起步较晚，在发展中国家更是如此。就本报告的研究对象而言，中国的海洋经济统计起步于 1989 年，东盟国家的海洋经济统计水平则是参差不齐。其中在印尼提出"全球海洋支点"战略后，海事与投资统筹部（KKBK）与中央统计局（BPS）于 2017 年推出第一版统计标准，并于 2019 年对其进行修订，统计标准涉及 11 个海洋经济集群下的 312 种产业活动；越南在 2012 年《海洋法》中给出了海洋经济分类，但其方法一直存在争议，造成数据搜集困难；[①] 其他东盟国家的海洋经济统计工作则更为滞后，多个国家尚未形成自己的海洋经济分类体系。因此，数据来源的有限性和质量的不稳定，成为建立系统指标体系首先要面临的挑战。第二，在国内海洋经济统计较为完备的基础上，跨国别的比较研究还需要将不同国家间的海洋经济合作统计结果纳入统一计量体系，并且有准确和连续的记录。而在实际操作中，由于各国在海洋资源结构、海陆发展协调、区域环境特征和宏观经济发展水平上均存在巨大差异，不但每个国家采取了不同的海洋产业分类标准，而且国际合作统计结果更是千差万别，致使目前基于多个经济主体和多个产业领域的量化研究开展相对困难。因而，如何将合作内容有效地纳入统一的计量体系，是顺利建立分析框架的另一个关键问题。[②]

---

① H. T. Nga（2018）. "Approaches in the World and in Vietnam Ocean Economy-Definition and Classification." *Science & Technology Development Journal-Economics-Law and Management*, Vol. 2, No. 1. pp. 49–57.

② K. S. Park and J. T. Kildow（2014）. "Rebuilding the Classification System of the Ocean Economy." *Journal of Ocean and Coastal Economics*, Vol. 2014, No. 1. pp. 1–35.

在对现有的国家间合作评价指数进行梳理的过程中，笔者发现该类指标体系均涵盖政治、经济、文化等多个维度，指标界定上多以综合信息为主，研究对象侧重共建"一带一路"国家或特定地理区域。对于综合性指标，代表性的研究包括北京大学"一带一路""五通"指数课题组发布的针对63个共建"一带一路"国家构建的"五通"指数，国家信息中心大数据发展部针对71个国家发布的国别合作度指数，亚洲发展银行（ADB）提出的亚太地区区域合作与一体化指数（Asia-Pacific Regional Cooperation and Integration Index）。[①] 就海洋领域而言，典型研究包括国家海洋局第一研究所针对G20国家发布的全球蓝色经济指数，宁波航运交易所针对共建"海上丝绸之路"国家发布的海上丝路指数，海洋试点国家实验室与新华（青岛）国际海洋资讯中心针对全球25个国家发布的全球海洋科技创新指数等。虽然学术机构和专业组织投入大量精力开发相关指数，但是完全以海洋合作为主题，且研究对象以中国与东盟国家为主体的指数并不多，主要包括以下几项研究成果（见表1）。

表1 中国—东盟海洋经济分析与评价指标综述

指标名称	研究对象	指标简介	作者
海丝国家海洋合作指数	共建"海上丝绸之路"的34个国家	以"五通"为基础，包括5个一级指标、10个二级指标和20个三级指标	刘大海，于莹，安晨星
东亚海上贸易互通指数	中国、日本、韩国和东盟10国	以贸易往来为主，辅以资本流动与重点货物，包括上述三个维度下的156个基础指标	—
东盟国家海洋指数	东盟9个沿海国家	包括海洋潜力指数、海洋产业指数和海洋成效指数	Evers H. D. & Karim A.
东盟国家海洋经济发展潜力指标	东盟9个沿海国家	以Evers H. D. & Karim A. 的海洋指数为基础，共5大类26个指标	杨程玲

---

① H. S. Huh and C. Y. Park（2017）."Asia-Pacific Regional Integration Index：Construction，Interpretation，and Comparison." *ADB Economics Working Paper*，No. 511.

指标名称	研究对象	指标简介	作者
中国和东盟海洋产业综合实力评价指标	东盟9个沿海国家	包括发展条件、经济环境及产业成果3个维度,共计21个二级指标	张越,陈秀莲
五国三省海洋经济竞争力评价指标	东盟5国及广东、广西和海南3省	包括基础条件、发展环境和业绩表现3个维度,共计23个二级指标	李锋,徐兆梨

资料来源:根据刘大海、于莹、安晨星《21世纪海上丝绸之路合作评价体系构建与应用——基于中国与海丝路沿线国家指数分析》,《南海学刊》2019年第2期;H. D. Evers and A. Karim (2011). "The Maritime Potential of ASEAN Economies." *Journal of Current Southeast Asian Affairs*, Vol. 30, No. 1;杨程玲《产业视角下东盟海洋经济发展潜力研究》,厦门大学南洋研究院,2018;张越、陈秀莲《中国与东盟国家海洋产业合作研究》,《亚太经济》2018年第2期;李锋、徐兆梨《环南海五国三省区海洋经济竞争力评价与合作策略》,《湖南科技大学学报》(社会科学版)2015年第5期编制。

进一步观测以上指数可以发现,6个指标中仅有前两个将海洋合作作为研究内容,后面四个均以各国的单边指标为基础,旨在对比中国和东盟各国的海洋经济的竞争能力和发展潜力。在前两个指标中,海上贸易互联互通指数侧重评估13个样本国、78个双边贸易组合的海上互通程度,通过对比任意两国间海上贸易的紧密度和依赖度,识别出区域贸易的主导国;海丝国家海洋合作指数则立足"五通"理论框架(政策沟通、设施联通、经贸畅通、资金融通和民心相通),衡量中国与共建"海上丝绸之路"国家在海洋政治、经济、社会、科技等多个领域的合作水平,因此,其体系中不仅包括与海洋产业直接相关的指标,如双边海运联通指数等,还包含一些间接辅助性指标,如互联网普及程度、进出口产品占比和资本流入比重等。由此可知,目前的研究中还没有专门的以中国与东盟国家为主体,只针对海洋经济领域的指标体系。

本报告拟建立的中国—东盟海洋经济合作指数,围绕双方合作中的核心海洋产业展开,并以此为基础设置底层指标。与东亚海上贸易互通指数相比,本指标衡量的重点除了贸易方面,还涉及制度合作、投资合作和人文交流等多个方面;与海丝国家海洋合作指数等综合性指标相比,本文聚焦于海洋经济中的产业合作,较少采用涉及整体经济的全局性指标。最后,本文采用了面板熵值法作为合成方法,力求能够客观而系统地展现中国—东盟国家的海洋经济合作现状。

三　评价指标体系的构建

（一）指标体系构建的原则

在指标体系的构建中，本报告主要遵循以下三个基本原则：一是根植于中国与东盟国家海洋合作的客观现实，以中国与东盟国家之间合作程度最深的海洋产业的数据为基础设置底层指标；二是确保涉及的产业合作数据在不同国家之间具有统一的统计口径；三是保证指标体系用到的数据具有可得性和准确性。

（二）具体指标项目

基于以上原则，本报告设计的评分系统包含 4 项一级指标、15 项二级指标和 21 项三级指标，其中一级指标包括制度建设、贸易往来、投资共赢和人文交流四个方面。具体而言，制度建设部分细分为多边合作和双边合作，贸易往来涵盖货物贸易和服务贸易，投资共赢覆盖目前中国对东盟国家海洋相关投资中比重最高的产业，人文交流包含地方政府、科研机构和新闻媒体的涉海领域的互动。

1. 制度建设指标

制度合作是海洋合作的重要保障，为双方开展合作提供了基础与平台。因此，本报告将制度建设指标作为体系中的第一个维度，用以衡量中国与东盟国家之间的海洋合作在制度层面上的亲疏程度。在多边合作中，一国决定签订多边条约或加入国际组织均是出于利益的考量，合作的达成都以最大化各方利益为前提，因此，两国在国际事务中重合的领域越多，越能代表它们在基础原则和执行方式上的一致性与互通性。[①] 基于此，本报告统计了中国与东盟国家共同参与的多边涉海条约和国际海洋组织的数量，作为衡量双方多边制度合作

---

① R. O. Keohane（2005）. *After Hegemony*：*Cooperation and Discord in the World Political Economy*. Princeton University Press.

紧密程度的依据。双边合作包括了中国与东盟国家签署的条约数量及中国与东盟各国间的正式访问和涉海事项的高层访问的次数两个指标,前者是海洋合作制度约束的直接体现,后者则是中国与东盟各国良好政治关系的具体体现,也是双方合作关系进一步深化的风向标,二者共同衡量了中国与东盟国家的双边制度合作紧密程度。

2. 贸易往来指标

商品贸易是海洋合作的重要领域,能够充分体现各国的要素禀赋优势和资源开发能力。然而,目前无论是学术界还是实务界对于哪些贸易产品归属于海洋贸易尚未形成统一的标准,这就使得国家之间贸易数据的横向比较面临困难。在此背景下,本报告采用了多种标准相互结合的方式对中国与东盟国家的海洋产品贸易进行测算。首先,对于货物贸易,联合国贸发会议(UNCTAD)在其提供的分类标准中将4类最具贸易潜力的海洋产业与海关编码进行了对接,该指标具有权威性和可操作性。[1] 参照该体系,笔者界定了海洋渔业和海洋船舶业的贸易范围,确认了中国与东盟国家间的贸易流量。但是,由于联合国贸发会议的统计标准中未包含海洋油气业,笔者通过参照东盟经济共同体海洋事务和渔业部专家 Suhana Nana 的核算方法确认了海洋油气业的贸易流量。在评价指标的设计上,笔者采用由 Kojima(1964)修订与完善的贸易强度指数[2],来衡量中国与东盟国家间贸易联系的强弱。[3]

对于海洋服务贸易,虽然联合国贸发会议(UNCTAD)给出了产业定义和分类标准,但是各国双边服务贸易数据缺失严重,因此在实际中很难进行

---

① UNCTAD (2018). "UNCTAD's Sector Definition, Indicators and Data Source for Oceans Based Sectors for the Oceans Economy and Trade Strategies Project." *DRAFT Working Document*, No. 25.

② K. Kojima (1964). "The Pattern of International Trade Among Advanced Countries." *Hitotsubashi Journal of Economics*, Vol. 5, No. 1. pp. 16–36.

③ 该指标可分为出口贸易强度指数和进口贸易强度指数,其中出口贸易强度的计算公式为 $TI = (X_{ij}/X_i) / (M_j / (M_w - M_i))$,其中 X_{ij} 为 i 国对 j 国的出口额,X_i 为 i 国的出口总额,M_j 为 j 国的进口总额,M_w 为世界进口总额,M_i 为 i 国的进口总额。与之相类似,将公式中的进口和出口进行互换,即可得到进口贸易强度指数。本报告采用出口贸易强度指数和进口贸易强度指数的平均值,反映总体贸易强度。如果该指标大于1,说明两国的贸易联系相对紧密;如果该指标小于1,说明两国的贸易联系相对松散。

数据核算。基于此，本文采用旅游贸易依赖度指数和班轮运输连通性指数（LSCI），间接测度中国与东盟国家的海洋服务贸易水平。其中，旅游贸易依赖度指数以各国出入境旅客数量为基础，量化了客源国对于东道国国际旅游业的重要性。由于东盟多数国家的旅游目的地都集中在滨海城市①，该指标可以反映中国与东盟国家在滨海旅游方面的合作状况。班轮运输连通性指数是通过对 6 个海运贸易核心指标进行加权平均而得到的用以衡量国家间海运联系强度和密度的综合性指标。② 该指数由联合国贸发会议（UNCTAD）发布，被广泛应用于海运贸易的学术研究中，具有较强的代表性和权威性。

3. 投资共赢指标

对外投资是中国与东盟海洋经济合作的重要领域，是双方在海洋经济领域进行深度互动的直观反映。随着中国企业"走出去"战略的推进，中国在海洋工程、海洋油气开采、滨海旅游、海洋航运等重点领域，对东盟国家的投资不断增加。然而，由于在国际组织和各国统计局的数据中，均缺少分产业的双边投资数据，且各国对外投资的统计口径存在差异，衡量中国与东盟国家的海洋投资水平存在困难。为了解决该问题，本报告以海洋关键产业中的每一笔投资项为基础，通过提取项目数量和投资金额来衡量双方有效合作水平。其中，中国与东盟共同投资建造的海工管道、海上平台和海洋油气田的数据均来自于克拉克森（Clarksons）数据库，前两者的存量数据可以反映双方在海洋工程领域的合作程度，最后一个指标统计了中国在东盟国家具有油气权益的海洋油气田数量，能够充分反映双方在海洋油气领域的合作水平。对于滨海旅游业和航运业，笔者计算了中国对东盟各国的投资存量，这部分数据来自美国传统基金会（Heritage Foundation）的"中国全球投资跟踪"数据集。此外，港口投资也是中国对外投资的重要方向，但官方统计

---

① 印尼的著名旅游景区大多位于滨海城市，马来西亚的十大旅游景点以位于沿海地区居多，菲律宾 25 个最大的旅游景点中有 18 个分布在临海地区，泰国滨海旅游业收入占旅游业总收入的近 1/3，越南沿海旅游资源数和滨海游客数分别超过全国总量的 70%。

② 班轮运输连通性指数底层的 6 个核心海运指标包括当年挂靠该国港口的班轮船舶数目、挂靠船舶总运力、挂靠的班轮公司数目、班轮服务航线数目、挂靠的船舶平均规模，以及挂靠的最大船舶规模。

中并未给出具体的信息，因此笔者借用了李祜梅等发布的《中国40年海外港口项目数据集（1979~2019）》,[1] 对历年中国参与投资的东盟国家港口个数进行统计，以此衡量双方港口领域的合作水平。

4. 人文交流指标

人文交流是中国与东盟国家开展海洋经济合作的社会基础，是推动双方海洋经济合作深化发展的重要保障。在中国与东盟国家的人文交流中，地方政府、科研机构、新闻媒体均是重要主体，它们对各国民众的海洋感知具有引导作用。在对中国与东盟国家人文交流合作程度进行测度时，笔者选取了滨海友好城市数量、友好港数量、共同发表海洋学术论文数量和涉海事件的媒体舆论导向指数四个指标。建立友好城市和友好港是双方加强人文交流的新型外交形式，旨在通过各城市和港口间的联谊活动促进文化合作，因此，友好城市数量和友好港数量反映了双方对人文交流的重视程度。对于滨海友好城市数量，以中国国际交好城市联合会的数据为基础，筛选出中国和东盟国家建立友好关系的滨海城市，然后统计历年累计数量。[2] 对于友好港数量，以《中国港口年鉴》统计的数据为基础，辅以中国各港口港务局的相关信息，统计双方建立友好关系的港口个数。对于共同发表海洋学术论文数量，笔者从 Web of Science 数据库中检索出双方合作发表的海洋科技论文，以其数量作为衡量双方海洋科技领域合作水平的指标。媒体报道涉海事件能发挥舆论引导作用，涉海合作事件被报道的数量越多和频率越高，态度越积极正面，两国越容易开展合作。参照 Abb 和 Pascal（2015）对媒体新闻数据的量化研究，笔者利用全球事件、语言和语调数据库（GDELT）中的媒体数据合成涉海事件的媒体舆论导向指数。[3] 具体而言，根据 GDELT 提供的

① 李祜梅、邬明权、牛铮、贾战海：《中国在海外建设的港口项目数据分析》，《全球变化数据学报（中英文）》2019年第3期。

② 根据《中国海洋统计年鉴（2017）》对于沿海城市的定义，沿海城市是指有海岸线的直辖市和地级市（包括其下属的全部区、县和县级市），中国沿海城市数量合计55个。东盟国家沿海城市根据东盟各国国家统计局提出的概念进行认定。

③ P. Abb and G. Pascal（2015）. "Regional Linkages and Global Policy Alignment: The Case of China-Southeast Asia Relations." *Social Science Electronic Publishing*, Vol. 51, No. 5. pp. 563-565.

数据信息，筛选出中国与东盟国家的海洋新闻数据，然后计算出双边年化平均Goldstein 得分。该指数在-10 到 10 之间变动，数值越大表明双方媒体报道的海洋合作新闻越多（见表 2）。

表 2　中国—东盟海洋经济合作指数指标体系

一级指标	二级指标	三级指标	指标来源
制度建设	多边合作	共同签署的涉海多边条约数量	联合国条约数据库
		共同参与的国际海洋组织数量	CRGG 数据库
	双边合作	双方签署的海洋双边条约数量	外交部条约数据库
		正式访问和涉海事项高层访问次数	中国外交/中国海洋年鉴
贸易往来	海洋渔业	海洋渔业产品的贸易强度指数	联合国商品贸易数据库
		海鲜加工产品的贸易强度指数	联合国商品贸易数据库
		蓝色生物产品的贸易强度指数	联合国商品贸易数据库
	海洋船舶业	海洋船舶产品的贸易强度指数	联合国商品贸易数据库
	海洋油气业	油气产品贸易强度指数	联合国商品贸易数据库
	滨海旅游业	滨海旅游贸易依赖度指数	世界旅游组织
	海洋运输业	班轮运输连通性指数	联合国贸发会议
投资共赢	海洋工程	双方合作的海上平台数量	克拉克森数据库
		双方合作的海工管道数量	克拉克森数据库
	海洋油气	双方合作的海洋油气田数量	克拉克森数据库
	滨海旅游	旅游业累计对外投资价值	美国传统基金会
	海洋运输	航运业累计对外投资价值	美国传统基金会
		累计对外投资的港口数量	李祜梅等（2019）
人文交流	友好城市	建立友好关系的滨海城市数量	中国国际交好城市联合会
	友好港口	建立友好关系的港口数量	中国港口年鉴
	科技合作	共同发表海洋学术论文数量	Web of science
	媒体态度	涉海事件的媒体舆论导向指数	GDELT 数据库

（三）指标合成方法

基础指标筛选完成后，接下来就是对指标体系中的各个组成部分分配权重。一般而言，指标的权重选取方法包括：AHP 层次分析法、熵权法、模糊综合评价法、灰色关联法、TOPISIS、CRITIC 权重法、独立性权重法、信息量权重法、熵权 TOPISIS 等。其中，大部分方法的构建基于人的主观认知，因此

具有某种程度的随意性。相比之下，熵权法是指某项指标基于数据本身的熵值获得权重，故具有更强的客观性。因此，笔者选取面板熵权法作为分配权重的主要方法。

在信息评价中可以使用"熵"来判断某个指标的离散程度，从而给指标赋予权重。当评价对象在某项指标上的离散程度较高时，熵值较小，该指标能够提供的有效信息量较大，对应权重也应较大；反之，熵值越大，对应的权重便越小。当某项指标值离散程度一致时，熵值达到最大，该指标则失去了意义，一般可将其从评价指标体系中去除。熵权法是一种客观的赋权方法。在海洋经济发展水平综合评价中，通过对"熵"的计算确定权重，就是指根据各项衡量指标值的差异程度，确定各指标的权重，具体方法描述如下：

1. 指标选取

假设样本中有 r 个年份、n 个对象、m 个指标，则 $x_{\alpha ij}$ 为第 α 年国家 i 的第 j 个指标值。

2. 指标标准化处理

为了消除不同量纲和单位的影响，需要对指标值进行标准化处理。由于本研究中均为正向指标，因此标准化公式为

$$Z_{\alpha ij} = \frac{x_{\alpha ij} - x_{min}}{x_{max} - x_{min}}$$

其中，x_{min} 和 x_{max} 分别代表指标 j 的最小值和最大值，$x_{\alpha ij}$ 代表标准化处理前的值，$Z_{\alpha ij}$ 代表标准化后的值。

3. 指标的归一化处理

$$P_{\alpha ij} = \frac{Z_{\alpha ij}}{\sum_{\alpha = 1}^{m} \sum_{i = 1}^{n} Z_{\alpha ij}}$$

4. 计算指标熵值

$$E_j = - k \sum_{\alpha = 1}^{m} \sum_{i = 1}^{n} P_{\alpha ij} ln P_{\alpha ij}$$

其中，$k = 1/ln$（r×m）。

5. 计算各项指标的熵值冗余度

$$D_j = 1 - E_j$$

6. 计算指标权重

$$W_j = D_j / \sum_{j=1}^{n} D_j$$

7. 计算上级指数得分

$$C_{\alpha i} = P_{\alpha ij} \times W_j$$

四 结果分析与研究发现

根据上述评价体系，本报告对 2015～2019 年中国与东盟国家海洋合作程度进行全面测评，相关结果显示如下。

（一）双方平均合作程度在波动中上升，国家间存在较大差异

图 1 展示了 2015～2019 年中国—东盟海洋经济合作指数的总体得分情况。从时间序列上观测双方总体合作水平，东盟 9 国与中国的平均海洋合作指数由 2015 年的 0.28 上升到 2019 年的 0.38，连续五年保持持续增长的态势，说明双方合作良好；具体到国家层面，9 个国家中在样本观测期内与中国海洋合作增长最快的是马来西亚、缅甸、文莱、印尼，其海洋合作指数增长幅度大于 0.1；菲律宾、柬埔寨、泰国的指数增长幅度大于 0，但小于 0.1；新加坡和越南的指数出现极微弱的下降，降幅低于 0.025。

进一步横向对比中国与东盟各国的双边合作指数，可以看出得分最高的是印尼和马来西亚，样本期内平均分值分别为 0.75 和 0.56，明显高于其他国家；排在第二梯队的是新加坡和越南，两个国家样本期内平均分值分别为 0.39 和 0.30；第三梯队包括泰国、菲律宾和缅甸，样本期内平均分值分别为 0.25、0.23 和 0.21；排在最后两位的是柬埔寨和文莱，样本期内平均分值分别为 0.18 和 0.15（见图 1）。

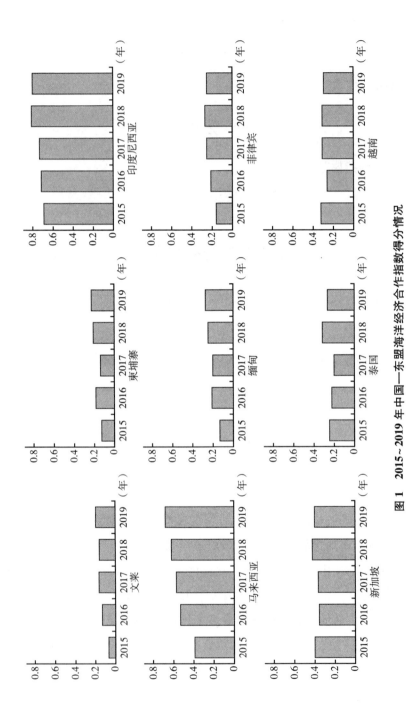

图 1 2015~2019 年中国—东盟海洋经济合作指数得分情况

将纵向与横向结合起来看，通过对比样本期内的年度离散系数可以看出，中国与各对象国之间合作水平的差异有逐渐缩窄的趋势，该系数由2015年的0.68降至0.57。造成这一情况的主要原因是，原本得分较高的国家，如印尼和新加坡近年来与中国的海洋合作基本保持稳定，而马来西亚、文莱、菲律宾等国与中国的合作不断改善、持续加深。纵观全局，中国与东盟国家海洋合作布局与之前相比更加均衡。

（二）双边海洋制度环境保持稳定，务实合作发展较快

综合指数由四个子指标构成，分别衡量了双方在制度、贸易、投资和人文领域的合作水平，四个指标分数的差异体现了中国与东盟国家海洋合作的侧重点。2015~2019年，中国与东盟国家在海洋制度合作领域的平均分为0.45，且五年间变化幅度不大，表明双方海洋合作的制度环境较为稳定；贸易合作领域的平均得分为0.21，由初期的0.19略微提升至终期的0.22，表明双方海洋贸易合作稳中有进；投资合作领域的平均得分为0.19，在此期间由0.15大幅提高为0.22，表明在"一带一路"倡议的引导下，双方海洋投资合作发展较快；人文交流领域的平均得分为0.21，在五年间由0.23增长为0.35，表明双方的海洋合作具有稳固的社会基础。相较于制度合作，贸易、投资和人文合作水平均有较为明显的提升，反映了双方的海洋合作由制度层面向实务层面下沉，未来双方海洋合作具有广阔的发展空间。

图2展示了2015~2019年中国—东盟海洋经济合作指数分项平均得分。从国家层面来看，制度合作方面，印尼和越南得分最高，表现最为突出；贸易合作方面，新加坡表现最为亮眼；投资合作方面，印尼存在压倒性的优势；人文交流方面，马来西亚和印尼表现最佳。制度合作方面，截至2020年，中国同东盟国家一共签署了32份涉海条约，其中与印尼签署的条约数量最多，共计16份，马来西亚14份，越南和菲律宾都是13份，新加坡、泰国各12份，其他国家都在10份以下，这些条约主要关于海运协定、渔业合作和船舶证书等方面；在参加的国际海洋组织数量方面，中国与菲律宾、印尼和马来西亚共同参与的组织数量较多，而缅甸、文莱和柬埔寨本身参与的组织数量相对有限，因此与

中国的合作也较少；在高层访问方面，中国与东盟国家均保持了密切的联系，正式访问和涉海事项高层访问频次分布较为均匀；在人文交流方面，中国与印尼和越南建立的滨海友好城市数量最多，截止到2019年分别为12和11个，其中广西作为临近东盟的省份，其城市与上述两国的城市建立友好关系的数量最多；中国与马来西亚建立的友好港口数量最多，主要受益于双方于2015年主张组建港口联盟，以巴生港为代表的港口积极开展港口外交；在海洋科技合作方面，中国与新加坡和马来西亚合作发表论文数量最多，这源于中国与这两国较广泛的教育合作和科技合作；在媒体舆论导向指数方面，中国与东盟国家的新闻报道以正面信息为主，发布的合作事件多于冲突事件。

（三）海洋经济合作中贸易合作仍是重点，投资合作有待发展

在贸易合作方面，以贸易强度指数衡量双方货物贸易的合作水平，用滨海旅游贸易依赖度指数和班轮运输连通性指数衡量双方服务贸易的合作水平。在货物贸易方面，中国与东盟国家海洋渔业和海洋油气业的贸易强度指数均值大于1，且在样本期内逐步提高，表明双方的贸易合作相对紧密。具体而言，双方海洋渔业产品的贸易强度指数均值为3.34，海鲜加工产品的贸易强度指数均值为1.15，蓝色生物产品的贸易强度指数均值为1.59，海洋油气业的贸易强度指数均值为2.07。相比之下，双方海洋船舶工业的贸易强度指数均值仅为0.62，且在样本期内由0.50下滑至0.42，表明双方的贸易合作有下降的趋势。在服务贸易方面，双方的滨海旅游贸易依赖度指数均值在样本期内由1.14提高到1.22，班轮运输连通性指数由0.35提高到0.39，表明双方的服务贸易合作水平稳步提高。

从国别来看，中国与渔业资源丰富的东盟国家保持较高的合作水平，包括马来西亚、印尼、菲律宾和泰国。在海洋油气领域，双方的出口贸易强度指数均值大于进口贸易强度指数均值，表明中国从东盟国家进口油气产品的数量相对有限，这与东盟国家油气产量下降和自身需求提高等因素有关。中国在东盟船舶市场中的表现不佳，这是因为传统造船国家韩国和日本在本区域仍具有较大竞争优势，而且新兴造船国家越南和菲律宾也迅速崛起，因而在东盟国家中，

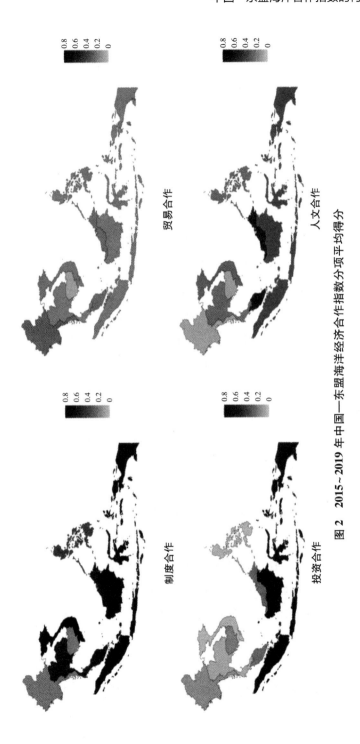

图 2 2015~2019 年中国—东盟海洋经济合作指数分项平均得分

中国仅与泰国、文莱、缅甸、新加坡的合作较为密切。中国与东盟国家在滨海旅游业上的合作稳步向好，其中缅甸、越南、柬埔寨和泰国成为重要的合作伙伴。在海洋运输领域，中国和东盟国家在过去几年中合作开展了大量的基础设施建设，显著提高了双边互联互通水平，中国与新加坡、马来西亚、越南、泰国和印尼的连通性较好。

与贸易合作相比，中国与东盟国家的投资合作仍处于初级阶段，合作项目相对有限。在海洋工程领域，中国与印尼合作铺设了大量海洋工程管道，但与其他国家的合作项目比较稀少，中国在文莱参与修建了 16 个海上平台，同时与缅甸、泰国、印尼和马来西亚也有零星合作。在海洋油气领域，中海油公司是中国对外油气投资的龙头企业，在东盟国家中拥有大量的海洋油气权益。其中，就活跃和在建的海洋油气田而言，2019 年中国在印尼共拥有 41 个活跃油气田的部分权益，此外在新加坡、菲律宾和缅甸也有少数投资合作项目。在旅游领域，中国的投资主要集中于柬埔寨、老挝和菲律宾，2019 年三国吸引的中国投资约占中国对外旅游投资存量的 9.23%。在海洋运输领域，东盟国家是中国航运投资的重点，在马来西亚、新加坡、缅甸、印尼和越南双方均有合作项目，2019 年上述国家吸引的中国投资约占中国对外航运投资的 13.34%。其中，港口建设是中国与东盟国家海洋经济合作的新领域，相关合作项目在东盟沿海 9 国均有分布，其中马来西亚和缅甸的项目数量最多。

五　结论与政策建议

中国与东盟的海洋经济合作由来已久，双方在长期互动中收获了累累硕果。本文研究结果表明：中国与东盟各国的海洋经济合作水平不断提高，但各国之间差异明显。其中，中国与印尼和马来西亚的合作水平最高，与越南和新加坡的合作水平次之，与柬埔寨、泰国和菲律宾的合作程度较低，与缅甸和文莱的合作滞后；就合作领域而言，中国与东盟在制度和人文合作上表现良好，但贸易和投资合作不如预期；在产业层面上，中国与东盟国家在海洋渔业和滨海旅游业上的合作较为紧密，油气开发和船舶建造方面则有待加强。为此，中国与东盟国家未来的海洋合作，应该从以下几个方面寻求进一步提升。

（一）推动海洋战略对接，共塑海洋命运共同体

海洋经济合作是沿海国家的共同行动，需要合作双方加强战略沟通和政策协调。中国政府提出的"21世纪海上丝绸之路"倡议，与东盟国家推出的海洋强国战略与政策相互契合，能够在现有的合作机制下实现战略对接。2019年4月，中国政府提出了"海洋命运共同体"的概念，主张海洋为全人类共同所有，各国政府应通过国际合作实现海洋繁荣等发展目标。在具体的实践中，中国政府应深入了解东盟国家的发展规划和合作需求，充分发挥本国在资金、技术、产能等方面的相对优势，助力东盟国家解决海洋互联互通等发展难题，与东盟国家共同打造区域海洋合作经济带。同时，双方应通过对话机制提高政治互信，修复海洋政治中的信任赤字，携手共建新型蓝色伙伴关系。

（二）提高海洋合作深度，构建区域海洋经济价值链

中国与东盟国家海洋经济合作虽然业绩斐然，但仍以贸易为主，在海洋投资方面，双方合作相对较少。中国对东盟的投资主要集中于少数几个国家，投资项目也主要分布于海洋渔业、滨海旅游业、海洋运输业等领域，海洋油气业和海洋工程领域的合作非常有限。基于此，在未来的合作过程中，中国和东盟双方应进一步拓宽海洋合作领域，提高海洋合作深度，建立全方位、多层次、宽领域的合作关系。具体而言，在第四次工业革命和全球价值链重构的时代背景下，双方可以加强人工智能和大数据技术在海洋经济领域的应用，推动海洋产业更新与升级；挖掘海洋关联产业的合作潜力，促进海洋产业国内价值链（NVC）与区域价值链（RVC）的嵌入与融合；充分利用中国—东盟海上合作基金、亚洲基础设施投资银行、"丝路基金"等项目，提高海洋产业的资金融通水平。

（三）创新海洋合作方式，打造海洋经济战略支点

中国与东盟国家目前的海洋合作以政府为主导，基本实现了海洋合作的制度化与常态化，但与多层级和系统化的标准仍有距离。在今后的合作过程中，中国应充分发挥沿海省份的地缘和区位优势，打造海洋合作的战略支点，调动更多的力量加入到这一合作进程中。多方力量的共同参与和合作方式的多样化可以更好地促进区域海洋科技发展、加强教育和文化交流，增进双方民众对海洋合作的认知和共识，为区域海洋合作奠定人文基础，助力中国与东盟建立和谐、稳定的蓝色伙伴关系。

（四）扩大海洋人文交流，增进海洋文明互学互鉴

中国与东盟国家海洋人文交流源远流长，海洋人文交流是双方海洋合作的民意基础。这包括：以"海丝路"发展史为切入点，与沿线国家合作举办海洋文化艺术节，加深民众对于对方海洋文化的认知；发挥华侨、华人和侨乡的连接作用，以闽南、潮汕文化等为索引，增进东盟国家民众对中国海洋文化的认同感；加强媒体之间的合作，充分利用好自媒体、短视频平台等现代信息传播手段，建立起传统媒体与个人媒介叠加补充的信息沟通方式，共建"海上丝绸之路"媒体朋友圈。

参考文献

Fujita Kayoko, Momoki Shiro, Anthony Reid (2013). *Offshore Asia: Maritime Interactions in Eastern Asia before Steamships.* Singapore: ISEAS.

Hans-Dieter Evers, Azhari Karim (2011). "*The Maritime Potential of ASEAN Economies.*" *Journal of Current Southeast Asian Affairs*, Vol. 1.

Mcilgorm A. (2016). "Ocean Economy Valuation Studies in the Asia-Pacific Region: Lessons for the Future International Use of National Accounts in the Blue Economy." *Journal of Ocean and Coastal Economics*, Vol. 2, No. 2.

Nazery Khalid, Margaret Ang, Zuliatini Md Joni (2009). "The Importance of the Maritime Sector in Socioeconomic Development: A Malaysian Perspective." *Tropical Coast*, Vol. 16, No. 1.

N. Khalid, M. Ang and Z. M. Joni (2009). "The Importance of the Maritime Sector in Socioeonomic Development: A Southeast Asian Perspective." *Tropical Coasts*, Vol. 16, No. 1.

PEMSEA (2018). "National State of Oceans and Coasts: Blue Economy Growth of China." *Quezon: Partnerships in Environmental Management for the Seas of East Asia.*

PEMSEA (2021). "Regional State of Ocean and Coasts 2021: The East Asian Seas Region." *Quezon: Partnerships in Environmental Management for the Seas of East Asia.*

Rikrik Rahadian (2009). "The Contribution of the Marine Economic Sectors to the Indonesian National Economy." *Tropical Coasts*, Vol. 16, No. 1.

A. V. Romulo, J. T. Raymundo, E. P. Edward, et al. (2009). "Measuring the Contribution of the Maritime Sector to the Philippine Economy." *Tropical Coast*, Vol. 16, No. 1.

A. H. Saharuddin (2001). "National Ocean Policy-new Opportunities for Malaysian Ocean development." *Marine Policy*, Vol. 25, No. 6.

Srisuda Jarayabhand (2009). "Contribution of the Marine Sector to Thailand's National Economy." *Tropical Coasts*, Vol. 16, No. 1.

附录一
东南亚发展统计[*]

表1 2022年东南亚10国的国土、人口与经济规模

	面积(平方公里)	人口(千人)	国内生产总值（百万美元）	人均国内生产总值（美元）
文莱	5765	445.4	16678	37445.9
柬埔寨	181004	16843.3	29611	1758.0
印尼	1916907	275719.9	1317259	4777.5
老挝	236800	7442.8	15049	2022.0
马来西亚	330411	32698.1	407085	12449.8
缅甸	676590	55770.2	62991	1129.5
菲律宾	300000	111572.3	404284	3623.5
新加坡	728	5637.0	466602	82774.6
泰国	513120	66090.0	495302	7494.4
越南	331340	99461.7	408804	4110.2
总计	4492701	671680.7	3623667	5394.9

资料来源：根据 *ASEAN Member States：Selected Basic Indicators 2022* 编制。

---

* 此部分由厦门大学图书馆杨玉花副研究馆员整理。

表 2　2012~2021 东南亚 10 国人口变化

单位：千人

	2012 年	2013 年	2014 年	2015 年	2016 年	2017 年	2018 年	2019 年	2020 年	2021 年
文莱	399.8	406.2	411.9	412.4	417.3	421.3	442.4	459.5	453.6	430.0
柬埔寨	14741.4	14676.6	14932.3	15191.7	15453.9	15717.7	15981.8	16078.7	16338.1	16592.1
印尼	245425.2	248818.1	252164.8	255587.9	258496.5	261355.5	264161.7	266911.9	270203.9	272248.4
老挝	6514.4	6644.0	6809.1	6671.7	6787.0	6900.8	7013.0	7123.2	7261.2	7337.8
马来西亚	29510.0	30213.7	30708.5	31186.1	31633.5	32022.5	32382.2	32523.0	32447.4	32576.3
缅甸	50667.0	51184.0	51991.0	52450.0	52917.0	53388.0	53863.0	54340.0	54817.9	55295.0
菲律宾	96510.9	98196.5	99880.3	101562.3	103242.9	104921.4	105755.2	107288.2	108667.0	110198.0
新加坡	5312.4	5399.2	5469.7	5535.0	5607.3	5612.3	5638.7	5703.6	5685.8	5453.6
泰国	66491.7	66754.6	67002.6	67236.0	67454.7	67653.2	67831.6	65557.1	65421.1	65213.0
越南	89202.9	90191.4	91203.8	92228.6	93250.7	94286.0	95385.2	96484.0	97582.7	98506.2
总计	604775.8	612484.3	620574.0	628061.7	635260.8	642278.6	648454.7	652469.0	658878.8	663850.3

资料来源：根据 ASEAN Statistical Yearbook 2022 数据编制。

表3 2012~2021年东南亚10国国内生产总值

单位：百万美元

	2012年	2013年	2014年	2015年	2016年	2017年	2018年	2019年	2020年	2021年
文莱	19049.6	18100.5	17102.6	12789.9	11411.4	12136.0	13556.0	13511.0	12003.2	13924.7
柬埔寨	14010.9	15442.9	16763.6	18091.1	19426.6	22251.8	24609.2	27103.7	25960.2	27164.7
印尼	874638.9	904691.9	889384.6	854953.1	930536.7	1014090.4	1040051.4	1121139.1	1059146.1	1185776.8
老挝	10192.5	11955.3	13274.1	14420.1	15893.3	16952.8	18095.7	18672.7	19037.4	19635.0
马来西亚	314895.1	322159.3	337455.7	298716.0	298970.8	321384.1	358356.4	364515.2	337761.9	372770.3
缅甸	60281.7	61862.6	66331.1	59795.3	64632.3	67268.3	76330.5	66499.8	70174.1	72862.6
菲律宾	262284.0	280771.9	297831.8	306465.0	318643.5	328831.2	344886.5	376792.7	361519.2	393612.2
新加坡	295083.8	307578.0	314849.5	309083.3	319179.0	343417.2	376663.0	376632.3	345220.9	394578.6
泰国	397764.0	420616.2	407303.5	401269.4	413324.0	456354.3	506614.4	544039.0	499581.2	505890.1
越南	155820.0	171219.3	186223.6	193628.4	205521.4	224042.9	241156.6	261779.2	271798.9	361962.1
总计	2404020.4	2514397.7	2546520.3	2469511.6	2597539.0	2806728.8	3000319.9	3170684.7	3002060.2	3348177.0

注：国内生产总值（GDP）按当前市场价计算。

资料来源：根据ASEAN Statistical Yearbook 2022数据编制。

表 4 2012~2021 年东南亚 10 国经济增长率

单位：%

	2012 年	2013 年	2014 年	2015 年	2016 年	2017 年	2018 年	2019 年	2020 年	2021 年
文莱	0.9	-2.1	-2.5	-0.4	-2.5	1.3	0.1	3.9	1.1	-1.6
柬埔寨	7.3	7.5	7.1	9.0	5.0	7.0	7.5	7.1	-3.1	3.0
印尼	6.3	5.6	5.0	4.9	5.0	5.1	5.2	5.0	-2.1	3.7
老挝	7.9	8.0	7.6	7.3	7.0	6.9	6.3	5.5	3.3	3.5
马来西亚	5.5	4.7	6.0	5.0	4.4	5.8	4.8	4.4	-5.6	3.1
缅甸	7.3	8.4	8.0	7.0	5.9	6.8	6.8	6.2	3.2	-5.9
菲律宾	6.9	6.8	6.3	6.3	7.1	6.9	6.3	6.1	-9.6	5.6
新加坡	4.1	5.1	3.9	2.2	3.6	4.7	3.7	1.1	-4.1	7.6
泰国	7.2	2.7	1.0	3.1	3.4	4.2	4.3	2.2	-6.2	1.5
越南	5.2	5.4	6.0	6.7	6.2	6.8	7.1	7.0	2.9	2.6
平均经济增长率	6.2	5.1	4.7	4.9	5.0	5.4	5.3	4.7	-3.2	3.4

资料来源：根据 ASEAN Statistical Yearbook 2022 数据编制。

表 5　2012~2021 年东南亚 10 国人均国内生产总值

单位：美元

	2012 年	2013 年	2014 年	2015 年	2016 年	2017 年	2018 年	2019 年	2020 年	2021 年
文莱	47647.8	44560.5	41521.3	31013.4	27348.7	28806.1	30642.1	29403.7	26462.1	32383.1
柬埔寨	950.4	1052.2	1122.6	1190.9	1257.1	1415.7	1539.8	1685.7	1588.9	1603.0
印尼	3563.8	3636.0	3527.0	3345.0	3599.8	3880.1	3937.2	4200.4	3919.8	4348.6
老挝	1564.6	1799.4	1949.5	2161.4	2341.7	2456.6	2580.3	2621.4	2621.8	2693.3
马来西亚	10670.8	10662.7	10989.0	9578.5	9451.1	10036.2	11066.5	11207.9	10361.6	11399.7
缅甸	1189.8	1208.6	1275.8	1140.0	1221.4	1260.0	1217.1	1223.8	1280.1	1314.4
菲律宾	2717.7	2859.3	2981.9	3017.5	3086.3	3134.1	3261.2	3512.0	3323.6	3552.5
新加坡	55546.2	56967.3	57562.5	55841.6	56922.2	61190.6	66799.9	66034.5	60716.3	72399.7
泰国	5982.2	6300.9	6078.9	5968.1	6127.4	6745.5	7468.7	8001.8	7333.0	7645.3
越南	1746.8	1898.4	2041.8	2102.7	2204.0	2376.2	2528.2	2713.2	2785.3	3674.4
总计	3975.1	4105.2	4103.5	3931.6	4088.9	4370.0	4626.9	4841.5	4536.0	5024.2

注：人均国内生产总值按当前市场价计算。

资料来源：根据 ASEAN Statistical Yearbook 2022 数据编制。

表6 2012~2021 年东南亚 10 国平均通货膨胀率

单位：%

	2012 年	2013 年	2014 年	2015 年	2016 年	2017 年	2018 年	2019 年	2020 年	2021 年
文莱	-5.9	0.4	-0.2	-0.4	-0.7	-0.2	0.1	-0.3	1.9	1.7
柬埔寨	2.9	2.9	3.9	1.3	3.0	2.2	2.5	1.9	2.9	2.9
印尼	4.3	7.0	8.4	6.4	3.5	3.6	3.2	3.0	0.5	1.6
老挝	4.3	6.4	4.2	1.3	1.6	0.8	2.0	3.3	5.1	3.8
马来西亚	1.7	2.1	4.2	2.1	2.1	3.7	0.9	0.7	-1.1	2.5
缅甸	2.8	5.7	5.5	10.8	7.0	4.5	6.9	8.8	3.9	6.2
菲律宾	3.2	2.9	4.2	1.4	1.8	3.2	5.3	2.4	2.4	3.9
新加坡	4.6	2.4	1.0	-0.5	-0.5	0.6	0.4	0.6	-0.2	2.3
泰国	3.0	2.2	1.9	-0.9	0.2	0.7	1.1	0.7	-0.8	1.2
越南	9.1	6.6	4.1	0.6	2.7	3.5	3.5	2.8	3.2	1.8

注：通货膨胀率以消费物价指数（CPI）衡量。

资料来源：根据 ASEAN Statistical Yearbook 2022 数据编制。

表 7 2012～2021 年东南亚 10 国政府财政赤字占 GDP 的比重

单位：%

	2012 年	2013 年	2014 年	2015 年	2016 年	2017 年	2018 年	2019 年	2020 年	2021 年
文莱	15.5	7.6	-1.0	-14.0	-21.7	-10.4	-3.6	-7.1	-17.1	-8.0
柬埔寨	—	—	-4.9	-4.7	-4.2	0.0	-5.1	5.3	-2.6	-5.3
印尼	-1.9	-2.2	-2.1	-1.8	-2.2	-2.7	-2.1	-1.7	-6.2	-4.6
老挝	-1.3	-4.3	-3.6	-5.9	-5.2	-5.6	-4.6	-5.0	-5.3	-5.7
马来西亚	-4.5	-3.9	0.1	-3.2	-3.1	-2.9	-3.7	-3.4	-3.5	-5.5
缅甸	—	—	—	—	—	—	—	-5.0	-4.9	-8.1
菲律宾	-2.3	-1.4	-0.6	-0.9	-2.4	-2.2	-3.2	-3.5	-7.6	-8.6
新加坡	1.6	1.3	0.1	-1.0	1.2	2.1	0.4	-0.7	-6.3	-0.9
泰国	-4.2	-1.9	-2.9	-2.9	-2.3	0.0	-2.5	-0.8	-6.1	-7.0
越南	—	—	—	—	—	—	—	-3.4	-5.8	-3.5

注："—"为暂缺。

资料来源：根据 ASEAN Statistical Yearbook 2022 数据编制。

表8 2019~2021年东南亚国家三次产业增加值结构的变化

单位：%

	2019 年			2020 年			2021 年		
	农业	工业	服务业	农业	工业	服务业	农业	工业	服务业
文莱	46.4	17.1	31.1	40.5	19.8	34.2	42.0	22.0	31.1
柬埔寨	22.8	32.2	38.8	25.3	31.9	36.6	26.1	33.6	34.2
印尼	20.0	31.7	44.2	20.1	31.8	44.4	22.3	30.9	42.8
老挝	21.7	25.8	41.5	21.1	28.6	39.7	20.4	29.6	38.1
马来西亚	15.9	28.8	54.2	15.0	29.2	54.8	17.6	29.8	51.6
缅甸	26.8	32.5	40.7	25.7	33.8	40.5	26.4	33.4	40.2
菲律宾	9.6	29.5	60.9	10.9	27.6	61.4	11.0	27.9	61.1
新加坡	0.0	24.1	60.8	0.0	23.6	61.2	0.0	24.9	59.3
泰国	10.6	31.2	58.3	10.8	31.2	58.1	10.7	32.6	56.7
越南	20.7	27.8	41.6	20.4	28.2	41.6	14.8	35.4	40.9

注：不包括东帝汶。

资料来源：根据 *ASEAN Statistical Yearbook 2022* 数据编制。

表9 1993~2021年东盟进出口贸易的变化

单位：亿美元

年份	东盟区内贸易		东盟区外贸易		东盟总贸易	
	出口额	进口额	出口额	进口额	出口额	进口额
1993	436.81	387.63	1629.56	1845.48	2066.37	2233.11
1994	585.72	469.12	1881.93	2203.30	2467.65	2672.42
1995	701.79	536.02	2265.18	2649.53	2966.97	3185.55
1996	809.74	642.11	2423.88	2863.95	3233.61	3506.06
1997	853.52	646.21	2573.18	2913.51	3426.70	3559.72
1998	693.13	516.05	2473.38	2078.52	3166.51	2594.57
1999	749.04	577.71	2669.08	2235.75	3418.12	2813.46
2000	933.80	734.66	3167.61	2723.91	4101.41	3458.57
2001	826.81	676.40	2876.75	2494.89	3703.56	3206.35
2002	867.07	732.02	2971.48	2549.11	3838.54	3299.63
2003	1003.19	758.80	3307.15	2840.10	4367.82	3636.56
2004	1200.69	1017.97	4055.67	3581.48	5517.39	4921.86
2005	1638.63	1410.31	4842.85	4357.12	6481.48	5767.43

续表

年份	东盟区内贸易		东盟区外贸易		东盟总贸易	
	出口额	进口额	出口额	进口额	出口额	进口额
2006	1892.54	1636.19	5616.53	4907.07	7509.07	6543.25
2007	2178.59	1853.65	6439.46	5668.15	8618.05	7521.80
2008	2513.18	2205.09	7279.18	7012.27	9792.36	9217.36
2009	2002.36	1767.43	6105.50	5502.67	8107.85	7270.10
2010	2643.98	2384.66	7846.45	7139.34	10490.43	9524.00
2011	3160.18	2669.20	9261.72	8892.18	12421.90	11561.38
2012	3280.24	2776.17	9296.85	9452.67	12577.08	12228.84
2013	3386.13	2791.38	9398.03	9755.14	12784.17	12546.53
2014	3302.09	2779.04	9637.78	9633.17	12939.88	12412.21
2015	2871.06	2482.74	8846.27	8528.54	11717.34	11011.28
2016	2778.96	2400.58	8757.12	8462.31	11536.09	10862.89
2017	3118.25	2772.91	10129.70	9692.14	13224.80	12465.05
2018	3445.07	3001.48	10915.43	10719.08	14360.50	13720.56
2019	3323.12	3002.92	10915.18	10923.09	14238.30	13926.02
2020	2981.11	2689.95	10986.36	10041.10	13967.47	12731.05
2021	3709.17	3398.59	13421.30	12872.16	17130.47	16270.75

资料来源：根据 ASEAN Statistical Yearbook 有关年份数据编制。

表10　2022年东南亚国家货物贸易和服务贸易数据及在世界中的排名

单位：亿美元，%

	世界排名	出口国	金额	比重	世界排名	进口国	金额	比重
货物贸易	16	新加坡	5160	2.1	16	新加坡	4760	1.9
	23	越南	3710	1.5	21	越南	3590	1.4
	25	马来西亚	3530	1.4	24	泰国	3030	1.2
	27	印尼	2920	1.2	25	马来西亚	2940	1.1
	28	泰国	2870	1.2	28	印尼	2370	0.9
	48	菲律宾	790	0.3	35	菲律宾	1440	0.6
		总计	18980	7.7		总计	18130	7.1

续表

世界排名	出口国	金额	比重	世界排名	进口国	金额	比重
服务贸易							
8	新加坡	2910	4.4	8	新加坡	1720	3.8
32	菲律宾	410	0.6	26	泰国	470	1.0
33	泰国	400	0.6	32	马来西亚	330	0.7
39	马来西亚	320	0.4	33	印尼	240	0.5
	总计	4040	6.0		总计	2760	6.0

注：仅包括货物贸易进入世界前 50 位、服务贸易进入世界前 40 位的东南亚国家。

资料来源：根据 *WTO World Trade Statistical Review 2023* 编制。

表 11　2021 年东南亚 10 国十大进出口贸易伙伴

出口			进口		
国家或地区	金额（百万美元）	比重（%）	国家或地区	金额（百万美元）	比重（%）
东盟区内	370917.1	21.7	中国内地	388441.9	23.9
中国内地	280758.6	16.4	东盟区内	339859.3	20.9
美国	255156.5	14.9	日本	126518.8	7.8
欧盟	152253.6	8.9	美国	120925.2	7.4
日本	113870.2	6.6	韩国	116565.2	7.2
中国香港	113715.3	6.6	欧盟	112403.1	6.9
韩国	68668.3	4.0	中国台湾	109300.1	6.7
印度	53810.1	3.1	印度	39133.1	2.4
中国台湾	51816.5	3.0	澳大利亚	37742.1	2.3
澳大利亚	42988.6	2.5	阿联酋	32493.3	2.0
总计	1503954.7	87.8	总计	1423382.4	87.5
出口总额	1713047.1	100.0	进口总额	1627075.0	100.0

注：东南亚 10 国不包括东帝汶。

资料来源：根据 *ASEAN Statistical Yearbook 2022* 编制。

表 12 2020～2021 年东南亚 10 国进出口贸易的十大商品及其比重

单位：%

	2020 年		2021 年	
出口	85 章 电机、电器、音像设备及其零附件	29.3	85 章 电机、电器、音像设备及其零附件	28.6
	84 章 核反应堆、锅炉、机械器具及零件	10.7	84 章 核反应堆、锅炉、机械器具及零件	10.5
	27 章 矿物燃料、矿物油及其产品：沥青等	7.3	27 章 矿物燃料、矿物油及其产品：沥青等	9.1
	71 章 珠宝、贵金属及制品；仿首饰；硬币	4.0	15 章 动、植物油、脂蜡；精制食用油脂	3.3
	90 章 光学、照相、医疗等设备及零附件	3.1	39 章 塑料及其制品	3.1
	39 章 塑料及其制品	3.0	40 章 橡胶及其制品	3.1
	87 章 车辆及其零附件，但铁道车辆除外	2.9	87 章 车辆及其零附件，但铁道车辆除外	3.1
	40 章 橡胶及其制品	2.9	90 章 光学、照相、医疗等设备及零附件	2.7
	15 章 动、植物油、脂蜡；精制食用油脂	2.6	72 章 钢铁	2.6
	61 章 针织或钩编的服装及衣着附件	1.9	71 章 珠宝、贵金属及制品；仿首饰；硬币	2.5
进口	85 章 电机、电器、音像设备及其零附件	27.9	85 章 电机、电器、音像设备及其零附件	30.1
	84 章 核反应堆、锅炉、机械器具及零件	12.1	84 章 核反应堆、锅炉、机械器具及零件	11.0
	27 章 矿物燃料、矿物油及其产品：沥青等	11.3	27 章 矿物燃料、矿物油及其产品：沥青等	9.6
	39 章 塑料及其制品	4.1	39 章 塑料及其制品	3.3
	71 章 珠宝、贵金属及制品；仿首饰；硬币	3.0	87 章 车辆及其零附件，但铁道车辆除外	3.2
	72 章 钢铁	3.0	90 章 光学、照相、医疗等设备及零附件	2.9
	90 章 光学、照相、医疗等设备及零附件	2.9	72 章 钢铁	2.7
	87 章 车辆及其零附件，但铁道车辆除外	2.9	71 章 珠宝、贵金属及制品；仿首饰；硬币	2.6
	29 章 有机化学品	1.9	29 章 有机化学品	2.0
	73 章 钢铁制品	1.8	38 章 化学品	1.5

注：根据 HS 编码两位数商品编制；东南亚 10 国不包括东帝汶。

资料来源：根据 *ASEAN Statistical Yearbook 2022* 编制。

表 13　1990~2022 年部分年份东南亚国家吸收的外商直接投资流入量

单位：百万美元

	1990 年	2000 年	2010 年	2020 年	2021 年	2022 年
文莱	7	550	481	577	205	−292
柬埔寨	—	149	1342	3625	3483	3579
印尼	1092	−4495	13771	18591	21131	21968
老挝	6	34	279	968	1072	528
马来西亚	2611	3788	9060	3160	12173	16940
缅甸	225	208	6669	1907	2067	1239
菲律宾	550	2240	1298	6822	11983	9200
新加坡	5575	15515	55076	72903	131151	141211
泰国	2575	3410	14568	−4951	14641	10034
东帝汶	—	—	29	−805	−755	262
越南	180	1298	8000	15800	15660	17900
总计	12821	22697	110572	135945	212812	222568

注："—"为暂缺。

资料来源：根据 UNCTAD World Investment Report 有关年份的数据编制。

表 14　1990~2022 年部分年份东南亚国家吸收的外商直接投资流入存量

单位：百万美元

	1990 年	2000 年	2010 年	2020 年	2021 年	2022 年
文莱	33	3868	4140	7589	7302	6798
柬埔寨	38	1580	9026	36903	41025	44537
印尼	8732	25060	160735	240477	253697	262920
老挝	13	588	1888	10899	12208	12736
马来西亚	10318	52747	101620	174123	187257	199206
缅甸	281	3752	14507	35960	37189	38427
菲律宾	4528	13762	25896	103193	111526	112965
新加坡	30468	110570	633354	1855370	2169538	2368396
泰国	8242	30944	142334	271827	296270	306163
东帝汶	—	—	155	468	1286	1495
越南	1650	14730	57004	176911	192571	210471
总计	64303	257603	1150659	2913722	3315869	3564115

注："—"为暂缺。

资料来源：根据 UNCTAD World Investment Report 有关年份的数据编制。

表15 2012~2021年东南亚10国吸收外国直接投资的主要来源地及金额

单位：百万美元

	2012年	2013年	2014年	2015年	2016年	2017年	2018年	2019年	2020年	2021年
东盟区内	23900.8	18464.2	22180.9	20819.3	264445.2	26862.8	22841.9	21734.7	22651.6	23533.6
其他地区	92873.5	102501.3	107933.6	97847.9	87026.8	127095.8	125148.4	153161.2	99637.4	155681.7
澳大利亚	741.1	2165.5	4032.1	1407.2	983.1	-1244.8	2092.7	1095.3	84.9	602.5
加拿大	3870.8	790.0	2239.7	1179.7	1898.7	1544.2	-38.4	4885.2	2826.8	3874.7
中国	7975.2	6165.2	6811.7	6571.8	9951.8	18048.3	12815.6	9421.4	7091.6	13829.1
欧盟	-2536.7	15718.5	28943.3	20373.01	31168.3	14867.4	29471.3	14724.1	18526.2	26531.3
印度	7040.7	1731.2	1163.5	1473.4	771.5	1512.2	528.5	1732.7	219.0	1982.5
日本	14852.8	24608.6	13436.1	12962.3	15524.1	15553.6	28128.8	23236.1	11788.9	11876.4
韩国	1278.5	4302.7	5257.2	5608.8	6672.0	5750.6	5529.6	8212.9	7571.3	7120.5
新西兰	-945.8	270.0	496.3	-58.3	331.5	146.5	-157.8	277.7	216.2	-0.4
俄罗斯	189.1	608.0	-113.5	-24.4	63.4	47.8	61.5	88.1	78.0	31.8
美国	18911.4	11457.9	21141.3	22912.5	12549.1	30627.8	-25815.6	38048.6	28645.6	40249.4
其他国家	41496.4	34683.8	24526.0	25441.9	7113.3	40242.1	72532.2	51439.1	22588.9	49783.9
总计	116774.3	120965.5	130114.5	118667.2	113472.0	153958.6	147990.4	174895.9	122288.9	179215.3

注：东南亚10国不包括东帝汶。
资料来源：根据 ASEAN Statistical Yearbook 2022 编制。

表 16　2015~2021 年东盟国家吸收的外商直接投资在各部门分布情况

单位：百万美元

	2015 年	2016 年	2017 年	2018 年	2019 年	2020 年	2021 年
农、林、渔业	5389.0	2683.3	4275.5	3731.9	2454.2	334.4	539.9
采矿业	6542.0	3921.4	2253.2	-6926.4	2082.1	1881.4	3549.4
制造业	28490.8	21341.3	31910.9	62459.4	48110.0	18991.7	46233.5
电力、燃气、热力等供应	2039.9	1047.3	7320.0	1399.5	1535.0	3941.3	6407.3
供水、污水、废物管理	-40.2	397.5	544.8	159.4	572.0	343.7	356.5
建筑业	249.4	1033.7	2040.7	3309.4	2737.4	-127.9	1247.5
批发零售业	10603.6	16683.2	14342.6	13560.9	22167.8	26002.1	24200.1
交通运输、仓储业	4327.4	330.7	682.7	-106.9	1205.0	5544.4	7158.0
住宿和餐饮业	238.0	1377.1	248.4	622.9	62.0	464.6	1579.2
信息和通信业	3510.0	2831.4	7134.4	4237.6	-964.0	1411.0	7447.0
金融和保险业	32141.4	38425.2	53534.4	34344.2	51742.5	46754.0	57409.5
房地产业	8865.5	10323.0	13019.5	13190.2	10923.9	7645.8	8296.2
专业、科学和技术服务	12171.2	4350.5	5944.1	5580.0	21247.0	4441.1	-181.4
行政及其服务	298.2	249.0	220.0	602.8	193.2	449.8	63.4
公共管理和社会保障	0.0	24.8	34.2	10.8	11.4	-54.8	-26.3
教育	1.4	65.2	96.5	51.2	303.1	·134.5	251.4
卫生与社会工作	127.0	-105.2	331.3	815.1	2320.3	-1.9	684.3
文化、体育和娱乐业	-14.9	727.2	46.9	670.0	58.3	-955.4	6.8
其他服务业	-234.5	2028.3	2868.9	2673.6	1752.5	-955.4	4876.5
其他	3961.8	5736.9	6909.5	7604.4	6382.2	5118.8	9116.4
总计	118667.2	113472.0	153958.6	147990.4	174895.9	122288.9	179215.3

资料来源：根据 *ASEAN Statistical Yearbook 2022* 编制。

表 17　2006~2021 年到访东南亚 10 国的游客人数

单位：千人次

年份	文莱	柬埔寨	印尼	老挝	马来西亚	缅甸	菲律宾	新加坡	泰国	越南	总计
2006	158	1700	4871	1215	18472	653	2688	9752	13822	3583	56914
2007	179	2015	5506	1624	20236	732	3092	10288	14464	4150	62285
2008	226	2125	6429	2005	22052	661	3139	10116	14597	4254	65605
2009	157	2162	6324	2008	23646	763	3017	9681	14150	3772	65680
2010	214	2508	7003	2513	24577	792	3521	11639	15936	5050	73753

续表

年份	文莱	柬埔寨	印尼	老挝	马来西亚	缅甸	菲律宾	新加坡	泰国	越南	总计
2011	242	2882	7650	2724	24714	816	3918	13171	19098	6014	81229
2012	209	3584	8044	3330	25033	1059	4273	14491	22354	6848	89225
2013	3279	4210	8802	3780	25716	2044	4681	15568	26547	7572	102199
2014	3886	4503	9435	4159	27437	3081	4833	15095	24780	7874	105084
2015	218	4775	10407	4684	25721	4681	5361	15232	29881	7944	108904
2016	219	5012	11519	4239	26757	2907	5967	16404	32530	10013	115566
2017	259	5602	14040	3869	25948	3443	6621	17425	35592	12922	125721
2018	278	6201	15810	4186	25832	3549	7128	18508	38178	15498	135170
2019	333	6611	16107	4791	26101	4364	8261	19114	39916	18009	143606
2020	62	1306	4053	886	4333	903	1483	2742	6702	3687	26158
2021	4	197	1558	—	135	131	164	330	428	4	2949

注："—"为暂缺。

资料来源：根据 *ASEAN Secretariat Database* 有关年份数据编制。

表18　2022年东南亚10国的各类自由贸易协定

	正在谈判中		已签署未生效	已签署并生效	总数
	已签署框架协定	谈判中			
文莱	0	1	0	11	13
柬埔寨	0	1	1	9	11
印尼	0	6	2	16	24
老挝	0	1	0	10	11
马来西亚	1	6	0	18	26
缅甸	1	2	0	8	11
菲律宾	0	3	0	10	13
新加坡	0	8	1	27	39
泰国	1	9	0	15	25
越南	0	3	0	15	19

注：（1）已签署框架协定：涉及各方签署框架性协议（FA），并以此作为未来谈判的框架；

（2）谈判中：有关各方通过有关部门宣布正式启动谈判或设定谈判日期，或已开始第一轮谈判；

（3）已签署未生效：有关各方完成谈判后签署了自由贸易协定，但协定未正式生效；

（4）已签署并生效：有关自由贸易协定获立法机构通过或行政机构审批同意，并开始生效。

资料来源：ADB Asia Regional Integration Center. http：//aric.adb.org/fta。

表 19 2022 年东南亚 10 国全球创新指数世界排名

	全球创新指数	制度	人力资本和研究	基础设施	市场成熟度	商业成熟度	知识和技术产出	创意产出
文莱	92	23	53	61	101	66	127	125
柬埔寨	97	87	99	103	44	117	101	104
印尼	75	71	90	68	36	92	78	72
老挝	112	103	111	118	57	104	122	114
马来西亚	36	34	38	51	26	41	3941	
缅甸	116	123	102	128	93	130	100	106
菲律宾	59	90	86	81	78	39	41	58
新加坡	7	1	7	11	4	2	13	21
泰国	43	78	71	54	27	43	43	49
越南	48	51	80	71	43	50	52	35

注：全球创新指数由制度子指数（包括政治环境、监管环境、商业环境）、人力资本和研究子指数（包括教育、高等教育、研究和开发）、基础设施子指数（包括信息通信技术、普通基础设施、生态可持续）、市场成熟度子指数（包括信贷，投资，贸易、竞争和市场规模）、商业成熟度子指数（包括知识型工人、创新关联、知识的吸收）、知识和技术产出子指数（包括知识的创造、知识的影响、知识的传播）、创意产出子指数（包括无形资产、创意产品和服务、网络创意）组成。

资料来源：根据 Cornell University，INSEAD，WIPO Global Innovation Index 2022 数据编制。

表 20 2011~2021 年东南亚 10 国城市人口比重

单位：%

	2012 年	2013 年	2014 年	2015 年	2016 年	2017 年	2018 年	2019 年	2020 年	2021 年
文莱	75.7	76.0	76.3	76.7	77.0	77.3	77.6	77.9	78.3	78.6
柬埔寨	21.5	22.0	22.5	23.0	23.5	24.0	24.5	39.4	39.1	39.3
印尼	51.3	52.0	52.6	53.3	54.0	54.7	55.35	6.0	56.6	57.3
老挝	31.3	31.9	32.5	33.1	33.7	34.4	35.0	35.6	36.3	36.9
马来西亚	72.4	73.0	73.6	74.3	74.8	75.2	75.6	76.2	75.1	77.7
缅甸	30.8	30.8	29.2	29.3	29.4	29.5	30.0	30.0	29.9	30.1
菲律宾	45.7	45.9	46.1	46.3	46.5	46.7	46.9	47.1	47.4	47.7
新加坡	100.0	100.0	100.0	100.0	100.0	100.0	100.0	100.0	100.0	100.0
泰国	45.4	46.2	46.9	47.7	48.4	49.2	49.9	50.7	51.4	52.2
越南	31.7	32.0	33.2	33.5	33.7	33.9	34.2	35.0	36.8	37.1
东盟	45.7	46.2	46.7	47.2	42.6	48.1	48.6	49.5	50.1	50.7

资料来源：根据 ASEAN Statistical Yearbook 2022 数据编制。

表 21　1980~2021 年部分年份东南亚国家人类发展指数

	1980 年	1985 年	1990 年	1995 年	2000 年	2005 年	2010 年	2015 年	2020 年	2021 年
文莱	0.750	0.760	0.784	0.807	0.818	0.838	0.843	0.865	0.838	0.829
柬埔寨	—	—	—	0.407	0.438	0.536	0.536	0.563	0.594	0.593
印尼	0.423	0.460	0.481	0.527	0.543	0.640	0.665	0.689	0.718	0.705
老挝	—	—	0.376	0.411	0.448	0.511	0.539	0.586	0.613	0.607
马来西亚	0.559	0.600	0.631	0.674	0.705	0.747	0.769	0.789	0.810	0.803
缅甸	0.279	0.307	0.298	0.340	0.380	0.472	0.520	0.556	0.583	0.585
菲律宾	0.550	0.552	0.571	0.586	0.602	0.638	0.654	0.682	0.718	0.699
新加坡	—	—	—	—	0.801	0.840	0.897	0.925	0.938	0.939
泰国	0.486	0.528	0.566	0.603	0.626	0.685	0.716	0.740	0.777	0.800
东帝汶	—	—	—	—	0.404	0.448	0.491	0.605	0.606	0.607
越南	—	—	0.435	0.486	0.528	0.598	0.653	0.683	0.704	0.703

　　注：人类发展指数（HDI）以预期寿命、受教育程度、人均 GDP（PPP）为衡量指标；2021 年，在全球 189 个国家和地区的人类发展指数排名中，文莱列第 51 位、柬埔寨列第 146 位、印尼列第 114 位、老挝列第 140 位、马来西亚列第 62 位、缅甸列第 149 位、菲律宾列第 116 位、新加坡列第 12 位、泰国列第 66 位、东帝汶列第 140 位、越南列第 115 位；"—"为暂缺。

　　资料来源：根据 UNDP International Human Development Indicators 有关年份的数据编制。

附录二
2022年东南亚大事记[*]

1月

· 1日，《区域全面经济伙伴关系协定》（RCEP）正式生效，文莱、柬埔寨、老挝、新加坡、泰国、越南等6个东盟成员国和中国、日本、新西兰、澳大利亚等4个非东盟成员国正式开始实施协定。

· 1日，《中华人民共和国政府和柬埔寨王国政府自由贸易协定》正式生效实施。

· 7~8日，柬埔寨首相洪森对缅甸进行访问，并与缅方发表联合声明。

· 8日，应越南总理范明政邀请，老挝总理潘坎·维帕万对越南进行为期3天的正式访问。两国政府签署了关于安全、边境管控、经济、银行、教育、医疗和电力等领域的8项合作文件。

· 17日，中国驻菲律宾大使馆和菲律宾中国了解协会通过线上方式联合举办第五届"中国—菲律宾马尼拉论坛"。论坛以"携手迈向未来，奏响中菲友好主旋律"为主题，中国国务委员兼外交部长王毅发表视频致辞。

· 19~20日，应柬埔寨副总理兼外交与国际合作部部长巴速坤邀请，越南外长裴青山对柬埔寨进行访问。

---

* 该部分由厦门大学东南亚研究中心副研究馆员张长虹整理。

·25日，新加坡总理李显龙和印度尼西亚总统佐科在印尼民丹岛举行新加坡—印尼领导人非正式峰会。

2月

·9~11日，应韩国外交部长郑义溶的邀请，越南外交部部长裴青山对韩国进行正式访问。

·10日，在印尼宣布购买42架法国"阵风"战机后，美国国务院又批准向印尼出售36架F-15EX战机。

·15日，马来西亚总理伊斯梅尔·萨布里访问文莱并与文莱苏丹哈桑纳尔举行会谈。

·17日，荷兰首相吕特就荷兰在20世纪40年代殖民统治时期对印度尼西亚系统性使用了"极端暴力"向印尼人民道歉。

·17日，东盟外交部长非正式会议在柬埔寨首都金边召开。

·24~26日，应新加坡总统哈莉玛·雅各布邀请，越南国家主席阮春福对新加坡进行国事访问。访问期间，两国发表了《关于加强战略伙伴关系和合作促进复苏的联合声明》，签署了28项合作文件及合同。

3月

·3日，缅甸中央银行正式宣布增加泰铢作为缅泰边境合法结算货币。

·14~24日，由新加坡、泰国和美国共同参加，代号为"天虎"（COPE TIGER）的大型空战联合军演在泰国举行。

·16日，第28届东盟经济部长非正式会议就东盟当前增进其内部经济合作达成了一系列共识。

·17日，由柬埔寨主办的第19届东盟国防力量司令会议在金边召开。

·20~24日，各国议会联盟第144届大会及其相关会议在印尼巴厘岛举行。

·21日，东盟缅甸问题特使、柬埔寨副首相兼外交大臣布拉索昆率团抵达缅甸首都内比都，这是布拉索昆作为新任东盟缅甸问题特使首次访问缅甸。

·21~30日，新加坡和泰国海军在马六甲海峡与安达曼海举行双边军事演习。

·28日，菲律宾和美国的"肩并肩"联合军演在吕宋岛举行，有近9000名军人参加了此次为期12天的军事演习，这是美菲规模最大的一次联合军演。

·28日，马来西亚、印度尼西亚和菲律宾国防部长召开三方合作协议（Trilateral Cooperation Agreement，简称TCA）国防部长级会议，宣布三国将加强多方机构协作，让TCA的范畴扩大至国防以外。

·28日，新加坡发布女性发展白皮书，通过5大方面提升女性地位。这是新加坡首次发布关于女性发展的白皮书。

·31日，中国国务委员兼外长王毅在安徽屯溪同来华访问的印尼外长蕾特诺举行会谈。

4月

·1日，印尼总统佐科在雅加达会见来访的马来西亚总理伊斯梅尔，双方随后举行了会谈。

·1~3日，中国国务委员兼外长王毅在安徽屯溪先后会见来华访问的缅甸外长温纳貌伦、泰国副总理兼外长敦、菲律宾外长洛钦。2022年是中泰建立全面战略合作伙伴关系十周年。

·9日，日本外务大臣林芳正和防卫大臣岸信夫与菲律宾外交部长特奥多罗·洛钦和国防部长德尔芬·洛伦扎纳在日本东京举行首次日菲"2+2"模式的安全会议。

·14日，新加坡总理李显龙发布声明称，该国财政部长黄循财获得内阁成员压倒性支持，被正式推选为新加坡执政党第四代领导团队新领导人。

·18~20 日,新西兰总理阿德恩对新加坡进行正式访问。访问期间,新加坡与新西兰政府签署可持续航空合作协议。

·23 日,柬埔寨首相洪森和日本首相岸田文雄在日本熊本市举行双边会晤,双方同意把两国关系提升为全面战略合作伙伴关系。

·26 日,中老铁路蓬洪站正式开通货运业务。

·29 日,日本首相岸田文雄对印尼进行正式访问,并与印尼总统佐科举行了会谈。

·30 日至 5 月 1 日,应越南总理范明政邀请,日本首相岸田文雄对越南进行正式访问。

5月

·1~2 日,日本首相岸田文雄对泰国进行正式访问。2 日,泰国总理巴育与岸田文雄举行会谈,会谈后双方签署了多项合作协议。本次对泰国的访问是岸田文雄当选日本首相后首次访泰,也是时隔 9 年后日本首相再次访泰。2022 年是泰国与日本建交 135 周年,泰国与日本建立战略伙伴关系 10 周年,同时也是东盟与日本建立友好合作关系 50 周年。

·2 日,若泽·拉莫斯·奥尔塔当选东帝汶总统。

·11~15 日,第 15 届东盟卫生部长会议在印尼巴厘岛举行。东盟成员国一致同意建立东盟公共卫生突发事件和新发疾病应急处理中心,检测、监测以及响应和风险管理将成为中心大流行病管理的三个支柱。

·11~17 日,越南总理范明政对美国进行工作访问。12~13 日,东盟—美国特别峰会在美国华盛顿特区举行。

·12~14 日,应越南国防部邀请,印尼国防部长普拉博沃·苏比安托率领国防部高级代表团对越南进行正式访问。13 日,越南国家主席阮春福会见了普拉博沃·苏比安托。

·12~23 日,第 31 届东南亚运动会在越南首都河内举行。

·18 日,由新加坡南洋理工大学和新加坡网络安全局建设的东南亚首个网络安全评估及认证一站式中心正式成立。

·18日，新加坡外长维文出访马来西亚，并在布城与马来西亚首相依斯迈沙比里和外长赛富丁会面。

·20日，由柬埔寨主持的2022年东盟经济部长特别会议在印度尼西亚巴厘岛举行。

·23日，美国拜登政府正式宣布启动"印太经济框架"（IPEF），新加坡、印尼为初始成员国。

·25日，菲律宾国会正式宣布小马科斯和莎拉当选为菲律宾第17任总统和第15任副总统。

·24~27日，新加坡总理李显龙对日本进行工作访问。26日，新加坡总理李显龙与日本首相岸田文雄会晤，两名领导人会后宣布建立日本—新加坡经济对话机制，加强双边经济关系。

6月

·1~2日，应泰国政府邀请，老挝总理潘坎·维帕万对泰国进行国事访问。老挝和泰国将两国关系提升为"可持续发展的战略伙伴关系"，这是两国建交72年来的一个重要里程碑。两国政府还签署了三份谅解备忘录，以深化合作。

·5~7日，澳大利亚新总理阿尔巴内塞对印度尼西亚进行访问。6日，阿尔巴内塞与印尼总统佐科举行双边会晤。

·5~14日，美国常务副国务卿舍曼在亚洲多国展开访问，行程包括韩国、菲律宾、老挝和越南。

·7日，文莱苏丹哈桑纳尔·博尔基亚宣布改组内阁，更换多名高官并任命首位女性部长。

·10~12日，第19届香格里拉对话会在新加坡举行。10日，新加坡国防部长黄永宏会见美国国防部长奥斯汀。

·13日，泰国总理兼防长巴育与美国防长奥斯汀会面，双方一致同意

在军事和安全领域进行全面合作，以巩固长期的泰美双边关系。

·14日，英国—新加坡数字经济协定正式生效，该协定有助于推动数字贸易的无缝衔接，促进可靠的数据流通。

·14~15日，德国总统施泰因迈尔对新加坡展开工作访问，新加坡副总理兼财政部长黄循财以代总理身份会见德国总统施泰因迈尔，双方就多个事项展开讨论。

·15~17日，德国总统施泰因迈尔对印尼进行国事访问。16日，印尼总统佐科与德国总统施泰因迈尔举行会谈，并纪念印尼与德国建交70周年。

·15~16日，东盟—印度特别外长会在印度新德里举行。会议同意进一步加强和深化东盟—印度互惠互利的战略伙伴关系。

·20日，第37届东盟—日本高官论坛举行，会议致力于促进贸易投资合作和保持地区生产供应链稳定。

·22日，第16届东盟国防部长会议在柬埔寨首都金边举行，会议通过了十国防长共同签署的联合声明并公开对外发布。

·26~30日，印尼总统佐科先后出访德国、乌克兰与俄罗斯，并出席七国集团峰会特别会议。

·29日，日本外务大臣林芳正访问菲律宾首都马尼拉，与菲律宾外长洛钦举行会谈。30日，菲律宾新总统费迪南德·罗慕尔德兹·马科斯在首都马尼拉正式宣誓就任菲律宾第17任总统。日本外务大臣林芳正出席了就职仪式，并与马科斯举行会谈。

7月

·3~14日，中国国务委员兼外交部长王毅赴缅甸主持澜湄合作第七次外长会，赴印尼出席二十国集团外长会，对泰国、菲律宾、印尼、马来西亚进行正式访问并主持召开中印尼高级别对话合作机制第二次会议，在广西南宁主持中越双边合作指导委员会第十四次会议、中柬政府间协调委员会第六次会议。4日，澜湄六国外长发表《关于在澜沧江—湄公河合作框架下深化文明交流互鉴的联合声明》。

·5日，中国科学院海洋研究所与印尼国家研究创新署地球科学与海洋学院签订框架合作协议，与印尼国家研究创新署海洋研究中心签订海洋牧场合作项目实施计划协议。

·9日，据印尼《国际日报》报道，《心理教育和服务法草案》已由印尼众议院全体会议通过，成为一项法律。

·19日，东帝汶总统奥尔塔访问印度尼西亚，并与印尼总统佐科举行会晤，双方加强了边境开发、经贸往来等方面的合作。

·20日，新加坡在国际民航组织（ICAO）位于加拿大蒙特利尔的总部提交了《北京公约》和《制止非法劫持航空器公约的补充议定书》（即《北京议定书》）两项国际公约加入书，两项国际公约于今年9月1日正式生效。

·24~26日，澳大利亚皇家海军司令哈蒙德（Mark Hammond）访问印尼，这是他首次出国访问。

·25~26日，应中国国家主席习近平邀请，印度尼西亚总统佐科访问中国。26日下午，习近平与佐科举行会谈，双方发表《中华人民共和国和印度尼西亚共和国两国元首会晤联合新闻声明》，并签署关于共同推进丝绸之路经济带和21世纪海上丝绸之路倡议与"全球海洋支点"构想有关合作的谅解备忘录，以及疫苗、绿色发展、网络安全、海洋等领域的合作文件。

·27~28日，印尼总统佐科对日本、韩国进行正式访问，先后与日本首相岸田文雄、韩国总统尹锡悦举行会谈。

·29日至8月5日，第55届东盟外长会议及相关会议在柬埔寨首都金边举行。

·30日，菲律宾南部恐怖组织阿布沙耶夫100名前成员向菲律宾政府投诚，在和乐岛和乐市宣誓效忠菲政府。

8月

·1~2日，美国众议院议长佩洛西访问新加坡、马来西亚。

·1～14 日，"超级神鹰盾牌"军演在印度尼西亚南苏门答腊和东婆罗洲举行。美国、加拿大、印尼、马来西亚、巴布亚新几内亚、东帝汶等 14 个国家和地区共 4000 多人参与这次军事演习。

·3～5 日，中国国务委员兼外长王毅出席在柬埔寨举行的中国—东盟（10+1）外长会、东盟与中日韩（10+3）外长会、东亚峰会外长会和东盟地区论坛外长会。

·9 日，印尼国防部长普拉博沃与马来西亚国防部长希沙慕丁在马来西亚—印度尼西亚边界委员会第 42 次会议期间，签署了一份旨在加强两国国防合作的谅解备忘录。今年是马印边界合作 50 周年。

·14～25 日，"鹰击—2022"中泰空军联合军事演习在泰国举行。

·15 日，缅甸原国务资政昂山素季所涉 4 起腐败案宣判，昂山素季再增 6 年刑期，累计刑期增加到 17 年。

·24～25 日，文莱苏丹哈桑纳尔·博尔基亚对新加坡进行国事访问。

·26 日，东盟突发公共卫生事件和新兴疾病中心（ACPHEED）秘书处在泰国首都曼谷正式成立。

9月

·5 日，菲律宾新任总统马科斯访问印度尼西亚并会见印尼总统佐科，此次访问重点是加强两个邻国之间的联合防御和反恐工作。这是马科斯上任以来首次出国访问。

·6～7 日，菲律宾总统马科斯对新加坡进行国事访问。两国发表有关加强伙伴关系的联合声明。

·15～16 日，东盟轮值主席国柬埔寨以线上方式举办东盟能源部长会议及相关会议。

·16 日，第十九届中国—东盟博览会和中国—东盟商务与投资峰会在广西南宁开幕，主题为"共享 RCEP 新机遇，助推中国—东盟自由贸易区 3.0 版"。

·20 日，印尼外长蕾特诺、澳大利亚外长黄英贤（Penny Wong）、东帝汶外长阿达尔吉萨·马尼奥（Adaljiza Magno）在美国纽约共同主持了印度尼西亚—澳大利亚—东帝汶三边外长会议。

·27日起，应新加坡总理李显龙邀请，老挝总理潘坎首次正式访问新加坡。28日，新加坡和老挝签署了有关能源合作，环境保护、气候变化和水资源管理合作，信息技术和数字技术合作，外交部合作四项谅解备忘录。

10月

·5日，马来西亚内阁已同意核准《全面与进步跨太平洋伙伴关系协定》（CPTPP）。11月29日，CPTPP在马来西亚正式生效。

·12日，第二届东盟女性领导人峰会在柬埔寨首都金边召开，会议以线下和线上两种形式进行。此次峰会主题为"建设一个更可持续、包容和有韧性的未来：开启东盟女性创业之路"。

·16~20日，应越南国家主席阮春福邀请，新加坡总统哈莉玛对越南进行国事访问。新越两国签署了四项谅解备忘录。

·18日，新加坡和澳大利亚宣布签署《新加坡—澳大利亚绿色经济协议》。这是全球首份绿色经济协议。

·18~20日，新加坡国际网络安全周活动开幕。越南公安部部长苏林分别与新加坡、美国和澳大利亚的高级安全官员举行了双边会晤，并出席第七届东盟网络安全部长级会议。

·28日，中国北部湾港—缅甸仰光直航海运航线成功开通。

·30日至11月2日，应中共中央总书记、国家主席习近平邀请，越共中央总书记阮富仲对中国进行正式访问。1日，新华社发布《关于进一步加强和深化中越全面战略合作伙伴关系的联合声明》。

11月

·8日，应柬埔寨王国首相洪森邀请，中国国务院总理李克强赴柬埔寨

出席第 25 次中国—东盟（10+1）领导人会议、第 25 次东盟与中日韩（10+3）领导人会议和第 17 届东亚峰会（EAS）并对柬埔寨进行正式访问。9 日下午，李克强总理同柬埔寨首相洪森举行会谈。李克强总理访问柬埔寨期间，与柬埔寨首相洪森共同见证了两国 18 项重要合作协议的签署。

·11~13 日，东盟峰会和东亚合作领导人系列会议在柬埔寨举行。11 日，第 25 次中国—东盟（10+1）领导人会议通过《关于加强中国—东盟共同的可持续发展联合声明》、《纪念〈南海各方行为宣言〉签署二十周年联合声明》《中国—东盟粮食安全合作联合声明》等成果文件。

·11 日，东盟各国领导人在第 40 届和第 41 届东盟峰会上宣布，东盟原则上同意接纳东帝汶为第 11 个成员国，并给予东帝汶观察员地位，允许东帝汶参加东盟所有会议。

·12 日，美国总统拜登抵达柬埔寨首都金边，出席美国—东盟峰会。会后，双方宣布美国与东盟关系升级为全面战略伙伴关系。

·13 日，第二届东盟全球对话会在柬埔寨首都金边召开。

·14~17 日，应印度尼西亚总统佐科邀请，中国国家主席习近平赴印尼巴厘岛出席二十国集团领导人第十七次峰会。16 日晚，中国国家主席习近平在巴厘岛同印度尼西亚总统佐科举行会谈。两国元首会谈后，共同见证了加强全面战略伙伴关系行动计划（2022~2026）、共建"一带一路"合作规划以及经贸合作、数字经济、职业教育、药用植物等领域合作文件的签署，并发表《中华人民共和国和印度尼西亚共和国联合声明》。

·15~16 日，新加坡国防数码防卫与情报军部队举行首届关键基础设施防御演习。

·17~19 日，应泰王国总理巴育邀请，中国国家主席习近平赴泰国曼谷出席亚太经合组织（APEC）第二十九次领导人非正式会议并对泰国进行访问。美国由副总统哈里斯参加亚太经合组织领导人非正式会议，这是2018 年以来 APEC 首次举行实体会议。19 日中午，中国国家主席习近平在曼谷总理府同泰国总理巴育举行会谈。

·20 日下午，在柬埔寨首都金边举行的第 43 届东盟议会联盟大会期间，越南国会主席王廷惠与柬埔寨国会主席韩桑林、老挝国会主席赛宋蓬·丰威汉，签署了柬老越三国国会主席的联合声明，宣布建立柬老越三国国会高层会议机制。

·21 日，新加坡与韩国签署《数字伙伴关系协定》。

·21 日起，美国国防部长劳埃德·奥斯汀对印度尼西亚和柬埔寨进行访问。

·23 日，新加坡、文莱、柬埔寨、印尼、马来西亚、缅甸、泰国和越南的网络安全专业协会在首届东南亚网络安全联盟会议上签署谅解备忘录，建立东南亚网络安全联盟伙伴关系。

·23 日，第九届东盟防长扩大会议在柬埔寨暹粒举行。来自东盟国家及 8 个"对话伙伴"——中国、美国、日本、韩国、印度、澳大利亚、新西兰、俄罗斯的国防部长或代表齐聚柬埔寨，就地区安全问题进行面对面讨论。

·23~25 日，应菲律宾众议院议长胡安·苏维里（Juan Miguel Zubiri）邀请，越南国会主席王廷惠率领越南国会高级代表团对菲律宾进行正式访问。这是 2022 年越南高层领导人首次对菲律宾进行正式访问，也是越南国会主席时隔 16 年首次正式访问菲律宾。菲律宾众议院通过了第 571 号决议，决定成立菲越友好议员小组。

·24 日，马来西亚希望联盟领袖安华在吉隆坡宣誓就职，成为马来西亚第十任总理。

·26 日，据《安塔拉通讯社》报道，印尼经济统筹部长艾尔朗加·哈尔达托（Airlangga Hartato）表示，以数字创业为重点的数字经济成为促进印尼经济增长的关键因素。

·28 日，"中国—东盟清洁能源能力建设计划 2022 交流项目"在中国北京和柬埔寨金边成功举办。

·28 日至 12 月 9 日，新加坡武装部队和美国海军陆战队在新加坡举行了代号"英勇标志"的双边联合军事演习。

·29 日，柬埔寨传统武术"斗狮拳"（Bokator）获得联合国教科文组

织正式批准，被列入人类非物质文化遗产代表作名录。

·29 日至 12 月 1 日，应中共中央总书记、国家主席习近平邀请，老挝人革党中央总书记、国家主席通伦对中国进行国事访问。访问结束后，中老共同发表《关于进一步深化中老命运共同体建设的联合声明》。

·30 日至 12 月 1 日，第四届东盟地区论坛暨"关于应用 1982 年《联合国海洋法公约》和其他国际法律文应对新出现的海洋挑战"研讨会在河内举行。

12月

·1 日，泰国国会投票表决通过泰国加入《海牙协定》的议案。

·2 ~ 3 日，2022 年东盟市长会议和东盟市长论坛在柬埔寨首都金边举行。

·6 日，应新加坡总统哈莉玛邀请，东帝汶总统拉莫斯·奥尔塔首次对新加坡进行国事访问。8 日，新加坡启动了针对东帝汶官员的培训计划，以支持东帝汶加入东盟。

·9 日，首届中国—东盟应急管理合作论坛在广西南宁召开，论坛主题为"加强应急管理合作，促进中国—东盟可持续发展"。

·11 日，日本自卫队与美军、菲律宾陆上部队举行首次"日美菲陆军种高级别会议"。

·12 日，印尼总统佐科正式签署新版印尼大选修正案。

·14 日，东盟与欧盟在比利时首都布鲁塞尔召开了双方建立关系 45 周年纪念峰会。在欧盟与东盟国家的首次领导人面对面峰会上，新加坡与欧盟宣布建立数字伙伴关系。

·21 日，马来西亚董教总教育中心有限公司与基督教卫理公会教育理事会签署推介国际中文考试服务合作协议。

·21 日，联合国安理会第一次通过有关缅甸问题的决议。23 日，缅甸外交部对此发表声明称，该决议的通过与《联合国宪章》背道而驰。

·21~23 日，越南国家主席阮春福对印尼进行国事访问。22 日，印尼总统佐科与越南国家主席阮春福在出席新闻发布会时宣布，印尼和越南完成长达十年的专属经济区（EEZ）边界谈判。

·23 日，新加坡与日本签署民航全面战略合作框架协议，协议涵盖航空联结、可持续发展、无人机等六个方面。新加坡成为第一个与日本签署高级别航空协定的东南亚国家。

·25 日，《金边邮报》报道称，洪森首相于 12 月 23 日访问美国驻柬埔寨大使馆，这是柬美双边关系改善的转折点。

·30 日，老挝国会投票通过国家主席通伦关于选举宋赛·西潘敦为新任政府总理的提名。

Abstract

In the third decade of the 21st century, the global COVID−19 epidemic has become a pandemic. After three years of epidemic prevention and control, the epidemic in Southeast Asia has entered a low level of prevalence. The number of newly confirmed cases and deaths is decreasing. The epidemic prevention and control policy has been fully liberalized, and the economic and social development of the region has gradually returned to the pre epidemic state. In May 2023, the World Health Organization (WHO) announced that the COVID−19 epidemic would no longer constitute a public health emergency of international concern.

In 2022 and 2023, there were new changes in the political arena of Southeast Asia, with national elections held in the Philippines, Malaysia, Thailand, East Timor, and Cambodia, which successfully achieved the handover of power. These countries also entered a relatively stable period of political situation. In the Philippine general election, Marcos Junior was elected as the President of the Philippines with a high number of votes and also obtained a majority of seats in both houses of the Senate and House of Representatives; Due to the changes in the domestic political landscape, the competition among various political parties and party alliances in Malaysia has intensified, leading to the first appearance of a "suspended parliament" phenomenon. Later, a unity government was formed with Anwar as the Prime Minister; After the Thai general election, the government's Cabinet Prime Minister election underwent twists and turns, and after the integration of a new party alliance, the new Prime Minister was able to settle the dust; In the Cambodian general election, the ruling People's Party once again won the election, and Hong Manai took over the government's transition from old to new.

Against the backdrop of the global epidemic and economic turmoil, the world economy is slowly recovering in 2022, while the Southeast Asian economy is facing an upward trend and maintaining a sustained recovery. Some countries' economic growth rates have exceeded official expectations. To accelerate domestic economic recovery, Southeast Asian countries have adjusted their macroeconomic policies in a timely manner, implemented expansionary fiscal policies, raised interest rates to alleviate inflationary pressures, increased infrastructure construction, promoted industrial transformation and upgrading, and promoted the integration of small and medium-sized enterprises into the global value chain. In recent years, Southeast Asian countries have launched digital economy transformation strategies and policies, promoting industrial digitization and digital industrialization, providing new momentum for economic recovery in various countries. Looking ahead to 2023, the global economic recovery is weak, and the economic growth of developed and emerging market countries is in a downward trend. Southeast Asian countries are expected to maintain a sustained recovery trend, but the driving force of economic growth has slowed down, and unstable and uncertain factors have increased.

In 2001, the United Nations State Party document stated that "the 21st century is the century of the ocean". Southeast Asian countries (excluding Laos) are all maritime countries with long coastlines, vast sea areas, and abundant marine resources. Entering the 21st century, the marine economy in Southeast Asia has rapidly emerged, and countries have successively launched marine development strategies and policies. Marine fisheries, oil and gas, transportation, shipbuilding, and tourism in various countries have gradually become the leading sectors of the marine industry. Emerging marine industries are developing rapidly, and their position and role in the domestic economy are constantly strengthening. With the arrival of the 21st century marine era, Southeast Asian countries are paying attention to tracking the trend of global marine economic development, actively adjusting their marine economic development strategies and policies based on their own marine resource endowment and industrial advantages, promoting the transformation and upgrading of the marine industry, guiding the cluster development of the marine industry, strengthening and innovating comprehensive

marine management, in order to achieve sustainable development of the marine economy.

With Southeast Asia entering the maritime century as its theme, this development report tracks the political, economic and foreign relations development trends of various countries, analyzes and predicts the recent and medium-term development of the region, and reveals the pattern and trend of regional development in Southeast Asia under the new situation, so as to provide decision-making basis for China's diplomatic strategy and neighborhood strategy. The report consists of general report, regional report, country report, thematic report and Appendix V: ① General Report: Political and economic situation in the sub-region after the COVID-19; ②Regional Report: To discuss the hot spots and frontier issues in the development of economic, political, social and external relations in Southeast Asia; ③Country Report: To analyze and forecast the political, economic and external relations of Indonesia, Malaysia, the Philippines, Singapore, Thailand and Vietnam; ④Special Report: The pattern and trend of Southeast Asia entering the maritime century are discussed. ⑤Appendix: Southeast Asian Development Statistics, Southeast Asian Memorabilia 2022.

Keywords: Political and Economic Situation; Marine Economy; Southeast Asian; Epidemic Control

Contents

I General Report

Abstract: After three years of epidemic prevention and control, the COVID–19 epidemic in Southeast Asia has entered a low-level epidemic. In 2022 and 2023, the Philippines, Malaysia, Thailand, East Timor, and Cambodia held national elections, achieving a handover of power, and these countries entered a period of relative stability in their political situation. Against the backdrop of weak global economic recovery, Southeast Asian countries are facing an upward trend and maintaining a sustained recovery trend. Some countries' economic growth rates have exceeded official expectations, but the driving force for economic growth has weakened, external demand has significantly shrunk, and the prospects for economic growth in various countries still remain uncertain. ASEAN has accelerated the construction of a political security community, an economic community, and a social cultural community, and has planned a vision for an ASEAN community after 2025.

Keywords: Epidemic Control; Economic Recovery; Regional Integration; Southeast Asia

II   Regional Reports

B . 2   Prevention and Control of COVID−19 Epidemic in
Southeast Asian Countries in the Past Three
Years and Its Impact   *Jin Yan* / 018

Abstract: With the spread of the global COVID − 19 epidemic, the epidemic situation in Southeast Asia has experienced twists and turns. Countries have roughly experienced three waves of COVID−19, but different countries have differences. In the face of the changes in the COVID−19 in the past three years, Southeast Asian countries timely implemented and adjusted their prevention and control policies according to their respective epidemic situation and national conditions. From strict epidemic prevention and control measures in the early stage of the epidemic to the late stage, they chose to shift from "virus clearance" to "coexistence with viruses" policy, supplemented by economic and social policies and regional anti epidemic cooperation. The COVID−19 has lasted for three years, which has had a serious impact on the economic and social development of Southeast Asian countries, and will also have a profound impact on the development of the region in the medium term. It has delayed countries to achieve the medium-term development goals, slowed down industrial transformation and upgrading, led to the rise of poverty rates in some countries, restricted the free flow of regional production factors, and thus affected the development process of the region to a certain extent.

Keywords: COVID−19; Epidemic Control; Southeast Asia

B . 3　Analysis and Prospect of Economic Situation of Southeast

　　Asian Countries　　　　　　　　　　　　*Wang Yan , Xu Jun* / 036

Abstract: In the context of the global epidemic and economic turmoil superimposed, the world economy slowly recovered in 2022, while the economy of Southeast Asian countries still maintained a sustained recovery trend, and the economic growth rate of some countries exceeded official expectations. In order to speed up domestic economic recovery, Southeast Asian countries have timely adjusted their macroeconomic policies, implemented expansionary fiscal policies, raised interest rates to slow down inflationary pressures, stepped up infrastructure construction, promoted industrial transformation and upgrading, and promoted the integration of small and medium-sized enterprises into global value chains. In recent years, Southeast Asian countries have introduced digital economy transformation strategies and policies to promote industrial digitalization and digital industrialization, providing new momentum for their economic recovery. In 2023, the world economic growth is still in the downward channel, and the economy of Southeast Asian countries is expected to maintain a sustained recovery trend, but there are also unstable and uncertain factors.

Keywords: Economic Recovery; Digital Transformation; Southeast Asian Countries

B . 4　On the Transformation and Upgrading of Manufacturing

　　Industry in Southeast Asian Countries　　　　　　*Jin Shibo* / 055

Abstract: At present, the global manufacturing center is moving eastward, a new round of industrial revolution promotes the transformation and upgrading of manufacturing industry, and the change of international industrial division of labor accelerates the reconstruction of global value chain. The manufacturing industry in major Southeast Asian countries has gradually transformed and upgraded from labor-

intensive to capital-intensive and technology-intensive, and has become an important production and export base of the world manufacturing industry. In addition to the market factors that drive the transformation and upgrading of manufacturing industry, government policies have become the key factors to promote the transformation and upgrading of manufacturing industry. Countries actively formulate and implement manufacturing transformation plans, establish leading industries in manufacturing, cultivate industrial clusters, adjust foreign investment policies in manufacturing, increase investment in science and technology, promote the transformation of small and medium-sized enterprises, and optimize and improve the business environment. Although the transformation and upgrading of manufacturing industry in Southeast Asia has achieved remarkable results, manufacturing industries in various countries still face many constraints.

Keywords: Manufacturing Industry; Transformation and Upgrading; Industry 4.0; Southeast Asian

B.5 Current Situation and Prospect of Renewable Energy Development in ASEAN Countries *Yang Chengling* / 086

Abstract: Under the background of accelerating energy transition and energy security in countries around the world, ASEAN countries have formulated energy transition and energy security strategies, implemented renewable energy development plans, and accelerated the development of renewable energy. For a long time, the energy structure of ASEAN countries has been heavily dependent on fossil fuels, and the contradiction between energy supply and demand in various countries has become increasingly prominent, and the traditional energy supply and demand structure has been unsustainable. At the same time, ASEAN countries have huge potential in the development and utilization of renewable energy resources, and promoting the development of renewable energy has become the main path for countries to implement energy transformation. Countries have formulated renewable energy strategies and action plans, established and improved renewable energy policy systems, promoted the planning and construction of renewable energy infrastructure, and strengthened regional connectivity of renewable energy and cooperation with countries outside the region, which has promoted changes in the supply and demand structure of renewable energy in various countries. The energy cooperation between China and ASEAN has a long history, and the cooperation between the two sides in the field of renewable energy has broad prospects for development.

Keywords: Renewable Energy; Energy Transformation; Energy Security; ASEAN Countries

B.6 The Trend and Impact of ASEAN Members' Participation in the Indo-Pacific Economic Framework *Wang Yan / 105*

Abstract: In May 2022, the United States officially launched the negotiation process of the Indo-Pacific Economic Framework (IPEF) agreement, and the seven ASEAN countries became the founders of the framework. In the context of the global political and economic turmoil, the motivation for ASEAN members to participate in the Indo-Pacific Economic Framework is to enhance the ASEAN-US comprehensive strategic partnership by joining the IPEF. The four pillars of IPEF cater to the needs of ASEAN members' economic development and industrial transformation, and other IPEF members have a pivotal position in ASEAN's external economic relations. Although specific implementation plans for the four pillars of the IPEF have not yet been fully developed, ASEAN members have begun to align their development strategies and industrial policies based on the ASEAN Indo-Pacific Vision (AOIP) to address the opportunities and challenges of joining the Indo-Pacific Economic Framework. With the intensification of the strategic game between great powers, the effect of ASEAN members' participation in IPEF on the economic relations between China and ASEAN has attracted attention.

Keywords: Indo-Pacific Economic Framework; Four Pillars; Regional Impact; ASEAN

东南亚蓝皮书

Ⅲ   Country Reports

B.7   Review and Prospect of Indonesia's Political and

Economic Situation   *Na Wenpeng* / 123

Abstract: In 2022, the epidemic in Indonesia was effectively controlled, and the domestic political and economic situation remained basically stable, but various risk factors began to emerge. Politically, facing the national election in 2024, the electoral competition between Indonesian political parties has become more intense, the list of cabinet members has been adjusted frequently, and various social conflicts have increased. Economically, Indonesia still maintains a strong recovery trend, private consumption and foreign trade performance, fiscal balance improved significantly, but the inflation rate rose significantly, the Indonesian rupiah exchange rate continued to depreciate, a large number of international capital outflow. After entering 2023, the Indonesian government, with the priority of preventing internal and external risks, will flexibly adjust various national development policies to achieve domestic stability and accelerate economic growth.

Keywords: Domestic Political Situation; Economic Recovery; Industrial Transformation; Indonesian

B.8   Political and Economic Situation in Malaysia after the

General Election   *Jiang Wenhui* / 150

Abstract: In 2022, Malaysia held a national election, for the first time, no political party or party alliance won a majority of the seats in the lower house of Parliament, after all efforts, Anwar became the Prime Minister of Malaysia, and formed a unity government. In 2023, Malaysia held six state legislative assembly elections, with the ruling Pakatan Harapan and Barisan Nasional coalition tied with the opposition Pakatan Nasional, each retaining power in three states. After the relaxation of the epidemic prevention and control policy, Malaysia's economy has recovered strongly, inflation has remained low, and the unemployment rate has tended to decline, but the exchange rate of the local currency has continued to decline, the scale of debt has expanded, and labor shortages have become increasingly prominent. Looking forward to 2023, Malaysia's political situation will enter a relatively stable period, the government will speed up the adjustment of national development strategies and policies, and the domestic economic recovery is still facing many challenges.

Keywords: General Election; Economic Recovery; Industrial Transformation; Malaysian

B.9 Political and Economic Trends in the Philippines after the Election　　　　　　　　　　　　　*Su Yinghong* / 166

Abstract: The year 2022 is the election year of the Philippines, and Marcos Jr. won by a large margin and was elected the 17th president of the Philippines. After the election, President Marcos Jr. delivered his first State of the Nation report in his term, elaborating the policy program and measures of the new government, putting forward the goals of future economic development, clarifying the focus of policy adjustment, adjusting macroeconomic policies, increasing infrastructure construction, and promoting the country's digitalization and green and low-carbon transformation. In 2022, the Philippines achieved rapid economic growth, but inflation remained high, and food and energy issues became the focus of the new government. Entering 2023, the small Marcos government will continue to maintain a solid governing foundation, the Philippine economy will still show a trend of recovery, but the momentum of economic growth has slowed down, and its independent foreign policy will be severely challenged under the background of the intensifying strategic game of the great powers.

Keywords: Presidential Election; Policy Platform; Economic Recovery; Philippine

B.10　Singapore's Economic Recovery and Industrial

　　　　Transformation after the Epidemic　　　*Zhou Huan* / 182

Abstract: On February 13, 2023, Singapore took the lead in relaxing all epidemic prevention measures, canceling the government's inter-departmental working group on the epidemic, and officially treating the novel coronavirus as a local epidemic, which means that Singapore has entered the post-epidemic era. The Singapore government has released a White Paper on Singapore's Response to the COVID－19 pandemic, reflecting on three years of experience and lessons learned. Three years after the epidemic, Singapore's economy has experienced a process from recession to recovery, and the economic recovery process has slowed down in 2022. Since April 2022, on the basis of the original industrial transformation plan, Singapore has successively launched the transformation blueprint of seven industrial clusters for 2025, in order to continue to accelerate the pace of industrial transformation and upgrading. In 2023, against the backdrop of weak global economic recovery, Singapore's economy will maintain low growth, with manufacturing and its related trade sectors weakening, while tourism-related industries will maintain growth.

Keywords: Epidemic Prevention and Control; Economic Recovery; Industrial Transformation; Singapore

B.11　Political and Economic Situation in Thailand before and

　　　　after the General Election　　　*Zheng Muqiang* / 200

Abstract: After three years of the new coronavirus epidemic, Thailand held the election of the lower house of the new parliament, Far Jin Party won the most seats, with Far Jin Party, Pheu Thai Party and other eight-party alliance nominated prime minister candidate Pita was not approved by the parliament, making the government's cabinet prime minister election twists and turns, through the integration of the new party alliance, Pheu Thai Party nominated Srettha was elected as the 30th Prime Minister of Thailand. With the gradual fading of the impact of the domestic epidemic, Thailand's economy continued to recover slowly, domestic and foreign demand expanded, the growth rate of agriculture and service sectors exceeded the economic growth rate, the industrial sector experienced negative growth, and the tourism industry gradually recovered, but the overall economic development has not recovered to the level before the outbreak of the epidemic. In the face of new domestic and international changes, Thailand has set the direction of economic and social development in the next five years, adjusted macroeconomic policies, promoted industrial transformation and upgrading, expanded infrastructure investment, accelerated the construction of the Eastern Economic Corridor, and revitalized the tourism industry in the post-COVID − 19 era. Therefore, the political and economic situation in Thailand before and after the election is very interesting.

Keywords: National Election; Economic Recovery; Industrial Transformation; Thailand

B.12　Vietnam's Economic and Social Development and Foreign Relations during the Epidemic Transition Period

Yang Yuhua / 220

Abstract: In 2022, after relaxing the epidemic prevention and control policy, Vietnam's economy and society maintained a stable development trend, the domestic economy recovered strongly, the industrial structure accelerated adjustment, and the import and export trade hit a record high. The Vietnamese

government has introduced a series of medium-and long-term national development strategies and policies, including the National Master Plan, the National Digital Transformation Plan, the Green Growth Action Plan, the Agriculture and Rural Sustainable Development Strategy, the Science, Technology and Innovation development strategy, and the National Target Plan for sustainable poverty Reduction, in order to promote the national digital and green low-carbon transformation and accelerate the construction of a modern country. At the end of the year, the Vietnamese government proposed the development goals and main tasks in the economic, social and diplomatic fields in 2023, and the rapid changes in the international economic situation and geopolitical pattern will pose new problems and challenges to Vietnam's economic, social and foreign policy.

Keywords: Epidemic Prevention; Economic Recovery; Foreign Relations; Vietnam

Ⅳ   Special Reports

B.13   The Development Pattern and Trend of Marine Economy

in Southeast Asia in the 21st Century *Wang Qin* / 242

Abstract: Southeast Asian countries (except Laos) are all maritime countries with long coastline, vast sea area and rich marine resources. In the 21st century, the marine economy in Southeast Asia has risen rapidly, and various countries have successively introduced marine development strategies and policies. The path for Singapore to build a global ocean centre city strategy is clear, Indonesia has implemented the strategy of "global marine fulcrum", and Vietnam has introduced the strategy of maritime power. Under the guidance of marine industry policies, marine fisheries, oil and gas, transportation, shipbuilding and tourism in various countries have gradually become the leading departments of marine industry, and emerging marine industries have risen rapidly, and their status and role in the domestic economy have been continuously enhanced. Facing the development trend of marine economy in the world today, Southeast Asian countries adjust their marine economic development strategies and policies according to their respective marine resource endowments and industrial advantages, promote the digital and green transformation of marine industry, guide the development of marine industrial clusters, and strengthen and innovate comprehensive marine management in order to realize the sustainable development of marine economy.

Keywords: The 21st Ccentury; Marine Economic; Development Pattern; Southeast Asian Ccountries

B.14 Current Situation and Characteristics of Marine Location and Marine Resources in Southeast Asia   *Wen Shiyan* / 264

Abstract: Most of Southeast Asia is a maritime country with abundant Marine space resources, Marine fishery resources, Marine oil and gas resources, and coastal tourism resources, but the Marine resource endowment of different countries is different. Located between the Pacific Ocean and the Indian Ocean, Southeast Asia has vast seas, long coastlines and numerous islands. The waters off Indonesia, the Philippines, Vietnam, Thailand, Malaysia and Myanmar are the most important Marine fishing areas in the world. The offshore continental shelf of Southeast Asia is rich in oil and natural gas resources, mainly distributed in Indonesia, Malaysia, Vietnam, Brunei and other countries; Southeast Asia's Marine natural scenery and coastal tourist resorts are world-famous, coastal tourism is an important part of the tourism of various countries. At the same time, Southeast Asia is also one of the most biodiverse regions in the world with rich Marine biological resources.

Keywords: Marine Location; Marine Resources; Marine Economy; Southeast Asia

东南亚蓝皮书

B.15 Indonesia's "Global Marine Fulcrum" Strategy and
Marine Economy Development   *Na Wenpeng* / 281

Abstract: Indonesia is the world's largest archipelago country, Marine
resources are very rich, with superior conditions for the development and
utilization of the ocean. In recent years, the Indonesian government has attached
great importance to Marine development and put forward the strategic concept of
building a maritime power, in which the Marine economy is an important pillar of
the strategy of maritime power, and the status of the Marine industry in the
domestic economy has been continuously improved, showing broad development
potential. China and Indonesia are both major maritime countries and share a
common vision for maritime cooperation. The two sides have proposed the concept
of "Global Marine Fulcrum" and the strategic alignment of the "Belt and Road"
Initiative, and achieved fruitful results in many areas of maritime cooperation.
Under the new international and regional circumstances, China and Indonesia
should strengthen the establishment of maritime cooperation mechanisms,
safeguard regional maritime security, build Marine industrial chains, carry forward
common Marine cultural traditions, and protect the regional Marine ecological
environment.

Keywords: "Global Marine Fulcrum"; Marine Power; Marine Industry;
Indonesia

B.16 Marine Economic Development and Strategic Planning
of Malaysia   *Jin Shibo* / 303

Abstract: With the vigorous development of Malaysia's Marine economy,
Marine industry has gradually become an important domestic industry sector. In the
21st century, in the face of the opportunities and challenges brought by the
Marine century, Malaysia proposed to build a modern, safe and efficient maritime

sector, the shipbuilding and repair industry, Marine transport industry, coastal tourism as its strategic Marine industries, and eventually become a pivotal maritime country. In recent years, the maritime economic cooperation between China and Malaysia has been continuously expanded and deepened, and new progress has been made in Marine oil and gas, port construction, coastal industrial zones, and Marine science and technology cooperation.

Keywords: Marine Economy; Marine Industry; Strategic Planning; Malaysia

B.17 Development of Marine Economy under Vietnam's Maritime Power Strategy *Jin Yan* / 325

Abstract: Vietnam is a maritime country with a long coastline and abundant Marine resources. After the reunification of the North and the South in 1975, the development of Vietnam's Marine economy roughly experienced three stages, that is, after the reunification of the north and the South, the focus of Vietnam's Marine policy was to occupy the disputed islands, and the offshore oil industry became an important industry for economic recovery and export to earn foreign exchange; In 1986, the Sixth Congress of the Communist Party of Vietnam opened the prelude to Vietnam's innovation and opening up. Vietnam's Marine economy gradually entered the fast lane, and major Marine industries gradually formed and developed. In 2007, Vietnam promulgated the Marine Strategic Plan to 2020, marking a new stage in the development of Vietnam's Marine economy, the establishment of the strategy of becoming a maritime power, the accelerated development of major Marine industries, Marine fisheries, Marine oil and gas, Marine transportation, Marine shipping, coastal industry and coastal tourism have become the leading sectors of the Marine economy. However, Vietnam's Marine economy has obvious export-oriented characteristics, its development is still subject to changes in the international market demand, the Marine industry is facing the pressure of transformation and upgrading, there are problems in corporate governance and operational efficiency of state-owned enterprises involved in the

sea, and the degradation and pollution of the Marine environment are becoming increasingly serious.

Keywords: Maritime Economy; Maritime Power; Vietnam

B. 18   An Evaluation System for China-ASEAN Maritime

Cooperation Index and Its Implications: 2015−2019

Yan Sen / 347

Abstract: China and nine ASEAN countries are both maritime countries (except Laos), and their maritime cooperation has developed rapidly in recent years. This report starts with the main areas of marine cooperation between China and ASEAN, and constructs an indicator system of marine cooperation with 21 indicators in three levels in four dimensions: system construction, trade exchange, win-win investment and people-to-people exchange, aiming at comprehensively and systematically investigating the remarkable characteristics and development laws of marine cooperation between China and ASEAN countries. The results show that the marine cooperation between China and ASEAN countries is generally on the rise, but there are obvious differences in the degree and emphasis of cooperation. In the field of cooperation, both sides have established a relatively complete institutional environment and humanities exchange mechanism, but the potential of cooperation between marine trade and sea-related investment still needs to be tapped; At the industrial level, the cooperation between the two sides in marine fisheries and coastal tourism is relatively close, but the cooperation in oil and gas development and ship building needs to be strengthened. Facing the future, China and ASEAN have broad prospects for marine cooperation. The two sides should further promote the strategic docking of marine development among countries, build a regional marine industrial chain and establish a coastal strategic fulcrum.

Keywords: Maritime Cooperation; Index System; China-ASEAN

皮 书

智库成果出版与传播平台

❖ 皮书定义 ❖

皮书是对中国与世界发展状况和热点问题进行年度监测，以专业的角度、专家的视野和实证研究方法，针对某一领域或区域现状与发展态势展开分析和预测，具备前沿性、原创性、实证性、连续性、时效性等特点的公开出版物，由一系列权威研究报告组成。

❖ 皮书作者 ❖

皮书系列报告作者以国内外一流研究机构、知名高校等重点智库的研究人员为主，多为相关领域一流专家学者，他们的观点代表了当下学界对中国与世界的现实和未来最高水平的解读与分析。

❖ 皮书荣誉 ❖

皮书作为中国社会科学院基础理论研究与应用对策研究融合发展的代表性成果，不仅是哲学社会科学工作者服务中国特色社会主义现代化建设的重要成果，更是助力中国特色新型智库建设、构建中国特色哲学社会科学"三大体系"的重要平台。皮书系列先后被列入"十二五""十三五""十四五"时期国家重点出版物出版专项规划项目；自2013年起，重点皮书被列入中国社会科学院国家哲学社会科学创新工程项目。

皮书网

（网址：www.pishu.cn）

发布皮书研创资讯，传播皮书精彩内容
引领皮书出版潮流，打造皮书服务平台

栏目设置

◆ **关于皮书**
何谓皮书、皮书分类、皮书大事记、
皮书荣誉、皮书出版第一人、皮书编辑部

◆ **最新资讯**
通知公告、新闻动态、媒体聚焦、
网站专题、视频直播、下载专区

◆ **皮书研创**
皮书规范、皮书出版、
皮书研究、研创团队

◆ **皮书评奖评价**
指标体系、皮书评价、皮书评奖

所获荣誉

◆ 2008 年、2011 年、2014 年，皮书网均
在全国新闻出版业网站荣誉评选中获得
"最具商业价值网站"称号；
◆ 2012 年，获得"出版业网站百强"称号。

网库合一

2014 年，皮书网与皮书数据库端口合
一，实现资源共享，搭建智库成果融合创
新平台。

皮书网

"皮书说"
微信公众号

权威报告·连续出版·独家资源

皮书数据库

ANNUAL REPORT(YEARBOOK)
DATABASE

分析解读当下中国发展变迁的高端智库平台

所获荣誉

● 2022年，入选技术赋能"新闻+"推荐案例

● 2020年，入选全国新闻出版深度融合发展创新案例

● 2019年，入选国家新闻出版署数字出版精品遴选推荐计划

● 2016年，入选"十三五"国家重点电子出版物出版规划骨干工程

● 2013年，荣获"中国出版政府奖·网络出版物奖"提名奖

皮书数据库

"社科数托邦"
微信公众号

成为用户

　　登录网址www.pishu.com.cn访问皮书数据库网站或下载皮书数据库APP，通过手机号码验证或邮箱验证即可成为皮书数据库用户。

用户福利

　　● 已注册用户购书后可免费获赠100元皮书数据库充值卡。刮开充值卡涂层获取充值密码，登录并进入"会员中心"—"在线充值"—"充值卡充值"，充值成功即可购买和查看数据库内容。

　　● 用户福利最终解释权归社会科学文献出版社所有。

数据库服务热线：010-59367265
数据库服务QQ：2475522410
数据库服务邮箱：database@ssap.cn
图书销售热线：010-59367070/7028
图书服务QQ：1265056568
图书服务邮箱：duzhe@ssap.cn

社会科学文献出版社 皮书系列
SOCIAL SCIENCES ACADEMIC PRESS (CHINA)

卡号：482723336537
密码：

S 基本子库
SUB DATABASE

中国社会发展数据库（下设 12 个专题子库）

紧扣人口、政治、外交、法律、教育、医疗卫生、资源环境等 12 个社会发展领域的前沿和热点，全面整合专业著作、智库报告、学术资讯、调研数据等类型资源，帮助用户追踪中国社会发展动态、研究社会发展战略与政策、了解社会热点问题、分析社会发展趋势。

中国经济发展数据库（下设 12 专题子库）

内容涵盖宏观经济、产业经济、工业经济、农业经济、财政金融、房地产经济、城市经济、商业贸易等 12 个重点经济领域，为把握经济运行态势、洞察经济发展规律、研判经济发展趋势、进行经济调控决策提供参考和依据。

中国行业发展数据库（下设 17 个专题子库）

以中国国民经济行业分类为依据，覆盖金融业、旅游业、交通运输业、能源矿产业、制造业等 100 多个行业，跟踪分析国民经济相关行业市场运行状况和政策导向，汇集行业发展前沿资讯，为投资、从业及各种经济决策提供理论支撑和实践指导。

中国区域发展数据库（下设 4 个专题子库）

对中国特定区域内的经济、社会、文化等领域现状与发展情况进行深度分析和预测，涉及省级行政区、城市群、城市、农村等不同维度，研究层级至县及县以下行政区，为学者研究地方经济社会宏观态势、经验模式、发展案例提供支撑，为地方政府决策提供参考。

中国文化传媒数据库（下设 18 个专题子库）

内容覆盖文化产业、新闻传播、电影娱乐、文学艺术、群众文化、图书情报等 18 个重点研究领域，聚焦文化传媒领域发展前沿、热点话题、行业实践，服务用户的教学科研、文化投资、企业规划等需要。

世界经济与国际关系数据库（下设 6 个专题子库）

整合世界经济、国际政治、世界文化与科技、全球性问题、国际组织与国际法、区域研究 6 大领域研究成果，对世界经济形势、国际形势进行连续性深度分析，对年度热点问题进行专题解读，为研判全球发展趋势提供事实和数据支持。

法律声明

"皮书系列"（含蓝皮书、绿皮书、黄皮书）之品牌由社会科学文献出版社最早使用并持续至今，现已被中国图书行业所熟知。"皮书系列"的相关商标已在国家商标管理部门商标局注册，包括但不限于 LOGO（📱）、皮书、Pishu、经济蓝皮书、社会蓝皮书等。"皮书系列"图书的注册商标专用权及封面设计、版式设计的著作权均为社会科学文献出版社所有。未经社会科学文献出版社书面授权许可，任何使用与"皮书系列"图书注册商标、封面设计、版式设计相同或者近似的文字、图形或其组合的行为均系侵权行为。

经作者授权，本书的专有出版权及信息网络传播权等为社会科学文献出版社享有。未经社会科学文献出版社书面授权许可，任何就本书内容的复制、发行或以数字形式进行网络传播的行为均系侵权行为。

社会科学文献出版社将通过法律途径追究上述侵权行为的法律责任，维护自身合法权益。

欢迎社会各界人士对侵犯社会科学文献出版社上述权利的侵权行为进行举报。电话：010-59367121，电子邮箱：fawubu@ssap.cn。

社会科学文献出版社